디자인 패턴의 아름다움

왕정 지음 **김진호** 옮김

设计模式之美

Copyright ©2022 Posts and Telecom Press Co., Ltd.
All rights reserved.
First published in the Chinese language under the title The Beauty of Design Patterns 设计模式之美:
ISBN 9787115584748
Korean translation rights arranged with Posts and Telecom Press Co., Ltd through Media Solutions,
Tokyo Japan (info@mediasolutions.jp)

디자인 패턴의 아름다움

1쇄 발행 2023년 5월 26일
2쇄 발행 2024년 1월 11일

지은이 왕정
옮긴이 김진호
펴낸이 장성두
펴낸곳 주식회사 제이펍

출판신고 2009년 11월 10일 제406-2009-000087호
주소 경기도 파주시 회동길 159 3층 / **전화** 070-8201-9010 / **팩스** 02-6280-0405
홈페이지 www.jpub.kr / **투고** submit@jpub.kr / **독자문의** help@jpub.kr / **교재문의** textbook@jpub.kr

소통기획부 김정준, 이상복, 김은미, 송영화, 권유라, 송찬수, 박재인, 배인혜, 나준섭
소통지원부 민지환, 이승환, 김정미, 서세원 / **디자인부** 이민숙, 최병찬

진행 권유라 / **교정·교열 및 내지편집** 백지선 / **내지디자인** 이민숙 / **표지디자인** 김연정
용지 에스에이치페이퍼 / **인쇄** 한승문화사 / **제본** 일진제책사

ISBN 979-11-92987-10-1 (93000)
값 35,000원

제이펍은 여러분의 아이디어와 원고를 기다리고 있습니다. 책으로 펴내고자 하는 아이디어나 원고가 있는 분께서는
책이 간단한 개요와 차례, 구성과 지은이/옮긴이 약력 등을 메일(submit@jpub.kr)로 보내주세요.

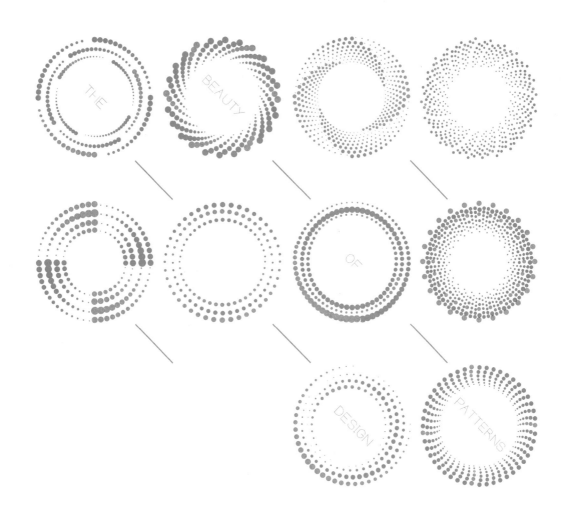

디자인 패턴의
아름다움

왕정 지음 **김진호** 옮김

CHAPTER **6**

생성 디자인 패턴 253

1994년에 'Gangs of Four'로 일컬어지는 공학자 사인방이 22종류의 디자인 패턴을 정리한 이래 벌써 한 세대가 흘렀다. 30년 동안 디자인 패턴에 대한 수많은 책과 이야기가 쏟아져 나왔음에도, 디자인 패턴에 대한 이야기는 끝이 없는 것 같다.

디자인 패턴은 수년 동안 소프트웨어 개발의 필수 요소였으며, 일반적인 설계 문제를 해결하기 위한 안정적이고 효율적인 방법을 제공해왔다. 따라서 디자인 패턴은 효율적이면서도 확장 가능하고 유지 관리 가능한 시스템을 만들어야 하는 소프트웨어 개발자 모두에게 필수적인 도구라고 할 수 있다. 그렇기 때문에 디자인 패턴을 명확하게 이해하고 작업에 적절하게 적용할 수 있는지의 여부는 매우 중요하다. 그런 점에서 이 책은 실용적인 예제에 중점을 두고 디자인 패턴의 세계에 대한 포괄적인 가이드를 제공한다.

이 책은 현업에서 열심히 뛰고 있는 개발자를 위한 책이기도 하지만, 개발에 흥미를 느껴 배우기 시작한 학생이나 초급 개발자를 이끌어주는 성격이 더 강한 책이다. 물론 기본적으로 이 책의 예제 코드가 대부분 Java로 작성되어 있기에 Java에 대한 기본적인 이해가 필요하지만, 기본적인 설명은 특정 언어에 기반하고 있지 않으므로, 다른 언어를 사용하고 있다고 해서 걱정할 필요는 전혀 없다. 또한 디자인 패턴의 견고한 기초를 제공하고 있기 때문에, 좀 더 강력하면서도 확장 가능한 시스템을 만들고 싶은 독자에게 큰 도움이 될 것이다. 따라서 소프트웨어 개발 기술을 더 높은 단계로 끌어올리고 싶은 독자에게 이 책이 길잡이가 될 것이라 확신한다.

이 책이 세상의 빛을 볼 수 있도록 애써주신 제이펍 장성두 대표님, 보잘것없는 원고를 책다운 책으로 만들어주신 권유라 에디터와 모든 임직원분께 진심으로 감사드린다. 마지막으로 원고의 번역을 감수해준 아내에게도 사랑을 담아 고마움을 전한다.

김진호

베타리더 후기

 김민규(큐셀네트웍스)

객체지향 프로그래밍 언어를 사용하는 개발자라면 꼭 한번 읽어보시길 바라며, 이 책의 내용을 개발자들의 교양으로 삼았으면 합니다. 책의 분량이 상당하지만, 항상 옆에 두고 심심할 때마다 한 번씩 펼쳐보세요. 지금 작성하고 있는 코드가 잘 작성되고 있는지, 만들고 있는 프로그램의 코드 품질이 괜찮은지를 판단할 수 있게 될 겁니다. 개발자들의 자기계발서가 될 책입니다.

 김진영(야놀자)

주요 설계 원칙인 SOLID, YAGNI, KISS, LoD를 시작해 생성과 구조, 행동 관점에서 디자인 패턴을 소개합니다. 초급 개발자분들에게는 객체지향 프로그래밍 패러다임과 설계 원칙 부분만으로도 큰 도움이 될 것입니다. 다른 책이나 블로그보다 훨씬 쉽게 풀어서 설명해 감탄하였습니다. 마치 옆에서 선임이 하나하나 알려주는 듯한 좋은 책입니다. 근래에 보았던 책 중 손꼽힐 만큼 인상 깊게 읽었습니다. 일독을 추천합니다.

 김호준(한국오픈솔루션)

그동안 디자인 패턴은 알면 좋고 몰라도 그만인 것으로 생각하고 있었는데, 이 책을 보면서 그동안 얼마나 코드 퀄리티에 대해 생각 없이 일을 하고 있었는지 뼈저리게 느끼게 되었습니다. 경력이 많지 않은 개발자 입장에서 다소 충격적(?)인 내용들도 담고 있으며, 무엇보다 각 디자인 패턴을 실제 구현 예(Spring, Java.IO, Guava 등)를 들어서 친절히 설명해주기 때문에 이론서와 실용서의 역할을 모두 할 수 있는 책이라고 생각합니다. 책을 읽으면서 책에서 다루는 주제를 빨리 실무에 적용해보고 싶다는 생각이 계속 들어 정말 설레는 마음으로 읽었습니다.

박수빈(엔씨소프트)

개발자는 연차가 쌓이고 경험이 늘어가면서 코드의 품질을 올리기 위해 많이 고민합니다. 저자는 코드의 품질을 올리는 방법으로 객체지향 프로그래밍과 SOLID, KISS, YAGNI, DRY, LoD 원칙, 그리고 22개 디자인 패턴을 소개합니다. 예제와 함께 잘 정리된 내용을 학습하다 보면 중고급 개발자 모두 실력을 업그레이드하는 데 도움이 될 것입니다.

 신진욱(네이버)

디자인 패턴뿐만 아니라 코드 품질을 높이는 과정, 객체지향 패러다임 등 다양한 내용을 다룹니다. 디자인 패턴에 대한 개념과 특성 등을 설명하고 패턴의 장단점을 스스로 이해할 수 있도록 도와줍니다. 기존 디자인 패턴 책들은 개념을 알려주기 위한 코드 위주였는데, 이 책은 실무적인 코드가 많아서 더욱 이해가 쉬웠습니다.

 이기하(오픈플랫폼 개발자 커뮤니티)

디자인 패턴이라는 흔한 이름은 추상적인 개념으로만 알고 있었습니다. 이 책은 많이 사용하고 있는 자바로 예제가 작성되어 있어 이 기회로 디자인 패턴에 대해 좀 더 상세히 알 수 있었습니다. IT 번역서는 미국이나 일본의 번역서가 많은데, 흔치 않은 중국 책이라 관점이 새로웠습니다.

 이석곤(아이알컴퍼니)

복잡한 개념을 명확하고 간결하게 전달하는 저자의 능력에 깊은 인상을 받았습니다. 이 책은 다양한 디자인 패턴의 포괄적인 개요를 제공하면서도 따라 하기 쉬워 디자인 패턴에 대한 전문 지식이 없는 독자 또한 문제 없이 읽을 수 있습니다. 디자인 패턴에 관심이 있는 모든 사람에게 이 책을 강력히 추천합니다.

시작하며 _____

오래전 구글에서 근무할 때 동료들은 코드의 품질을 매우 중시했고, 그 결과 취모구자吹毛求疵의 수준까지 달해 코드에 달린 주석에서 작은 마침표 오류까지 수정을 요청하기에 이르렀다. 여기서 취모구자는 터럭을 불어 헤쳐 잘 드러나지 않는 남의 허물까지 들춰낸다는 뜻으로, 그만큼 엄격했던 코드 품질 관리 덕분에 프로젝트의 유지 관리 비용이 매우 낮아졌다는 비유를 들 때 쓰는 말이다.

구글에서 퇴사한 후에는 다양한 회사에서 근무했다. 상위 IT 기업을 포함하여 중국 기업 대부분은 코드 품질에 그다지 많은 관심을 기울이지 않는다. 요구 사항이 많고 일정이 매우 빡빡하기 때문에 프로젝트 리더는 종종 팀이 얼마나 많은 기능을 개발했는지에만 신경을 쓰고, 코드가 잘 작성되었는지 잘못 작성되었는지는 신경 쓰지 않게 된다. 개발 과정에서 단위 테스트 코드를 작성하는 사람은 거의 없으며, 코드가 동작하는 한 코드 리뷰도 하지 않는다. 이 '빠르고 거칠고 치열한' 연구 개발 분위기에서 '너덜너덜해진 코드의 영향' 아래 많은 엔지니어가 시간도 고민도 없다 보니, 고품질의 코드를 작성할 능력이 함양되지 않는 것은 말할 것도 없다.

마침내 중국 현지의 개발 현장 상황을 명확히 파악한 후 다년간의 개발 경험을 집대성한 내용을 통해, 코드 품질을 추구하는 프로그래머들에게 도움을 주고자 이 책을 집필하게 되었다.

이 책은 제목이 《디자인 패턴의 아름다움》이긴 하지만, 디자인 패턴뿐만 아니라 고품질의 코드를 작성하는 것에 초점을 맞춰 다섯 가지 관련 주제인 객체지향 프로그래밍 패러다임, 설계 원칙, 코딩 규칙, 리팩터링 기술, 디자인 패턴을 모두 포괄적으로 설명하고자 하였다.

고품질의 코드를 작성하는 방법을 다룬 서적이 시중에 많이 나와 있지만, 대부분의 서적은 적은 지면에서 내용을 명확하게 설명하기 위해 비교적 간단한 예제 코드를 제공한다. 이와 같은 방식으로 학습을 하게 되면 읽기가 쉬워 이론 지식을 모두 이해했다고 생각할 수도 있겠지만, 사실 학습한 이론 지식을 실제 프로젝트에 적용하는 방법은 알기 어렵다. 그래서 이 책을 쓸 때는 가급적 실제 프로젝트를 개발하는 과정과 가깝게 하기 위해 최선을 다했다.

적절한 분량과 학습 효과를 위해 모든 이론적 지식을 실제 프로젝트 코드를 통해 설명하고, 필수적인 내용과 실용적인 내용을 설명하는 데 초점을 맞췄다. 예를 들면, '이런 디자인 패턴이 생겨난 이유는 무엇인가? 어떤 종류의 프로그래밍 문제를 해결하는 데 사용되는가? 적용 시 장단점은 무엇인가?'와 같은 질문을 이해하고 적용할 수 있도록 하였다.

이 밖에도 데이터 구조와 알고리즘에 관한 책인 《数据结构与算法之美(데이터 구조와 알고리즘의 아름다움)》(人民邮电出版社, 2021)도 출간했다. 그 책을 집필할 때는 책 한 권에 모든 알고리즘을 담고 싶었다. 이 책도 단 한 권에 고품질의 코드 작성법을 모두 담고 싶었다. 이 책으로 고품질의 코드를 작성하는 데 필요한 모든 기술을 포괄적이고 체계적으로 습득할 수 있기를 바란다.

이 책의 구성

이 책은 총 8개의 장으로 구성되어 있으며, 각 장에 포함된 주요 내용은 다음과 같다.

1장에서는 이 책에 포함된 각각의 항목에 대해 간단히 소개하고, 항목 사이의 관계에 대해서도 이야기한다. 책을 시작하며 체계적인 지식 체계를 구축하는 데 도움을 준다.

2장에서는 객체지향 프로그래밍 패러다임을 소개한다. 객체지향 프로그래밍 패러다임은 현재 널리 사용되는 프로그래밍 패러다임이며, 설계 원칙과 디자인 패턴의 기초에 해당한다.

3장에서는 SOLID 원칙, KISS 원칙, YAGNI 원칙, DRY 원칙, LoD 원칙을 포함한 설계 원칙을 소개한다.

4장에서는 주로 명명, 주석, 코드 스타일, 코딩 팁을 포함한 코딩 규칙을 소개한다.

5장에서는 리팩터링의 네 가지 요소와 단위 테스트, 코드 테스트 용이성, 디커플링 등을 다루면서 리팩터링 기술을 소개한다.

6장에서는 싱글턴 패턴, 팩터리 패턴, 빌더 패턴, 프로토타입 패턴을 포함한 생성 디자인 패턴을 소개한다.

7장에서는 프록시 패턴, 데커레이터 패턴, 어댑터 패턴, 브리지 패턴, 퍼사드 패턴, 복합체 패턴, 플라이웨이트 패턴을 포함한 구조 디자인 패턴을 소개한다.

8장에서는 옵서버 패턴, 템플릿 메서드 패턴, 전략 패턴, 책임 연쇄 패턴, 상태 패턴, 반복자 패턴, 비지터 패턴, 메멘토 패턴, 커맨드 패턴, 인터프리터 패턴, 중재자 패턴을 포함한 행동 디자인 패턴을 소개한다.

이 책의 코드는 대부분 Java로 작성되었지만, 이 책이 다루는 내용과 설명은 특정 프로그래밍 언어와 관련이 없다. 다시 말해 이 책은 어떤 프로그래밍 언어를 사용하더라도 모두 읽을 수 있다.

감사의 글

내 위챗WeChat 공식 계정 '샤오정거小争哥'의 독자들에게 감사의 말씀을 전한다. 항상 좋은 품질의 콘텐츠를 생산할 수 있는 것은 모두 그들의 격려와 지원 덕분이다. 이 책의 칼럼을 출판하는 웹사이트인 '지거스젠极客时间, Geek Time'에도 감사를 드린다. 《디자인 패턴의 아름다움》 칼럼이 없었다면 이 책도 세상의 빛을 보지 못했을 것이다. 그리고 이 책이 순조롭게 발간될 수 있도록 애써주신 인민우전출판사人民邮电出版社 편집자들의 노고에 감사드린다. 물론 내가 이 책을 집필하는 데 전념할 수 있도록 일상을 책임지고 도와준 가족들에게도 감사를 전한다.

왕정王争

개요

이 책의 주된 목적은 고품질의 코드를 작성할 수 있도록 돕는 것이다. 코드 설계 방법론을 정식으로 배우기 전에 '고품질의 코드란 무엇인가' 같은 코드 품질과 관련된 몇 가지 문제를 확실히 정의할 필요가 있다.

이 장은 이 책의 개요 또는 학습 프레임워크로 활용되어 관련된 학습 포인트를 체계적으로 이해할 수 있도록 도와줄 것이다.

1.1 코드 설계를 배우는 이유

이 책의 제목은 《디자인 패턴의 아름다움》이지만, 내용은 디자인 패턴뿐만 아니라 객체지향 프로그래밍 패러다임, 설계 원리, 코딩 규칙, 리팩터링 기술까지도 다루고 있다. 데이터 구조와 알고리즘이 효율적인 코드를 작성할 때 필요한 것이라면, 코드 설계에 대한 지식은 확장성과 가독성이 높아 유지 보수가 용이한 고품질의 코드를 작성할 때 필요하다. 이러한 내용들은 개발을 할 때 곧바로 적용할 수 있으며, 숙련도는 프로그래머의 개발 능력에 직접적인 영향을 미친다. 그러나 이러한 코드 설계 지식이 매우 강력하고 대단해 보이지만, 일반적으로는 사용되지 않는 '드래곤 슬레이어' [1] 같은 것이라고 생각할 수도 있을 것이다. 이 책에서는 이러한 관점을 바탕으로 코드 설계를 배워야

---

1 [옮긴이] 판타지 소설이나 게임 등에서 자주 등장하는 최종 보스 용을 죽일 수 있는 유일한 전설의 무기.

하는 이유를 구체적으로 다룰 것이다.

1.1.1 고품질의 코드 작성

소프트웨어 엔지니어라면 코드 품질을 매우 중요하게 생각할 것이다. 사실 '나쁜' 코드를 작성하고 싶은 엔지니어는 없을 것이다. 그러나 의외로 많은 소프트웨어 엔지니어, 심지어 일부 유명 인터넷 회사의 직원들조차 만족스럽지 못한 코드를 작성하는 것 또한 사실이다. 속도와 확장성을 맹목적으로 추구하는 현재의 개발 환경에서 안타깝게도 대다수의 소프트웨어 엔지니어는 고품질의 코드를 작성하는 방법에 대해 생각할 시간이 많지 않은 것도 사실이다. 이는 코드의 명확한 가이드라인이 없기 때문이기도 하지만 그보다는 어떤 코드가 고품질의 코드인지 알지 못하기 때문이다.

그 결과 많은 소프트웨어 엔지니어가 오랫동안 코드를 작성했음에도 코딩 스킬은 향상되지 않았고, 그들의 코드는 '사용과 실행이 가능하지만 더 이상 개선되지 않는' 코드가 되었다. 많은 소프트웨어 엔지니어가 수년간 반복 작업을 해왔지만, 대부분 그들의 스킬은 처음 코딩을 시작할 때와 별반 다르지 않다.

필자는 10여 년 동안 개발자로 일해왔지만 코딩의 최전선을 떠나지 않았으며, 지금도 매일 코드를 작성하고 동료가 작성한 코드를 리뷰하며, 오래된 시스템에서 '너덜너덜해진' 코드를 리팩터링하고 있다. 그리고 수년간 이어진 이러한 작업에서 표준을 벗어난 네이밍 규칙, 불합리한 클래스 설계, 불분명한 계층화, 모듈화되지 않으며, 혼란스러운 코드 구조와 높은 결합성을 가지는 '너덜너덜해진' 코드를 너무 많이 봐왔다. 사실 이러한 코드를 유지 보수하는 것은 무척 힘든 일이다. 실제로 한두 개의 함수를 추가하거나 수정했을 뿐인데 전체 시스템에 영향을 미칠 수도 있고, 유지 보수 담당자는 어디서부터 손을 대야 할지 막막하다 못해 차라리 모든 코드를 삭제하고 처음부터 다시 작성하고 싶은 욕망에 휩싸이는 일이 종종 발생한다.

그렇다면 높은 품질의 코드를 작성할 수 있도록 스킬을 향상하려면 어떻게 해야 할까? 먼저 코드 설계에 대한 이론적인 지식을 갖춰야 한다. 여기서 말하는 이론적인 지식이란 선지자로부터 이어온 지혜의 결정체이며 문제를 해결하는 도구다. 기본적인 이론 지식이 없으면 강력한 '무기와 장비'를 갖추지 못하고 게임을 하는 꼴이다.

1.1.2 복잡한 코드 개발 다루기

소프트웨어를 개발할 때 만나는 어려움에는 두 가지가 있다. 첫 번째는 매우 높은 수준의 기술이 필요한 경우다. 코드의 양이 반드시 많은 것은 아니지만, 자율 주행이나 비디오 인식, 높은 성능을 가지는 메시지 대기열과 같이 상대적으로 고도의 기술이 필요한 경우다. 그렇다고 개발자를 많이 투입해 알고리즘을 완성할 수 있는 형편도 아니다. 두 번째는 높은 수준의 기술이나 최신 기술이 필요하지는 않지만 복잡한 비즈니스를 갖춘 대규모 프로젝트로, 단순하지만 코드의 양이 매우 많은 물류 시스템, 금융 시스템, 대규모의 ERP 시스템 등의 개발에 많은 사람이 참여하는 경우다. 첫 번째 '기술적 어려움'은 세분화된 전문 분야에 대한 지식이 필요하므로 이 책에서 소개하는 코드 설계의 주제와는 관련이 없다. 이 책에서는 두 번째 '소프트웨어 개발의 복잡성'을 다루는 방법에 중점을 두고 이야기할 것이다.

대부분의 소프트웨어 엔지니어는 간단한 **hello world** 프로그램을 작성할 수 있으며 기본적으로 수천 줄의 코드를 유지 보수할 수 있다. 하지만 코드가 수만에서 수십만 줄, 심지어 수백만 줄로 늘어나면 소프트웨어의 복잡성은 기하급수적으로 증가한다. 이 경우 프로그램이 올바르게 작동하고 실행될 뿐만 아니라 작성된 코드를 이해하고 유지 보수할 수 있어야 한다. 이때 코드 설계와 관련된 지식이 활용될 여지가 있으며, 이 기술이 결국 소프트웨어 엔지니어의 손에서 진정한 '드래곤 슬레이어'로서 빛을 발하게 된다.

대부분의 소프트웨어 엔지니어는 프로그래밍 언어, 개발 도구 그리고 개발 프레임워크에 익숙하며 프레임워크를 사용하여 비즈니스 요구 사항에 따라 코드를 채우는 것이 일반적인 업무다. 내가 처음 일을 시작했을 때도 이런 일을 했다. 이런 작업은 우리가 비즈니스를 이해하고 비즈니스를 코드로 변환하는 한 대단한 코드 설계 능력을 요구하지는 않는다. 그런데 어느 날 갑자기 상사가 비즈니스와 무관한 일반 기능 모듈의 개발을 요청했다고 치자. 좀 더 복잡한 코드 설계와 개발이 필요하게 되자 어디서부터 무엇을 시작해야 할지 모르는 막막한 상태가 되었고 무력감까지 느끼게 되었다. 이렇듯 단순히 기능을 구현하고 사용 가능한 코드를 만드는 것은 복잡하지 않을 수 있지만, 사용하기 쉬운 코드를 작성하는 것은 쉽지 않다.

다음과 같은 질문을 생각해본 적이 있는가?

- 계층화와 하위 모듈화 방법은 무엇인가?
- 클래스를 어떻게 나누는 것이 좋은가?
- 각 클래스에는 어떤 속성과 메서드가 있는가?
- 클래스 간의 상호 작용을 설계하는 방법은 무엇인가?

- 상속이나 연관을 사용하는 것이 옳은가?

- 인터페이스나 추상 클래스를 사용하는 것이 옳은가?

- 결합도가 높은 코드와 낮은 코드는 무엇인가?

- 디커플링decoupling을 달성하는 방법은 무엇인가?

- 싱글턴 패턴이나 정적 메서드를 사용하는 것이 옳은가?

- 객체를 생성할 때 팩터리 패턴을 사용하는 것이 옳은가?

- 가독성을 유지하면서 확장성을 향상하기 위해 디자인 패턴을 도입하는 방법은 무엇인가?

처음에는 필자 역시 이런 문제에 대해 생각해본 적이 없었다.

코드 설계에 대한 지식과 경험이 많지 않아 헤매고 있었을 때, 코드 설계의 중요성을 깨닫고 의도적으로 다년간 코드 설계를 의식하고 개발해왔다. 그 결과 복잡한 코드 설계와 개발을 할 때도 점점 더 쉽게 문제를 해결해 나가고 있다.

1.1.3 프로그래머의 기본 능력

프로그래머는 기술의 넓이와 깊이를 모두 가지고 있어야 한다. 대부분 이미 알고 있는 사실일 것이다. 프레임워크와 미들웨어를 배울 때 시간을 들여 관련 원리를 공부하고 소스 코드를 읽으면서, 단순하게 그것들의 기능을 사용하는 데 그치지 않고 심층적인 이해를 얻으려고 한다.

소스 코드를 읽으면서 종종 그것이 어떤 의미인지 이해하지 못하는 경우가 있다. 사실 이런 문제의 원인은 매우 간단하다. 코드를 완벽하게 이해하기 위해 필요한 기본적인 기술적 소양과 능력이 부족하기 때문이다.

우수한 오픈소스 프로젝트, 프레임워크, 미들웨어는 코드와 클래스의 양이 많으며, 클래스 구조와 클래스 간의 관계와 호출 관계도 복잡하다. 따라서 코드의 확장성, 유연성, 유지 보수성을 보장하기 위해 더 많은 디자인 패턴과 설계 원칙이 코드에 사용된다. 이러한 디자인 패턴과 설계 원칙을 이해하지 못한다면 코드를 읽을 때 작성자의 설계 의도를 완전히 이해하지 못할 수 있고, 코드를 이해하는 데에도 시간이 오래 걸릴 수 있다. 반대로 디자인 패턴과 설계 원칙에 대해 확실히 이해하면서 코드가 설계된 이유를 한눈에 파악할 수 있다면 코드는 쉽게 읽힌다.

코드를 이해하지 못하거나 읽지 못하는 문제 외에도 숨겨진 문제가 있다. 코드의 본질을 이해한다고 생각하지만 실제로는 그렇지 못하다는 점이다. 우수한 오픈소스 프로젝트, 프레임워크, 미들웨어는 다양하고 정교한 기술을 모두 갖춘 '최신형 스텔스기'와 같다. 하지만 그 원리를 분석하고 기술을 내 것으로 만들고 싶어도 기초적인 기술의 깊은 이해가 없다면 최신형 스텔스기를 눈앞에 두고도 본질을 이해하지 못해 수박 겉핥기만 하게 될 뿐이다.

따라서 코드 설계와 관련된 지식은 오픈소스 프로젝트를 쉽게 이해할 수 있을 뿐만 아니라 코드의 기술적 본질을 이해하는 데 도움이 되는 프로그램 개발의 기본 기술이라고 할 수 있다.

1.1.4 경력 개발에 필요한 기술

주니어 개발 엔지니어는 먼저 운영 프레임워크, 개발 도구, 프로그래밍 언어에 대해 배운 다음, 몇 가지 프로젝트를 통해 기술을 연습하면 기본적으로 일반적인 개발 작업에 투입될 수 있다. 그러나 평생 주니어가 아닌 수석 엔지니어로 성장하고, 직장에서 더 높은 성과와 발전을 달성하기 원한다면 기본적인 능력 향상과 기본적인 지식 습득에 꾸준히 신경을 써야 한다.

몇몇 훌륭한 소프트웨어 엔지니어는 상당히 **우아한** 코드를 작성한다. 프레임워크를 잘 사용하고 아키텍처에 대해 이야기하면서도 정작 코드가 **나쁘면** 결코 좋은 소프트웨어 엔지니어가 될 수 없다.

엔지니어가 기술 커리어 과정에서 특정 단계로 성장하게 되면 신입과 주니어 엔지니어의 코드 리뷰를 비롯하여 그들을 양성하고 이끄는 일도 해야 한다. 하지만 만약 자신이 고품질의 코드가 무엇인지, 고품질의 코드를 어떻게 작성해야 하는지 모른다면, 어떻게 다른 사람을 이끌고 설득할 수 있겠는가?

또한 기술 리더로 성장하면 프로젝트의 전반적인 개발을 책임지고 개발 진행 상황, 개발 효율성, 프로젝트 품질을 책임져야 한다. **쓰레기** 코드를 작성하는 것을 반복하여 전체 프로젝트를 유지 관리할 수 없게 만들고, 기능을 추가하거나 수정하는 것이 매우 어려워지며, 궁극적으로 팀 전체의 개발 효율성이 저하되는 것을 원하는 엔지니어는 없을 것이다.

이 밖에도 코드의 품질이 낮으면 버그가 빈번하게 발생하고, 버그의 원인을 찾기 어려우며, 팀 전체가 낮은 수준의 버그 수정과 **잘못된** 코드의 **패치** 같은 무의미한 작업을 계속 해야 한다. 반면 잘 설계되고 유지 보수가 쉬운 시스템은 더 의미 있는 일을 할 수 있도록 성장한다.

1.1.5 생각해보기

코드 설계 학습의 중요성에 대한 자신의 견해를 이야기해보자.

1.2 코드 품질 평가 방법

동료들과 프로젝트 코드의 품질에 대해 리뷰할 때마다 가장 많이 듣는 이야기는 '코드가 제대로 작성되지 않았다' 또는 '코드가 잘 작성되었다'이다. 코드의 품질을 설명하기 위해 '좋은' 또는 '나쁜'과 같은 수식어를 사용하는 것은 매우 일반적이다. 하지만 코드의 작성자가 코드의 어떤 부분이 '나쁜지' 또는 '좋은지' 물으면, 대부분 단순히 몇 가지 나쁜 측면 또는 좋은 측면을 나열하는 수준에 그치는 경우가 많으며, 충분한 답변이 되지 않는 경우가 많다.

물론 좋은 코드는 확장하기 쉽고, 읽기 쉽고, 단순하고, 유지 보수가 쉽다고 생각하는 등 코드 품질을 평가하는 방법을 알고 있는 소프트웨어 엔지니어도 있지만 명쾌하게 대답하는 엔지니어는 드물다. 이러한 평가에 대한 이해는 종종 다음과 같은 질문에 대한 명확한 인식이 필요하다.

- 어떤 코드가 높은 가독성을 가지는 코드인가?
- 어떤 종류의 코드가 확장과 유지 관리에 용이한가?
- 가독성, 확장성, 유지 보수 사이의 관계는 무엇인가?
- 유지 보수는 정확히 어떤 것을 의미하는 것인가?

실제로 코드 품질에 대한 설명에는 '좋음, 나쁨'과 같은 비교적 간단하고 일반적인 설명 방법 외에도 다음과 같이 의미가 풍부하고 전문적이며 상세한 설명 방법이 많이 있다.

- 유연성flexibility
- 확장성extensibility
- 유지 보수성maintainability
- 가독성readability
- 이해 용이성understandability
- 가변성changeability
- 재사용성reusability
- 테스트 용이성testability
- 모듈성modularity
- 높은 응집도와 낮은 결합도high cohesion loose coupling
- 높은 효율성high efficiency

- 고성능high performance
- 보안성security
- 호환성compatibility
- 사용성usability
- 깨끗함clean
- 명확성clarity
- 간결성simplicity
- 직접성straightforward
- 더 작은 코드가 더 많은 것을 담는다less code is more
- 문서화가 잘 된well-documented
- 계층화가 잘 이루어진well-layered
- 정확성correctness, bug free
- 강건성robustness
- 신뢰성reliability
- 확장성scalability
- 안정성stability
- 우아함elegant

이렇게 다양한 단어들 중에서 어느 단어를 선택하면 코드의 품질을 잘 설명할 수 있을까?

이 단어들은 서로 다른 관점에서 코드의 품질을 설명하기 때문에 종합적으로 평가하기가 어려운 것이 사실이다. 예를 들어 일반적으로 누군가를 평가할 때 그 사람에 대한 평가가 너무 단편적일 수 있으므로 그 사람의 성격, 능력 등 여러 측면을 종합적으로 평가하는 경우가 많다. 코드 품질에 대한 평가 역시 마찬가지로 다양한 측면에서 각 요소를 평가해야 하며 하나의 관점으로만 평가해서는 안 된다. 예를 들어 확장성은 좋지만 가독성이 좋지 않은 코드의 경우, 이 코드는 고품질의 코드라고 일방적으로 가정할 수는 없을 것이다.

이와 같이 서로 다른 평가의 관점들은 완전히 독립적이지 않으며 일부는 포괄 관계, 중첩 관계이거나 서로 영향을 미칠 수 있다. 예를 들어 가독성이 높으면서 확장성이 높은 코드는 코드의 유지보수성이 높음을 의미할 수 있다. 더군다나 이러한 다양한 평가 관점은 절대 흑 또는 백이 아니다.

예를 들어 우리는 단순히 코드의 가독성이 높다 나쁘다를 칼같이 구분할 수 없는데, 만약 코드의 가독성을 평가해야 한다면 높다 또는 낮다가 아닌 100점 만점으로 점수를 매기는 것처럼 연속적인 값 중 하나여야 한다.

앞에서 100점 만점으로 점수를 매긴다고 말했는데, 과연 이것이 가능한지 생각해보면 사실 부정적일 수밖에 없다. 코드의 품질 평가는 매우 주관적일 테니 말이다. 예를 들어 사람마다 읽을 수 있는 코드를 구성하는 기준이 다를 수 있기 때문이다.

이 주관적인 평가의 정확성이 소프트웨어 엔지니어의 경험과 밀접한 관계가 있는 것은 바로 코드 품질 평가의 주관성 때문이다. 다시 말해, 소프트웨어 엔지니어의 경험이 많을수록 평가가 더 정확해지는 경향이 있다. 반대로 경험이 부족한 소프트웨어 엔지니어는 정량화할 수 있는 평가 기준이 없으면 코드의 품질을 정확하게 판단하기 어렵다고 느끼는 경우가 많다. 코드가 잘 작성되었는지 여부를 판단할 수 없다면 아무리 많은 코드를 작성해도 코딩 능력은 크게 향상되지 않을 것이다.

앞에 나열된 코드 품질 평가의 다양한 기준을 주의 깊게 읽었다면, 일부 단어는 너무 일반적이고 추상적이며 우아함, 좋음, 나쁨, 깔끔함, 명확성과 같이 전체를 설명하는 경향이 있으며, 반대로 일부는 너무 상세하고 방법론적이라는 것을 알게 될 것이다. 모듈성, 높은 응집도와 낮은 결합도, 자세한 문서화, 잘 작성된 계층과 같은 항목들은 코딩뿐만 아니라 확장성, 재사용성, 안정성과 같은 아키텍처 설계와도 연관되어 있다.

이 책에서는 다양한 평가 기준에서 일반적으로 사용되는 7가지 중요한 평가 기준인 유지 보수성, 가독성, 확장성, 유연성, 간결성, 재사용성, 테스트 용이성에 대해 집중적으로 살펴보기로 한다.

1.2.1 유지 보수성

코드 개발에서 유지 보수란 버그의 수정, 이전 코드의 수정 또는 새로운 코드의 추가에 불과하다. 코드의 '**유지 보수성**maintainability이 높다'라는 표현의 의미는 기존의 코드 설계를 손상시키거나 새로운 버그를 발생시키지 않고도 빠르게 코드를 수정하거나 추가할 수 있는 상태를 말한다. 반면에 '코드의 유지 보수가 쉽지 않다'라는 표현은 코드를 변경하거나 새로 추가하면 새로운 버그가 발생할 위험이 크고 전체적인 기능이 완벽하게 동작할 때까지 시간이 걸린다는 것을 의미한다.

서비스 중인 프로젝트의 경우 새로운 코드를 작성하는 시간보다 코드를 유지 관리하는 시간이 훨씬 더 오래 걸릴 수 있다. 소프트웨어 엔지니어는 대부분의 시간을 버그의 수정, 기존 기능의 논리 수정, 새로운 기능 논리 추가에 할애하기 때문이다. 따라서 코드의 유지 보수성이 특히 중요하다.

유지 보수, 쉬운 유지 보수, 어려운 유지 보수의 세 가지 개념을 이해하는 것은 어렵지 않다. 오히려 실제 소프트웨어 개발에서는 코드의 유지 보수성을 판단하는 방법을 아는 것이 훨씬 더 중요하다.

사실 유지 보수성은 수치화하기 어렵고, 전체 코드를 평가하는 경향이 있어 앞서 언급한 '좋다, 나쁘다, 우아하다' 같은 일반적인 평가와 유사하다. 코드의 유지 보수성은 많은 요인들이 공통적으로 작용한 결과다. 코드가 간결하고 가독성이 높으며 확장성이 높다면 코드의 유지 보수도 쉬워진다. 더 자세히 말하면, 코드가 명확하게 계층화되어 있으며, 높은 모듈성, 높은 응집도와 낮은 결합도를 가지고 구현보다 인터페이스 기반의 설계 원칙을 고수한다면 코드의 유지 보수가 쉽다는 의미일 수 있다. 또한 코드의 유지 보수성은 프로젝트의 코드 규모, 비즈니스의 복잡성, 기술의 복잡성, 문서의 포괄성, 팀원의 개발 수준 등 다양한 요인과 관련 있다.

1.2.2 가독성

소프트웨어 설계 전문가인 마틴 파울러Martin Fowler는 "컴퓨터가 이해할 수 있는 코드는 바보라도 작성할 수 있다. 훌륭한 프로그래머는 사람이 이해할 수 있는 코드를 작성한다."[2]라고 말한 바 있다. 구글 내부에는 통칭 **가독성**readability이라는 인증이 있다. 이 인증을 획득한 소프트웨어 엔지니어만 코드 리뷰에서 다른 사람이 제출한 코드를 승인할 수 있다. 여기서 코드의 가독성이 얼마나 중요한지 알 수 있다. 결국 코드를 읽는 횟수는 코드를 작성하고 실행하는 횟수보다 훨씬 더 많다.

코드의 가독성은 매우 중요하므로 코드를 작성할 때 이해하기 쉽고 읽기 쉬운 코드인지 고려해야 한다. 코드의 가독성은 코드의 유지 보수성에 큰 영향을 미친다. 버그를 수정하든, 기능 코드를 추가하거나 수정하든 먼저 코드를 이해해야 가능하기 때문이다. 코드에 대해 숙지하지 못한다면 잘못된 판단으로 새로운 버그를 발생시킬 수 있다.

그렇다면 이렇게 중요한 코드의 가독성은 어떻게 판단할 수 있을까?

---

2   원문은 다음과 같다. Any fool can write code that a computer can understand. Good programmers write code that humans can understand.

우리는 코드의 명명이 의미가 있는지, 주석이 자세히 기술되어 있는지, 함수 길이는 적절한지, 모듈 구분이 명확한지, 코드가 높은 응집도와 낮은 결합도를 가지는지 등을 모두 확인해야 한다. 그 외에도 코드 리뷰는 코드의 가독성을 판단하는 좋은 수단이다. 작성한 코드가 쉽게 읽힌다는 것은 코드의 가독성이 나쁘지 않다는 것을 의미하고, 작성한 코드에 대해 많은 질문을 받는다면, 코드의 가독성에 문제가 있다는 것을 깨닫는 것이며, 그 문제에 더 많이 집중해야 한다는 뜻이 될 것이다.

1.2.3 확장성

코드의 **확장성**extensibility은 기존 코드를 약간 수정하는 것만으로도 혹은 전혀 수정하지 않고도 확장을 통해 새로운 기능을 추가하는 것을 말한다. 즉, 코드의 확장성은 코드를 작성할 때 새로운 기능을 추가할 수 있는 여지가 설계 당시부터 고려되어 있어 확장용 인터페이스가 이미 존재함을 의미하며, 확장성이 높으면 새로운 기능 코드를 추가할 때 기존 코드의 대량 수정 없이도 새로운 코드를 바로 추가할 수 있다. 확장성은 코드 품질을 평가하는 중요한 기준이기도 하다. 코드의 확장성은 요구 사항의 미래 변화에 대처할 수 있는 코드의 능력을 의미한다. 코드의 가독성과 마찬가지로 코드를 확장하기 쉬운지의 여부는 코드의 유지 보수성에도 크게 관여한다.

1.2.4 유연성

유연성flexibility은 코드의 품질을 설명하는 데에도 사용할 수 있다. 예를 들어 '코드는 유연하게 작성되었습니다'라는 설명을 자주 들을 수 있는데, 여기에서 언급된 '유연하게'라는 단어를 어떻게 이해해야 할까?

많은 사람들이 코드의 품질을 '유연하다'고 표현하지만 사실 유연하다는 것은 추상적인 평가 기준이며, 어떤 것이 유연한 것인지 한마디로 정의하는 것은 쉽지 않다. 그러나 유연성에 대해 생각해 볼 수는 있다. 그렇다면 어떤 상황에서 코드가 매우 유연하다고 말할 수 있을까? 코드의 유연성이 무엇인지 이해하는 데 도움이 될 만한 세 가지 시나리오를 보자.

1) 기존 코드에 확장을 위한 인터페이스가 준비되어 있어서 기존 코드의 수정 없이 새로운 코드를 추가하기만 하면 된다. 이때 이 코드는 확장성이 높다는 표현 외에도 코드가 유연하다고 표현할 수도 있다.

2) 함수를 구현할 때 기본적으로 재사용 가능한 많은 모듈과 클래스 등이 기존 코드에 추상화된

형태로 이미 제공되어 이를 상속받아 직접 사용할 수 있다. 이때 코드는 재사용성이 높을 뿐만 아니라 코드가 유연하다고 할 수 있다.

3) 클래스를 사용할 때 클래스가 다양한 사용 시나리오에 대응하고, 다양한 요구를 충족할 수 있다면 클래스의 사용성이 높을 뿐만 아니라 유연하다고 할 수 있다.

세 시나리오에서 볼 수 있듯이 코드가 확장과 재사용이 용이하고 사용성이 높을 경우 일반적으로 코드가 유연하다고 생각할 수 있다. 따라서 '유연하다'는 표현은 광범위한 의미를 가지며 다양한 시나리오에서 두루 사용할 수 있다.

1.2.5 간결성

한 번쯤은 들어봤을 아주 잘 알려진 설계 원칙이 있다. 바로 'Keep It Simple, Stupid', 일명 'KISS 원칙'이다. 이 원칙은 코드를 가능한 한 단순하게 유지하려는 **간결성**simplicity을 의미한다. 단순한 코드와 명확한 논리는 종종 코드의 가독성이 높고, 유지 보수성이 높다는 것을 의미한다. 코드를 작성할 때 우리는 '단순하고 명확한' 원칙을 먼저 생각하는 경향이 있다.

프로그래밍에 익숙하지 않은 많은 프로그래머는 단순한 코드에는 기술적인 내용이 없다고 느끼고 복잡한 디자인 패턴을 프로젝트에 도입하는 것을 좋아할 것이다. 그래야만 자신의 기술 수준이 높다고 착각한다. 그러나 고수준의 프로그래머는 종종 간단한 방법으로 복잡한 문제를 해결하는 경우가 많다.

코드가 최대한 간결하게 작성되어야 하고 KISS 원칙에 부합해야 한다는 것은 알지만, 어떤 코드를 간결한 코드라고 할 수 있을까? 그리고 어떤 종류의 코드가 KISS 원칙을 준수하는 것으로 간주할 수 있을까? 이는 모든 사람이 정확한 판단을 할 수 있는 것은 아니므로 3장에서 KISS 원리를 소개할 때 구체적인 예제 코드를 통해 자세히 살펴보기로 한다.

1.2.6 재사용성

코드의 **재사용성**reusability은 반복적인 코드 작성을 최소화하고 기존 코드를 재사용하는 것으로 이해할 수 있다. 후속 장에서는 종종 **재사용성**을 코드 평가 기준으로 언급할 것이다. 예를 들어 객체 지향을 도입할 때 상속과 다형성의 목적 중 하나가 코드의 재사용성을 향상시키는 것이라고 언급하고, 설계 원칙을 도입할 때 **단일 책임 원칙**single responsibility principle, SRP과 코드 재사용성을 언급할 것이다. 리팩터링 기술을 도입할 때는 디커플링, 높은 응집도, 모듈화가 코드 재사용성을 향상시킬 수 있음을 언급할 것이다. 이처럼 재사용성은 중요한 코드 평가 기준이자 다양한 설계 원칙, 설계 사상, 디자인 패턴에 의해 달성되는 최종 효과임을 알 수 있다.

실제로 코드의 재사용성은 **DRY**Don't repeat yourself 원칙과 밀접한 관련이 있으므로 3장에서 DRY 원칙을 소개할 때 코드의 재사용성을 높이는 프로그래밍 방법과 같은 코드 재사용에 대한 지식을 더 많이 소개하도록 하겠다.

1.2.7 테스트 용이성

테스트 용이성testability은 지금까지 언급한 여섯 가지 코드 품질 평가 기준에 비해 언급되는 비중은 덜하지만 마찬가지로 매우 중요하다. 이는 코드 테스트 용이성 수준이 코드 품질 수준 측면을 정확하게 반영할 수 있기 때문이다. 코드의 테스트 용이성이 낮으면 단위 테스트를 작성하기 어렵다는 뜻이며, 기본적으로 코드의 설계에 문제가 있음을 보여준다. 코드의 테스트 용이성에 대해서는 5.3절의 리팩터링 항목에서 자세히 살펴보기로 한다.

1.2.8 생각해보기

이번 절에서 언급한 코드 품질 평가 기준 외에 또 다른 평가 기준이 있는지 생각해보고, 고품질의 코드는 어떤 모습일지 생각해보자.

1.3 고품질 코드를 작성하는 방법

모든 소프트웨어 엔지니어는 고품질 코드를 작성하고 싶어 하고 어떻게 해야 고품질 코드를 작성할 수 있을지 고민한다. 1.2절에서는 일반적으로 사용되는 7가지 중요한 코드 품질 평가 기준을 언급했다. 고품질의 코드는 유지하기 쉽고, 읽기 쉽고, 확장하기 쉽고, 유연하고, 간결하고, 재사용 가능하고, 테스트가 가능한 코드를 의미한다.

위에서 언급한 코드 품질 평가 표준을 충족하는 고품질의 코드를 작성하려면 객체지향 설계 패러다임, 설계 원칙, 코딩 규칙, 리팩터링 기술, 디자인 패턴을 포함하여 일부 세련되고 구현 가능한 프로그래밍 방법론을 마스터해야 한다. 이러한 프로그래밍 방법론을 마스터하는 궁극적인 목표는 고품질의 코드를 작성하는 것이다. 이러한 프로그래밍 방법론은 다음 장에서 중점적으로 다루므로먼저 익숙해지도록 하자.

이번 절에서는 이 책에서 학습할 내용에 대한 구조에 해당하는 부분으로, 앞으로 다룰 내용들과 관련된 이론을 간략하게 소개하여 이 책 전체에 대한 전반적인 이해를 돕고, 흩어져 있는 이론과 조직을 머리 속에 담을 수 있게 해줄 것이다.

1.3.1 객체지향

프로그래밍 패러다임을 주도하는 세 가지 스타일이 있는데, 바로 절차적 프로그래밍, 함수형 프로그래밍, 객체지향 프로그래밍이 그것이다. 대중적인 프로그래밍 언어의 대부분은 객체지향 프로그래밍 언어다. 대부분의 프로젝트도 객체지향 프로그래밍 스타일을 기반으로 개발된다. 캡슐화, 추상화, 상속, 다형성의 풍부한 특성으로 인해 객체지향 프로그래밍은 복잡한 설계 사상을 실현할 수 있으므로 다양한 설계 원칙과 디자인 패턴 코딩 구현의 기초가 된다.

이 책에서는 객체지향에 대해 다음 일곱 가지 이론을 마스터하는 것을 목표로 한다. 이에 대한 자세한 내용은 2장에서 다룰 것이다.

- 객체지향의 네 가지 주요 특성: 캡슐화, 추상화, 상속, 다형성
- 객체지향 프로그래밍과 절차적 프로그래밍의 차이점과 연계
- 객체지향 분석, 객체지향 설계, 객체지향 프로그래밍
- 인터페이스와 추상 클래스의 차이점과 각각의 응용 시나리오
- 구현이 아닌 인터페이스를 기반으로 한 설계 사상
- 더 많은 합성, 더 적은 상속의 설계 사상
- 절차적인 빈약한 도메인 모델anemic domain model과 객체지향의 풍성한 도메인 모델rich domain model

1.3.2 설계 원칙

설계 원칙은 코드 설계에서 배운 몇 가지 교훈이다. 설계 원칙은 추상적으로 보이고, 정의와 설명이 모호하며, 동일한 설계 원칙에 대해 사람마다 해석이 다르다는 설계 원칙의 특징이 있다. 따라서 단순히 정의만 암기하면 프로그래밍과 설계 능력 향상상에 큰 도움이 되지 않는다. 각각의 설계 원칙이 어떤 문제와 응용 시나리오를 해결하는 데 사용되는 것인지 파악해야 한다. 이러한 내용을 모두 마스터해야만 설계 원칙을 프로젝트에 유연하고 적절하게 적용할 수 있다. 사실 설계 원칙은 정신적인 방법이고 디자인 패턴은 움직임이다. 따라서 설계 원칙은 디자인 패턴보다 더 보편적이고

중요하다. 설계 원칙을 마스터해야만 특정 디자인 패턴을 사용하는 이유를 명확하게 이해하고 디자인 패턴을 올바르게 적용하고 새로운 디자인 패턴을 만들 수도 있게 되는 것이다.

다음 설계 원칙들을 이해하고 숙달하기 바란다. 설계 원칙에 대한 내용은 3장에서 자세하게 다룰 것이다.

- 단일 책임 원칙single responsibility principle, SRP
- 개방 폐쇄 원칙open-closed principle, OCP
- 리스코프 치환 원칙Liskov substitution principle, LSP
- 인터페이스 분리 원칙interface segregation principle, ISP
- 의존 역전 원칙dependency inversion principle, DIP
- KISS 원칙keep it simple principle
- YAGNI 원칙you aren't gonna need it principle
- DRY 원칙don't repeat yourself principle
- LoDlaw of Demeter

1.3.3 디자인 패턴

디자인 패턴은 소프트웨어 개발에서 자주 접하게 되는 일부 설계 문제에 대해 요약된 솔루션 또는 설계 사상을 모아둔 것이다. 대부분의 디자인 패턴은 코드 디커플링과 확장성 문제를 해결한다. 설계 원칙에 비해 디자인 패턴은 그다지 추상적이지 않으므로, 이해하기 쉽고 코드 구현도 복잡하지 않다. 디자인 패턴 연구를 위해서는 어떤 문제와 일반적인 애플리케이션 시나리오를 과용하지 않고 해결할 수 있는지 숙달하는 데 집중해야 한다.

프로그래밍 언어가 발전함에 따라 싱글턴 패턴 같은 일부 디자인 패턴은 더 이상 사용되지 않을 뿐만 아니라 심지어 안티 패턴으로 간주되며, 반복자 패턴 같은 일부 디자인 패턴은 프로그래밍 언어에 포함되면서 새로운 디자인 패턴들이 등장하고 있다.

이 책에서 우리는 22개의 고전적인 디자인 패턴에 초점을 맞출 것이다. 이 패턴은 크게 세 가지 범주인 생성, 구조, 행동으로 구분할 수 있다. 22개의 디자인 패턴 중 어떤 것은 자주 사용하지만 일부는 거의 사용하지 않는다. 자주 사용하는 디자인 패턴은 이해하고 마스터하는 데 더 많은 시간을 할애해야 하며, 거의 사용하지 않는 디자인 패턴의 경우 의미를 이해하는 것으로도 충분할 것이다.

다음은 고전적인 디자인 패턴을 유형별로 간략하게 분류한 것이다.

- **생성 디자인 패턴**: 싱글턴 패턴, 팩터리 패턴(단순 팩터리 패턴, 팩터리 메서드 패턴, 추상 팩터리 패턴 포함), 빌더 패턴, 프로토타입 패턴
- **구조 디자인 패턴**: 프록시 패턴, 데커레이터 패턴, 어댑터 패턴, 브리지 패턴, 퍼사드 패턴, 복합체 패턴, 플라이웨이트 패턴
- **행동 디자인 패턴**: 옵서버 패턴, 템플릿 메서드 패턴, 전략 패턴, 책임 연쇄 패턴, 상태 패턴, 반복자 패턴, 비지터 패턴, 메멘토 패턴, 커맨드 패턴, 인터프리터 패턴, 중재자 패턴

1.3.4 코딩 규칙

코딩 규칙은 주로 코드 가독성 문제를 해결한다. 설계 원칙과 디자인 패턴에 비해 코딩 규칙은 더 구체적이며 코드 세부 사항에 중점을 두기 마련이다. 소프트웨어 엔지니어가 개발한 프로젝트가 복잡하지 않다면 설계 원칙과 디자인 패턴을 이해할 필요는 없지만 최소한 변수, 클래스, 함수, 코드에 대한 명명 규칙, 코드에 주석을 다는 범위와 같은 코딩 규칙에 능숙해야 한다. 따라서 코딩 규칙은 설계 원칙과 디자인 패턴보다 더 기본적이고 중요하다.

그러나 설계 원칙과 디자인 패턴에 비해 코딩 규칙은 이해하고 마스터하기 쉽다. 설계 원칙과 디자인 패턴을 배우려면 많은 개인적인 이해와 사고가 필요하지만 코딩 규칙을 배우는 것은 그렇지 않다. 각 코딩 규칙은 매우 간단하고 명확해서 그대로 따라하기만 하면 되기 때문에 이 책에서는 모든 코딩 규칙을 설명하는 데 너무 많은 시간을 할애하는 대신, 코드 품질을 효과적으로 향상시킬 수 있다고 생각하는 17가지 규칙을 요약해서 이야기할 것이다.

이 책에서는 코딩 규칙 외에도 규칙을 벗어나는 코드의 종류와 최적화 방법을 이해하는 데 도움이 되도록 코드의 '나쁜 느낌'도 소개한다. 코딩 규칙을 참조하면 가독성이 높은 코드를 작성할 수 있으며, 코드의 '나쁜 느낌'을 이해하면 코드의 가독성 문제를 찾아낼 수 있다.

1.3.5 리팩터링 기법

소프트웨어 개발에서 소프트웨어가 계속 반복되어 업데이트되는 한 언제까지나 적용되는 만능의 설계는 없다. 요구 사항의 변경과 지속적인 코드 업데이트로 인해 기본 설계에서 반드시 문제가 발

생하기 때문이다. 이러한 문제를 해결하기 위해서는 코드를 리팩터링해야 한다. 리팩터링은 소프트웨어 개발의 중요한 부분으로, 지속적인 리팩터링은 코드 품질이 저하되는 것을 방지하는 효과적인 방법이며 코드가 '희망이 없는 수준까지 손상'되는 것을 효과적으로 방지할 수 있다.

리팩터링을 위한 도구는 객체지향 프로그래밍 패러다임, 설계 원칙, 디자인 패턴, 코딩 규칙이다. 사실 설계 원칙과 디자인 패턴에 대한 중요한 응용 시나리오는 리팩터링이다. 우리는 디자인 패턴이 코드의 확장성을 향상시킬 수 있지만 과도하거나 부적절하게 사용하면 코드의 복잡성이 증가하고 코드의 가독성에 영향을 미친다는 것을 알고 있다. 개발 초기 단계에서 필요한 경우를 제외하고는 복잡한 디자인 패턴을 과도하게 설계하여 적용하면 안 되지만, 코드에 문제가 있는 경우 문제를 리팩터링하고 설계 원칙과 디자인 패턴을 적용하여 초기 단계의 과도한 설계와 개발 문제를 효과적으로 방지할 수 있다.

이 책에서는 리팩터링과 관련하여 다음 세 가지 측면에 중점을 두고 있다. 이러한 내용을 통해 일부 리팩터링 기술을 마스터할 수 있을 뿐만 아니라, 지속적인 리팩터링의 감각을 확립하고 리팩터링을 개발의 일부로 받아들여 일상 개발에 통합할 수 있는 기회가 되기를 바란다.

1) **리팩터링의 목적**why, **대상**what, **시기**when, **방법**how
2) **리팩터링에 오류가 없는지 확인하기 위한 기술적 수단:** 단위 테스트, 코드 테스트 용이성
3) **두 가지 다른 규모의 리팩터링:** 대규모 고수준의 리팩터링과 소규모 저수준 리팩터링

다음은 객체지향 프로그래밍, 설계 원칙, 디자인 패턴, 코딩 규칙, 리팩터링 기술 사이의 관계를 요약한 것이다.

- 객체지향 프로그래밍 패러다임은 캡슐화, 추상화, 상속, 다형성 등의 풍부한 기능으로 인해 복잡한 설계 사상을 구현할 수 있으므로 다양한 설계 원칙과 디자인 패턴 코딩 구현의 기초가 된다.
- 설계 원칙은 코드 설계를 이끌어내는 몇 가지 경험의 요약이며, 코드 설계의 일반적인 방향을 나타내는 정신에 해당한다. 또한 디자인 패턴보다 더 일반적이다.
- 디자인 패턴은 소프트웨어 개발에서 자주 접하는 일부 설계 문제에 대해 요약된 해결 방법 또는 설계 사상을 모아둔 것이다. 디자인 패턴을 적용하는 주요 목적은 디커플링을 통해 코드의 확장성을 향상시키는 것이다. 추상화 측면에서 설계 원칙은 디자인 패턴보다 더 추상적이며, 디자인 패턴은 더 구체적이고 구현하기 쉽다.

- 코딩 규칙은 주로 코드 가독성 문제를 해결한다. 설계 원칙과 디자인 패턴에 비해 코딩 규칙은 더 구체적이고 코드 세부 사항에 더 중점을 두고 구현이 가능하다. 진행 중인 소규모 리팩터링은 주로 코딩 규칙 이론에 의존하게 된다.
- 리팩터링은 코드 품질 저하를 방지하는 효과적인 수단으로서 객체지향 프로그래밍 패러다임, 설계 원칙, 디자인 패턴, 코딩 규칙에 대한 이론적 지식에 의존한다.

실제로 객체지향 프로그래밍 패러다임, 설계 원칙, 디자인 패턴, 코딩 규칙, 리팩터링 기술은 모두 코드 품질을 유지하거나 개선하기 위한 방법론이며 본질적으로 고품질의 코드 작성에 기여한다. 이 본질을 명확히 인식할 때 많은 선택이 보다 명확해질 것이다. 예를 들어 특정 시나리오에서 어떤 디자인 패턴을 사용할지 여부는 코드의 품질을 향상시킬 수 있는지 여부에 따라 판단해야 한다.

사실 고품질 코드를 작성하기 위해서는 이런 이론적 지식을 축적하는 것 외에도 어느 정도의 의도적인 훈련도 필요하다. 많은 프로그래머들은 관련 이론 지식을 배웠지만 이를 잊기 쉽고 막상 문제가 발생했을 때 해당 이론을 떠올리지 못한다. 이는 이론과 실습을 결합한 의도적인 훈련이 부족하기 때문에 발생하는 것이다. 예를 들어 학교에서 어떤 이론을 배우면 교사는 몇 가지 예제 문제를 설명하고, 방과 후에는 복습을 통해 이 이론에 대해 실력을 향상시킬 수 있도록 한다. 이러한 방식으로 훈련하면 다음에 유사한 문제가 나왔을 때 해당 이론을 즉시 떠올릴 수 있게 된다.

이론적 지식과 의도적인 교육을 숙달하는 것 외에도 코드 품질에 대한 인식을 갖는 것도 매우 중요하다. 코드를 작성하기 전에 앞으로의 확장 요구 사항, 코드의 어느 부분이 변경될지, 코드의 어느 부분이 변경되지 않은 상태로 유지되는지, 이렇게 코드를 작성하면 나중에 새로운 기능을 추가할 때 어렵게 되지 않을지, 코드의 가독성이 떨어지지 않을지 등에 대해 더 많이 생각하고 코드를 작성할 필요가 있다. 이렇듯 항상 코드 품질을 의식하면, 고품질의 코드를 작성하는 것도 어려운 일만은 아닐 것이다.

1.3.6 생각해보기

자신의 프로그래밍 작업을 고려했을 때 이번 절의 내용 중 어느 부분이 코드의 품질을 효과적으로 향상시킬 수 있다고 생각하는가? 코드 품질 개선을 위한 또 다른 방법은 어떤 것이 있는가?

1.4 과도한 설계를 피하는 방법

우리는 종종 코드 품질에 주의를 기울여야 하고 코드를 작성하기 전에 코드 설계 단계를 무시하지 않아야 한다고 말한다. 코드를 설계하지 않는 것은 좋지 않지만, 과도하게 설계하는 것도 좋지 않다. 과거 업무 경험 동안 많은 동료를 겪었는데, 특히 코드를 과도하게 설계하고 디자인 패턴을 남용하는 것을 좋아하지만 개발 경험이 적은 엔지니어들이 있었다. 그들은 코딩을 시작하기도 전에 코드 설계 작업에 오랜 시간을 할애한다. 간단한 요구 사항이나 단순한 코드의 경우 코드가 더 유연하고 향후 확장을 위한 견고한 기반이 되기를 바라며 개발 프로세스에서 다양한 디자인 패턴을 적용하는 경우가 많다. 하지만 과도한 설계는 나중에 요구 사항이 변하지 않을 수도 있기 때문에, 이런 시도는 코드의 복잡성만 높일 뿐이다. 따라서 우리는 과도한 설계를 피하는 방법, 특히 객체지향 프로그래밍 패러다임, 설계 원칙, 코딩 규칙, 리팩터링과 같이 디자인 패턴의 남용을 피하는 방법에 대해 이야기할 필요가 있다.

1.4.1 코드 설계의 원래 의도는 코드 품질을 향상시키는 것이다

기업가 정신과 관련하여 우리는 종종 '원래 의도'라는 단어를 듣는다. **원래 의도**는 결국 우리가 그 일을 하는 이유를 의미한다. 제품이 몇 번이고 업데이트되고, 몇 번이고 방향을 바꿔도 원래 의도는 바뀌지 않는 것이 일반적이다. 제품을 변형할지, 특정 기능을 구현해야 할지 망설여질 때 창업 당시의 원래 의도를 생각해보면 자연스럽게 답이 나올 것이다.

사실 디자인 패턴을 적용할 때도 마찬가지다. 디자인 패턴은 방법일 뿐이며, 이를 적용하는 궁극적인 목적인 원래 의도는 코드의 품질을 향상시키는 것, 즉 코드의 가독성, 확장성, 유지 보수성을 향상시키는 것이다. 모든 코드 설계는 이러한 원래 의도를 중심으로 수행된다.

따라서 코드를 설계할 때 우리는 먼저 왜 이런 방식으로 설계하는지, 왜 이 디자인 패턴을 적용해야 하는지, 이것이 실제로 코드의 품질을 향상시킬 수 있는지, 코드 품질의 어떤 측면을 개선할 수 있는지를 생각해야 한다. 이러한 문제에 대해 명확하게 생각하기 어렵거나 주어진 이유가 터무니없다면 기본적으로 이것은 과도한 설계이며 **설계를 위한 설계**라고 결론을 내릴 수 있다.

1.4.2 코드 설계의 원칙은 앞에 문제가 있고, 뒤에 방안이 있다는 것이다

코드를 하나의 제품으로 생각한다면 제품을 만들 때 제품의 페인 포인트pain point[3]가 어디인지, 사

---

3   [옮긴이] 제품 및 서비스를 이용할 때 불편을 느끼는 지점 또는 허들이 되는 지점을 의미한다.

용자의 진짜 니즈가 무엇인지 먼저 생각하고 요구 사항에 맞는 기능을 개발해야지, **화려한** 기능을 먼저 개발한 후 요구 사항을 끼워 맞추는 방식으로 개발해서는 안 된다.

코드 설계도 이와 비슷하다. 먼저 가독성이 낮고 확장성이 떨어지는 등의 코드의 페인 포인트를 분석한 다음, 해당 포인트를 디자인 패턴과 설계 원칙을 사용하여 개선해야 한다. 특정 부분만을 바라보고, 맹목적으로 이미 알고 있으며 이전에 봤던 어떤 디자인 패턴과 설계 원칙의 적용 시나리오와 유사하다고 해서 적합성을 판단하지 않고 마음대로 적용해서는 안 된다는 뜻이다. 누군가가 코드 설계의 목적을 물었을 때, 코드의 확장성 향상이나 개방 폐쇄 원칙 충족과 같은 핑계를 대는 상황은 바람직하지 않다.

실제로 개발 경험이 많지 않은 초보자들은 디자인 패턴을 처음 배운 학생처럼 되는 경우가 많은데, 문제를 구체적으로 분석할 줄 모르며, 손에 망치를 들고 어떤 것이 못인지 확인한다. 어느 것이 올바른 것인지 알지 못한 채 각종 디자인 패턴을 적용해보는 것이다. 코드를 작성하고 나면 자신이 작성한 매우 복잡한 코드를 보고 자기 만족에 빠지게 되는데, 이런 방식을 가장 피해야 한다.

1.4.3 코드 설계의 응용 시나리오는 복잡한 코드에 적용되어야 한다

일부 디자인 패턴 서적에서는 몇 가지 간단한 예제를 제공하지만 이러한 예제는 제한된 공간에서 디자인 패턴의 원리와 구현을 설명하기 위한 것일 뿐 실질적인 의미는 없다. 그리고 이러한 간단한 예제가 디자인 패턴의 일반적인 응용 시나리오라고 잘못 생각해 종종 자신의 프로젝트에 맹목적으로 적용하고 복잡한 디자인 패턴을 사용하여 간단한 문제를 해결하기도 한다. 이것이 많은 초보자가 디자인 패턴을 배우고 나서 과도한 설계를 하게 되는 주된 이유다.

디자인 패턴을 적용하는 목적은 디커플링, 즉 더 나은 코드 구조를 사용하여 단일 책임을 위해 큰 코드 조각을 **작은** 클래스로 분할하여 코드가 **높은 응집도와 낮은 결합도**의 특성을 충족하도록 하는 것이다. 생성 디자인 패턴은 사용 코드에서 생성 코드를 분리하는 것이고, 구조 디자인 패턴은 다른 기능 코드를 분리하는 것이고, 행동 디자인 패턴은 다른 행동 코드를 분리하는 것이다. 디커플링의 주요 목적은 코드의 복잡성을 처리하는 것이다. 즉, 복잡한 코드 문제를 해결하기 위해 디자인 패턴이 만들어진다. 우리가 개발하는 코드가 복잡하지 않다면 복잡한 디자인 패턴을 도입할 필요가 없다. 이는 대규모 데이터를 다루는 데이터 구조, 알고리즘 문제와 유사하다. 데이터 크기가 작으면 가장 효율적인 데이터 구조와 알고리즘이 별 소용이 없다. 예를 들면 수십 자 길이의 문자열을 일치시키기 위해 순진한 문자열 일치 알고리즘을 사용할 수 있는데, 굳이 더 높은 성능을 가지는 KMP 알고리즘을 사용할 필요는 없다. 물론 KMP 알고리즘은 순진한 문자열 일치 알고리즘보다 더 높은 수준의 알고리즘이지만, 알고리즘 자체의 복잡도가 훨씬 높기 때문에 사용할 필요가 없는 것이다.

프로젝트의 많은 코드, 긴 개발 주기, 많은 개발 참여자 등 복잡한 코드의 경우 초기 단계에서 설계에 더 많은 시간을 할애해야 한다. 특히 코드가 복잡할수록 설계에 더 많은 시간을 할애해야 한다. 뿐만 아니라 제출된 모든 코드에 대해 품질을 보장하고 충분히 고민하고 신중하게 설계하여 '나쁜 코드 효과'를 방지해야 한다(제출된 모든 코드의 품질이 높지 않고 누적되면 전체 프로젝트의 최종 코드 품질이 낮아진다). 코드의 양이 적고 개발자도 많지 않은 단순한 프로젝트에 참여한다면 복잡한 설계 모델을 도입할 필요 없이 문제를 간단하게 처리하면 된다.

1.4.4 지속적인 리팩터링은 과도한 설계를 효과적으로 방지할 수 있다

디자인 패턴을 적용하면 코드 확장성을 향상시킬 수 있지만 동시에 코드 가독성이 나빠질 수 있다는 점을 이미 알고 있을 것이다. 복잡한 설계를 한 번 도입하면 장기간 확장 요구 사항이 없어도 이 복잡한 설계를 삭제할 수 없으며 팀 전체가 이 복잡한 설계에 따른 작업을 항상 수행해야 한다.

따라서 잘못된 요구 사항 예측으로 인한 과도한 설계를 피하기 위해 지속적인 리팩터링 개발 방법을 권장한다. 지속적인 리팩터링은 코드 품질을 보장하는 중요한 수단일 뿐만 아니라 과도한 작업을 방지하는 효과적인 방법이다. 실현 가능성이 낮은 미래의 요구 사항을 위해 처음부터 디자인 패턴을 적용하기보다, 진짜 문제가 발생했을 때 이를 해결하기 위한 디자인 패턴을 사용하는 것을 고려하는 것이다.

특정 디자인 패턴을 적용할지 애매모호할 때, 당분간 디자인 패턴을 사용하지 않는다면 코드가 발전함에 따라 변경해야 할 코드가 많지 않을까 하는 생각이 들 수도 있다. 그렇지 않은 경우에는 사용하지 말고 KISS 원칙을 따르자. 10만 줄 이하의 코드이고, 팀원들이 안정적이며 코드와 관련된 업무에 익숙하다면 모든 코드를 다시 작성하는 데 시간이 많이 걸리지 않으므로 코드의 확장성에 대해 너무 걱정할 필요가 없다.

1.4.5 특정 시나리오 외의 코드 설계에 대해 이야기하지 않는다

코드 설계는 매우 주관적이다. 코드 설계는 '예술'이라고 해도 과언이 아니다. 따라서 코드 설계의 품질을 판단하기가 어렵다. 정말 판단을 하고 싶다면 특정한 맥락에서 판단해보자. 특정 시나리오

없이 코드 설계가 합리적인지 아닌지를 이야기하는 것은 공허한 이야기일 뿐이다. 우리가 자주 말하듯이, 비즈니스에서 아키텍처에 대해 이야기하는 것은 비현실적이다.

예를 들어 모바일 게임 프로젝트가 시장에서 받아들여질 것인지의 여부는 매우 불확실하다. 많은 모바일 게임이 개발된 후 시장 반응이 좋지 않으면 즉시 사장된다. 또한 빠른 시일 내에 출시하여 시장을 선점하는 것이 모바일 게임의 성패를 좌우하기도 한다. 따라서 일부 모바일 게임 프로젝트 개발의 경우, 초기 단계에서 코드 설계와 코드 품질에 그렇게 많은 시간을 할애하지 않는 경우가 많다. 그러나 MMORPG 같은 대규모의 게임을 개발한다면 자본과 인적 투자가 상당히 크고 프로젝트를 뒤집는 데 드는 비용이 매우 높으므로, 이때는 코드 품질이 매우 중요하게 된다. 따라서 프로젝트의 초기 단계에서 코드 설계에 더 많은 시간을 할애해야 한다. 그렇지 않으면 코드 품질이 낮아지고 버그가 너무 많으며 후기 단계에서 유지 관리가 불가능하게 된다. 또한 많은 사용자가 포기하고 비슷한 유형의 다른 게임을 선택하게 만든다.

또 다른 예로 저수준, 프레임워크 기반, 범용 코드를 개발하는 경우 코드의 품질이 더 중요하다. 문제가 발생하거나 코드를 변경해야 하는 경우 영향이 상대적으로 크기 때문이다. 장기간 유지 관리가 필요하지 않은 비즈니스 시스템이나 프로젝트를 개발하는 경우 자체 개발한 프로젝트의 코드가 다른 프로젝트와 너무 결합되지 않는다면, 코드 품질 요구 사항을 낮출 수도 있는데, 이는 문제가 될 수도 있지만 큰 영향이 없을 수도 있다.

코드 설계를 배울 때 우리는 문제 분석 능력과 문제 해결 능력의 훈련에 주의를 기울여야 한다. 코드를 읽을 때 코드의 장단점을 분석하고 그 이유를 설명할 수 있어야 하며, 코드를 개선하는 방법도 알아야 한다. 반대로 22가지 디자인 패턴의 원리와 코드 구현을 외우더라도 이론적인 지식만 있고 다양한 실제 프로젝트 코드에서 구체적인 문제를 자세히 분석하는 능력이 없다면 디자인 패턴을 남용하고 과도한 설계를 하기 쉽다.

1.4.6 생각해보기

과도한 설계를 피하는 방법에 대해 어떤 경험과 교훈을 얻었는지 생각해보자.

CHAPTER 2

객체지향 프로그래밍 패러다임

현재 사용되고 있는 일반적인 프로그래밍 패러다임에는 절차적 프로그래밍, 객체지향 프로그래밍, 함수형 프로그래밍이 있다. 그중에서 절차적 프로그래밍은 시대에 뒤떨어져 있고, 함수형 프로그래밍은 일부 특정 비즈니스 분야에서 활용되고 있으나 객체지향 프로그래밍을 대체하기에는 한계가 있다. 이러한 관점에서 볼 때 객체지향 프로그래밍이 현 시점에 가장 대중적인 프로그래밍 패러다임인 것에는 틀림없다. 대부분의 복잡한 코드 설계는 객체지향 프로그래밍을 사용하여 구현되므로, 이 장에서는 객체지향 프로그래밍 패러다임에 중점을 두고 설명한다.

2.1 객체지향이란 무엇인가?

프로그래머라면 대부분 객체지향이 이미 익숙할 것이다. 또한 캡슐화, 추상화, 상속, 다형성이라는 객체지향의 네 가지 특성에 대해서도 말할 수 있을 것이다. 하지만 객체지향의 개념은 그 이상의 것을 포함한다. 이번 절에서는 객체지향에 대해 이야기할 때 자주 언급되는 몇 가지 개념과 이론을 간략하게 소개한 후, 각각의 개념에 대해 자세하게 살펴볼 것이다.

2.1.1 객체지향 프로그래밍과 객체지향 프로그래밍 언어

객체지향 프로그래밍object-oriented programming, OOP에는 클래스와 객체라는 기본적이지만 무엇보다 중요한 두 가지 개념이 있다. 클래스와 객체의 개념은 1960년에 처음 등장했으며 Simula 프로그래밍 언어에서 처음 사용되었다. 그리고 본격적인 객체지향 프로그래밍의 개념은 Smalltalk 프로그래밍 언어에서 처음 사용되었다. Smalltalk는 최초의 진정한 **객체지향 프로그래밍 언어**object-oriented programming language, OOPL로 간주된다.

1980년경 C++의 등장으로 객체지향 프로그래밍의 인기가 높아져 점점 더 많은 사람들이 객체지향 프로그래밍을 인지하게 되었다. Java, C++, Go, Python, C#, Ruby, JavaScript, Objective-C, Scala, PHP, Perl 등과 같은 대부분의 프로그래밍 언어는 너무 엄격한 정의로 구분하지 않는 경우 객체지향 프로그래밍 언어에 속하며, 대부분의 프로젝트는 객체지향 프로그래밍 언어를 기반으로 개발된다.

객체지향 프로그래밍의 개발 과정을 소개할 때, 객체지향 프로그래밍과 객체지향 프로그래밍 언어라는 두 가지 개념을 언급했다. 그렇다면 객체지향 프로그래밍이란 정확히 무엇이고, 객체지향 프로그래밍 언어는 어떤 프로그래밍 언어를 말하는 것일까? 간단하게 정의를 내려야 한다면 두 문장으로 요약할 수 있다.

1) 객체지향 프로그래밍은 프로그래밍 패러다임 또는 프로그래밍 스타일을 의미한다. 코드를 구성하는 기본 단위로 클래스 또는 객체를 사용하고, 코드 설계와 구현의 초석으로 캡슐화, 추상화, 상속, 다형성의 4가지 특성을 사용한다.

2) 객체지향 프로그래밍 언어는 클래스 또는 객체 문법을 지원하며, 이 문법은 객체지향 프로그래밍의 4가지 특성인 캡슐화, 추상화, 상속, 다형성을 쉽게 구현할 수 있다.

일반적으로 객체지향 프로그래밍은 객체지향 프로그래밍 언어를 사용하지만, 꼭 객체지향 프로그래밍 언어를 사용하지 않더라도 객체지향 프로그래밍을 할 수 있다. 반면 객체지향 프로그래밍 언어를 사용하더라도 해당 언어로 작성된 코드가 반드시 객체지향 프로그래밍 스타일이라는 법은 없으며, 절차적 프로그래밍 스타일의 코드일 수도 있다. 이에 대한 자세한 설명은 지금 이해하기 다소 어려우므로, 2.5절에서 자세히 살펴보도록 하겠다.

객체지향 프로그래밍과 객체지향 프로그래밍 언어를 이해하는 열쇠는 객체지향 프로그래밍의 네 가지 특성인 캡슐화, 추상화, 상속, 다형성을 이해하는 것이다. 물론 이 중에서 추상화를 뺀 캡슐화, 상속, 다형성의 세 가지 특성만을 객체지향 프로그래밍의 특성이라고 말하는 경우도 있다. 왜 이렇게 여러 가지 관점이 생겨났을까? 객체지향 프로그래밍의 특성에서 추상화를 배제할 수 있는 이유는 무엇일까? 이에 대한 답은 2.2절에서 찾아볼 수 있다. 사실 특성의 개수는 그리 중요한 문제가 아니다. 단지 각각의 특성이 가지는 내용, 존재 의미, 해결할 수 있는 문제를 파악하는 것이

관건이다.

기술 분야에서는 캡슐화, 추상화, 상속, 다형성을 **4가지 기능**이라고 확정적으로 언급하는 대신 객체지향 프로그래밍의 개념concept, 초석corner stone, 기초fundamental, 기둥pillar처럼 다양한 표현이 사용된다. 이 책에서는 이 4가지 특성을 **4대 특성**이라 하겠다.

2.1.2 엄격하게 정의되지 않은 객체지향 프로그래밍 언어

너무 엄격하게 구분하지 않는다면 대부분의 프로그래밍 언어는 객체지향 프로그래밍 언어라고 이야기한 것을 다시 떠올려보자. 여기에서 '엄격하게 정의되지 않은 경우'라는 전제를 단 이유는 무엇일까? 앞에서 이야기한 엄격한 객체지향 프로그래밍 언어의 정의에 따르면 예로 들었던 프로그래밍 언어 중 일부는 객체지향 프로그래밍 언어가 아니다. 예를 들어 JavaScript는 캡슐화와 상속 기능을 지원하지 않지만, 그럼에도 어떤 의미에서는 객체지향 프로그래밍 언어라고 할 수 있다. 왜 그렇게 이야기할 수 있을까? 어떤 프로그래밍 언어가 객체지향 프로그래밍 언어인지 어떻게 판단할 수 있을까?

앞에서 언급했던 객체지향 프로그래밍과 객체지향 프로그래밍 언어의 정의를 다시 한번 떠올려보자. 여기서 확실히 말해둘 것은, 앞에서 언급한 객체지향 프로그래밍과 객체지향 프로그래밍 언어의 정의는 필자가 직접 정의내렸다는 점이다. 실제로 현재 객체지향 프로그래밍과 객체지향 프로그래밍 언어에 대한 공식적이고 통일된 정의는 없다. 더욱이 1960년에 객체지향 프로그래밍이 등장한 이후 이 두 개념은 끊임없이 진화해왔기 때문에 명확한 정의를 내릴 수 없을 뿐만 아니라 명확한 정의를 내릴 필요조차 없다.

단순하고 원시적인 방식으로 이해해보면, 객체지향 프로그래밍은 객체 또는 클래스를 코드 구성의 기본 단위로 사용하는 프로그래밍 패러다임 또는 프로그래밍 스타일로서 반드시 캡슐화, 추상화, 상속, 다형성의 네 특성을 갖출 필요는 없다. 그러나 객체지향 프로그래밍 과정에서 소프트웨어 엔지니어들은 이러한 특성들을 이용해 다양한 객체지향 코드 설계 사상을 구현하는 것이 더 쉽다는 것을 발견하고 그렇게 결론을 내려왔다. 객체지향 프로그래밍 과정에서 'is-a'의 클래스 관계(예를 들면 '개는 동물이다')를 자주 마주치게 되며, 이러한 특성을 상속하는 것이 'is-a' 코드의 설계 사상을 잘 지원할 수 있을 뿐만 아니라, 코드 재사용의 문제까지도 해결할 수 있게 된다. 이러한 흐름에 따라 상속은 객체지향 프로그래밍의 네 가지 특성 중 하나가 되었다. 물론, 프로그래밍 언어의 지속적인 변화와 진화로 인해 소프트웨어 엔지니어는 상속이 불명확한 수준과 혼란스러운 코드를 쉽게 야기시킬 수 있음을 알게 되었고, 따라서 Go 언어와 같은 많은 프로그래밍 언어는 설계 과정에서 상속 기능을 포기했다. 그러나 언어의 문법이 상속 기능을 포기했다고 해서 그것이 객체지향 프로그래밍 언어가 아니라는 의미는 아니다.

프로그래밍 언어가 클래스 또는 객체의 문법적 개념을 지원하고, 이를 코드 구성의 기본 단위로 사용하는 한 단순히 객체지향 프로그래밍 언어로 간주될 수 있다고 생각한다. 객체지향 프로그래밍의 네 가지 특성을 완벽하게 지원하느냐 또는 일부를 지원하지 않느냐를 판단 기준으로 사용할 수 없다. 즉, 엄격한 정의에 따르면 많은 언어가 객체지향 프로그래밍 언어가 아닐 수 있지만 느슨한 정의에 따르면 인기 있는 프로그래밍 언어 대부분은 객체지향 프로그래밍 언어라고 할 수 있다.

그러므로 객체지향 프로그래밍과 객체지향 프로그래밍 언어를 정의할 필요가 전혀 없으며, 이 책에서는 어떤 프로그래밍 언어가 객체지향 프로그래밍 언어인지도 너무 많이 이야기하지는 않을 것이다.

2.1.3 객체지향 분석과 객체지향 설계

객체지향 프로그래밍은 프로그래밍 스타일일 뿐만 아니라 동작이기도 하다. 객체지향 프로그래밍에 대해 이야기하려면 **객체지향 분석**object-oriented analysis, OOA과 **객체지향 설계**object-oriented design, OOD라는 두 가지 다른 개념을 언급할 필요가 있다. 객체지향 분석, 객체지향 설계, 객체지향 프로그래밍은 객체지향 소프트웨어 개발의 3단계에 해당한다.

객체지향 분석의 **분석**과 객체지향 설계의 **설계**는 단순히 소프트웨어 개발의 요구 사항 분석 그리고 시스템 설계처럼 문자 그대로 이해하면 된다. 그렇다면 **분석**과 **설계** 앞에 객체지향이라는 수식어가 붙는 이유는 무엇일까? 그리고 객체지향이라는 수식어에 특별한 의미가 있는 것일까?

분석과 설계 앞에 객체지향이라는 단어가 붙는 이유는 객체나 클래스에 대한 요구 사항을 분석하고 설계하기 때문이다. 분석과 설계라는 두 가지 단계를 거치면 프로그램이 어떤 클래스로 분해 구성되는지, 각각의 클래스가 어떤 속성과 메서드를 가지는지, 클래스끼리 상호 작용하는 인터페이스를 포함한 클래스 설계를 도출하게 된다. 이러한 방식의 분석과 설계는 다른 방식보다 더 구체적이며 실제 코딩에 가깝기 때문에 구현이 용이하고 객체지향 프로그래밍으로 전환하기 쉬워진다. 그리고 이것이 객체지향 분석과 설계가 가지는 가장 큰 장점이기도 하다.

그렇다면 객체지향 분석, 객체지향 설계, 객체지향 프로그래밍이 하는 일은 무엇일까? 간단히 정리하면 객체지향 분석은 무엇을 해야 하는지 알아내는 것이고, 객체지향 설계는 그 일을 어떻게 해야 하는지를 정의하는 것이다. 그리고 객체지향 프로그래밍은 앞에서 진행했던 분석과 설계의 결과를 코드로 구체화하는 것이다. 2.3절에서 실제 사례를 통해 객체지향 분석, 객체지향 설계, 객체지향 프로그래밍을 수행하는 방법을 자세히 살펴보겠다.

2.1.4 UML에 대한 참고 사항

객체지향 분석, 객체지향 설계, 객체지향 프로그래밍에 대해 이야기하려면 **통합 모델링 언어**unified model language, UML를 언급해야 한다. 객체지향이나 디자인 패턴을 설명할 때, 설계 사상을 표현하기 위해 UML을 활용한다. 사실 UML은 우리가 자주 언급하는 클래스 다이어그램뿐만 아니라 유스 케이스 다이어그램, 시퀀스 다이어그램, 액티비티 다이어그램, 상태 다이어그램, 컴포넌트 다이어그램 등 많은 구성 요소를 가지고 있으며 매우 복잡한 도구다. 단일 클래스 다이어그램을 배우는 것은 이미 매우 어려운 일에 속한다. 클래스 간의 관계에 대해 UML은 일반화, 실체화, 연관, 집합, 합성, 의존과 같은 다양한 종류를 정의하는데 클래스 간의 관계를 완전히 파악하고 능숙하게 사용하여 UML 클래스 다이어그램을 그리는 데는 많은 학습 시간이 필요하다. 더욱이 UML은 의사소통 도구로서 UML 사양에 따라 완벽한 결과를 도출할 수 있지만 그럼에도 대다수 사람에게는 이해하기 어려운 도구에 속한다.

사실 UML은 인터넷 회사의 프로젝트 개발에 그다지 유용하지 않다. 소프트웨어 설계를 문서화하거나 소프트웨어 설계에 대한 논의를 쉽게 하기 위해서는 간단하게 스케치하는 것만으로도 충분하기 때문이다. 더군다나 완벽하게 UML로 표준화된 문서를 작성하고 의사소통할 수 있더라도 실제 그로 인해 얻을 수 있는 이익이 크지 않은 경우가 많다.

따라서 이 책에 수록된 클래스 다이어그램은 UML 사양을 완전히 따르지 않는다. 다이어그램의 표현 능력과 학습을 고려해 UML 클래스 다이어그램 사양을 단순화하되, 자세한 설명으로 쉽게 이해할 수 있도록 노력했다. 이 책에서 클래스 다이어그램을 제공하는 목적은 설계에 대한 명확한 이해를 제공하기 위함이기 때문이다.

1) UML은 배우기 어렵고, 실제로 객체지향 분석과 객체지향 설계에 사용하는 것이 권장되지 않는다고 언급했는데, 이에 대해 왜 그런지 생각해보자.

2) 《GoF의 디자인 패턴》[1]은 고전적인 디자인 패턴 책이다. 이 책의 제목이 객체지향을 구체적으로 언급한 이유에 대해 생각해보자.

2.2 캡슐화, 추상화, 상속, 다형성이 등장한 이유

캡슐화, 추상화, 상속, 다형성의 네 가지 특성에 대해 정의만으로 완전히 이해했다고 말할 수는 없다. 그 특성들이 존재하는 의미와 그 특성들을 이용해야만 해결할 수 있는 프로그래밍 문제도 함께 생각해야 한다는 뜻이다. 따라서 이번 절에서는 실제 코드를 이용하여 각각의 특성에 대해 문제를 파악하는 방법을 살펴보기로 한다.

특히 강조하고 싶은 것은 대부분의 객체지향 프로그래밍 언어는 네 가지 특성을 지원하는 문법을 제공하지만, 각각의 언어마다 구현 방식은 다를 수 있다는 점이다. 따라서 이번 절에서 설명하는 네 가지 특성은 어느 특정 프로그래밍 언어에 기반하지 않으며, 자신에게 익숙한 언어의 프레임워크와 문법에만 집중해서는 안 된다는 점을 명심하기 바란다.

2.2.1 캡슐화

캡슐화encapsulation는 정보 은닉 또는 데이터 액세스 보호라고도 하는데, 접근 가능한 인터페이스를 제한하여 클래스가 제공하는 메서드를 통해서만 내부 정보나 데이터에 대한 외부 접근을 허가하는 것을 뜻한다. 간단한 예를 통해 이해해보자.

금융 시스템에서 사용자의 가상 통화 금액을 기록하기 위해 사용자마다 가상 지갑을 생성한다고 가정해보자. 다음 예제는 단순한 형태의 금융 시스템 가상 지갑을 구현한 것이다.

```
public class Wallet {
  private String id;
  private long createTime;
  private BigDecimal balance;
  private long balanceLastModifiedTime;
```

---

1 [옮긴이] 《GoF의 디자인 패턴: 재사용성을 지닌 객체지향 소프트웨어의 핵심 요소(개정판)》(프로텍미디어, 2015)

```
  // ...다른 속성 생략...

  public Wallet() {
    this.id = IdGenerator.getInstance().generate();
    this.createTime = System.currentTimeMillis();
    this.balance = BigDecimal.ZERO;
    this.balanceLastModifiedTime = System.currentTimeMillis();
  }

  // 참고: 아래 get 메서드는 공간을 줄이기 위해 한 줄로 작성되어 있음
  public String getId() { return this.id; }

  public long getCreateTime() { return this.createTime; }

  public BigDecimal getBalance() { return this.balance; }

  public long getBalanceLastModifiedTime() { return this.balanceLastModifiedTime }

  public void increaseBalance(BigDecimal increasedAmount) {
    if (increasedAmount.compareTo(BigDecimal.ZERO) < 0) {
        throw new InvalidAmountException("...");
    }
    this.balance.add(increasedAmount);
    this.balanceLastModifiedTime = System.currentTimeMillis();
  }

  public void decreaseBalance(BigDecimal decreasedAmount) {
    if (decreasedAmount.compareTo(BigDecimal.ZERO) < 0) {
        throw new InvalidAmountException("...");
    }
    if (decreasedAmount.compareTo(this.balance) > 0) {
        throw new InsufficientAmountException("...");
    }
    this.balance.subtract(decreasedAmount);
    this.balanceLastModifiedTime = System.currentTimeMillis();
  }
}
```

이 코드에서 Wallet 클래스는 멤버 변수 형태로 다음과 같이 데이터를 가지고 있음을 확인할 수 있다.

- id: 지갑의 고유 번호

- createTime: 지갑이 생성된 시간

- balance: 지갑의 잔액

- balanceLastModifiedTime: 지갑 잔액이 마지막으로 변경된 시간

캡슐화 특성을 통해 Wallet 클래스는 위의 데이터에 직접 접근하는 것을 제한한다. 따라서 다음의 메서드를 통해서만 데이터에 접근하거나 값을 변경할 수 있다.

1) String getId()

2) long getCreateTime()

3) BigDecimal getBalance()

4) long getBalanceLastModifiedTime()

5) void increaseBalance(BigDecimal increasedAmount)

6) void decreaseBalance(BigDecimal decreasedAmount)

이렇게 설계한 이유를 살펴보자. 먼저 비즈니스 관점에서 id와 createTime 속성은 지갑 생성 시 결정되며 그 이후에는 변경하지 않아야 한다. 따라서 Wallet 클래스에서는 id와 createTime 속성에 대해서 일반적으로 사용되는 setter 메서드를 비롯한 어떠한 변경 메서드도 제공하지 않는다. 또한 Wallet 클래스를 호출하는 입장에서는 id와 createTime 속성의 초기화는 투명하게 진행되어야 하므로, 생성자에서 초기화를 위한 어떠한 매개변수나 할당 없이 Wallet 클래스의 생성자 내부에서 초기화한다.

비즈니스 관점에서 지갑 잔액 속성은 증가하거나 감소하는 경우만 존재하며, 재설정되어서는 안된다. 따라서 Wallet 클래스에서는 increaseBalance()와 decreaseBalance() 메서드만 제공하고 일반적인 setter 메서드는 제공하지 않는다. balanceLastModifiedTime 속성은 balance 속성, 즉 잔액이 수정될 때만 함께 변경된다. 따라서 balanceLastModifiedTime 속성의 변경을 increaseBalance()와 decreaseBalance()의 두 메서드로 완전히 캡슐화하고 이 속성을 수정하기 위한 방법과 비즈니스 세부 정보를 노출하지 않음으로써 balance와 balanceLastModifiedTime 두 속성이 서로 같은 시기에 변경되었음을 보장할 수 있게 된다.

캡슐화 특성은 프로그래밍 언어 자체에서 이를 지원하는 문법을 제공해야 하는데, 이 문법을 접근 제어라고 한다. 위의 코드에서 private, public과 같은 키워드는 Java, C++ 계열 언어의 접근 제어 구문이다. private 키워드로 수정된 속성은 클래스 내에서만 접근할 수 있으며, 클래스 외부의 코드가 직접 접근하지 못하도록 보호된다. 만약 Java 언어가 이와 같은 접근 제어 구문을 제공하지 않는다면, 모든 속성은 기본적으로 public 속성으로 간주되기 때문에, 외부 코드가 wallet.id = 123; 같은 방식으로 속성에 직접 접근하거나 값을 변경할 수 있게 된다. 이렇게 될 경우 정보를 은닉하고 보호하는 목적을 달성할 수 없게 되며, Java 언어는 캡슐화를 지원하지 않는 언어가 되는 것이다.

지금까지 캡슐화 특성에 대한 정의를 살펴봤고, 이어서 캡슐화의 목적과 캡슐화를 통해 어떤 프로그래밍 문제를 해결할 수 있는지를 소개해보겠다.

클래스의 속성에 대한 접근을 제한하지 않으면 모든 코드가 클래스의 속성에 접근하고 값을 변경할 수 있게 된다. 얼핏 이것이 더 유연하게 느껴지지만, 과도한 유연성은 제어할 수 없음을 의미하고 속성이 여러 가지 이상한 방식으로 수정될 수 있으며 수정 논리가 코드의 모든 구석에 흩어져 코드의 가독성과 유지 관리 용이성에 영향을 줄 수 있다. 예를 들어 비즈니스 논리를 이해하지 못한 채 특정 코드에서 지갑의 balanceLastModifiedTime 속성이 바뀌지만, balance 속성을 변경하지 않는다면, 결국 balance와 balanceLastModifiedTime 속성이 가지는 의미가 일치하지 않게 된다.

또한 클래스는 필요한 작업만 노출하는 제한된 메서드를 제공하여 클래스의 사용성을 향상시킬 수도 있다. 클래스의 속성이 외부에 노출되어 있으면 비즈니스 세부 사항에 대한 충분한 이해 없이 속성을 올바르게 조작하는 것이 불가능하며 모든 세부 사항을 고려해 코드를 작성하는 것은 큰 부담이 될 수 있다. 반대로 속성을 캡슐화하고 몇 가지 필요한 메서드만 노출하면 모든 비즈니스 세부 정보를 완벽하게 이해하지 않아도 잘못 사용할 가능성이 크게 줄어들 것이다. 특정 소프트웨어에 복잡한 기능이 많다면 사용자가 익숙해지기 위해 많은 시간을 할애해야 할 뿐만 아니라 심지어 제대로 작동하지 않을 수도 있다. 이러한 경우 기능을 단순화하고 정리하는 것만으로도 학습 비용이 많이 줄어들고 오류 확률도 낮아지는 것을 알 수 있다.

2.2.2 추상화

캡슐화에 이어 **추상화**abstraction에 대해 알아보자. 캡슐화는 주로 정보를 숨기고 데이터를 보호하는 반면, 추상화는 메서드의 내부 구현을 숨기는 것을 의미한다. 따라서 클래스를 사용할 때 기능의 구현 방식에 대해 고민하지 않고, 메서드가 제공하는 기능에만 집중할 수 있다.

객체지향 프로그래밍에서 많은 경우에 Java의 Interface 키워드와 abstract 키워드처럼 프로그래밍 언어에서 제공하는 인터페이스와 추상화 클래스의 두 가지 문법을 통해 추상화 특성을 구현한다.

추상화 특성을 다음 예제 코드를 통해 살펴보자.

```
public interface IPictureStorage {
  void savePicture(Picture picture);
```

```
    Image getPicture(String pictureId);
    void deletePicture(String pictureId);
    void modifyMetaInfo(String pictureId, PictureMetaInfo metaInfo);
}

public class PictureStorage implements IPictureStorage {
    // ...다른 속성 생략...
    @Override
    public void savePicture(Picture picture) { ... }

    @Override
    public Image getPicture(String pictureId) { ... }

    @Override
    public void deletePicture(String pictureId) { ... }

    @Override
    public void modifyMetaInfo(String pictureId, PictureMetaInfo metaInfo) { ... }
}
```

이 코드에서는 Java의 인터페이스 구문을 활용하여 추상화 속성을 구현했다. 이미지 저장 기능을 사용할 때는 인터페이스 클래스인 IPictureStorage 클래스에 의해 노출되는 메서드만 알면 되며, PictureStorage 클래스의 구현에 대해서 확인할 필요가 없게 된다.

추상화 특성은 인터페이스나 추상화 클래스와 같은 특별한 문법에 의존하지 않아도 구현할 수 있다. 굳이 구현 클래스인 PictureStorage에 대한 인터페이스 IPictureStorage를 추상화할 필요가 없다는 뜻이다. 다시 말해 IPictureStorage 인터페이스를 작성하지 않아도 PictureStorage 클래스 자체가 이미 추상화 특성을 가지고 있다는 뜻이다.

이렇게 말하는 이유는 클래스의 메서드가 프로그래밍 언어에서 **함수**라는 문법을 통해 구현되기 때문이다. 실제로 코드의 구현 내용은 그 자체로 추상화되는 함수의 내부에 포함된다. 우리가 함수를 사용할 때 해당 함수가 내부적으로 어떻게 동작하는지를 굳이 알지 않아도 함수의 이름과 인자, 반환값 등을 주석 또는 문서를 통해 확인할 수 있다면 바로 사용할 수 있다. 예를 들어 C 언어에서 제공하는 malloc() 함수를 사용할 때 내부적으로 어떻게 메모리를 할당하는지 알 필요가 없다는 뜻이다.

2.1절에서 추상화는 객체지향 프로그래밍의 네 가지 주요 특성에서 제외되는 경우가 있다고 언급한 바 있다. 추상화는 객체지향 프로그래밍에서뿐만 아니라 아키텍처 설계를 이끌어낼 때 사용되

는 일반적인 설계 사상이다. 실제로 추상화 특성을 구현하기 위해 프로그래밍 언어가 특별한 문법을 제공할 필요가 없으며, **함수**라는 기본 문법만 제공해도 충분하다. 따라서 추상화는 **특이성**이 그리 높지 않으며, 이로 인해 객체지향 프로그래밍의 특성으로 간주되지 않는 경우가 있다.

지금까지 추상화 특성에 대한 정의를 살펴봤고, 이어서 추상화의 목적과 추상화를 통해 어떤 프로그래밍 문제를 해결할 수 있는지 소개해보겠다.

사실 추상화와 캡슐화는 더 높은 수준으로 올라가면 인간이 복잡한 시스템을 다룰 수 있게 해주는 효과적인 수단이다. 복잡한 시스템에 직면했을 때 인간의 두뇌가 견딜 수 있는 한계가 제한적이기 때문에 중요하지 않은 세부 정보는 무시해야 한다. 다시 말해 구현이 아닌 기능에만 초점을 맞춘 설계 사상인 추상화는 뇌가 불필요한 많은 정보를 걸러내는 데 도움이 된다.

코드 설계에서 추상화는 광범위한 설계 사상으로 중요한 기반이 된다. 많은 설계 원칙은 구현이 아닌 인터페이스 기반, 개방 폐쇄 원칙, 코드 디커플링 등과 같은 추상화의 설계 사상을 반영하고 있으며, 이에 대해 다음 장에서 상세하게 살펴볼 것이다.

클래스의 메서드를 정의하거나 이름을 붙일 때는 추상적인 사고가 필요하다. 메서드의 정의를 수정할 필요가 없을 때 메서드의 정의를 변경해야 한다. 예를 들어 getNaverCloudPictureUrl()은 추상적인 사고의 결과로 지어진 이름이 아니다. 추후 네이버 클라우드 대신 다른 곳에 사진을 저장하게 되면 이 메서드의 이름도 수정되어야 하기 때문이다. 만약 이름을 바꾸지 않고 구현만 바꾸게 되면 어떻게 될까? 이후 다른 개발자가 네이버 클라우드의 사진을 다시 사용하기 위해 이 메서드를 호출하면 엉뚱한 사진을 받아오거나 혹은 완전히 다른 엉뚱한 작업을 하게 될 것이다. 따라서 메서드의 이름을 지을 때는 getPictureUrl() 같이 보다 추상적인 이름을 사용하는 것이 좋다. 이렇게 메서드 이름을 정의하면 내부 구현이 완전히 다른 서비스를 참조하도록 수정하더라도 메서드 이름을 수정할 필요가 없게 된다.

2.2.3 상속

Java나 C++와 같은 객체지향 프로그래밍 언어에 익숙하다면 **상속**inheritance은 매우 익숙한 특성이 될 것이다. 상속은 '고양이는 포유류의 일종이다'처럼 클래스 사이의 'is-a' 관계를 나타내는 데 사용된다. 상속은 그 관계에 따라 단일 상속과 다중 상속 두 가지 방식으로 나눌 수 있다. 단일 상속은 하위 클래스가 단 하나의 상위 클래스만 상속하는 것을 말하며, 다중 상속은 하위 클래스가 여러 상위 클래스를 동시에 상속할 수 있음을 의미한다.

상속은 추상화와 달리, 프로그래밍 언어가 상속을 표현하는 문법을 별도로 지원해야 한다. 언어별 상속 구현 방법은 다음과 같다.

- **Java:** extends 키워드 — class Cat extends Animal
- **C++:** '콜론(:)' — class Cat : public Animal
- **Python:** '()' — class Cat(Animal)
- **Ruby:** '<' — class Cat < Animal

여기에서 주의할 점은 Java, PHP, C#, Ruby 등과 같은 일부 프로그래밍 언어는 단일 상속만 지원하고 다중 상속은 지원하지 않는다는 점이다. 반면에 C++, Python, Perl과 같은 프로그래밍 언어는 단일 상속과 다중 상속을 모두 지원한다.

지금까지 상속에 대해 살펴봤는데 이어서 상속의 목적과 상속을 통해 어떤 프로그래밍 문제를 해결할 수 있는지 살펴보자.

상속의 가장 큰 역할은 코드의 재사용이라고 할 수 있다. 만약 서로 다른 두 개의 클래스에 동일한 속성과 메서드가 있다면, 이러한 부분을 상위 클래스로 모은 다음, 두 개의 하위 클래스가 이 상위 클래스를 상속하도록 할 수 있다. 이러한 방식을 통해 두 개의 하위 클래스가 상위 클래스의 코드를 재사용하고 동일한 코드를 불필요하게 반복적으로 작성하는 것을 방지할 수 있다.

만약 고양이 클래스와 포유류 클래스가 있다면 고양이는 'is-a' 관계의 포유류가 되며, 두 클래스를 상속함으로써 인간의 인식과 일치하는 현실 세계에서 이러한 관계를 반영하게 된다.

상속 특성은 이해하기 쉬울 뿐만 아니라 사용하기도 쉽다. 그러나 과도하게 사용할 경우, 즉 상속 계층구조가 너무 깊고 복잡하면 코드의 가독성과 유지 관리성이 떨어진다. 특정 클래스의 기능을 이해하기 위해서는 해당 클래스의 코드를 살펴보는 것으로 끝나는 것이 아니라 상위 클래스의 코드, 심지어 상위 클래스의 상위 클래스도 계층에 따라 모두 살펴볼 필요가 있다. 또한 하위 클래스와 상위 클래스가 밀접하게 결합되어 있는 경우에는 상위 클래스의 코드 수정이 하위 클래스에 직접적인 영향을 미칠 수 있다.

상속은 논란의 여지가 있는 특성이기도 하다. 그러므로 상속은 적게 사용해야 하며, 심지어는 사용하면 안 되는 안티 패턴으로 간주되기도 한다. 2.9절에서 '상속보다 합성'이라는 설계 사상을 소개할 때 이 질문에 대해 자세히 이야기할 것이다.

다형성polymorphism이란 코드를 실행하는 과정에서 하위 클래스를 상위 클래스 대신 사용하고, 하위 클래스의 메서드를 호출할 수 있는 특성을 의미한다. 예제 코드를 통해 더 자세히 살펴보자.

```java
public class DynamicArray {
  private static final int DEFAULT_CAPACITY = 10;
  protected int size = 0;
  protected int capacity = DEFAULT_CAPACITY;
  protected Integer[] elements = new Integer[DEFAULT_CAPACITY];

  public int size() { return this.size; }

  public Integer get(int index) { return elements[index];}
  // ...불필요한 메서드 생략...

  public void add(Integer e) {
    ensureCapacity();
    elements[size++] = e;
  }

  protected void ensureCapacity() {
    // 배열이 가득 찼을 때 배열의 크기를 확장하는 메서드
    // 코드는 생략
  }
}

public class SortedDynamicArray extends DynamicArray {
  @Override
  public void add(Integer e) {
    ensureCapacity();
    int i;
    for (i = size-1; i>=0; --i) { // 배열의 데이터가 순서대로 유지되는 것을 보장
      if (elements[i] > e) {
        elements[i+1] = elements[i];
      } else {
        break;
      }
    }
    elements[i+1] = e;
    ++size;
  }
}

public class Example {
  public static void test(DynamicArray dynamicArray) {
```

```
    dynamicArray.add(5);
    dynamicArray.add(1);
    dynamicArray.add(3);
    for (int i = 0; i < dynamicArray.size(); ++i) {
      System.out.println(dynamicArray.get(i));
    }
  }

  public static void main(String args[]) {
    DynamicArray dynamicArray - new SortedDynamicArray();
    test(dynamicArray);  // 출력 결과: 1, 3, 5
  }
}
```

앞에서 캡슐화 기능을 구현하기 위해서는 프로그래밍 언어에서 제공하는 private, public과 같은 접근 제어 키워드, 즉 특별한 문법이 필요하다는 것을 알 수 있었다. 마찬가지로 다형성의 특성을 구현하기 위해서는 특별한 문법이 필요하다. 위의 예제 코드에서는 다형성을 충족시키기 위해 다음과 같은 세 가지 문법이 활용되었다.

1) **상위 클래스 객체가 하위 클래스 객체를 참조할 수 있어야 한다.** 즉, SortedDynamicArray 클래스 객체를 DynamicArray 클래스 객체에 전달할 수 있어야 한다.

2) **상속을 지원해야 한다.** 즉, SortedDynamicArray 클래스는 DynamicArray 클래스를 상속받으므로, SortedDyamicArray 클래스 객체가 DynamicArray 클래스 객체에 전달될 수 있다.

3) **상위 클래스의 메서드를 재정의하는 하위 클래스를 지원해야 한다.** 즉, SortedDyamicArray 클래스는 DynamicArray 클래스의 add() 메서드를 재정의한다.

이 세 가지 문법 구조를 통해 test() 메서드에서 하위 클래스인 SortedDyamicArray 클래스를 구현하여, 상위 클래스인 DynamicArray 클래스를 대체하고 하위 클래스인 SortedDyamicArray 클래스의 add() 메서드를 실행하여 다형성을 실현하고 있다.

위와 같이 **상속과 메서드 재정의를 하는 방식** 외에도 다형성의 특성 구현을 위해 **인터페이스 문법을 사용**하거나 **duck-typing[2] 문법을 사용**하는 두 가지 구현 방법이 일반적으로 사용된다. 그러나 모

---

2   [옮긴이] 1738년에 만들어진 오리처럼 생기지 않은 기계 오리를 오리로 판단하는 기준을 정의한 덕 테스트(duck test)에서 유래한 말로, 'If it walks like a duck and it quacks like a duck, then it probably is a duck(어떤 것이 오리처럼 걷고 오리처럼 운다면 그것은 오리이다).'라는 문장이 뜻하는 바처럼 문법에서 형식을 명확하게 지정하는 대신, 해당 형식을 사용할 수 있으면 모두 자동으로 대응하는 방식을 의미한다. 이러한 duck-typing을 사용하는 대표적인 언어는 Python이다.

든 프로그래밍 언어에서 인터페이스 문법과 duck-typing 문법을 지원하는 것은 아니다. 예를 들어 C++ 언어는 인터페이스 문법을 지원하지 않으며 duck-typing 문법은 Python이나 JavaScript 같은 일부 동적인 언어에서만 지원하고 있다.

위에 언급한 두 가지 방식 중 먼저 인터페이스 문법을 사용하여 다형성을 구현하는 방법에 대해서 다음 예제를 살펴보자.

```java
public interface Iterator {
  boolean hasNext();
  String next();
  String remove();
}

public class Array implements Iterator {
  private String[] data;

  public boolean hasNext() { ... }
  public String next() { ... }
  public String remove() { ... }
  // 일부 메서드 생략
}

public class LinkedList implements Iterator {
  private LinkedListNode head;

  public boolean hasNext() { ... }
  public String next() { ... }
  public String remove() { ... }
  // 일부 메서드 생략
}

public class Demo {
  private static void print(Iterator iterator) {
    while (iterator.hasNext()) {
      System.out.println(iterator.next());
    }
  }

  public static void main(String[] args) {
    Iterator arrayIterator = new Array();
    print(arrayIterator);
    Iterator linkedListIterator = new LinkedList();
    print(linkedListIterator);
  }
}
```

이 코드에서 Iterator는 컬렉션 데이터를 순회할 수 있는 반복자를 정의하는 인터페이스이며, Array 클래스와 LinkedList 클래스 모두 Iterator 인터페이스를 구현하고 있다. 이때 Array 클래스와 LinkedList 클래스는 서로 다른 유형의 클래스임에도 print(Iterator iterator) 메서드에 클래스의 객체를 전달하여 서로 다른 next() 메서드와 hasNext() 메서드를 동적으로 호출할 수 있도록 지원한다.

즉, Array 객체가 print(Iterator iterator) 메서드에 전달되면 print(Iterator iterator) 메서드는 Array 클래스의 next() 메서드와 hasNext() 메서드를 호출한다. 마찬가지로 LinkedList 객체를 받아들인 print(Iterator iterator) 메서드는 LinkedList 클래스의 next() 메서드와 hasNext() 메서드를 호출한다.

앞의 예제에서 다형성을 실현하기 위해 인터페이스를 사용했다면, 다음 예제에서는 duck-typing을 사용한다. 이 예제 코드는 Python으로 작성된 것이다.

```python
class Logger:
    def record(self):
        print("I write a log into file.")

class DB:
    def record(self):
        print("I insert data into db. ")

def test(recorder):
    recorder.record()

def demo():
    logger = Logger()
    db = DB()
    test(logger)
    test(db)
```

이 코드에서 알 수 있듯이 duck-typing을 사용하면 다형성을 훨씬 유연하게 구현할 수 있다. 예를 들어 Logger 클래스와 DB 클래스는 서로 아무런 관련이 없다. 상속 관계도 아니며, 인터페이스와 구현 클래스 관계도 아니다. 그럼에도 두 클래스 모두 record() 메서드를 정의만 한다면, test() 메서드에 객체를 전달할 수 있으며, 적합한 record() 메서드를 찾아서 실행할 수 있다.

즉, 두 클래스가 동일한 메서드를 가지고 있으면 두 클래스 간의 관계를 요구하지 않고 다형성을 달성할 수 있는데, 이것이 바로 duck-typing이다. duck-typing은 Python과 같은 일부 동적 언어에서만 사용되는 문법이다. Java와 같은 정적 언어에서 다형성을 구현할 때, 상속을 이용한다면 두 클래스 간의 상속 관계를 정의해야 하며, 인터페이스를 이용한다면 인터페이스를 구현하는 클래스가 필요한 것과는 대조적이다.

지금까지 다형성의 정의를 살펴보았고, 이어서 다형성의 목적과 다형성을 통해 어떤 프로그래밍 문제를 해결할 수 있는지를 소개해보겠다.

위의 예제 코드에서는 다형성 특성을 사용하여 하나의 print() 메서드로 Array, LinkedList와 같은 다양한 유형의 컬렉션의 데이터를 순회하고 출력할 수 있었다. 만약 HashMap이라는 새로운 유형의 컬렉션을 추가하여 Array 클래스 또는 LinkedList 클래스와 마찬가지로 순회와 출력을 하고 싶다면, print() 메서드의 코드를 전혀 변경하지 않고, HashMap 클래스가 Iterator 인터페이스를 구현하고 자신만의 hasNext() 메서드와 next() 메서드를 비롯한 여러 메서드를 구현하기만 하면 된다. 이와 같은 특성으로 인해 다형성은 코드의 확장성을 향상시킬 수 있다.

다형성이 없다면 Array와 LinkedList처럼 서로 다른 컬렉션 유형을 동일한 print(Iterator iterator) 메서드에 전달할 수 없으며 각기 다른 print() 메서드를 구현해야 한다. 즉, Array 클래스는 print(Array array) 메서드를 구현해야 하고 LinkedList 클래스에서는 print(LinkedList linkedList) 메서드를 구현해야 한다. 하지만 다형성을 사용하면 다양한 컬렉션 유형의 순회 출력 작업을 처리하기 위해 print() 메서드를 구현하면 된다. 따라서 다형성은 코드의 재사용성을 향상시킬 수 있다.

다형성은 전략 패턴, 구현이 아닌 인터페이스 기반의 프로그래밍, 의존 역전 원칙, 리스코프 치환 원칙, 다형성을 이용하여 장황한 if-else 구문 제거하기와 같은 많은 디자인 패턴, 설계 원칙, 프로그래밍 테크닉 코드 구현의 기초이다. 이에 대한 더 많은 내용은 뒤에서 다루기로 한다.

2.2.5 생각해보기

1) 사용하는 프로그래밍 언어가 다중 상속을 지원하는가? 지원하지 않는다면 왜 그런지 생각해보자. 지원되는 경우 다중 상속의 부작용을 피하는 방법을 설명해보자.

2) 사용하는 프로그래밍 언어는 캡슐화, 추상화, 상속, 다형성의 네 가지 특성을 위한 문법을 지원하고 있는가? 만약 일부를 지원하지 않는다면 그 이유를 생각해보자.

2.3 객체지향 분석, 객체지향 설계, 객체지향 프로그래밍을 수행하는 방법

객체지향 분석, 객체지향 설계, 객체지향 프로그래밍은 객체지향 개발의 세 가지 단계다. 2.1절에서는 이 세 가지 측면에 대한 거시적 이해를 제공하기 위해 간단한 설명을 제공했었다.

많은 작업에서 소프트웨어 엔지니어들, 특히 주니어 소프트웨어 엔지니어들이 프로젝트 경험이 많지 않거나 또는 프로젝트에서 기본적으로 사용하고 있는 개발 프레임워크를 기반으로 CRUD 코드를 작성하다 보니 코드에 대한 분석과 설계 능력이 부족한 경우가 매우 많다. 또한 일반적인 개발 요구 사항을 받으면 어디서부터 시작해야 할지 모르는 경우도 매우 많다.

- 요구 사항 분석은 어떻게 해야 하는가?
- 책임 분담은 어떻게 해야 하는가?
- 어떤 클래스를 정의해야 하는가?
- 각 클래스에는 어떤 속성과 메서드가 있어야 하는가?
- 각각의 클래스는 어떻게 상호 작용해야 하는가?
- 클래스를 실행 가능한 프로그램으로 조합하는 방법은 무엇인가?

위의 문제들을 해결할 때 명확한 기준이 없는 경우가 많은데, 높은 응집도와 낮은 결합도, 높은 확장성과 가독성을 가진 고품질 코드를 개발하기 위해 설계 원칙과 디자인 패턴에 많은 고민을 하는가에 대한 대답은 말할 것도 없다.

따라서 이번 절에서는 객체지향 분석과 객체지향 설계, 객체지향 프로그래밍을 어떻게 해야할지에 대한 이해를 돕고, 뒤에서 동작하는 설계 원칙과 디자인 패턴에 대한 좋은 기초를 쌓을 수 있도록 개발 사례를 통해 기본적인 요구 사항 분석, 책임 분담, 클래스 정의, 상호 작용, 조합에 대해 소개한다.

2.3.1 예제 소개와 난이도 분석

마이크로 서비스 개발에 참여한다고 가정해보자. 이 마이크로 서비스는 HTTP 인터페이스를 노출하고 있다. 즉, 외부에서는 URL을 통해 이 마이크로 서비스의 인터페이스를 호출한다. 어느 날 프로젝트 관리자가 말한다.

"인터페이스 호출의 보안을 보장하려면 인터페이스 호출의 인증 기능을 설계하고 구현해야 합니다. 인증된 시스템만이 마이크로 서비스의 인터페이스를 호출할 수 있습니다. 이 작업을 맡아서 가능한 한 빨리 이 기능을 출시하기 위해 노력해주시기 바랍니다."

이 상황에서 다음과 같은 이유로 인해 작업을 시작하는 데 어려움을 느낄 것이다.

1) 요구 사항이 불분명하다.

앞에서 프로젝트 관리자가 제시한 요구 사항은 다소 모호하고 너무 일반적인 내용으로만 채워져 있어, 설계 및 구현을 할 수 있을 정도로 상세하지 않다. 인간의 두뇌는 너무 추상적인 문제를 생각하는 데 능숙하지 않으며 실제 소프트웨어 개발 단계의 요구 사항도 대부분 명확하지 않다.

앞서 언급한 바와 같이 객체지향 분석에서 주요 분석 대상은 **요구 사항**이므로 객체지향 분석을 풀어서 이야기하면 **요구 사항 분석**이라고 할 수 있다. 사실 요구 사항 분석이든 객체지향 분석이든 가장 먼저 해야 할 일은 일반적인 요구 사항을 충분히 명확하고 실행 가능하도록 개선하는 것이다. 이 목표를 달성하기 위해 우리는 의사소통, 발굴, 분석, 가정, 분류를 통해 어떤 것이 구체적인 요구 사항인지, 어떤 요구 사항이 현재 바로 실현되어야 하는 것인지, 어떤 요구가 이후 실현될 가능성이 있는지, 어떤 요구가 고려할 필요가 없는 것인지 확실히 구분해야 한다.

2) 훈련이 안 되어 있고, 경험이 부족하다.

단순 비즈니스 CRUD 개발에 비해 인증 기능의 개발은 더 어렵다. 인증은 특정 업무와 무관한 기능으로 우리는 이를 독립적인 프레임워크로 개발하여 많은 업무 시스템에 통합할 수 있으며, 많은 시스템에서 재사용되는 일반 프레임워크로 일반 비즈니스 코드보다 코드 품질에 대한 요구 사항이 높다.

이러한 일반 프레임워크의 개발은 엔지니어의 요구 사항 분석 능력, 설계 능력, 코딩 능력, 심지어는 논리적 사고 능력에 이르기까지 비교적 높은 요구 사항을 요구한다. 일반적으로 간단한 CRUD 서비스를 개발해온 경우 이러한 기능에 대한 교육 경험이 많지 않을 것이며, 상대적으로 일반적인 개발 요구 사항에 직면하면 경험 부족으로 인해 어디서부터 시작해야 할지 모를 수 있다.

2.3.2 객체지향 분석 수행 방법

사실 요구 사항 분석 작업은 하찮게 여겨지고 특별하게 정해진 규칙이 없기 때문에, 활용도가 그리 높지 않은 방법론에 얽매이는 대신 인증 기능 개발 사례를 통해 설명하겠다. 이를 통해 요구 사항 분석에 대한 이해를 완벽하게 해서 자신만의 분석 방법을 개발하기 바란다.

요구 사항 분석 프로세스는 지속적인 반복 최적화 프로세스다. 요구 사항 분석을 위해 완벽한 해결 방법을 즉시 제공하는 대신, 먼저 대략적인 기본 계획을 제공한 다음 단계별로 천천히 반복적으로 최적화해야 한다. 먼저 전체 요구 사항 분석 프로세스를 4단계로 나눈 다음, 최종적으로 실행과 구현이 가능한 요구 사항 목록을 만들 것이다.

1 기본 분석

간단하면서도 일반적으로 사용되는 인승 방법은 인승 시 사용자 이름과 비밀번호를 사용하는 것이다. 인터페이스에 접근할 수 있는 모든 객체에 사용자 이름에 해당하는 AppID와 비밀번호를 할당하고, 인터페이스 요청을 하면 미리 지정된 고유 AppID와 비밀번호를 **전달**받는다. 인터페이스 호출 요청을 수신한 마이크로 서비스는 전달받은 AppID와 비밀번호를 파싱하여, 마이크로 서비스에 저장된 AppID 및 비밀번호와 비교한다. 이때 비교한 값이 일치하면 인증에 성공한 것으로 간주하여 인터페이스 호출 요청을 허용하고, 일치하지 않으면 인터페이스 호출 요청을 거부한다.

2 1차 분석

앞의 분석에 따르면 사용자 이름과 비밀번호를 기반으로 한 인증 방식은 비밀번호를 매번 평문으로 전송해야 하며, 비밀번호가 도용되기 쉽다. 그렇다면 이 정보를 SHA와 같은 암호화 알고리즘으로 암호화한 후 마이크로 서비스에 전달하면 안전할까? AppID와 암호화된 비밀번호는 인증되지 않은 시스템이나 해커 등이 가로챌 수 있기 때문에 실제로도 안전하지 않다. 인증되지 않은 시스템은 인터페이스에 액세스하기 위해 인증된 시스템으로 위장하여 AppID와 암호화된 비밀번호를 **운반**할 수 있는데, 이것이 바로 고전적인 **리플레이 공격**이다.

문제를 먼저 파악한 후 그 문제를 해결하는 것은 매우 훌륭한 반복 최적화 방법이다. 앞에서 언급한 비밀번호 전송 보안 문제는 OAuth 인증을 이용하여 해결할 수 있다. 먼저 요청 인터페이스의 URL을 AppID, 비밀번호와 연결한 후, 이 정보를 암호화하여 토큰을 생성한다. 그리고 인터페이스 요청 시 앞에서 생성한 토큰과 AppID를 URL과 함께 마이크로 서비스에 전달한다. 마이크로 서비스는 수신한 AppID와 연결된 비밀번호를 확인한 후, 이 비밀번호를 앞에서 사용했던 것과 동일한 토큰 생성 알고리즘을 통해 토큰을 생성한다. 앞에서 전달받은 토큰과 마이크로 서비스가 생성한 토큰이 동일하다면 인터페이스 호출 요청을 허용하고, 다르다면 인터페이스 호출 요청을 거부한다. 최적화된 인증 프로세스는 그림 2.1과 같다.

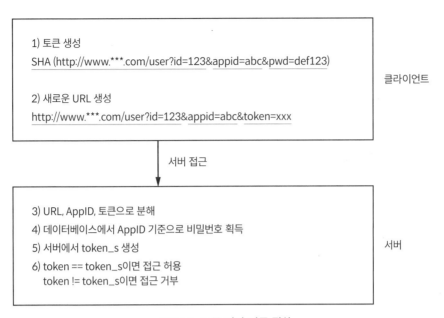

그림 2.1 **토큰 기반 인증 절차**

3 **2차 분석**

1차 분석에서 사용된 설계는 여전히 리플레이 공격에 당할 위험이 있기 때문에 안전하지 않다. AppID와 비밀번호를 연결하는 각각의 URL에 의해 생성되는 토큰은 매번 고정된 값이 생성된다. 인증되지 않은 시스템이 URL, 토큰, AppID를 가로챈 후에도 리플레이 공격을 통해 인증 시스템인 것처럼 가장하고 URL에 해당하는 인터페이스를 호출할 수 있다.

이 문제를 해결하는 방법으로는 토큰 생성 알고리즘을 추가로 최적화하는 것이다. 즉, 랜덤 변수를 도입하여 인터페이스 요청이 이루어질 때마다 생성되는 토큰을 매번 다르게 할 수 있다. 가장 많이 사용되는 방법은 시간값을 랜덤 변수로 사용하는 것이다. 이전에는 URL, AppID, 비밀번호를 암호화하여 토큰을 생성했다면, 이제는 시간값을 추가하여 URL, AppID, 비밀번호, 시간값을 함께 암호화하여 토큰을 생성한다. 이제 인터페이스 요청 시 토큰, AppID, 시간, URL을 마이크로 서비스에 전달한다.

데이터 수신 후 마이크로 서비스는 먼저 시간값이 정해진 유효 시간 내에 생성된 것인지 확인한다. 유효 시간을 초과하면 토큰이 만료된 것으로 판단하여 인터페이스 요청을 거부한다. 시간값이 유효 시간 내에 있다면 토큰이 유효한 것으로 간주하고, 동일한 토큰 생성 알고리즘을 사용하여 새 토큰을 생성해 비교한다. 토큰 간에 일관성이 있으면 인터페이스 호출 요청을 허용하고, 그렇지 않으면 인터페이스 호출 요청을 거부한다. 이렇게 최적화된 인증 프로세스는 그림 2.2와 같다.

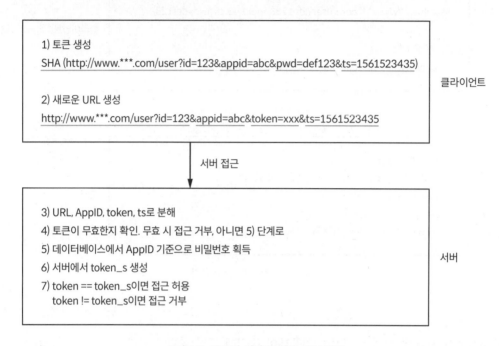

그림 2.2 **토큰과 시간값 기반 인증 절차**

❹ 3차 분석

인증되지 않은 시스템이 토큰 유효 시간이 만료되기 전에 요청을 가로채고, 이 요청을 다시 반복하여 인터페이스를 계속 호출할 가능성이 남아 있기 때문에, 위의 설계는 여전히 보안에 문제가 있다.

물론 게임에서 공격과 방어 사이에 절대적인 보안 시스템은 존재하지 않는다. 하지만 우리는 보안성을 높이기 위해 공격에 들어가는 리소스를 늘려서 이를 어느 정도 해결할 수 있다. 위의 설계 방식에는 여전히 허점이 있지만 구현이 간단하고 응답 시간과 같은 인터페이스 자체의 성능에 많은 영향을 끼치지는 않는다. 따라서 이 설계는 보안, 개발 비용, 시스템 성능에 미치는 영향을 고려했을 때 합리적인 절충안이라고 볼 수 있다.

고려해야 할 세부 사항이 하나 더 있는데, 마이크로 서비스 측에서 권한이 부여된 각 호출자의 AppID와 비밀번호를 저장하는 방법이다. 물론 이 문제는 쉽게 해결할 수 있다. 여기서 쉽게 생각할 수 있는 방법은 MySQL과 같은 데이터베이스에 저장하는 것이다. 그러나 인증처럼 비즈니스와 연관성이 낮은 기능을 개발할 때는 특정 제품에 과도하게 의존하는 것을 피하는 것이 좋다.

`AppID`와 비밀번호를 저장하기 위해서 ZooKeeper, 로컬 파일, 자체 개발한 데이터 저장 방법, MySQL, Redis와 같은 다양한 저장 방식을 유연하게 지원하는 것이 이상적이다. 각 저장 방식에 대한 코드를 구현할 필요는 없지만, 시스템이 충분한 유연성과 확장성을 가지도록 설계하면, 이후 최소한의 코드 변경만으로 저장 방식을 변경할 수 있게 된다.

2.3.3 객체지향 설계 방법

객체지향 분석이 완료되면 상세한 요구 사항 명세를 얻을 수 있으며, 객체지향 설계가 완료된 결과는 클래스 설계이다. 객체지향 설계는 요구 사항 명세를 특정 클래스 설계로 변환하는 작업이다. 객체지향 설계 프로세스는 다음과 같이 4단계로 구분할 수 있다.

1) 책임과 기능을 나누고 어떤 클래스가 있는지 확인한다.
2) 클래스를 정의하고, 클래스의 속성과 메서드를 정의한다.
3) 클래스 간의 상호 작용을 정의한다.
4) 클래스를 연결하고 실행 엔트리 포인트를 제공한다.

이제 앞에서 분석한 인증 기능의 객체지향 설계를 이 4단계를 통해 구현해보자.

1 책임과 기능을 나누고 어떤 클래스가 있는지 확인한다

일반적인 객체지향 서적에서는 종종 클래스가 현실 세계의 사물을 모델링한다고 설명하고 있다. 그러나 모든 요구 사항이 현실 세계에 대응될 수 있는 것은 아니며 따라서 모든 클래스가 현실 세계의 사물과 일대일로 대응되는 것은 아니다. 특히 일부 추상적인 개념의 경우 현실 세계의 사물을 대응시키는 방식으로 클래스를 정의할 수 없다. 객체지향을 소개하는 대부분의 책은 클래스를 식별하는 방법, 다시 말해 요구 사항 명세에 있는 명사를 가능한 후보 클래스로 먼저 나열하고, 이를 필터링하는 방법을 언급한다. 초보자에게 이 방법은 간단하고 명확하며 따라하기 쉽다.

다만 요구 사항 명세에 따라 관련된 기능들을 하나씩 나열한 후, 어떤 기능들이 유사한 책임을 지고 동일한 속성을 사용하는지 확인하는 방법으로 클래스를 분류하는 방법을 추천한다. 인증 기능을 개발할 때는 이를 어떻게 할 수 있는지 살펴보자.

2.3.2절에서 요구 사항에 대해 자세히 설명했으므로, 여기에서는 이를 재구성하여 작성해보자.

- 인터페이스 요청 시 URL, AppID, 비밀번호, 시간값을 생성하고, 암호화 알고리즘을 통해 토큰을 생성한 후, 생성된 토큰, URL, AppID, 시간값을 마이크로 서비스에 전달한다.
- 마이크로 서비스는 인터페이스 요청을 받으면, 이 요청에서 토큰, AppID, 시간값을 추출한다.
- 마이크로 서비스는 전달된 시간값과 현재의 시간값이 토큰의 유효 시간 범위 내에 있는지 확인하고, 유효 시간이 만료되었다면 인증에 실패한 것으로 간주해 인터페이스 호출 요청을 거부한다.
- 토큰이 만료되지 않은 경우 마이크로 서비스는 자체 저장소에서 AppID에 해당하는 비밀번호를 꺼내 동일한 토큰 생성 알고리즘으로 토큰을 생성하고 전달된 토큰과 비교한다. 토큰이 일치하면 인증에 성공한 것이므로 인터페이스 호출이 허용되고, 그렇지 않으면 인터페이스 호출이 거부된다.

이어서 위의 요구 사항 명세를 **단일 책임**[3] 기능으로 분해할 차례다. 여기서 분해되는 각각의 기능이 가지는 책임은 가능한 한 작고 단순해야 한다. 다음은 위의 요구 사항 명세를 분해한 기능 목록이다.

1) URL, AppID, 비밀번호, 시간값을 하나의 문자열로 만든다.
2) 암호화 알고리즘을 이용하여 이 문자열을 암호화하여 토큰을 생성한다.
3) 생성한 토큰, AppID, 시간값을 URL에 연결하여 새 URL을 만든다.
4) URL을 파싱하여 토큰, AppID, 시간값을 가져온다.
5) 저장소에서 AppID와 연결된 비밀번호를 꺼낸다.
6) 시간값을 기반으로 토큰의 만료 여부를 판단한다.
7) 두 개의 토큰이 일치하는지 확인한다.

위의 기능 목록에서 1), 2), 6), 7) 항목은 모두 토큰과 관련되어 있다. 다시 말해 토큰의 생성 및 검증을 담당하는 기능들이다. 그리고 3), 4) 항목은 URL을 분해, 조합, 검증하며, 5) 항목은 저장소 관리와 AppID와 비밀번호 운영을 담당한다. 따라서 이 기능들은 크게 세 부분으로 나눌 수 있고, 이를 클래스로 구현한다면 각각 1), 2), 6), 7) 항목의 기능을 담당하는 AuthToken 클래스, 3), 4) 항목의 기능을 담당하는 Url 클래스, 5) 항목의 기능을 담당하는 CredentialStorage 클래스의 세 가지 핵심 클래스가 될 것이다.

3 　[옮긴이] 단일 책임 원칙(single responsibility principle, SRP)이란 클래스와 모듈은 하나의 책임 또는 기능만을 가지고 있어야 한다는 설계 원칙이다. 3.1절에서 자세히 설명한다.

물론 이것은 실제 최종 클래스 구현과 다를 수 있으며, 핵심적이지 않은 일부 클래스는 여기에서는 중요하지 않으므로 지금 다루지 못할 수도 있다. 객체지향 프로그래밍은 본질적으로 반복을 통한 지속적인 최적화 프로세스다. 요구 사항에 따라 먼저 **대략적인** 설계 계획을 제공한 다음, 이를 기반으로 반복적인 최적화를 수행하여 더 명확한 구현을 해나간다.

다만, 우리가 지금 다루고 있는 인터페이스 호출 인증 기능의 개발 요구 사항이 비교적 간단하기 때문에 해당 객체지향 설계가 복잡하지 않고 인식되는 클래스가 많지 않다는 점을 염두에 두기 바란다. 그러나 대규모 소프트웨어 개발에 직면하면 요구 사항이 더 복잡해지고 관련 기능과 클래스의 수가 기하급수적으로 늘어날 것이다. 요구 사항에 따라 기능을 나열하다 보면 매우 긴 목록이 생성되며, 결국 지저분할 뿐만 아니라 불규칙하게 보인다. 따라서 복잡한 요구 사항을 개발하려면 먼저 모듈을 나누고, 요구 사항을 여러 개의 작고 독립적인 기능 모듈로 나누는 작업이 선행되어야 한다. 그런 다음에 위에서 설명한 방법을 사용하여 모듈 내부에서 객체지향 설계를 해야 한다. 모듈의 디커플링, 식별과 클래스의 디커플링, 식별은 같은 방법을 사용해 처리할 수 있다.

❷ 클래스, 클래스의 속성과 메서드 정의

앞에서 요구 사항 명세를 분석하여 AuthToken, Url, CredentialStorage의 세 가지 핵심 클래스가 필요하다는 것을 알게 되었다. 이제 각 클래스에는 어떤 속성과 메서드가 있는지 살펴보자. 그러기 위해서는 다시 기능 목록으로 돌아갈 필요가 있다.

AuthToken 클래스와 관련된 네 가지 기능을 나열했다.

- URL, AppID, 비밀번호, 시간값을 하나의 문자열로 만든다.
- 암호화 알고리즘을 이용하여 이 문자열을 암호화하여 토큰을 생성한다.
- 시간값을 기반으로 토큰의 만료 여부를 판단한다.
- 두 개의 토큰이 일치하는지 확인한다.

많은 객체지향 관련 서적에서는 메서드를 정의하기 위해 요구 사항 명세에서 동사나 명사를 추출하고, 이어서 이를 필터링하는 방법을 주로 사용하고 있다.

이러한 방식을 통해 그림 2.3과 같이 AuthToken 클래스의 속성과 메서드를 정의할 수 있다.

```
                    AuthToken 클래스

속성

private static final long DEFAULT_EXPIRED_TIME_INTERVAL = 1*60*1000;
private String token;
private long createTime;
private long expiredTimeInterval = DEFAULT_EXPIRED_TIME_INTERVAL;

생성자

public AuthToken(String token, long createTime);
public AuthToken(String token, long createTime, long expiredTimeInterval);

함수

public static AuthToken create(String baseUrl, long createTime,

Map<String, String> params);
public String getToken();
public boolean isExpired();
public boolean match(AuthToken authToken);
```

그림 2.3 AuthToken 클래스의 속성과 메서드

그림 2.3에서 다음과 같은 세부 사항을 확인할 수 있다.

1) 모든 명사가 URL, AppID, 비밀번호, 시간값처럼 클래스의 속성으로 정의되는 것은 아니며, 일부는 메서드 매개변수 형태로 전달될 수 있다.

2) 토큰의 만료 여부를 결정하기 위해 isExpired() 메서드에서 사용되는 createTime 및 expire TimeInterval과 같이 기능 명세에 포함되지 않은 일부 속성을 파악해야 한다.

3) 기능 명세에 언급되지 않은 getToken() 메서드가 AuthToken 클래스에 추가되었다.

첫 번째 세부 사항을 통해 비즈니스 모델에서 이 클래스에 속하지 않는 속성과 메서드는 이 클래스에 배치되어서는 안 된다는 것을 알 수 있다. URL과 AppID의 경우 비즈니스 모델 측면에서 AuthToken 클래스에 속하지 않아야 한다.

나머지 세부 사항을 통해 현재 요구 사항만 가지고는 개발이 불가능한 클래스의 속성 및 메서드가 무엇인지 알 수 있으며 비즈니스 모델에서 클래스가 가져야 하는 속성 및 메서드도 알 수 있다. 이것은 클래스 정의의 무결성을 보장할 뿐만 아니라 향후 나타날 요구 사항의 개발에 대비할 수 있게 해준다.

Url 클래스와 관련된 두 가지 기능은 다음과 같다.

1) 생성한 토큰, AppID, 시간값을 URL에 연결하여 새 URL을 만든다.

2) URL을 파싱하여 토큰, AppID, 시간값을 가져온다.

요구 사항 명세에서는 인터페이스 요청을 URL로 언급하지만 인터페이스 요청이 반드시 URL 형식이 아닐 수도 있으며, RPC와 같은 다른 형식일 수도 있다. 이 클래스를 더 일반적으로 활용 가능한 형태로 설계하기 위해 ApiRequest로 이름을 바꿔보자. 그림 2.4는 기능 명세에 따라 설계된 ApiRequest 클래스다.

ApiRequest 클래스
속성
`private` String **baseUrl**; `private` String **token**; `private` String **appId**; `private` long **timestamp**;
생성자
`public` ApiRequest(String baseUrl, String token, String appId, `long` timestamp);
함수
`public` `static` ApiRequest createFromFullUrl(String url); `public` String getBaseUrl(); `public` String getToken(); `public` String getAppId(); `public` long getTimestamp();

그림 2.4 ApiRequest **클래스의 속성과 메서드**

마지막으로 CredentialStorage 클래스의 기능은 단 하나뿐이다. 저장소에서 AppID와 연결된 비밀번호를 가져오는 것이다. 따라서 CredentialStorage 클래스는 매우 단순하며, 그 클래스 다이어그램은 그림 2.5와 같다. 저장 방법을 캡슐화하기 위해 CredentialStorage를 인터페이스로 설계하고 프로그래밍한다.

CredentialStorage 인터페이스
인터페이스 함수
String getPasswordByAppId(String appId);

그림 2.5 CredentialStorage 인터페이스

❹ 클래스 간의 상호 작용 정의

그렇다면 클래스 간에 어떤 상호 작용이 존재할까? UML에는 일반화, 실체화, 집합, 합성, 연관, 종속과 같이 여섯 가지 클래스 상호 작용이 정의되어 있다. 클래스들 사이에는 많은 관계가 존재하며, 집합, 합성과 같이 유사성이 있는 경우도 있는데 하나씩 설명하도록 하겠다.

일반화generalization는 단순한 상속 관계로 이해될 수 있다. 다음 예제는 이를 Java로 표현한 것이다.

```
public class A {...}
public class B extends A {...}
```

실체화realization는 일반적으로 인터페이스와 구현 클래스 간의 관계를 나타낸다. 다음 예제는 이를 Java로 표현한 것이다.

```
public interface A {...}
public class B implements A {...}
```

집합aggregation은 포함 관계이다. 클래스 A의 객체에는 클래스 B의 객체가 포함된다. 이때 클래스 B의 객체 수명 주기는 클래스 A 객체의 수명 주기에 종속되지 않을 수도 있다. 즉, 클래스 A의 객체는 클래스 B의 객체에 영향을 주지 않고 독립적으로 파괴될 수 있다. 예를 들면 특정 강의와 학생의 관계와 비슷할 것이다. 다음의 예제는 이를 Java로 표현한 것이다.

```
public class A {
  private B b;
  public A(B b) {
    this.b = b;
  }
}
```

합성composition도 포괄적인 관계이다. 클래스 A의 객체는 클래스 B의 객체를 포함하지만, 이번에는 클래스 B의 객체 수명 주기가 클래스 A 객체의 수명 주기에 따라 달라진다. 클래스 B의 객체는 새와 날개의 관계와 같이 단독으로 존재할 수 없다. 다음의 예제는 이를 Java로 표현한 것이다.

```java
public class A {
  private B b; // 내부 생성
  public A() {
    this.b = new B();
  }
}
```

연관association은 집합과 합성의 두 가지 속성을 모두 가지는 매우 약한 관계다. 코드 수준에 따라 클래스 B의 객체가 클래스 A의 멤버 변수인 경우, 클래스 B와 클래스 A 간에 연관이 있다. 다음 예제는 이를 Java로 표현한 것이다.

```java
public class A {
  private B b;
  public A(B b) {
    this.b = b;
  }
}
```

다음과 같은 경우도 있다.

```java
public class A {
  private B b;
  public A() {
    this.b = new B();
  }
}
```

의존dependancy은 연관 관계를 포함하며, 연관 관계보다도 더 약한 관계이다. 클래스 B의 객체가 클래스 A 객체의 멤버 변수인지, 클래스 A의 메서드가 클래스 B의 객체를 매개변수로 취하는지, 반환값인 지역 변수를 취하는지에 관계없이 클래스 B의 객체가 클래스 A의 객체와 어떤 관계가 있을 경우, 이를 의존 관계라 한다. 다음의 예제는 이를 Java로 표현한 것이다.

```
public class A {
  private B b;
  public A(B b) {
    this.b = b;
  }
}
```

또는 다음과 같은 경우도 있다.

```
public class A {
  private B b;
  public A() {
    this.b = new B();
  }
}
```

마지막으로 다음 예제를 하나 더 살펴보자.

```
public class A {
  public void func(B b) {...}
}
```

UML에 정의되어 있는 클래스 간의 여섯 가지 관계는 사실 불필요할 정도로 세부적이기 때문에 모두 사용할 필요는 없다. 그래서 여기에서는 보다 프로그래밍적인 관점에서 클래스 간의 관계를 조정해 일반화, 실체화, 합성, 의존의 네 가지만 남겨둘 것이다.

이 네 관계 중에 일반화, 실체화, 의존에 대한 정의는 그대로 두되, 합성은 집합과 연관을 통합하는 관계로 정의할 것이다. 이렇게 이름을 바꾼 이유는 **더 많은 합성, 더 적은 상속** 설계 원칙에서 **합성**의 의미를 하나로 묶기 위해서이다. 다시 말해 클래스 B의 객체가 클래스 A의 객체의 멤버 변수라면, 클래스 A와 클래스 B는 연관 관계가 되는 것이다.

이론적인 내용을 설명했으니, 본격적으로 클래스 간의 관계를 살펴보자. 현재 핵심 클래스는 3개 뿐이므로 구현 관계, 즉 `CredentialStorage` 클래스와 `MysqlCredentialStorage` 클래스 간의 관계만 사용된다. 이어서 조합 클래스를 도입할 때 의존과 합성 관계도 사용하게 된다. 이번에는 일반화 관계는 사용되지 않는다.

4 **클래스 연결 및 실행 엔트리 포인트 제공**

클래스와 클래스 간의 상호 작용을 설계했다면, 이제 모든 클래스를 함께 조합하고 실행 엔트리 포인트를 제공할 차례다. 엔트리 포인트는 main() 함수일 수도 있고, 외부 호출을 위한 API 모음일 수도 있다. 이렇게 만들어진 엔트리 포인트를 통해 코드를 실행할 수 있다.

인터페이스 인증은 독립적으로 실행되는 시스템이 아니라 시스템에서 통합 실행되는 구성 요소이기 때문에 모든 구현 세부 사항을 캡슐화한 다음, 최상위 인터페이스 클래스인 ApiAuthenticator 클래스를 설계하고, 외부에서 사용할 API를 노출해야 한다. 이 API는 인증 논리 실행을 위한 엔트리 포인트로 사용된다. ApiAuthenticator 클래스의 세부 설계는 그림 2.6과 같다.

그림 2.6 ApiAuthenticator 클래스

2.3.4 객체지향 프로그래밍을 하는 방법

객체지향 설계가 완료되면, 클래스, 속성, 메서드, 클래스 간의 상호 작용을 정의하고 모든 클래스를 조합하여 통합된 엔트리 포인트가 준비된 상태가 된다. 이어서 해야 하는 객체지향 프로그래밍 작업은 이러한 설계 사상을 코드로 **실체화**하는 것이다. 앞에서 작성했던 클래스 다이어그램을 사용하면 쉽게 작업할 수 있다. 따라서 여기서는 비교적 복잡한 ApiAuthenticator 클래스의 코드만 살펴보자.

```java
public interface ApiAuthenticator {
  void auth(String url);
  void auth(ApiRequest apiRequest);
}

public class DefaultApiAuthenticatorImpl implements ApiAuthenticator {
  private CredentialStorage credentialStorage;

  public DefaultApiAuthenticator() {
    this.credentialStorage = new MysqlCredentialStorage();
  }

  public DefaultApiAuthenticator(CredentialStorage credentialStorage) {
    this.credentialStorage = credentialStorage;
  }

  @Override
  public void auth(String url) {
    ApiRequest apiRequest = ApiRequest.buildFromUrl(url);
    auth(apiRequest);
  }

  @Override
  public void auth(ApiRequest apiRequest) {
    String appId = apiRequest.getAppId();
    String token = apiRequest.getToken();
    long timestamp = apiRequest.getTimestamp();
    String originalUrl = apiRequest.getOriginalUrl();
    AuthToken clientAuthToken = new AuthToken(token, timestamp);
    if (clientAuthToken.isExpired()) {
      throw new RuntimeException("Token is expired.");
    }
    String password = credentialStorage.getPasswordByAppId(appId);
    AuthToken serverAuthToken =
      AuthToken.generate(originalUrl, appId, password, timestamp);
    if (!serverAuthToken.match(clientAuthToken)) {
      throw new RuntimeException("Token verification failed.");
    }
  }
}
```

앞에서는 객체지향 분석, 설계, 프로그래밍을 위해 각각의 경계를 명확하게 구분했다. 또한 객체지향 설계와 객체지향 프로그래밍은 기본적으로 기능 명세에 따라 문장 단위로 수행된다. 이렇게 작업할 때의 장점은 어떤 것을 먼저 하고 이어서 무엇을 할 것인지가 매우 명확할 뿐만 아니라 따라야 할 규칙이 있다는 것이다. 다시 말해 설계 경험이 많지 않은 주니어 엔지니어도 이 프로세스를 참고하면 객체지향 분석, 객체지향 설계, 객체지향 프로그래밍을 단계적으로 할 수 있다는 뜻이다.

그러나 일반적으로 대부분의 프로그래머는 종종 객체지향 분석과 객체지향 설계를 머릿속이나 간단한 스케치로 마친 후 바로 코드 작성을 시작할 뿐만 아니라, 코드 작성 도중에도 최적화와 리팩터링을 하는 경우가 많다. 반대로 코드를 작성하기 전에 객체지향 분석과 설계에 많은 시간을 할애하고 단단한 클래스 다이어그램과 UML 다이어그램을 그렸더라도, 모든 세부 사항과 상호 작용에 대해 한 번에 다 정의하는 것은 불가능하다. 코드를 작성하면서 여전히 코드를 뒤엎어 리팩터링하고, 또 이를 반복해야 한다. 결국 소프트웨어 개발은 본질적으로 지속적인 반복, 패치, 문제 발견, 문제 해결의 과정이며, 지속적인 리팩터링의 과정이다. 엄격하게 하나의 단계를 모두 마치고 다음 단계로 넘어가는 것이 불가능하다는 것을 알아야 한다.

2.3.5 생각해보기

소프트웨어 설계의 자유도는 매우 크며 이는 소프트웨어 설계를 매우 복잡하게 만드는 이유이기도 하다. 또한 사람들마다 클래스 간의 상호 작용을 다르게 분할, 정의, 설계할 수 있다. 이번 절에 제공된 설계 사상 외에 인증 구성 요소의 설계에 대한 생각을 이야기해보자.

2.4 객체지향 프로그래밍, 절차적 프로그래밍, 함수형 프로그래밍의 차이

2.1절과 2.2절에서 인기 있는 프로그래밍 패러다임인 객체지향 프로그래밍에 대해 알아보았다. 하지만 객체지향 프로그래밍 외에도 친숙한 프로그래밍 패러다임이 두 개 있는데, 바로 절차적 프로그래밍과 함수형 프로그래밍이다. 비록 객체지향 프로그래밍의 출현으로 인해 절차적 프로그래밍은 점차 역사의 뒤안길로 사라지고 있으며, 함수형 프로그래밍은 대다수의 프로그래머에게 받아들여지지 않았지만 말이다. 이번 절에서는 객체지향 프로그래밍을 구체적으로 이해하기 위해 절차 및 함수 프로그래밍에 대해 알아보고, 객체지향 프로그래밍이 절차적 및 함수형 프로그래밍과 어떤 점이 다른지 살펴볼 것이다.

2.4.1 절차적 프로그래밍

절차적 프로그래밍이란 무엇이고 절차적 프로그래밍 언어는 또 무엇일까? 사실 앞에서 살펴봤던 객체지향 프로그래밍과 객체지향 프로그래밍 언어의 개념과 비교하는 방법을 통해 이 질문에 답할 수 있다. 객체지향 프로그래밍과 객체지향 프로그래밍 언어의 정의로부터 얻을 수 있는 절차적 프로그래밍과 절차적 프로그래밍 언어를 정의하면 다음과 같다.

- 절차적 프로그래밍은 프로그래밍 패러다임이기도 하다. 코드를 구성하기 위한 기본 단위로 메서드, 기능, 연산처럼 절차가 필요하며, 멤버 변수, 속성과 같은 데이터가 메서드와 분리되어 있는 것이 특징이다. 절차적 프로그래밍 스타일은 순서대로 실행되는 메서드들을 나열하여 데이터를 주작하고, 이를 통해 기능을 구현하는 프로그래밍 스타일이다.
- 절차적 프로그래밍 언어는 클래스와 객체를 지원하지 않기 때문에 상속, 다형성, 캡슐화 같은 객체지향 프로그래밍의 특성도 지원하지 않는다.

다만 앞서 언급했던 대로 객체지향 프로그래밍 언어와 객체지향 프로그래밍 언어에 대한 공식적인 정의가 없는 것과 마찬가지로, 여기서 언급하는 절차적 프로그래밍 언어와 절차적 프로그래밍 언어에 대한 정의 역시 공식적인 것이 아니라는 것을 분명히 한다. 그럼에도 이렇게 정의하는 이유는 객체지향 프로그래밍 언어와 절차적 프로그래밍 언어의 차이점을 비교적 쉽게 알기 위해서다.

이 정의는 확실하지 않을뿐더러 매우 추상적이기 때문에 예를 들어 설명해보겠다. 사용자 정보를 기록하는 users.txt 파일이 있고, 한 줄에 한 명의 사용자 정보를 저장한다고 가정해보자. 그리고 각각의 사용자 정보는 이름, 나이, 성별을 가지며 & 문자로 구분하고 있다. 저장 형식의 예를 들면 Daniel&46&male과 같을 것이다. 이제 users.txt 파일을 한 줄씩 읽어서 & 문자 대신 Tab 문자로 구분하고, 이 정보를 분석하여 나이 순서대로 정렬하여 formatted_users.txt라는 새로운 파일로 저장하는 프로그램을 작성한다고 가정해보자. 이러한 기능적 요구 사항을 토대로 절차적 프로그래밍과 객체지향 프로그래밍의 두 가지 프로그래밍 스타일을 사용하여 코드를 작성하고 그 차이를 비교해볼 것이다.

먼저 절차적 프로그래밍 스타일을 사용하여 코드를 작성하는 것부터 시작하자. 다음 코드는 절차적 프로그래밍 언어인 C로 작성된 것이다.

```
struct User {
  char name[64];
  int age;
  char gender[16];
};

struct User parse_to_user(char* text) {
  // & 문자로 구분된 텍스트를 분석해서 User 구조체에 넣는다.
```

```
}

char* format_to_text(struct User user) {
  // User 구조체의 정보를 Tab 문자로 구분된 텍스트로 변환한다.
}

void sort_users_by_age(struct User users[]) {
  // User 구조체의 배열인 users를 나이순으로 정렬한다.
}

void format_user_file(char* origin_file_path, char* new_file_path) {
  // 파일을 여는 코드는 생략한다.
  struct User users[1024]; // 최대 1024명의 사용자까지 처리 가능하다.
  int count = 0;

  while (1) {
    struct User user = parse_to_user(line);
    users[count++] = user;
  }

  sort_users_by_age(users);

  for (int i = 0; i < count; ++i) {
    char* formatted_user_text = format_to_text(users[i]);
    // 새로운 파일에 저장하는 코드 생략
  }
  // 파일을 닫는 코드 생략
}

int main(char** args, int argv) {
  format_user_file("users.txt", "formatted_users.txt");
}
```

이번에는 객체지향 프로그래밍 스타일을 사용하여 작성한 코드를 살펴보자. 다음 코드는 객체지향 프로그래밍 언어인 Java로 작성한 것이다.

```
public class User {
  private String name;
  private int age;
  private String gender;

  public User(String name, int age, String gender) {
    this.name = name;
    this.age = age;
    this.gender = gender;
```

```
  }

  public static User praseFrom(String userInfoText) {
    // & 문자로 구분된 텍스트를 분석해서 User 객체에 저장한다.
  }

  public String formatToText() {
    // User 객체의 정보를 Tab 문자로 구분된 텍스트로 변환한다.
  }
}

public class UserFileFormatter {
  public void format(String userFile, String formattedUserFile) {
    // 파일을 여는 코드 생략
    List users = new ArrayList<>();
    while (1) {
      // 파일을 읽은 내용이 userText에 들어있다고 가정한다.
      User user = User.parseFrom(userText);
      users.add(user);
    }
    // users 목록을 나이순으로 정렬하는 코드 생략
    for (int i = 0; i < users.size(); ++i) {
      String formattedUserText = user.formatToText();
      // 새로운 파일에 저장하는 코드 생략
    }
    // 파일을 닫는 코드 생략
  }
}

public class MainApplication {
  public static void main(Sring[] args) {
    UserFileFormatter userFileFormatter = new UserFileFormatter();
    userFileFormatter.format("users.txt", "formatted_users.txt");
  }
}
```

두 코드에서 절차적 프로그래밍과 객체지향 프로그래밍의 기본적인 차이점은 코드가 구성되는 방식이라는 것을 알 수 있다. 절차적 프로그래밍 스타일의 코드는 메서드와 struct User 같은 데이터 구조의 조합으로 구성되며, 이때 메서드와 데이터 구조의 정의는 서로 관계가 없다. 반면에 객체지향 프로그래밍 스타일의 코드에서는 메서드와 데이터 구조가 하나의 클래스로 정의되며, 매우 밀접한 관계를 가진다.

여기서 이 두 코드가 가지는 차이점이 객체지향 프로그래밍과 절차적 프로그래밍이 가지는 차이의 전부인지 궁금할 수 있다. 물론 이런 점이 차이의 전부는 아니다. 이 두 프로그래밍 스타일의 차이에 대해서는 뒤에서 계속 설명할 것이다.

2.4.2 객체지향 프로그래밍과 절차적 프로그래밍의 비교

앞에서 절차적 프로그래밍과 절차적 프로그래밍 언어의 정의를 소개하고 객체지향 프로그래밍과 객체지향 프로그래밍 언어를 간단하게 비교해 살펴봤다. 그럼 왜 객체지향 프로그래밍이 절차적 프로그래밍을 넘어 현재 프로그래밍 패러다임의 대세가 되었는지 그 이유를 살펴보자. 절차적 프로그래밍에 비해 객체지향 프로그래밍이 가지는 장점은 무엇일까?

① 객체지향 프로그래밍은 대규모의 복잡한 프로그램 개발에 더 적합하다

2.4.1절의 예제를 통해 두 프로그래밍 패러다임에 의해 구현된 코드는 유사하지만 코드의 구성이 다르다는 것을 추측할 수 있었다. 그렇다고 해서 객체지향 프로그래밍이 어떤 점에서 더 나은지에 대해서는 아직 확신할 수는 없을 것이다. 이는 예제 코드가 매우 간단하기 때문에 어느 방식으로 작성하더라도 한눈에 알아볼 수 있기 때문이다.

간단한 프로그램을 개발하는 경우, 절차적 프로그래밍 스타일과 객체지향 프로그래밍 스타일 중에서 어느 것을 사용하더라도 구현되는 코드에서 큰 차이를 발견하기 어렵다. 심지어 절차적 프로그래밍 스타일이 훨씬 유리할 때도 있는데, 요구 사항이 간단하고 전체적인 작업 흐름이 가지를 뻗어나가지 않고 일직선 형태를 띄는 경우가 이에 해당한다. 이때 각각의 코드는 단계별로 쉽게 나눌 수 있으며, 이 단계를 순서대로 실행하는 프로세스 지향적인 형태를 띄게 된다.

그러나 복잡한 대규모 프로그램을 개발하는 경우, 전체 프로그램의 처리 흐름이 복잡하고 작업 흐름이 여러 개로 구성된다. 이 흐름을 그림으로 표현하면 일직선이 아닌 그물망이나 나뭇가지처럼 여러 방향으로 얽혀 있는 모습이 된다. 이러한 구조를 굳이 절차적 프로그래밍의 프로세스 지향적이고 선형적인 사고방식에 끼워 맞춰 프로세스로 만든다면 훨씬 더 많은 노력과 시간이 필요하게 될 것이다. 이런 점으로 볼 때 객체지향 프로그래밍 스타일의 장점이 확실해진다.

객체지향 프로그래밍에서는 클래스의 관점에서 생각하게 된다. 처음부터 복잡한 프로세스를 메서드로 분해하는 대신 어떻게 비즈니스 모델링을 할지 먼저 생각한 후 요구 사항을 클래스로 구성하고 클래스 간의 상호 작용을 설정하는데, 심지어 이러한 작업들은 복잡한 처리 흐름을 고려할 필요 없이 진행할 수 있다. 클래스의 설계가 끝나면, 공장에서 만들어진 블록을 쌓아 건물을 세우는 것처럼 작업 처리 흐름에 따라 클래스를 조합하여 전체 프로그램을 구성한다. 이러한 개발 방식과 문제에 대한 사고방식은 복잡한 프로그램 개발을 다룰 때 우리의 생각을 더 명확하게 만들 수 있다.

이 밖에도 객체지향 프로그래밍은 코드를 구성하는 모듈식 방법도 제공한다. 예를 들어 전자 상거래 시스템의 비즈니스 논리는 복잡하고 코드의 양이 많으므로 수백 개의 함수와 데이터 구조를 정의해야 할 수도 있다. 이러한 기능과 데이터 구조를 어떻게 분류하고 구성해야 지저분해 보이지 않을 수 있을까? 클래스는 이러한 기능과 데이터 구조를 구성하는 좋은 방법이며 코드를 모듈화하는 효과적인 수단이다.

C와 같은 절차적 프로그래밍 언어의 경우 함수와 데이터 구조를 기능에 따라 파일을 쪼개는 방식으로 함수와 데이터 구조의 분류라는 목적을 달성할 수 있지 않느냐고 반문할 수도 있다. 완전히 틀린 말은 아니지만 절차적 프로그래밍 언어에서는 모듈화를 강제하지 않는 반면, 객체지향 프로그래밍은 그 자체가 클래스의 개념을 기반으로 동작하며 그에 따른 클래스 모듈화는 필수다.

사실, 절차적 프로그래밍 언어로 객체지향 프로그래밍 스타일의 코드를 작성할 수는 있지만 객체지향 프로그래밍 언어로 작성하는 것보다 훨씬 더 많은 비용이 들 수 있다. 또한 절차적 프로그래밍과 객체지향 프로그래밍이 완전히 반대되는 것도 아니다. 많은 소프트웨어를 개발할 때 절차적 프로그래밍 언어를 사용하면서 객체지향 프로그래밍의 장점 중 일부를 차용하기도 한다.

❷ 객체지향 프로그래밍 스타일의 코드는 재사용, 확장, 유지 관리가 쉽다

앞에서 살펴본 예제 코드는 비교적 간단하기 때문에 클래스와 객체의 두 가지 기본 객체지향 개념만 사용하고 캡슐화, 추상화, 상속, 다형성의 네 가지 특성은 사용하지 않았다. 따라서 객체지향 프로그래밍의 장점을 살리지는 못한다.

절차적 프로그래밍은 매우 단순한 프로그래밍 스타일이며 객체지향 프로그래밍만큼 풍부한 기능을 제공하지 않는다. 객체지향 프로그래밍이 제공하는 캡슐화, 추상화, 상속, 다형성은 복잡한 프로그래밍 요구 사항을 만족시킬 뿐만 아니라 재사용, 확장, 유지 관리가 쉬운 코드를 작성하는 데 용이하다. 그 이유는 다음과 같다.

먼저 캡슐화를 살펴보자. 캡슐화는 객체지향 프로그래밍과 절차적 프로그래밍의 근본적인 차이점이다. 캡슐화는 객체지향 프로그래밍의 기본 개념인 클래스를 기반으로 하기 때문이다. 객체지향 프로그래밍은 클래스를 통해 코드를 구성하는 방식으로 데이터와 메서드를 묶는 방식으로, 절차적 프로그래밍에서 데이터가 직접 노출되는 것과 달리 접근 제어를 통해 외부 호출자만이 클래스에 의해 노출되는 제한된 메서드를 통해 데이터에 접근할 수 있다. 따라서 객체지향 프로그래밍에서 제공하는 캡슐화 기능은 코드의 유지 관리성을 향상시키는 데 더 도움이 된다.

두 번째로 추상화를 살펴보자. 이미 알겠지만 함수 그 자체가 구체적인 구현을 숨기는 추상화에 해당한다. 함수를 사용할 때 우리는 함수가 어떻게 구현되는지가 아니라 어떤 함수가 있는지 이해하면 충분하다. 이 시점에서 절차적 프로그래밍과 객체지향 프로그래밍 모두 추상화를 지원한다. 그러나 객체지향 프로그래밍은 더 나은 추상화를 제공한다. 인터페이스를 기반으로 하는 추상화와 같은 기능은 절차적 프로그래밍에서는 사용할 수 없다. 인터페이스를 기반으로 하는 추상화는 원래 구현을 변경하지 않고 새로운 구현 논리를 쉽게 대체할 수 있어 코드의 확장성을 향상시킨다.

이어서 상속을 살펴보자. 상속은 다형성과 더불어 객체지향 프로그래밍만이 가지고 있는 두 가지 기능 중 하나이다. 두 클래스에 동일한 속성과 메서드가 있는 경우 동일한 코드를 상위 클래스로 추출하고 두 하위 클래스가 상위 클래스를 상속하도록 할 수 있다. 이러한 방식으로 두 하위 클래스는 상위 클래스의 코드를 재사용하고 코드 중복을 방지하며 코드 재사용성을 개선할 수 있다.

마지막으로 다형성을 살펴보자. 특정한 함수 구현을 수정해야 하는 경우 새 하위 클래스를 구현하여 기존 함수를 재정의할 수 있으며, 상위 클래스를 하위 클래스로 대체할 수 있다. 실제 코드 실행 프로세스에서는 원본 코드를 수정하는 대신 하위 클래스의 새로운 함수가 호출된다. 이러한 방식으로 코드의 확장성을 향상시키는 '수정에 대해 폐쇄적이고 확장에 대해 개방적'이라는 설계 원칙을 준수할 수 있다. 또한 다형성을 사용하면 다른 클래스의 객체를 동일한 메서드에 전달할 수 있고 동일한 논리를 재사용할 수 있어 코드의 재사용성을 향상시킬 수 있다.

따라서 이러한 네 가지 특성을 기반으로 객체지향 프로그래밍을 사용하여 재사용, 확장, 유지 관리가 쉬운 코드를 쉽게 작성할 수 있다. 물론 절차적 프로그래밍을 사용하여 동일하게 재사용, 확장, 유지 관리가 쉬운 코드를 작성하는 것이 불가능하지는 않지만, 객체지향의 특성들을 활용할 수 없기 때문에 비용이 더 늘어날 수 있다.

❸ 객체지향 프로그래밍 언어는 더 사용자 친화적이고 고급 언어이며 지능적이다

처음에는 기계를 다룰 때 0과 1 같은 이진 명령어를 사용했고, 이를 기반으로 좀 더 읽기 쉬운 어셈블리 언어가 사용되었으며, 점차 고급 프로그래밍 언어를 사용하기 시작했다. 고급 프로그래밍 언어 중 절차적 프로그래밍 언어는 객체지향 프로그래밍 언어보다 먼저 등장했다. 절차적 프로그래밍 언어가 처음 등장한 이유는 기계와 상호 작용하는 방식이 바이너리 명령어와 어셈블리 언어에서 점차 절차적 프로그래밍 언어로 발전했기 때문이다. 이는 매우 자연스러운 흐름이라고 할 수 있는데 이 언어들은 모두 일련의 명령을 사용하여 작업을 수행하기 위해 데이터를 순차적으로 조작하는 프로그래밍 스타일이기 때문이다.

이진 명령에서 어셈블리 언어, 절차적 프로그래밍 언어에 이르기까지 기계와 상호 작용하는 방식은 끊임없이 진화하고 있으며, 이를 통해 프로그래밍 언어가 점점 더 사용자 친화적이 되어 인간과 기계 간의 상호 작용이 더 쉬워지고 있다. 일반적으로 프로그래밍 언어는 점점 더 고급 언어로 발전하고 있다. 사실, 절차적 프로그래밍 언어 이후에 객체지향 프로그래밍 언어가 출현한 것도 이 법칙에 따른 것이다. 즉, 객체지향 프로그래밍 언어는 절차적 프로그래밍 언어보다 더 발전된 형태인 것이다.

이진 명령어, 어셈블리 언어, 절차 프로그래밍 언어와 비교할 때 객체지향 프로그래밍 언어가 문제를 처리하는 방법은 완전히 다르다. 앞의 세 언어는 컴퓨터의 사고방식을 사용하는 반면, 객체지향 프로그래밍 언어는 인간의 사고방식을 사용한다. 앞의 세 가지 언어로 프로그래밍할 때는 일련의 명령을 설계하고 이 명령 세트를 실행하고 일부 데이터를 조작하고 특정 작업을 완료하도록 기계에 전달하는 방법이라 할 수 있다. 반면 객체지향 프로그래밍을 할 때는 비즈니스를 모델링하는 방법과 실제 세계를 클래스로 매핑하는 방법에 대해 생각하므로 기계를 다루는 방법에 대해 생각하기보다 비즈니스 자체에 집중할 수 있다. 프로그래밍 언어가 발전할수록 기계에서 멀어지고 인간과 가까워지며, 이렇게 변화할수록 더 지능적인 언어라고 할 수 있을 것이다.

위에서 언급한 프로그래밍 언어 개발 법칙에 따라 획기적인 새로운 프로그래밍 언어가 등장한다면 더 지능적일 것이다. 이 프로그래밍 언어는 아마도 컴퓨터 지식을 전혀 필요로 하지 않으면서, 코드를 한 줄씩 일일이 작성할 필요도 없고, 요구 사항 문서가 자세하고 정확하다면 자동으로 원하는 프로그램을 만들어낼 수 있을 것이다.

2.4.3 함수형 프로그래밍

함수형 프로그래밍은 전혀 새로운 것이 아니라 이미 50년도 넘게 사용되어 온 것이다. 최근 몇 년 동안 함수형 프로그래밍이 다시 주목받기 시작했으며 Java, Python, Ruby, JavaScript 같은 일부 비함수형 프로그래밍 언어는 함수형 프로그래밍을 지원하기 위해 많은 기능, 문법, 라이브러리를 추가하고 있다.

그렇다면 **함수형 프로그래밍**functional programming이란 무엇일까?

앞서 언급했듯이 절차적 프로그래밍과 객체지향 프로그래밍에 대한 엄격한 공식적인 정의는 존재하지 않으며, 이 책에서 직접 정의한 내용이었다. 더욱이 이 정의는 두 프로그래밍 패러다임의 주요 특징을 요약한 것일 뿐 그다지 엄격하지 않았다. 사실, 엄격한 공식 정의가 없는 것은 함수형 프로그래밍도 마찬가지다. 따라서 여기에서는 기능적 측면에서의 함수형 프로그래밍을 정의할 것이다.

엄밀히 말하면, 함수형 프로그래밍의 **함수**는 프로그래밍 언어에서 말하는 함수가 아니라 $y = f(x)$ 같은 수학의 함수 또는 표현식을 의미한다. 그러나 프로그래밍할 때 수학의 함수나 표현식을 기능적인 함수 형태로 설계하는 것에도 익숙해져 있다. 따라서 깊게 파고들 필요가 없다면, 함수형 프로그래밍의 함수도 프로그래밍 언어의 함수로 이해할 수 있다.

모든 프로그래밍 패러다임은 독특한 부분으로 구성되는데, 이들이 추상화되어 각각의 패러다임을 정의하는 기준으로 사용된다. 객체지향 프로그래밍의 가장 큰 특징은 클래스와 객체를 코드 구성의 단위로 사용한다는 점이다. 절차적 프로그래밍의 가장 큰 특징은 함수를 단위로 사용하여 코드를 구성하고 데이터와 메서드를 분리한다는 점이다. 함수형 프로그래밍을 독특하게 만드는 것은 프로그래밍 철학이다. 함수형 프로그래밍에서는 프로그램이 일련의 수학적 함수 또는 표현식의 조합으로 표현될 수 있다고 생각한다. 그러나 실제로 어떤 프로그램이 수학적 표현의 조합으로 표현될 수 있을까?

이론적으로는 가능하지만 모든 프로그램이 이에 적합한 것은 아니다. 함수형 프로그래밍에는 컴퓨터 과학, 데이터 처리, 통계 분석과 같은 적절한 응용 시나리오가 있다. 이러한 응용 시나리오에서 프로그램은 종종 수학적 표현으로 쉽게 표현될 수 있다. 함수형 프로그래밍은 동일한 기능을 달성하기 위해 비함수형 프로그래밍보다 적은 코드를 필요로 한다. 그러나 비즈니스와 매우 강한 연관이 있는 대규모 비즈니스 시스템 개발을 할 때, 수학적 표현으로 힘들게 추상화하고 그것을 구현하기 위해 함수 프로그래밍을 사용해야 한다면 분명히 문제가 발생할 것이다. 비즈니스와 밀접한 관련이 있는 대규모 비즈니스 시스템의 개발 시나리오에서는 코드가 더 읽기 쉽고 유지 관리가 용이한 객체지향 프로그래밍이 더 적합하다.

앞에서 소개한 것은 함수형 프로그래밍의 프로그래밍 사상이며, 프로그래밍 구현에서 절차적 프로그래밍과 마찬가지로 코드 구성의 단위로 함수를 사용하지만, 함수가 상태를 가지고 있지 않은

스테이트리스 함수stateless function라는 점에서 절차적 프로그래밍과 다르다. 그렇다면 상태를 가지고 있지 않다는 것은 무슨 의미일까? 간단히 말해서 함수에 포함된 변수는 클래스 멤버 변수를 공유하는 객체지향 프로그래밍과 전역 변수를 공유하는 절차 프로그래밍과 달리 지역 변수다. 함수의 실행 결과는 입력 매개변수에만 관련되며 다른 외부 변수와는 관련이 없다. 동일한 입력 매개변수를 어떻게 실행하든 그 결과는 동일하다. 예제를 통해 자세히 살펴보자.

다음 increase() 함수는 상태를 가지고 있는 **스테이트풀 함수**stateful function로서 변수 b이 값에 따라 실행 결과가 달라지는데, 입력 매개변수가 같더라도 함수를 실행할 때마다 변수 b의 값이 다를 수 있으므로 함수의 반환값도 달라질 수 있다.

```
int b;
int increase(int a) {
  return a + b;
}
```

반면 다음의 increase() 함수는 스테이트리스 함수로 그 실행 결과는 외부 변숫값에 영향을 받지 않는다. 입력 매개변수가 동일하기만 하면 함수를 몇 번 실행하더라도 함수의 반환값은 항상 동일하다.

```
int increase(int a, int b) {
  return a + b;
}
```

앞서 언급했듯이 객체지향 프로그래밍은 반드시 객체지향 프로그래밍 언어를 필요로 하지 않으며, 유사하게 함수형 프로그래밍은 반드시 함수형 프로그래밍 언어를 필요로 하지 않는다. 오늘날 많은 객체지향 프로그래밍 언어는 함수형 프로그래밍을 지원하기 위해 필요한 문법과 클래스 라이브러리를 제공한다. 이어서 함수형 프로그래밍에 대한 더 나은 이해를 위해 객체지향 프로그래밍 언어인 Java에서 제공하는 함수형 프로그래밍에 대해 알아보자. 먼저 Java의 전형적인 함수형 프로그래밍 예제 코드를 살펴보자.

```
public class FPDemo {
  public static void main(String[] args) {
    Optional<Integer> result = Stream.of("foo", "bar", "hello")
            .map(s -> s.length())
```

```
            .filter(l -> l <= 3)
            .max((o1, o2) -> o1-o2);
    System.out.println(result.get());  // 출력2
  }
}
```

이 코드의 기능은 문자열 배열에서 문자 길이가 3 이하인 문자열을 걸러내고 그중에서 가장 긴 문자열의 길이를 찾는 것이다. Java 함수형 프로그래밍의 문법을 이해하지 못하면 이 코드가 약간 혼란스럽게 느껴질 수 있다. Java는 함수형 프로그래밍을 위해 세 가지 새로운 문법 개념인 Stream 클래스, 람다 표현식, 함수형 인터페이스를 도입했다. Stream 클래스의 역할은 '.' 문자로 여러 함수의 연산을 계단식으로 작성하는 방법을 지원하는 것이고, 람다 표현식의 역할은 코드를 단순화하는 것, 함수형 인터페이스는 함수를 래핑하여 함수를 매개변수로 직접 사용할 수 있게 해주는 것이다. 참고로 C는 함수 포인터로 비슷한 일을 할 수 있다. 이제 이 세 가지 개념에 대해 자세히 살펴보도록 하자.

❶ Stream 클래스

식 $(3-1) \times 2 + 5$를 계산한다고 가정해보자. 일반적인 함수 호출 방식으로 코드를 작성하면 코드는 다음과 같을 것이다.

```
add(multiply(subtract(3, 1), 2), 5);
```

이런 식으로 작성된 코드는 가독성이 좋지 않으니, 좀 더 읽기 쉬운 방식으로 변경해보자.

```
subtract(3, 1).multiply(2).add(5);
```

Java에서 '.'는 호출 관계, 즉 객체가 메서드를 호출하는 것을 의미한다. 위와 같이 계단식 호출을 지원하도록 각 함수가 일반 유형인 Stream 클래스 객체를 반환하도록 하고 있다. Stream 클래스에는 중간 작업과 종료 작업의 두 가지 작업 유형이 있다. 중간 작업은 Stream 클래스 객체를 반환하고, 종료 작업은 결정된 결괏값을 반환한다.

다음과 같이 FPDemo 클래스에 주석을 달아 각각의 코드가 반환하는 값을 알 수 있도록 했다. map 과 filter는 중간 연산으로서 Stream 객체를 반환하고 다른 연산을 이어서 계속 처리할 수 있는 데 반해, max는 종료 연산이기 때문에 Optional<Integer> 객체를 반환하고, 이 객체는 Stream 객체가 아니므로 연산을 이어서 할 수 없게 된다. 이때 반환되는 데이터 유형은 함수 자체에 의해 정의된다.

```java
public class FPDemo {
  public static void main(String[] args) {
    // of → Stream<String>
    Optional<Integer> result = Stream.of("foo", "bar", "hello")
            .map(s -> s.length())  // map → Stream<Integer>
            .filter(l -> l <= 3) // filter → Stream<Integer>
            .max((o1, o2) -> o1-o2); // max → Optional<Integer>
    System.out.println(result.get());  // 출력2
  }
}
```

❷ 람다 표현식

앞서 언급했듯이 람다 표현식을 도입하는 주요 목적은 코드 작성을 단순화하는 것이다. 앞에서 사용했던 map 함수를 예로 들어 설명해보겠다. 나열된 세 단계의 코드를 살펴보자. 첫 번째 코드는 map 함수의 정의를 보여주는데, map 함수가 받는 매개변수는 Function 인터페이스이며 이는 나중에 논의할 함수형 인터페이스에 해당한다. 두 번째 코드는 map이 사용되는 방법을 보여주며, 세 번째 코드는 람다 표현식을 사용하여 간단하게 표현한 코드다. 사실 람다식 표현은 Java에서 문법적으로 간단하게 변형한 결과일 뿐 실제로는 두 번째 코드처럼 함수형 인터페이스를 기반으로 구현된다.

```java
// 첫 번째 코드: Stream 클래스의 map 함수 정의
public interface Stream<T> extends BaseStream<T, Stream<T>> {
  <R> Stream<R> map(Function<? super T, ? extends R> mapper);
  // ...다른 기능 생략...
}
// 두 번째 코드: Stream 클래스에서 map 함수를 사용하는 방법
Stream.of("foo", "bar", "hello").map(new Function<String, Integer>() {
  @Override
  public Integer apply(String s) {
    return s.length();
  }
});

// 세 번째 코드: 람다 표현식으로 작성된 코드
Stream.of("foo", "bar", "hello").map(s -> s.length());
```

람다 표현식은 입력, 함수 본문, 출력의 세 부분으로 구성되며, 기본적인 작성 방법은 다음과 같다.

```
(a, b) -> { statement 1; statement 2;...; return output; }  // a와 b는 매개변수
```

람다 표현식의 작성 방법은 매우 유연하기 때문에 기본적인 작성 방법 외에도 수많은 방법이 존재
한다. 예를 들어 입력 매개변수가 하나만 있는 경우에는 ()를 생략하고 a -> { ... }와 같은 방법
으로 작성할 수 있으며, 입력 매개변수가 없으면 입력 부분과 화살표를 생략한 채 함수 본문만 남
길 수 있다. 또한 함수 본문에 구문이 하나밖에 없다면 {}를 생략할 수 있고, 반환값이 없으면 생
략할 수 있다.

앞에서 람다 표현식을 사용해 작성했던 FPDemo 클래스를 람다 표현식 대신 함수형 인터페이스를
사용하여 구현하면 다음과 같다. 코드가 얼마나 많이 변경되었는지 확인해보자.

```java
Optional<Integer> result = Stream.of("foo", "bar", "hello")
        .map(s -> s.length())
        .filter(l -> l <= 3)
        .max((o1, o2) -> o1-o2);
// 다음 코드는 위의 람다 표현식을 함수형 인터페이스 구현으로 바꾼 것이다.
Optional<Integer> result2 = Stream.of("foo", "bar", "hello")
        .map(new Function<String, Integer>() {
          @Override
          public Integer apply(String s) {
            return s.length();
          }
        })
        .filter(new Predicate<Integer>() {
          @Override
          public boolean test(Integer l) {
            return l <= 3;
          }
        })
        .max(new Comparator<Integer>() {
          @Override
          public int compare(Integer o1, Integer o2) {
            return o1 - o2;
          }
        });
```

3 함수형 인터페이스

앞의 예제 코드에서 볼 수 있는 Function, Predicate, Comparator는 모두 **함수형 인터페이스**이다. C 언어의 경우 함수를 변수로서 사용할 수 있는 함수 포인터를 지원하지만, Java는 함수 포인터를 지원하지 않기 때문에 대신 함수형 인터페이스를 통해 함수를 감싼 것을 변수로 사용한다.

사실 함수형 인터페이스는 특별할 것이 없는 인터페이스이다. 그러나 주목할 만한 점이 있는데, 바로 미구현 메서드가 단 하나만 존재해야 한다는 점이다. 그래야만 람다 표현식이 일치하는 인터페이스를 정확히 알 수 있다. 만약 미구현 메서드가 두 개 있고 인터페이스 입력 매개변수와 반환값이 같으면 Java가 람다 표현식을 번역할 때 어떤 메서드에 대응해야 하는지 알 수 없게 된다.

다음은 함수형 인터페이스에 대한 직관적인 이해를 돕기 위해 Java에서 제공하는 Function, Predicate 두 가지 함수형 인터페이스의 소스 코드를 나열한 것이다.

```java
@FunctionalInterface
public interface Function<T, R> {
    R apply(T t);  // 미구현 메서드

    default <V> Function<V, R> compose(Function<? super V, ? extends T> before) {
        Objects.requireNonNull(before);
        return (V v) -> apply(before.apply(v));
    }

    default <V> Function<T, V> andThen(Function<? super R, ? extends V> after) {
        Objects.requireNonNull(after);
        return (T t) -> after.apply(apply(t));
    }

    static <T> Function<T, T> identity() {
        return t -> t;
    }
}

@FunctionalInterface
public interface Predicate<T> {
    boolean test(T t);  // 미구현 메서드

    default Predicate<T> and(Predicate<? super T> other) {
        Objects.requireNonNull(other);
        return (t) -> test(t) && other.test(t);
    }

    default Predicate<T> negate() {
```

```
            return (t) -> !test(t);
    }

    default Predicate<T> or(Predicate<? super T> other) {
        Objects.requireNonNull(other);
        return (t) -> test(t) || other.test(t);
    }

    static <T> Predicate<T> isEqual(Object targetRef) {
        return (null == targetRef)
                ? Objects::isNull
                : object -> targetRef.equals(object);
    }
}
```

2.4.4 객체지향 프로그래밍과 함수형 프로그래밍의 비교

서로 다른 프로그래밍 패러다임은 확실하게 구별되지 않으며 항상 몇 가지 공통적인 프로그래밍 규칙이 존재한다. 예를 들어 절차적 프로그래밍이든 객체지향 프로그래밍이든 함수형 프로그래밍 이든 모두 변수와 함수의 개념을 가지고 있으며, 최상위에는 모두 main() 함수가 엔트리 포인트로 자리 잡고 있다. 그리고 클래스나 함수와 같은 프로그래밍 단위를 갖추고 있다. 그러나 객체지향 프로그래밍의 프로그래밍 단위는 클래스 또는 객체이고, 절차적 프로그래밍의 프로그래밍 단위는 함수이며, 함수형 프로그래밍의 프로그래밍 단위는 스테이트리스 함수라는 점이 다르다.

프로그래밍의 특수성 때문에 함수형 프로그래밍은 컴퓨터 과학, 데이터 처리, 통계 분석과 같은 특수한 분야에서만 그 장점을 충분히 발휘할 수 있다. 따라서 보다 일반적인 객체지향 프로그래밍 패러다임을 완전히 대체할 수는 없다. 그러나 보완책으로 준비하고 발전시켜 학습해두는 것은 큰 의미가 있을 것이다.

객체지향 프로그래밍은 클래스 설계를 비롯한 코드 모듈 설계에 중점을 두는 반면 절차적 프로그 래밍과 함수형 프로그래밍은 함수 작성과 같은 특정 구현 세부 사항에 중점을 둔다. 이것이 디자 인 패턴에 관한 대부분의 서적이 객체지향 프로그래밍 언어를 예제로 다루는 이유다.

2.4.5 생각해보기

이번 절에서는 객체지향 프로그래밍이 절차적 프로그래밍보다 대규모의 복잡한 프로그램 개발을 다루기가 더 쉽다고 언급했다. 그러나 UNIX, Linux와 같은 복잡한 시스템은 절차적 프로그래밍 언어인 C 언어를 기반으로 개발되었고 현재도 지속적으로 개선되고 있다. 이런 현상은 어떤 의미를 가질까? 그리고 이 현상은 이번 절에서 설명한 내용과 서로 모순되는 것일까?

2.5 객체지향 프로그래밍처럼 보이지만 실제로는 절차적 프로그래밍

위에서 언급한 바와 같이 프로그래밍 패러다임에는 일반적으로 절차적 프로그래밍, 객체지향 프로그래밍, 함수형 프로그래밍의 세 가지가 있다. 그중에서도 객체지향 프로그래밍은 현재 주류 프로그래밍 패러다임으로서 활약하고 있다. 오늘날 대부분의 프로그래밍 언어는 객체지향 프로그래밍 언어이며 대부분의 소프트웨어는 객체지향 프로그래밍 패러다임을 기반으로 개발된다.

그러나 실제 개발 작업에서 많은 개발자들이 객체지향 프로그래밍에 대해 오해를 하고 있는데, 객체지향 프로그래밍 언어를 개발에 사용하고 모든 코드를 클래스에 넣기만 하면 그것이 바로 객체지향 프로그래밍이라고 생각하는 경우가 많다. 하지만 대부분의 경우 객체지향 프로그래밍 언어로 절차적 스타일 코드를 작성하고 있을 뿐이다. 때로는 표면적으로 객체지향 프로그래밍 스타일처럼 보이는 일부 코드는 본질적으로 절차적 프로그래밍 스타일인 경우가 많다.

이번 절에서는 세 가지 일반적인 예제 코드를 통해 어떤 코드가 객체지향 프로그래밍 스타일처럼 보이지만 실제로는 절차적 프로그래밍 스타일인 코드인지 살펴볼 것이다. 이 세 가지 전형적인 예제를 통해 추론하고 이해를 높일 수 있기를 바란다. 그리고 스스로 작성한 코드가 객체지향 프로그래밍 스타일의 요구 사항을 충족하는지 관찰하는 데 주의를 기울이기를 바란다.

2.5.1 getter, setter 메서드 남용

필자는 이전에 몇몇 동료들이 클래스의 속성을 정의한 후, 모든 속성에 대한 getter 메서드와 setter 메서드를 정의하는 것을 발견했다. 심지어 일부는 시간을 절약하기 위해 IDE의 기능이나 Lombok 플러그인과 같은 도구를 사용하기도 했다.

동료들에게 모든 속성에 대해 getter 메서드와 setter 메서드를 정의하는 이유를 물었을 때 날아온 답변은 대부분의 경우 getter 메서드와 setter 메서드가 언젠가는 사용될 가능성이 있다는 것이었다. 하지만 getter 메서드와 setter 메서드가 없더라도 실제로는 아무런 문제가 없었다.

실제로 이러한 접근 방식은 객체지향 프로그래밍의 캡슐화 특성을 위반하므로 권장하지는 않는다.

이는 객체지향 프로그래밍 스타일을 절차적 프로그래밍 스타일로 퇴보시키는 것과 마찬가지 행위다. 다음의 예제 코드를 살펴보자.

```java
public class ShoppingCart {
  private int itemsCount;
  private double totalPrice;
  private List<ShoppingCartItem> items = new ArrayList<>();

  public int getItemsCount() {
    return this.itemsCount;
  }

  public void setItemsCount(int itemsCount) {
    this.itemsCount = itemsCount;
  }

  public double getTotalPrice() {
    return this.totalPrice;
  }

  public void setTotalPrice(double totalPrice) {
    this.totalPrice = totalPrice;
  }

  public List<ShoppingCartItem> getItems() {
    return this.items;
  }

  public void addItem(ShoppingCartItem item) {
    items.add(item);
    itemsCount++;
    totalPrice += item.getPrice();
  }

  // 일부 메서드 생략
}
```

위의 예제 코드에서 ShoppingCart는 itemsCount, totalPrice, items라는 3개의 private 속성을 가진 단순한 장바구니 클래스다. 그중에서 itemsCount, totalPrice 두 속성에 대해 getter 메서드와 setter 메서드가 클래스에 정의되어 있다. items 속성의 경우 getter 메서드와 addItem() 메서드가 정의되어 있다. 이 코드는 간단하고 이해하기는 쉽지만 숨겨진 문제가 있다.

먼저 itemsCount와 totalPrice 속성을 살펴보자. 이 속성은 비록 private 속성으로 정의되어 있지만, public 속성의 getter 메서드와 setter 메서드를 제공하고 있다. 사실상 이 속성을 public 속성으로 정의한 것이다. setter 메서드를 임의로 호출하여 itemsCount와 totalPrice 속성값을 수정할 수 있는데, 이 때문에 itemsCount와 totalPrice 속성값이 items 속성값과 연계성을 갖지 못하게 된다.

객체지향 프로그래밍에서 캡슐화 특성에 대한 정의에 따르면, 내부 데이터는 접근 권한 제어를 통해 숨겨져야 하며, 외부에서는 클래스에서 제공하는 제한된 인터페이스를 통해서만 내부 데이터에 접근할 수 있어야 한다. 따라서 노출해서는 안 되는 setter 메서드를 노출하는 것은 객체지향 프로그래밍의 캡슐화 특성을 명백하게 위반하고 있는 것이다. 이러한 데이터는 어떤 코드도 마음대로 수정할 수 있으며, 결국 코드는 절차적 프로그래밍 스타일로 퇴화된다.

이어서 items 속성을 살펴보자. items 속성의 경우 getter 메서드와 addItem() 메서드를 정의하고 있는 반면 setter 메서드는 정의하고 있지 않다. 얼핏 보면 문제가 없는 설계처럼 보이지만 실상은 그렇지 않다.

앞에서 살펴봤던 itemsCount, totalPrice 두 속성에 public 속성의 getter 메서드를 정의하는 것은 실제로는 무해하다고 할 수 있는데, getter 메서드가 최소한 값을 손상시키지는 않기 때문이다. 그러나 items 속성의 경우에는 다르게 동작하는데, getter 메서드가 List<ShoppingCartItem> 컬렉션을 반환하기 때문이다. 이 컬렉션을 얻은 후 외부에서 다음 코드처럼 값을 직접 수정하는 것이 가능하다.

```
ShoppingCart cart = new ShoppCart();
...
cart.getItems().clear();  // 장바구니 비우기
```

장바구니 비우기 기능이 필요할 수 있으므로 이 코드에 문제가 없다고 생각할 수도 있다. 하지만 코드를 실행한 결과 장바구니 항목 자체는 비워지는 반면에 장바구니의 항목 개수를 나타내는 itemsCount 속성이나 전체 가격을 의미하는 totalPrice 속성은 변하지 않으므로 items 속성과 연계성이 깨진다. 따라서 장바구니를 비우는 비즈니스 논리를 상위 코드에 노출하는 대신 다음과 같이 ShoppingCart 클래스에서 직접 clear() 메서드를 정의하고 장바구니를 비우는 비즈니스 논리를 캡슐화해야 한다.

```
public class ShoppingCart {
  // ...일부 코드 생략...
  public void clear() {
    items.clear();
    itemsCount = 0;
    totalPrice = 0.0;
  }
}
```

물론 장바구니의 항목을 확인하는 요구 사항이 있는 경우에는 ShoppingCart 클래스에서 items 속성에 대한 getter 메서드를 제공해야 한다. 그러면 이 같은 문제를 피하려면 어떻게 해야 할까?

Java에서는 Collections.unmodifiableList() 메서드를 통해 getter 메서드가 수정 불가능한 UnmodifiableList 컬렉션을 반환하도록 할 수 있으며, UnmodifiableList는 add(), clear()와 같이 데이터 수정과 관련된 메서드를 호출할 경우 UnsupportedOperationException 예외를 발생시키기 때문에 컬렉션의 데이터가 수정되는 것을 방지할 수 있다. 구체적인 코드는 다음과 같다.

```
public class ShoppingCart {
  // ...일부 코드 생략...

  public List<ShoppingCartItem> getItems() {
    return Collections.unmodifiableList(this.items);
  }
}

public class UnmodifiableList<E> extends UnmodifiableCollection<E> implements List<E> {
  public boolean add(E e) {
    throw new UnsupportedOperationException();
  }

  public void clear() {
    throw new UnsupportedOperationException();
  }

  // ...일부 코드 생략...
}

ShoppingCart cart = new ShoppingCart();
List<ShoppingCartItem> items = cart.getItems();
items.clear();  // UnsupportedOperationException 예외 발생
```

그러나 이 코드에는 여전히 문제가 있다. `ShoppingCart` 클래스의 `getItems()` 메서드를 통해 항목 컬렉션을 얻을 때 컬렉션 자체는 수정할 수 없지만 컬렉션의 각 객체인 `ShoppingCartItem` 속성은 계속 수정할 수 있다. 다음 코드를 살펴보자.

```
ShoppingCart cart = new ShoppingCart();
cart.add(new ShoppingCartItem(...));
List<ShoppingCartItem> items = cart.getItems();
ShoppingCartItem item = items.get(0);
item.setPrice(19.0); // 아이템 속성은 수정 가능
```

그렇다면 이 문제는 어떻게 해결해야 할까? 여기에 대해서는 6.6절에서 해답을 찾을 수 있다.

`getter` 메서드와 `setter` 메서드의 남용은 끝났다. 요약하면 클래스를 설계할 때 정말로 필요한 경우가 아니라면 속성에 대한 `setter` 메서드를 정의하지 않아야 한다. 또한 비록 `getter` 메서드가 `setter` 메서드보다 안전하지만, 반환값이 이 예제의 `List` 컨테이너처럼 컬렉션인 경우 컬렉션 내부의 데이터가 수정될 가능성에도 대비해야 한다.

2.5.2 전역 변수와 전역 메서드의 남용

먼저 전역 변수와 전역 메서드가 무엇인지 살펴보자.

C 언어와 같은 절차적 프로그래밍 언어에서는 전역 변수와 전역 메서드는 개발 과정의 모든 곳에서 볼 수 있지만, Java와 같은 객체지향 프로그래밍 언어의 경우 이 두 가지는 개발 과정에서 거의 나타나지 않는다.

객체지향 프로그래밍에서 일반적인 전역 변수에는 싱글턴 클래스 객체, 정적 멤버 변수, 상수가 포함되며, 일반적인 전역 메서드에는 정적 메서드가 포함된다. 코드에는 싱글턴 클래스 객체가 단 하나 존재하므로 전역 변수와 마찬가지다. 정적 멤버 변수는 클래스의 데이터에 속하며 인스턴스화된 모든 객체에서 공유되며 어느 정도는 전역 변수와 동일한 성질을 가진다. 상수는 일종의 전역 변수와 같이 취급되며 일반적으로 `Constants` 클래스에서 정의된다. 정적 메서드는 일반적으로 정적 변수 또는 외부 데이터를 조작하는 데 사용된다. 개발에서 흔히 사용되는 다양한 `Utils` 클래스를 생각해보면, 일반적으로 메서드는 객체를 생성하지 않고 직접 사용할 수 있는 정적 메서드로 정의된다. 정적 메서드는 메서드를 데이터에서 분리하고 캡슐화 기능을 제거한 일반적인 절차적 프로그래밍 스타일로 구성된다.

방금 소개한 전역 변수와 전역 메서드 중에서 가장 많이 사용되는 것은 Constants 클래스와 Utils 클래스다. 이제 이 두 클래스를 이용하여 전역 변수와 전역 메서드의 장단점을 살펴볼 것이다. 예제 코드는 다음과 같다.

```java
public class Constants {
  public static final String MYSQL_ADDR_KEY = "mysql_addr";
  public static final String MYSQL_DB_NAME_KEY = "db_name";
  public static final String MYSQL_USERNAME_KEY = "mysql_username";
  public static final String MYSQL_PASSWORD_KEY = "mysql_password";
  public static final String REDIS_DEFAULT_ADDR = "192.168.7.2:7234";
  public static final int REDIS_DEFAULT_MAX_TOTAL = 50;
  public static final int REDIS_DEFAULT_MAX_IDLE = 50;
  public static final int REDIS_DEFAULT_MIN_IDLE = 20;
  public static final String REDIS_DEFAULT_KEY_PREFIX = "rt:";
  // ...다른 상수 정의 생략...
}
```

위의 예제 코드는 프로젝트에서 사용되는 모든 상수를 Constants 클래스로 통합한다. 그러나 이런 크고 포괄적인 Constants 클래스를 정의하는 것은 좋은 설계라 할 수 없는데 그 이유는 다음의 세 가지다.

1) 이러한 설계는 코드의 유지 보수성에 영향을 미친다. 같은 프로젝트에 관련된 개발 엔지니어가 많다면 이 클래스에 새로운 상수를 추가하는 등 개발 과정에서 이 클래스를 수정할 수 있으며, 그러면 클래스가 점점 커지고 수백 줄의 코드가 나타날 것이다. 그 결과 시간이 많이 걸리고 노동 집약적인 코드 확인이 계속 늘어나 수정이 일어남에 따라, 코드가 충돌을 일으킬 가능성도 높아진다.

2) 이러한 설계는 코드의 컴파일 시간을 증가시킨다. Constants 클래스에 포함된 상수가 많을수록 이 클래스에 더 많은 코드가 종속된다. Constants 클래스를 수정할 때마다 Constants 클래스에 종속된 다른 클래스가 매번 다시 컴파일되어 불필요한 컴파일 시간을 낭비한다. 이때 컴파일하는 데 걸리는 시간을 과소평가하면 안 된다. 대규모 프로젝트의 경우 프로젝트를 컴파일하는 데 몇 분 또는 수십 분이 소요될 수도 있다. 또한 개발 과정에서 단위 테스트가 실행될 때마다 컴파일이 실행되기 때문에 긴 컴파일 시간은 개발 효율성에도 큰 영향을 미친다.

3) 이러한 설계는 코드의 재사용 가능성에도 영향을 미친다. 이 프로젝트에서 개발한 클래스를 다른 프로젝트에서 재사용하려고 할 때, 이 클래스가 Constants 클래스에 종속되어 있다면 어떻게 될까? 이 클래스가 Constants 클래스의 일부 상수만 사용하더라도 Constants 클래스 전

체를 도입해야 한다. 실제로는 아무 관련도 없는 많은 상수들이 모듈에 포함되는 것이다.

그렇다면 Constants 클래스의 설계를 어떻게 개선할 수 있을까? 두 가지 정도의 방법을 떠올릴 수 있다.

그중 첫 번째는 MySQL 설정 관련 상수를 MysqlConstants 클래스에 넣고, Redis 설정 관련 상수를 RedisConstants 클래스에 넣는 등, 기능에 따라 Constants 클래스를 여러 개의 클래스로 분해하는 것이다. 하지만 Constants 클래스를 별도로 설계하는 대신, 클래스가 자신이 사용할 상수를 직접 정의하는 것이 더 나은 방법이다. 예를 들어 Redis를 설정하는 RedisConfig 클래스가 Redis 설정과 관련된 상수를 직접 정의하고 그것을 사용하는 것이 클래스의 응집력과 코드의 재사용성을 향상시킬 수 있다.

Constants 클래스의 관련 문제를 살펴봤으니, 이어서 Utils 클래스에 대해 알아보자. 먼저 Utils 클래스가 필요한 이유는 무엇일까?

A와 B 두 클래스가 있다고 가정해보자. 이 클래스들은 같은 기능을 일부 공유하고 있는데, 같은 코드를 중복해서 클래스에 넣는 것은 코드 재사용성을 고려할 때 피해야 할 사항이다. 이때 코드 중복을 방지하기 위해 앞에서 살펴봤던 상속 특성을 사용하여 동일한 속성과 메서드를 추출해 상위 클래스에 정의할 수 있고, 하위 클래스는 상위 클래스의 속성과 메서드를 재사용하여 코드 재사용의 목적을 달성할 수 있다. 그러나 때로는 비즈니스 측면에서 비록 클래스 A와 B 모두 URL의 분해와 조합 기능을 사용했음에도 Crawler 클래스와 PageAnalyzer 클래스의 관계처럼 아무런 관계가 없을 수도 있다. 이때 단순히 코드 재사용만을 위해 상위 클래스를 추상화하면 코드 가독성을 해치게 된다. 코드 이면의 설계 사상에 익숙하지 않은 경우 Crawler 클래스와 PageAnalyzer 클래스가 동일한 상위 클래스를 상속하지만 URL 관련 작업이 상위 클래스에 정의되어 있는 경우 이 코드를 이해할 수 없게 된다. 이러한 문제가 Utils 클래스를 사용하게 된 배경이라고 할 수 있다.

상속으로는 위의 문제를 해결할 수 없기 때문에, URL의 분해와 조합을 구현하기 위해 새로운 클래스를 정의할 수 있다. 분해와 조합은 서로 데이터를 공유할 필요가 전혀 없으므로, 속성도 정의할 필요가 없고 단순하게 정적 메서드만 포함하고 있는 클래스로 정의할 수 있다.

실제로 속성은 없으면서 정적 메서드만 포함하고 있는 Utils 클래스는 절차적 프로그래밍 스타일에 해당한다. 그러나 방금 언급한 Utils 클래스가 생겨난 배경에서 알 수 있듯이 코드 재사용 문제를 해결할 수 있기 때문에 여전히 매우 유용하다. 따라서 Utils 클래스를 전혀 사용하지 말라는 것이 아니라 남용하지 않는 것을 권한다.

Utils 클래스를 정의하기 전에 다음과 같은 질문에 대해 생각해볼 필요가 있다. Utils 클래스를 별도로 정의해야 하는가? Utils 클래스의 일부 메서드를 다른 클래스로 정의할 수 있는가? 이러한 질문에 답한 후에도 여전히 Utils 클래스를 정의할 필요가 있다고 생각한다면 과감하게 정의하면 된다. 객체지향 프로그래밍에서도 절차적 프로그래밍 스타일 코드를 완전히 배제하지는 않는다. 고품질 코드를 작성하는 능력에 기여하는 한 적당한 수준에서 도입할 수 있다.

또한 Constant 클래스와 유사하게 Utils 클래스를 설계할 때 FileUtils, IOUtils, StringUtils, UrlUtils와 같이 기능에 따라 다른 Utils 클래스를 설계하는 것이 좋다. 모든 기능을 하나의 큰 Utils 클래스에 넣지 않도록 유의하기 바란다.

2.5.3 데이터와 메서드 분리로 클래스 정의하기

객체지향 프로그래밍에서 흔히 볼 수 있는 절차적 프로그래밍 스타일 코드도 있다. 데이터끼리 데이터 전용 클래스로 정의되고, 메서드는 다른 클래스에서 정의하는 형태다. 도대체 누가 이렇게 명백한 절차적 프로그래밍 스타일로 코드를 작성하느냐고 궁금할 수도 있겠지만, 실제로 MVC 구조를 기반으로 웹 프로젝트의 백엔드 개발을 하고 있다면 거의 매일 이러한 코드가 작성될 수밖에 없다.

기존의 MVC$_{model-view-controller}$ 구조는 Model 계층, View 계층, Controller 계층으로 나뉜다. 그러나 프런트엔드와 백엔드가 분리되기 시작하면서 백엔드에서는 컨트롤러 계층, 서비스 계층, 저장소 계층으로 다시 나누는 경향이 생겼다. 컨트롤러 계층은 인터페이스를 프런트엔드 호출에 노출시키는 역할을 하고, 서비스 계층은 핵심 비즈니스 논리를 책임지며, 저장소 계층은 데이터의 처리를 책임진다. 각각의 계층은 다시 상응하는 **VO**$_{view\ object}$, **BO**$_{business\ object}$, **Entity**를 정의할 수 있다. 일반적으로 VO, BO, Entity에서는 데이터만 정의하는 대신 메서드는 정의하지 않으며, Controller 클래스, Service 클래스, Repository 클래스에서 메서드를 정의한다. 이러한 방식은 전형적인 절차적 프로그래밍 스타일이다.

사실 이 개발 방식은 빈약한 도메인 모델 기반의 개발 방식이라고 하며, 현재 우리가 일반적으로 사용하고 있는 웹 프로젝트의 백엔드 개발 방식이기도 하다. 그렇다면 이 개발 방식은 분명히 객체지향 프로그래밍 방식에 위배되는데, 왜 대부분의 웹 프로젝트가 이 개발 방식을 기반으로 개발되고 있는 것일까? 이 질문에 대해서는 2.8절에서 자세히 다룰 예정이다.

객체지향 프로그래밍에서 사용되는 절차적 프로그래밍 스타일 코드에 대한 이야기를 다루면서 떠오르는 또 다른 질문이 있을 것이다. 객체지향 프로그래밍에서 절차적 프로그래밍 스타일 코드를 쉽게 작성할 수 있는 이유는 무엇일까?

우리가 작업을 완료하기 위해 준비할 때 일반적으로 먼저 해야 할 일과 나중에 해야 할 일, 작업을 완료하기 위해 일련의 작업을 단계별로 수행하는 방법에 대해 생각하는 것이 일반적일 것이다. 절차적 프로그래밍 스타일은 이러한 프로세스 지향적인 사람의 사고방식과 정확히 일치하지만 객체지향 프로그래밍 스타일은 그 반대다. 객체지향 프로그래밍은 일종의 자기 계발을 위한 사고방식과 유사한데, 작업 전체를 분석하는 대신 하나의 작업을 먼저 클래스로 구성한다. 클래스가 구성되면 클래스 사이의 상호 작용을 설계하고, 마지막으로 프로세스에 따라 클래스를 조합하여 전체 작업을 완료한다. 이러한 사고방식은 복잡한 프로그램 개발에 적합하지만 인간의 사고 습관과는 완전히 일치하지 않는다고 2.3절에서 이미 언급한 바 있다.

또한 객체지향 프로그래밍은 절차적 프로그래밍보다 상대적으로 어렵다. 객체지향 프로그래밍에서 클래스 설계는 특정한 기술과 경험을 필요로 한다. 적절한 데이터와 메서드를 클래스로 캡슐화하는 방법, 클래스 간의 관계를 설계하는 방법, 클래스와 기타 여러 문제 간의 상호 작용을 설계하는 방법에 대해 생각해야 한다.

이런 이유로 많은 엔지니어가 프로젝트를 개발하는 과정에서 너무 많은 생각이 필요하지 않은 방식으로 요구 사항을 구현하고, 절차적 프로그래밍 스타일로 코드를 작성하는 경향이 있다.

절차적 프로그래밍에 비해 객체지향 프로그래밍의 다양한 장점에 대해 이야기하고 어떤 코드가 객체지향 프로그래밍 스타일처럼 보이지만 실제로는 절차적 프로그래밍 스타일인지에 대해서도 이야기했다. 그렇다면 절차적 프로그래밍 스타일은 과연 시대에 뒤떨어진 것인가? 버려야만 하는 방식일까? 객체지향 프로그래밍에서 절차적 프로그래밍 스타일 코드의 작성을 중단해야만 하는 것일까?

앞서 언급했듯이 간단한 프로그램을 작성하거나 데이터 처리 관련 프로그램을 개발할 때 알고리즘 기반으로 데이터를 보완한다면 스크립트 스타일인 절차적 프로그래밍 스타일이 더 적합하다. 물론 절차적 프로그래밍은 여기서 그치지 않는다. 사실 절차적 프로그래밍은 객체지향 프로그래밍의 기초이기도 하다. 클래스는 전체적으로 객체지향 프로그래밍 스타일이지만 클래스의 각 메서드에 초점을 맞추면 절차적 프로그래밍 스타일이기 때문이다.

객체지향 프로그래밍 스타일과 절차적 프로그래밍 스타일은 양자택일의 대상이 아니다. 객체지향 프로그래밍 언어로 프로젝트를 개발할 때도 절차적 프로그래밍 스타일 코드로 작성하는 일이 드물지 않으며, JDK, Apache Commons, Google Guava 같은 일부 표준 개발 라이브러리에도 절차적 프로그래밍 스타일 코드가 많이 포함되어 있다.

결과적으로 절차적 프로그래밍 스타일을 사용하든 객체지향 프로그래밍 스타일을 사용하든 궁극적인 목표는 유지하기 쉽고, 읽기 쉽고, 재사용이 쉬우며, 확장하기 쉬운 고품질 코드를 작성하는 것이다. 절차적 프로그래밍 스타일을 사용하여 코드 작성의 부작용을 없애고, 제대로 제어할 수 있다면 객체지향 프로그래밍에서 절차적 프로그래밍 스타일 코드도 안전하게 작성할 수 있다.

2.5.4 생각해보기

1) 이 절에서 언급한 바와 같이 객체지향 프로그래밍 언어로 작성된 코드라 해도 반드시 객체지향 프로그래밍 스타일이 아니라 절차적 프로그래밍 스타일일 수 있다. 또한 객체지향 프로그래밍 스타일의 코드 역시 절차적 프로그래밍 언어를 사용하여 작성할 수 있다. 절차적 프로그래밍 언어는 객체지향 프로그래밍의 네 가지 특성을 지원하는 문법을 제공하지 않을 수 있지만, 일반적으로 C 언어와 같은 다른 언어로 이를 구현할 수 있으며, 함수 포인터를 사용하여 다형성과 같은 결과를 얻을 수도 있다. 만약 절차적 프로그래밍 언어에 익숙하다면 해당 언어를 사용하여 객체지향 프로그래밍의 네 가지 특성을 구현하는 방법에 대해 고민해보자.

2) 객체지향 프로그래밍 방식처럼 보이지만 실제로는 절차적 프로그래밍 방식인 코드가 많다. 이번 절에서 언급한 세 가지 외에 접해본 코드가 있다면 어떤 것이 있는지 이야기해보자.

2.6 빈약한 도메인 모델에 기반한 전통적인 개발 방식은 OOP를 위반하는가?

대부분의 엔지니어가 비즈니스 개발을 수행하고 많은 비즈니스 시스템이 MVC 아키텍처를 기반으로 개발되고 있다. 사실 더 정확하게는 빈약한 도메인 모델을 기반으로 하는 MVC 아키텍처 개발 방식이다. 이 개발 방식은 표준적인 웹 프로젝트 개발 방식이 되었지만 객체지향 프로그래밍 스타일에 위배될 뿐만 아니라 철저하게 절차적 프로그래밍 스타일에 해당하기 때문에 일부에서는 **안티 패턴**anti-pattern이라고도 한다. 특히 **도메인 주도 설계**domain driven design, DDD의 인기 이후 빈약한 도메인 모델을 기반으로 한 이 전통적인 개발 방식이 비판받기 시작하고, 풍성한 도메인 모델에 기반한 DDD 개발 방식이 옹호되기 시작했다. 이번 절에서는 이 두 가지 개발 패턴을 소개하고 다음과 같은 질문에 대해 생각해볼 것이다.

- 빈약한 도메인 모델을 기반으로 하는 전통적인 개발 패턴이 객체지향 프로그래밍을 위반하는 이유는 무엇일까?
- 빈약한 도메인 모델에 기반을 둔 전통적인 개발 방식은 객체지향 프로그래밍을 위반하는데도 왜 여전히 많이 사용되고 있을까?
- 풍성한 도메인 모델을 기반으로 하는 DDD 개발 방식은 언제 사용하는 것이 적합한가?

2.6.1 빈약한 도메인 모델에 기반한 전통적인 개발 방식

MVC 아키텍처에 익숙하지 않은 백엔드 개발 엔지니어도 있을 것이다. 그래서 2.5.3절에서 소개했던 내용을 기반으로 MVC 아키텍처에 대해 좀 더 알아보도록 하겠다.

MVC는 전체 프로젝트를 프레젠테이션 계층, 논리 계층, 데이터 계층의 세 가지 계층으로 구분한다. MVC 아키텍처는 특정 개발 수준에서 구현되는 일반적인 계층화 방법이다. 많은 프로젝트가 MVC의 고정적인 계층화 방식을 완전히 준수하지 않으며, 특정 프로젝트 요구 사항에 따라 적절하게 조정한다.

현재 많은 웹 서비스는 프런트엔드와 백엔드로 분리되어 있으며, 백엔드는 프런트엔드가 호출할 인터페이스를 노출하는 역할을 한다. 이 경우 일반적으로 백엔드 프로젝트를 저장소, 서비스, 컨트롤러의 세 계층으로 나눈다. 여기서 저장소 계층은 데이터로의 접근을 담당하고, 서비스 계층은 비즈니스 논리를 담당하며, 컨트롤러 계층은 인터페이스 노출을 담당한다. 물론 이것은 계층을 만들고 이름을 붙이는 방법 중 하나일 뿐이다. 다른 팀에서는 다른 프로젝트에 맞게 조정되겠지만 기본적인 계층 구성은 거의 비슷하다.

MVC 아키텍처에 대해 살펴봤으니, 이제 **빈약한 도메인 모델**anemic domain model에 대해 알아보자.

대부분 알지 못하는 사이에 빈약한 도메인 모델로 개발했을 가능성이 높다. 거의 모든 비즈니스 백엔드 시스템이 빈약한 도메인 모델을 기반으로 개발되었다고 해도 과언이 아니다. 간단한 예제 코드를 보자.

```
/** Controller+VO(View Object) **/
public class UserController {
```

```
    // 생성자 또는 IoC(Inversion of Control) 프레임워크를 통한 주입
    private UserService userService;

  public UserVo getUserById(Long userId) {
    UserBo userBo = userService.getUserById(userId);
    UserVo userVo = [...convert userBo to userVo...];
    return userVo;
  }
}

public class UserVo {  // 일부 속성, getter, setter, constructor 메서드 생략
  private Long id;
  private String name;
  private String cellphone;
}

/** Service + BO (Business Object) **/
public class UserService {
  private UserRepository userRepository; // 생성자 또는 IoC(Inversion of Control)
                                            프레임워크를 통한 주입

  public UserBo getUserById(Long userId) {
    UserEntity userEntity = userRepository.getUserById(userId);
    UserBo userBo = [...convert userEntity to userBo...];
    return userBo;
  }
}

public class UserBo {  // 일부 속성, getter, setter, constructor 메서드 생략
  private Long id;
  private String name;
  private String cellphone;
}

/**Repository+Entity **/
public class UserRepository {
  public UserEntity getUserById(Long userId) {  //... }
}

public class UserEntity {  // 일부 속성, getter, setter, constructor 메서드 생략
  private Long id;
  private String name;
  private String cellphone;
}
```

일반적으로 웹 백엔드 프로젝트를 개발할 때 이와 같이 코드를 구성한다. 이 중 `UserEntity` 클래스와 `UserRepository` 클래스는 데이터 접근 계층을 구성하고, `UserBo` 클래스와 `UserService` 클래스는 비즈니스 논리 계층을 구성하며, `UserVo` 클래스와 `UserController` 클래스는 인터페이스 계층에 속한다.

이 코드에서 `UserBo` 클래스는 데이터만 포함하고 비즈니스 논리는 포함하지 않는 순수 데이터 구조임을 알 수 있다. 비즈니스 논리는 `UserService` 클래스에 집중되어 있으며, `UserService` 클래스를 통해 `UserBo` 클래스를 운영한다. 즉, 서비스 계층의 데이터와 비즈니스 논리는 두 개의 클래스로 나뉜다. 데이터만 포함하고 비즈니스 논리는 포함하지 않는 `UserBo` 같은 클래스를 **빈약한 도메인 모델**이라고 한다. 마찬가지로 `UserEntity` 클래스와 `UserVo` 클래스도 빈약한 도메인 모델을 기반으로 설계되었다. 빈약한 도메인 모델 데이터를 작업과 분리하고 객체지향 프로그래밍의 캡슐화 특성을 파괴하는 일반적인 절차적 프로그래밍 스타일에 속한다.

2.6.2 풍성한 도메인 모델에 기반한 DDD 개발 방식

앞에서 빈약한 도메인 모델에 기반한 전통적인 개발 방식에 대해 알아보았다. 이어서 풍성한 도메인 모델에 기반한 DDD 개발 방식을 살펴보자.

풍성한 도메인 모델rich domain model이란 무엇일까? 빈약한 도메인 모델에서 데이터와 비즈니스 논리는 별도의 클래스로 나뉘는 반면, 풍성한 도메인 모델은 정반대로 데이터와 비즈니스 논리가 하나의 클래스에 포함된다. 따라서 풍성한 도메인 모델은 객체지향 프로그래밍의 캡슐화 특성을 만족하며 전형적인 객체지향 프로그래밍 스타일에 속한다.

그렇다면 **DDD**는 무엇일까? DDD는 주로 비즈니스 시스템을 분리하고, 비즈니스 모듈을 분할하고, 비즈니스 도메인 모델과 상호 작용을 정의하는 방법을 설계할 때 사용된다. 도메인 주도 설계의 개념은 새로운 것이 아니다. 지난 2004년에 제안되어 이미 20년 가까이 개발되어 왔으며, 결정적으로 마이크로 서비스가 등장하면서 널리 알려지게 되었다.

모니터링, 호출 체인 추적, API 게이트웨이와 같은 서비스 거버넌스 시스템의 개발 외에도 마이크로 서비스에는 회사의 비즈니스를 서비스로 합리적으로 분할하는 더 중요한 작업이 있다. DDD는 서비스 분할을 위해 사용된다. 따라서 마이크로 서비스는 DDD의 인기를 가속화했다.

그러나 사실상 DDD는 애자일 개발, SOA, PaaS 등과 유사하다. 이러한 개념은 매우 높은 수준으로 여겨지지만 실제로는 그리 복잡하지 않다. DDD의 개념에 대해 전혀 알지 못하더라도 비즈니스 시스템을 개발하는 한 자연스럽게 사용하게 될 것이다. DDD를 잘 하기 위한 핵심은 DDD의 개념에 대한 이해가 아니라 비즈니스에 친숙해지는 것이다. DDD의 개념을 잘 알고 있어도 비즈니스에 익숙하지 않으면 합리적인 도메인 설계를 얻을 수 없기 때문이다. 따라서 DDD를 왕도라고 생각하고 지나치게 많은 시간을 할애하는 것은 옳지 않다.

실제로 풍성한 도메인 모델을 기반으로 DDD 개발 방식으로 구현된 코드는 일반적으로 MVC 아키텍처에 따라 계층화된다. 컨트롤러 계층은 여전히 인터페이스 노출을 담당하고, 저장소 계층은 여전히 데이터 액세스를 담당하며, 서비스 계층은 비즈니스 논리를 담당한다. 그렇다면 빈약한 도메인 모델과의 차이는 무엇일까? 바로 서비스 계층 내부에서 차이를 살펴볼 수 있다.

빈약한 도메인 모델을 기반으로 하는 기존 개발 방식에서 서비스 계층은 Service 클래스와 BO 클래스의 두 부분으로 구성된다. BO 클래스는 데이터만 포함하는 대신 특정 비즈니스 논리를 포함하지 않는 빈약한 도메인 모델이며, 비즈니스 논리는 Service 클래스에 집중되어 있다. 반면 풍성한 도메인 모델을 기반으로 하는 DDD 개발 방식에서 서비스 계층은 Service 클래스와 Domain 클래스 두 부분으로 구성된다. Domain 클래스는 빈약한 도메인 모델의 BO 클래스에 해당한다. BO 클래스와의 차이점은 Domain 클래스가 데이터와 비즈니스 논리를 모두 포함하는 풍성한 도메인 모델을 기반으로 개발되었다는 점이며, 상대적으로 Service 클래스는 매우 가볍게 구성된다. 요약하면, 빈약한 도메인 모델에 기반을 둔 전통적인 개발 방식은 Service 클래스와 가벼운 BO 클래스를 강조하고, 풍성한 도메인 모델을 기반으로 하는 DDD 개발 방식은 Service 클래스와 Domain 클래스를 강조한다.

2.6.3 두 가지 개발 방식의 비교

약간 복잡한 예제를 통해 빈약한 도메인 모델과 풍성한 도메인 모델의 두 가지 개발 방식을 실제로 적용하는 방법을 살펴보기로 한다.

11번가나 옥션과 같이 구매와 결제 기능이 있는 많은 애플리케이션은 **지갑** 기능을 지원한다. 애플리케이션은 각 사용자의 시스템에서 가상 지갑 계정을 여는데, 가상 지갑의 기본 동작은 일반적으로 입금, 출금, 이체, 잔액 조회를 포함한다. 입금, 출금, 이체, 잔액 조회와 같은 기본적인 작업을 구현하기 위해 프런트엔드 또는 기타 시스템 호출을 위한 인터페이스 시스템을 개발한다고 가정해 보자.

이 코드에서는 전통적인 MVC 아키텍처를 사용할 것이다. 그중 Controller와 VO는 인터페이스를
노출시키는 역할을 하며, 구체적인 코드는 다음과 같다. Controller에서 인터페이스 구현은 주로
Service 메서드를 호출하는 비교적 간단한 코드이므로 생략했다.

```
public class WalletController {
  // 생성자 또는 IoC(Inversion of Control) 프레임워크를 통한 주입
   private WalletService walletService;

  public BigDecimal getBalance(Long walletId) { ... }  // 잔액 확인
  public void debit(Long walletId, BigDecimal amount) { ... }  // 출금
  public void credit(Long walletId, BigDecimal amount) { ... }  // 입금
  public void transfer(Long fromWalletId, Long toWalletId, BigDecimal amount) { ... }  // 이체
}
```

Service와 BO는 핵심 비즈니스 논리를 담당하고, Repository와 Entity는 데이터 액세스를 담당
한다. 저장소 계층의 코드 구현은 비교적 간단하며 이 책에서 다루는 범주가 아니기 때문에 해당
코드는 생략했다. Service와 BO의 코드는 다음 코드와 같다. 여기에서 금액이 0보다 작은가의 여
부나 지갑의 유무를 확인하는 상대적으로 중요하지 않은 일부 인증 코드는 생략했다.

```
public class WalletBo {  // getter, setter, 생성자 메서드 생략
  private Long id;
  private Long createTime;
  private BigDecimal balance;
}

public class WalletService {
  // 생성자 또는 IoC(Inversion of Control) 프레임워크를 통한 주입
  private WalletRepository walletRepo;

  public WalletBo getWallet(Long walletId) {
    WalletEntity walletEntity = walletRepo.getWalletEntity(walletId);
    WalletBo walletBo = convert(walletEntity);
    return walletBo;
  }

  public BigDecimal getBalance(Long walletId) {
    return walletRepo.getBalance(walletId);
  }

  @Transactional
```

```
    public void debit(Long walletId, BigDecimal amount) {
      WalletEntity walletEntity = walletRepo.getWalletEntity(walletId);
      BigDecimal balance = walletEntity.getBalance();
      if (balance.compareTo(amount) < 0) {
        throw new NoSufficientBalanceException(...);
      }
      walletRepo.updateBalance(walletId, balance.subtract(amount));
    }

    @Transactional
    public void credit(Long walletId, BigDecimal amount) {
      WalletEntity walletEntity = walletRepo.getWalletEntity(walletId);
      BigDecimal balance = walletEntity.getBalance();
      walletRepo.updateBalance(walletId, balance.add(amount));
    }

    @Transactional
    public void transfer(Long fromWalletId, Long toWalletId, BigDecimal amount) {
      debit(fromWalletId, amount);
      credit(toWalletId, amount);
    }
  }
```

이처럼 백엔드 엔지니어는 빈약한 도메인 모델을 기반으로 하는 기존 개발 방식에 의해 구현된 코드를 잘 이해하고 있어야 한다.

▶ **풍성한 도메인 모델을 기반으로 하는 DDD 개발 방식을 사용하여 시스템을 구현하는 방법**
앞에서 언급했듯이 풍성한 도메인 모델을 기반으로 하는 DDD 개발 방식과 빈약한 도메인 모델을 기반으로 하는 기존 개발 방식의 주요 차이점은 서비스 계층에 있으며, 컨트롤러 계층과 저장소 계층의 코드는 기본적으로 다르지 않다. 따라서 풍성한 도메인 모델을 기반으로 하는 DDD 개발 방식에 따라 서비스 계층을 구현하는 방법에 중점을 둘 것이다.

풍성한 도메인 모델 기반의 DDD 개발 방식에서 가상 지갑을 나타내는 Wallet 클래스를 풍성한 도메인 모델로 설계하고 원래 Service 클래스에 있던 일부 비즈니스 논리를 Wallet 클래스로 옮겼다. Service 클래스 구현은 Wallet 클래스가 변경되면서 함께 변경되었다. 변경된 코드는 다음과 같다.

```
public class Wallet {  // 영역 모델(풍성한 도메인 모델)
  private Long id;
  private Long createTime = System.currentTimeMillis();
```

```java
  private BigDecimal balance = BigDecimal.ZERO;

  public Wallet(Long preAllocatedId) {
    this.id = preAllocatedId;
  }

  public BigDecimal balance() {
    return this.balance;
  }

  public void debit(BigDecimal amount) {
    if (this.balance.compareTo(amount) < 0) {
      throw new InsufficientBalanceException(...);
    }
    this.balance = this.balance.subtract(amount);
  }

  public void credit(BigDecimal amount) {
    if (amount.compareTo(BigDecimal.ZERO) < 0) {
      throw new InvalidAmountException(...);
    }
    this.balance = this.balance.add(amount);
  }
}

public class WalletService {
  // 생성자 또는 IoC(Inversion of Control) 프레임워크를 통한 주입
  private WalletRepository walletRepo;

  public VirtualWallet getWallet(Long walletId) {
    WalletEntity walletEntity = walletRepo.getWalletEntity(walletId);
    Wallet wallet = convert(walletEntity);
    return wallet;
  }

  public BigDecimal getBalance(Long walletId) {
    return walletRepo.getBalance(walletId);
  }

  @Transactional
  public void debit(Long walletId, BigDecimal amount) {
    WalletEntity walletEntity = walletRepo.getWalletEntity(walletId);
    Wallet wallet = convert(walletEntity);
    wallet.debit(amount);
    walletRepo.updateBalance(walletId, wallet.balance());
  }

  @Transactional
```

```
public void credit(Long walletId, BigDecimal amount) {
  WalletEntity walletEntity = walletRepo.getWalletEntity(walletId);
  Wallet wallet = convert(walletEntity);
  wallet.credit(amount);
  walletRepo.updateBalance(walletId, wallet.balance());
}

@Transactional
public void transfer(Long fromWalletId, Long toWalletId, BigDecimal amount) {
  debit(fromWalletId, amount);
  credit(toWalletId, amount);
}
}
```

이 코드에서 도메인 모델에 해당하는 **Wallet** 클래스는 매우 얇고 간단한 비즈니스 논리를 포함하고 있다. 빈약한 도메인 모델의 원래 설계와 비교할 때, 이 풍성한 도메인 모델의 설계는 이점이 없는 것처럼 보인다. 이러한 문제가 대부분의 비즈니스 시스템이 빈약한 도메인 모델을 기반으로 개발되는 이유이기도 하다. 그러나 가상 지갑 시스템이 보다 복잡한 비즈니스 논리를 지원해야 하는 경우 드디어 풍성한 도메인 모델의 이점이 드러나기 시작한다. 예를 들어 가상 지갑 시스템은 일정 금액을 초과 인출하거나 잔액의 일부를 동결하는 기능을 지원해야 한다. 이러한 기능을 추가한 **Wallet** 클래스의 구현을 다시 살펴보자.

```
public class Wallet {
  private Long id;
  private Long createTime = System.currentTimeMillis();
  private BigDecimal balance = BigDecimal.ZERO;
  private boolean isAllowedOverdraft = true;
  private BigDecimal overdraftAmount = BigDecimal.ZERO;
  private BigDecimal frozenAmount = BigDecimal.ZERO;

  public Wallet(Long preAllocatedId) {
    this.id = preAllocatedId;
  }

  public void freeze(BigDecimal amount) { ... }
  public void unfreeze(BigDecimal amount) { ...}
  public void increaseOverdraftAmount(BigDecimal amount) { ... }
  public void decreaseOverdraftAmount(BigDecimal amount) { ... }
  public void closeOverdraft() { ... }
  public void openOverdraft() { ... }

  public BigDecimal balance() {
```

```
    return this.balance;
  }

  public BigDecimal getAvailableBalance() {
    BigDecimal totalAvailableBalance = this.balance.subtract(this.frozenAmount);
    if (isAllowedOverdraft) {
      totalAvailableBalance += this.overdraftAmount;
    }
    return totalAvailableBalance;
  }

  public void debit(BigDecimal amount) {
    BigDecimal totalAvailableBalance = getAvailableBalance();
    if (totalAvailableBalance.compareTo(amount) < 0) {
      throw new InsufficientBalanceException(...);
    }
    this.balance = this.balance.subtract(amount);
  }

  public void credit(BigDecimal amount) {
    if (amount.compareTo(BigDecimal.ZERO) < 0) {
      throw new InvalidAmountException(...);
    }
    this.balance = this.balance.add(amount);
  }
}
```

도메인 모델에 해당하는 Wallet 클래스에 간단한 동결 논리와 초과 인출 논리를 추가했더니 기능이 훨씬 풍부해지고 코드가 점차 커지는 것을 확인할 수 있다. 기능이 계속 발전하면 세련된 동결 전략, 당좌대월overdraft 전략 외에도 Wallet 클래스의 id 필드에 저장되는 지갑 계정을 생성할 때, 외부에서 생성자를 통해 ID를 전달하는 대신, 분산을 통해 알고리즘이 ID를 자동으로 생성하는 기능이 추가되는 등 Wallet 클래스의 비즈니스 논리는 점점 더 복잡해질 것이기 때문에 풍성한 도메인 모델을 설계할 가치가 충분하다고 할 수 있다.

지금까지의 설명을 읽고 나면 다음과 같은 몇 가지 질문이 떠오를 것이다.

▶ 첫 번째 질문
풍성한 도메인 모델 기반 DDD 개발 방식에서 비즈니스 논리를 Domain 클래스로 옮기고 나서 Service 클래스가 가벼워졌음에도 여전히 Service 클래스가 남아 있는 이유는 무엇일까? 그리고 이 경우 Service 클래스의 책임은 무엇인지 궁금할 것이다.

Domain 클래스와 달리 Service 클래스는 주로 세 가지 책임이 있다.

첫 번째 책임으로, Service 클래스는 저장소 계층과의 통신을 담당한다. 위의 예제에서 Wallet Service 클래스는 저장소 계층과 상호 작용하기 위해 Repository 클래스의 메서드를 호출하여 데이터베이스의 데이터를 얻고, 이를 도메인 모델에 해당하는 Wallet 클래스로 변환한 후, Wallet 클래스가 작업 처리를 완료한다. 마지막으로 Service 클래스에서 Repository 클래스의 메서드를 호출하여 데이터를 다시 데이터베이스에 저장한다.

도메인 모델에 대응되는 Wallet 클래스가 저장소 계층과 상호 작용하는 대신 WalletService 클래스가 저장소 계층과 상호 작용하는 이유는 도메인 모델을 저장소 계층과 같은 다른 계층 또는 Spring, MyBatis와 같은 개발 프레임워크와 분리하기 위한 것이다. 이렇게 처리하게 되면 데이터를 처리하거나 데이터를 매핑하는 등의 프로세스 코드 논리가 도메인 비즈니스 논리와 분리되기 때문에 도메인 모델을 보편적이고 재사용하기 쉽게 한다.

두 번째 책임으로, Service 클래스는 여러 도메인 모델의 비즈니스 논리를 결합한다. Wallet Service 클래스의 transfer() 함수는 이체를 위해 지갑을 두 개 사용하는데, 이러한 비즈니스 논리는 지갑 자체를 의미하는 Wallet 클래스에 넣을 수 없으므로 임시로 WalletService 클래스에 이체 업무를 넣는다. 물론 기능의 진화와 비즈니스의 복잡성에 따라 비즈니스 일부를 추출하여 독립적인 도메인 모델로 설계할 수도 있다.

세 번째 책임으로, Service 클래스는 기능과 무관한 타 시스템과의 상호 작용을 담당한다. 트랜잭션, 이메일 보내기, 메시지 보내기, 로깅, 다른 시스템의 RPC 인터페이스 호출 등이 이에 해당한다.

▶ 두 번째 질문

풍성한 도메인 모델을 기반으로 하는 DDD 개발 방식에서 서비스 계층은 풍성한 도메인 모델로 바뀌었지만, 컨트롤러 계층과 저장소 계층은 여전히 빈약한 도메인 모델로 작성되어 있다. 이때 컨트롤러 계층과 저장소 계층을 풍성한 도메인 모델로 변환해야 할까?

답변을 먼저 말하면 변환이 필요하지 않다. 컨트롤러 계층은 주로 인터페이스를 노출시키는 역할을 하고, 저장소 계층은 주로 데이터베이스를 처리하는 역할을 하는데, 이 두 계층에는 그다지 많은 비즈니스 논리가 포함되어 있지 않다. 앞에서 언급했듯이 비즈니스 논리가 비교적 단순하다면 굳이 풍성한 도메인 모델로 설계할 필요가 없다. 풍성한 도메인 모델로 설계된 경우 클래스가 매우 가벼우며 때로는 부적절해 보일 수 있다. 비록 이 설계는 절차적 프로그래밍 스타일이지만, 그

부작용을 통제하는 한, 여전히 좋은 소프트웨어를 개발할 수 있다. 그렇다면 절차적 프로그래밍 스타일의 부작용을 제어하는 방법은 무엇일까?

저장소 계층의 Entity를 예로 들면, 빈약한 도메인 모델로 설계되면 객체지향 프로그래밍의 캡슐화 특성을 위반하고 임의로 수정될 위험이 있는 것은 확실하다. 하지만 Entity의 수명 주기는 제한되어 있다. 일반적으로 Entity를 서비스 계층에 전달되자마자, BO 또는 Domain으로 변환되어 계속 처리되며, 반면 Entity의 수명 주기는 여기서 끝나므로 임의로 수정될 여지가 있다.

컨트롤러 계층의 VO에 대해 이야기해보자. VO는 **DTO**data transfer object인데 주로 다른 시스템으로 데이터를 보내기 위한 인터페이스의 데이터 전송 캐리어로 사용된다. 기능적으로 보면 비즈니스 논리는 포함하지 않고 데이터만 포함해야 하기 때문에 빈약한 도메인 모델로 설계하는 것이 합리적이다.

2.6.4 빈약한 도메인 모델에 기반한 전통적인 개발 방식이 널리 사용되는 이유

앞서 언급했듯이 빈약한 도메인 모델을 기반으로 하는 기존 개발 방식은 데이터를 비즈니스 논리와 분리하는데, 이는 객체지향 프로그래밍의 캡슐화 특성을 위반하는 절차적 프로그래밍 스타일이다. 그러나 현재 거의 모든 백엔드 비즈니스 시스템은 이러한 빈약한 도메인 모델 개발 방식을 기반으로 개발되었으며, Java Spring 프레임워크의 공식 예제 코드조차도 이 개발 방식에 따라 작성되어 있다.

앞서 언급한 바와 같이 절차적 프로그래밍 방식은 많은 단점이 있는데, 예를 들어 데이터와 연산이 분리된 후 데이터에 대한 연산이 제한되지 않고 모든 코드에서 데이터를 마음대로 수정할 수 있다. 빈약한 도메인 모델에 기반한 이 개발 방식은 절차적 프로그래밍 스타일인데 대다수의 프로그래머가 이를 따르는 이유가 무엇일까? 다음과 같은 세 가지 이유가 있다.

1) 대부분의 경우 우리가 개발하는 시스템의 비즈니스는 비교적 단순하며 SQL 기반의 CRUD 작업에 기반하기 때문에, 이와 같은 간단한 비즈니스 개발에는 빈약한 도메인 모델이 더 적합하며, 따라서 굳이 복잡한 풍성한 도메인 모델을 신중하게 설계할 필요가 없다. 또한 비즈니스가 비교적 단순하기 때문에 풍성한 도메인 모델을 사용하더라도 모델 자체에 비즈니스 논리가 많이 포함되지 않으며, 결과적으로 모델 자체가 얇아지게 될 것이며, 이는 큰 의미가 없다.

2) 풍성한 도메인 모델은 객체지향 프로그래밍 스타일이기 때문에 빈약한 도메인 모델보다 설계하기가 훨씬 까다롭다. 처음부터 어떤 데이터가 어떻게 사용되며, 해당 데이터를 다루는 비즈니

스 논리가 정리되어 있어야 하기 때문이다. 반면 빈약한 도메인 모델은 초기에 데이터를 정의하기만 하면 되고, 기능 개발 요구 사항이 있는 경우 미리 설계를 하지 않았더라도 서비스 계층에서 해당 작업을 정의할 수 있다.

3) 일반적으로 사고방식은 한 번 자리 잡으면 변하기 어렵고, 변화에는 그만한 대가가 필요하다. 빈약한 도메인 모델을 기반으로 하는 전통적인 개발 방식은 수년 동안 사용되어 왔으며 대부분의 프로그래머의 마음에 깊이 뿌리를 두고 있다. 일부 시니어 프로그래머의 경우 과거에 참여한 모든 웹 프로젝트가 이 개발 방식을 기반으로 개발됐으며 지금까지 큰 문제가 발생하지 않았다. 풍성한 도메인 모델과 DDD로 전환하려면 필연적으로 비용이 증가할 수밖에 없다. 많은 프로그래머는 개발 문제가 발생하지 않는 한 이러한 종류의 일을 일부러 하기를 꺼릴 것이 당연하다.

2.6.5 풍성한 도메인 모델에 기반한 DDD 개발 방식의 응용 시나리오

빈약한 도메인 모델에 기반한 전통적인 개발 방식을 사용하는 것이 습관이 되었다면, 과연 어떤 프로젝트를 개발할 때 풍성한 도메인 모델에 기반한 DDD 개발 방식을 사용하는 것을 고려해야 할까?

앞에서 언급했듯이 빈약한 도메인 모델을 기반으로 하는 전통적인 개발 방식은 간단한 비즈니스를 가진 시스템 개발에 적합하다. 따라서 풍성한 도메인 모델을 기반으로 하는 DDD 개발 방식은 이자 계산과 상환 모델 같은 복잡한 비즈니스 모델을 포함하는 금융 시스템처럼 복잡한 비즈니스 시스템을 개발하는 데 적합하다.

어쩌면 이 두 개발 방식을 코드 관점에서 보았을 때, 단순하게 하나는 Service 클래스에 비즈니스 논리를 넣는 대신, 다른 하나는 도메인 모델에 비즈니스 논리를 넣는 것이라고 생각할 수도 있다. 그렇다면 빈약한 도메인 모델에 기반한 전통적인 개발 방식이 복잡한 비즈니스 시스템의 개발에 대처할 수 없는 이유는 무엇일까? 그리고 반대로 과연 풍성한 도메인 모델을 기반으로 하는 DDD 개발 방식은 무난하게 대처가 가능할까?

실제로 하나는 서비스 계층에 비즈니스 논리를 배치하고 다른 하나는 도메인 모델에 비즈니스 논리를 배치한다는 눈에 보이는 코드 수준의 차이와는 별개로 두 모델에는 중요한 차이점이 있다. 즉, 개발 방식의 차이로 인해 개발 프로세스 자체가 바뀌게 된다는 점이다. 복잡한 비즈니스 시스템의 개발을 다룰 때 풍성한 도메인 모델을 기반으로 하는 DDD 개발 방식의 개발 프로세스는 더 많은 이점이 있다. 왜 그럴까? 먼저 빈약한 도메인 모델을 기반으로 하는 기존 개발 방식을 사용할 때 기능 요구 사항을 구현하는 방법을 생각해보자.

일반적인 개발 작업은 대부분 SQL 기반이라고 해도 과언이 아니다. 백엔드 인터페이스에 대한 개발 요청을 받으면 인터페이스에 필요한 데이터가 데이터베이스에 해당하는지, 어떤 테이블이 필요한지 살펴본 다음 데이터를 얻기 위해 SQL 문을 작성하는 방법에 대해 생각할 것이다. 그 다음은 Entity, BO, VO를 정의하고, 해당되는 Repository 클래스, Service 클래스, Controller 클래스에 코드를 추가할 것이다.

비즈니스 논리는 하나의 큰 SQL 문으로 묶이며, 이 큰 SQL 문은 대부분의 작업을 수행한다. 여기에서 서비스 계층이 할 수 있는 일은 거의 없다. 또한 업무마다 별도의 SQL 문이 필요하기 때문에 코드의 재사용성도 극히 낮다. 또 다른 유사한 비즈니스 기능을 개발하려면, 별도의 SQL 문을 하나 더 작성할 수밖에 없으므로, 서로 거의 차이가 없는 수많은 SQL 문이 코드에 포함될 수 있다.

이 과정에서 도메인 모델과 객체지향 프로그래밍의 개념을 적용하는 사람은 거의 없으며, 코드 재사용에 대한 인식이 있는 사람도 거의 없다. 단순한 비즈니스 시스템의 경우 이러한 빈약한 도메인 모델에 기반한 기존 개발 방식은 문제가 되지 않는다. 그러나 복잡한 비즈니스 시스템 개발의 경우 이러한 개발 방법은 코드를 점점 더 혼란스럽게 만들고 결국에는 유지 관리를 할 수 없을 지경에 이르게 된다.

프로젝트에서 풍성한 도메인 모델을 기반으로 DDD 개발 방식을 적용하면 개발 프로세스가 완전히 뒤바뀐다. 이 개발 방식에서는 모든 비즈니스를 미리 정리하고 도메인 모델에 포함된 속성과 메서드를 정의해야 한다. 도메인 모델은 재사용 가능한 비즈니스 중간 계층과 동일하며, 새로운 기능 요구 사항의 개발은 이 재사용 가능한 비즈니스 중간 계층을 기반으로 한다.

시스템이 복잡할수록 코드 재사용성과 유지 관리 용이성에 대한 요구 사항이 높아지기 때문에 초기 설계에 더 많은 시간과 에너지를 투자해야 한다. 풍성한 도메인 모델에 기반한 DDD 개발 방식은 초기에 많은 비즈니스 연구와 도메인 모델 설계가 필요하므로 복잡한 비즈니스 시스템 개발에 더 적합하다.

2.6.6 생각해보기

참여했던 프로젝트 중 빈약한 도메인 모델의 전통적인 개발 방식을 기반으로 개발된 프로젝트는 무엇이었으며, 풍성한 도메인 모델의 DDD 개발 방식을 기반으로 개발된 프로젝트는 무엇이었는지 생각해보자.

2.7 추상 클래스와 인터페이스

객체지향 프로그래밍에서 추상 클래스와 인터페이스는 자주 언급되는 두 가지 문법적 개념이며 객체지향 프로그래밍의 네 가지 특성이자 많은 디자인 패턴과 설계 원칙의 프로그래밍 구현을 위한 기반이기도 하다. 예를 들어 인터페이스를 사용하여 객체지향 추상화, 다형성, 설계 원칙을 구현하고 추상 클래스를 사용하여 객체지향 상속과 템플릿 디자인 패턴을 구현하는 등의 작업을 수행할 수 있다.

그러나 모든 객체지향 프로그래밍 언어가 이 두 가지 문법 개념을 지원하는 것은 아니다. C++와 같은 프로그래밍 언어는 추상 클래스만 지원하고 인터페이스는 지원하지 않는 반면, 반대로 Python 같은 동적 프로그래밍 언어는 추상 클래스를 지원하지 않는 대신 인터페이스를 지원한다. 일부 프로그래밍 언어는 인터페이스와 추상 클래스를 지원하기 위한 문법을 지원하지 않지만, 이 개념을 모방할 수 있는 수단이 제공되기도 한다.

인터페이스와 추상 클래스의 차이점은 무엇인가? 인터페이스는 언제 사용할까? 추상 클래스는 언제 사용할까? 추상 클래스와 인터페이스의 의미는 무엇인가? 이번 절을 통해 이 질문들에 대한 답을 찾을 수 있을 것이다.

2.7.1 추상 클래스와 인터페이스의 정의와 차이점

프로그래밍 언어마다 인터페이스와 추상 클래스를 나름대로의 방식으로 정의할 수 있지만, 그 차이는 그리 크지 않다. Java는 추상 클래스와 인터페이스를 모두 지원하므로 직관적으로 이해할 수 있도록 Java를 사용하여 설명하겠다.

▶ 추상 클래스의 정의

다음 코드는 일반적인 추상 클래스 템플릿 디자인 패턴이다. `Logger` 클래스는 로그를 기록하는 추상 클래스로서, 하위 클래스인 `FileLogger` 클래스와 `MessageQueueLogger` 클래스는 `Logger` 클래스를 상속하며 로그를 파일 또는 메시지 대기열로 출력하는 서로 다른 로깅 방법을 제공한다. `FileLogger` 클래스와 `MessageQueueLogger` 클래스는 `Logger` 클래스의 `name`, `enabled`, `minPermittedLevel` 속성과 `log()` 메서드를 재사용하지만, 로그 출력 방식이 서로 다르기 때문에 상위 클래스의 doLog() 메서드를 재정의한다.

```java
public abstract class Logger {
  private String name;
  private boolean enabled;
  private Level minPermittedLevel;

  public Logger(String name, boolean enabled, Level minPermittedLevel) {
    this.name = name;
    this.enabled = enabled;
    this.minPermittedLevel = minPermittedLevel;
  }

  public void log(Level level, String message) {
    boolean loggable = enabled && (minPermittedLevel.intValue() <= level.intValue());
    if (!loggable) return;
    doLog(level, message);
  }

  protected abstract void doLog(Level level, String message);
}

// 하위 클래스: 파일로 출력
public class FileLogger extends Logger {
  private Writer fileWriter;

  public FileLogger(String name, boolean enabled,
    Level minPermittedLevel, String filepath) {
    super(name, enabled, minPermittedLevel);
    this.fileWriter = new FileWriter(filepath);
  }

  @Override
  public void doLog(Level level, String mesage) {
    // level과 message를 형식화하고 파일로 출력
    fileWriter.write(...);
  }
}

// 하위 클래스: Kafka와 같은 메시지 대기열로 출력
public class MessageQueueLogger extends Logger {
  private MessageQueueClient msgQueueClient;

public MessageQueueLogger(String name, boolean enabled,
    Level minPermittedLevel, MessageQueueClient msgQueueClient) {
    super(name, enabled, minPermittedLevel);
    this.msgQueueClient = msgQueueClient;
```

```
  }

  @Override
  protected void doLog(Level level, String mesage) {
    // level과 message를 형식화하고 메시지 대기열로 전송
    msgQueueClient.send(...);
  }
}
```

▶ **추상 클래스의 특성**

위의 예제 코드를 통해 추상 클래스의 특성을 살펴보자.

1) 추상 클래스는 인스턴스화할 수 없으며 상속만 가능하다. 즉, new 예약어를 통해 추상 클래스의 객체를 정의할 수 없다. 예를 들어 다음과 같이 객체를 생성하려고 하면 컴파일 오류가 발생한다.

```
Logger logger = new Logger(...);
```

2) 추상 클래스는 속성과 메서드를 포함할 수 있다. 이때 Logger 클래스의 log() 메서드처럼 코드 구현을 포함할 수도 있고, Logger 클래스의 doLog() 메서드처럼 코드 구현을 포함하지 않을 수도 있다. 이때 코드 구현을 포함하지 않는 메서드를 추상 메서드라고 한다.

3) 하위 클래스는 추상 클래스를 상속할 때 추상 클래스의 모든 추상 메서드를 실제로 구현해야 한다. 따라서 위의 예제 코드에서는 하위 클래스인 FileLogger 클래스와 MessageQueueLogger 클래스는 모두 doLog() 메서드를 재정의하고 있다.

▶ **Java에서 인터페이스를 정의하는 방법**

이어서 예제 코드를 통해 Java에서 인터페이스가 어떻게 정의되는지 살펴보자.

```
public interface Filter {
  void doFilter(RpcRequest req) throws RpcException;
}

// 인터페이스 구현: 인증 필터
public class AuthencationFilter implements Filter {
  @Override
  public void doFilter(RpcRequest req) throws RpcException {
    // ...인증 코드 생략...
  }
}
```

```java
// 인터페이스 구현: 사용 제한 필터
public class RateLimitFilter implements Filter {
  @Override
  public void doFilter(RpcRequest req) throws RpcException {
    // ...사용 제한 코드 생략...
  }
}

// 필터 사용 예시
public class Application {
  private List<Filter> filters = new ArrayList<>();

  public Application() {
    filters.add(new AuthencationFilter());
    filters.add(new RateLimitFilter());
  }

  public void handleRpcRequest(RpcRequest req) {
    try {
      for (Filter filter : fitlers) {
        filter.doFilter(req);
      }
    } catch(RpcException e) {
      // ...처리 결과 생략...
    }
    // ...일부 처리 코드 생략...
  }
}
```

위의 예제 코드는 일반적인 인터페이스의 사용 시나리오다. Java의 `interface` 키워드로 `Filter` 인터페이스를 정의하며, `AuthencationFilter` 클래스와 `RateLimitFilter` 클래스는 각각 인증과 RPC 요청의 사용 제한을 구현하는 인터페이스 구현 클래스다. 위의 예제 코드를 통해 인터페이스의 특성을 요약해보자.

- 인터페이스는 속성을 포함할 수 없다.
- 인터페이스는 메서드를 선언할 수 있으나, 실제 코드 구현을 포함할 수 없다.
- 클래스가 인터페이스를 구현할 때는 인터페이스에 선언된 모든 메서드를 구현해야 한다.

물론 Java 1.8 이후부터는 인터페이스의 메서드에 코드 구현이 포함될 수 있으며, 인터페이스에 정적 멤버 변수가 포함될 수 있다. 하지만 이는 편의를 위해 Java 언어의 인터페이스 정의를 절충한 것에 불과하다. Java를 제외하면 인터페이스는 위의 특성을 그대로 간직하고 있다.

지금까지 추상 클래스와 인터페이스에 대해 정의를 살펴보고, 문법적인 사용 방법에 대해서도 알아보았다. 문법적으로 추상 클래스와 인터페이스는 상당히 다른데, 예를 들어 추상 클래스가 속성과 메서드 구현을 정의할 수 있는데 반해, 인터페이스는 속성을 정의하거나 메서드에 실제 코드 구현을 포함할 수 없다. 이와 같은 문법적 차이 외에도 설계적인 관점에서 둘 사이에는 큰 차이점이 있다.

추상 클래스는 클래스이지만 객체로 인스턴스화할 수 없고, 하위 클래스에서만 상속할 수 있는 특수 클래스다. 상속 관계는 is-a 관계이므로, 클래스의 일종인 추상 클래스도 마찬가지로 is-a 관계다. 추상 클래스가 is-a 관계인데 반해 인터페이스는 특정 기능이 있음을 나타내는 has-a 관계다(또는 can-do 관계, behave like 관계). 따라서 인터페이스에는 **계약**contract이라는 외형적인 이름이 존재한다.

2.7.2 추상 클래스와 인터페이스의 의미

2.7.1절에서 추상 클래스와 인터페이스의 정의와 차이점을 소개했으니, 이번에는 추상 클래스와 인터페이스의 의미에 대해 이야기해보려고 한다.

추상 클래스가 필요한 이유는 무엇이고, 어떤 프로그래밍 문제를 해결할 수 있을까?

2.7.1절에서 추상 클래스는 인스턴스화할 수 없으며 상속만 가능하다고 설명했다. 그리고 그보다 앞서 상속이 코드 재사용 문제를 해결할 수 있다고도 이야기했다. 따라서 추상 클래스는 코드 재사용을 위해 사용된다. 여러 하위 클래스가 추상 클래스에 정의된 속성과 메서드를 상속할 수 있으므로 하위 클래스에서 동일한 코드를 다시 작성하지 않아도 된다.

상속을 통해 코드 재사용의 목적을 달성할 수 있다는 점은 확실하다. 하지만 상속을 위해 상위 클래스가 굳이 추상 클래스일 필요는 없으므로, 추상 클래스를 사용하지 않아도 상속을 통한 재사용이 가능하다. 이러한 관점에서 추상 클래스는 불필요해 보인다. 그렇다면 추상 클래스를 통해 코드 재사용 문제를 해결하는 것 외에 다른 의미가 있을까?

앞에서 살펴봤던 로그 출력 예제 코드로 돌아가보자. 다만 이번에는 Logger 클래스를 추상 클래스에서 일반 클래스로 바꾸고, log() 메서드와 doLog() 메서드 대신 isLoggable() 메서드가 추가되었다. FileLogger 클래스와 MessageQueueLogger 클래스는 여전히 Logger 클래스를 상속하고 있다. 코드는 다음과 같다.

```java
// 상위 클래스 Logger: 추상 클래스가 아닌 일반 클래스로,
// log()와 doLog() 메서드가 삭제되고 isLoggable() 메서드 추가
public class Logger {
  private String name;
  private boolean enabled;
  private Level minPermittedLevel;

  public Logger(String name, boolean enabled, Level minPermittedLevel) {
    // ...이전과 동일하므로 생략...
  }

  protected boolean isLoggable() {
    boolean loggable = enabled && (minPermittedLevel.intValue() <= level.intValue());
    return loggable;
  }
}


// 하위 클래스: 파일로 출력
public class FileLogger extends Logger {
  private Writer fileWriter;

public FileLogger(String name, boolean enabled,
  Level minPermittedLevel, String filepath) {
  // ...이전과 동일하므로 생략...
  }

  public void log(Level level, String mesage) {
    if (!isLoggable()) return;
    // level과 message를 형식화하고 파일로 전송
    fileWriter.write(...);
  }
}


// 하위 클래스: Kafka와 같은 메시지 대기열로 출력
public class MessageQueueLogger extends Logger {
  private MessageQueueClient msgQueueClient;

public MessageQueueLogger(String name, boolean enabled,
  Level minPermittedLevel, MessageQueueClient msgQueueClient) {
  // ...이전과 동일하므로 생략...
  }

  public void log(Level level, String mesage) {
    if (!isLoggable()) return;
    // level과 message를 형식화하고 메시지 대기열로 전송
    msgQueueClient.send(...);
  }
}
```

이 코드는 코드를 재사용할 수는 있었지만 다형성을 사용할 수는 없게 되었다. 만약 다음과 같이 코드를 작성하면 Logger 클래스에 log() 메서드가 정의되어 있지 않기 때문에 컴파일 오류가 발생한다.

```
Logger logger = new FileLogger("access-log", true, Level.WARN, "access.log");
logger.log(Level.ERROR, "This is a test log message.");
```

이 문제에 대한 해결책이 매우 간단하다고 느낄 수도 있다. Logger 클래스에서 비어 있는 log() 메서드를 정의하고, 하위 클래스가 Logger 클래스의 log() 메서드를 재정의하여 자신만의 코드를 구현하도록 하는 것이다. 결과를 살펴보자.

```
public class Logger {
  // ...부분 코드 생략...
  public void log(Level level, String mesage) {}
}

public class FileLogger extends Logger {
  // ...부분 코드 생략...
  @Override
  public void log(Level level, String mesage) {
    if (!isLoggable()) return;
    // level과 message를 형식화하고 파일로 전송
    fileWriter.write(...);
  }
}

public class MessageQueueLogger extends Logger {
  // ...부분 코드 생략...
  @Override
  public void log(Level level, String mesage) {
    if (!isLoggable()) return;
    // level과 message를 형식화하고 메시지 대기열로 전송
    msgQueueClient.send(...);
  }
}
```

물론 위와 같이 작성할 수 있고 문제도 해결할 수 있지만, 다음과 같은 이유로 추상 클래스 기반의 코드만큼 좋다고 할 수는 없다.

1) Logger 클래스에서 비어 있는 메서드를 정의하면 코드의 가독성에 영향을 미친다. Logger 클

래스의 설계 의도를 알지 못하고, 코드에 별도의 주석이 없다면 log() 메서드가 비어 있는 채로 정의된 이유를 알기 어려울 수 있다. 결국 Logger 클래스와 FileLogger 클래스, MessageQueueLogger 클래스 사이의 상속 관계를 전부 확인하면서 설계 의도를 파악해야 하는 추가 비용이 발생하게 된다.

2) FileLogger 클래스와 MessageQueueLogger 클래스 외에 Logger 클래스를 상속받는 새로운 하위 클래스를 생성할 때, log() 메서드를 다시 구현하는 것을 잊어버릴 가능성이 높다. 추상 클래스를 사용하면 컴파일러는 하위 클래스에서 log() 메서드를 재정의하도록 강제하며, 그렇지 않으면 컴파일 오류가 발생한다. Logger 클래스의 새 하위 클래스를 정의하면서 어떻게 log() 메서드를 다시 구현하는 것을 잊을 수 있을까 하는 생각이 들 수도 있다. 예제 코드의 Logger 클래스는 간단하고 메서드 수도 적기 때문에 해야 할 일이 쉽게 눈에 띄지만, 만약 Logger 클래스에 메서드가 수십 개 있고, 코드도 지금보다 수십 배 크다면, 코드에 매우 익숙하지 않는 한 log() 메서드를 다시 구현하는 것을 잊어버릴 가능성이 매우 높다고 단언할 수 있다.

3) 일반 클래스인 Logger 클래스는 인스턴스화될 수 있다. 즉, 키워드 new를 통해 Logger 클래스의 객체를 생성하면 하위 클래스 없이도 비어 있는 log() 메서드를 호출할 수 있기 때문에, 오용할 가능성이 매우 높아진다. 물론 이 문제는 private 생성자를 설정하면 해결할 수 있지만, 추상 클래스로 깔끔하게 해결할 수 있는 일을 혹 떼려다 더 붙일 수 있다.

그렇다면 인터페이스는 왜 필요할까? 그리고 어떤 프로그래밍 문제를 해결할 수 있을까?

추상 클래스는 코드 재사용에 초점을 맞추고 인터페이스는 디커플링에 초점을 맞추고 있다. 인터페이스는 일련의 프로토콜 또는 계약과 동일한 동작의 추상화이며 이는 API에 비교할 수 있다. 호출자는 추상 인터페이스에만 주의를 기울이고, 구현 방식 자체에 대해서는 알 필요가 없다. 인터페이스는 규칙과 구현의 분리를 실현하여 코드의 결합 정도를 줄이고 코드의 확장성을 향상시킬 수 있다.

2.7.3 추상 클래스와 인터페이스의 모의 구현

C++ 같은 일부 프로그래밍 언어에는 추상 클래스만 존재하며 인터페이스는 없다. 멤버 변수가 없으며, 메서드 선언만 존재하기 때문에 구현이 없으며, 이를 상속받아 구현하는 클래스는 인터페이스의 모든 메서드를 구현해야 한다는 인터페이스의 특성만 만족한다면 실제로 추상 클래스를 이용하여 인터페이스를 충분히 모방할 수 있다. 다음 예제 코드에서는 C++의 추상 클래스로 인터페이스를 모방하고 있다.

```
class Strategy {
  public:
    virtual ~Strategy();
    virtual void algorithm() = 0;

  protected:
    Strategy();
};
```

Strategy 추상 클래스에는 어떠한 속성도 정의하지 않고 모든 메서드가 virtual 타입[4]으로 선언되어 있어 코드 구현을 갖지 못하며, 이 추상 클래스를 상속받는 모든 하위 클래스는 이를 구현해야 한다. 문법적 관점에서 보면 이 추상 클래스는 인터페이스와 완전히 동일하다.

그러나 현재 널리 사용되는 Python, Ruby 등과 같은 동적 프로그래밍 언어에는 인터페이스 개념이 없을 뿐만 아니라 추상 클래스도 없다. 하지만 이 경우에도 일반 클래스로 인터페이스를 모방할 수 있다. Java를 이용한 구체적인 코드는 다음과 같이 구현할 수 있다.

```
public class MockInterface {
  protected MockInterface() {}

  public void funcA() {
    throw new MethodUnSupportedException();
  }
}
```

클래스의 메서드가 구현을 포함해야 한다는 것을 알고 있지만, 구현을 포함하는 것은 인터페이스의 정의에 부합하지 않는다. 여기에서 클래스의 메서드가 구현을 포함하지 않는 인터페이스를 모방하기 위해 MethodUnSupportedException 예외를 발생시키도록 할 수 있고, 하위 클래스가 상위 클래스를 상속할 때, 하위 클래스가 상위 클래스의 메서드를 능동적으로 구현하도록 강제할 수 있다. 그렇지 않으면 실행 시 예외가 발생한다. 그렇다면 이 클래스가 인스턴스화되는 것을 피하는 방법은 무엇일까? 다른 패키지의 클래스가 MockInterface 클래스를 인스턴스화하는 것을 방지할 수 있도록 생성자를 protected 속성으로 설정하기만 하면 된다. 그러나 이렇게 하더라도 동일한 패키지의 클래스가 MockInterface 클래스를 인스턴스화하는 것은 막을 수는 없다. 이 문제를 해결하기 위해 Google Guava에서 사용하는 @VisibleForTesting 주석의 관행을 배워 인스턴스화

---

4   자바의 abstract 키워드에 해당한다.

할 수 없음을 인위적으로 나타내도록 주석을 사용자 정의할 수 있다.

지금까지 추상 클래스를 사용하여 인터페이스를 모방하는 방법과 일반 클래스를 사용하여 인터페이스를 모방하는 방법을 언급했다. 그렇다면 일반 클래스를 사용하여 추상 클래스를 모방하는 방법은 무엇일까? MockInterface 클래스의 처리 메서드를 유추할 수 있고, abstract 메서드가 내부에 MethodUnSupportedException 예외를 발생시키도록 하고, 인스턴스화를 피하기 위해 protected 속성으로 생성자를 설정할 수 있다.

2.7.4 추상 클래스와 인터페이스의 응용 시나리오

그렇다면 실제 프로젝트 개발에서 추상 클래스와 인터페이스는 언제 사용해야 할까?

사실 판단 기준은 간단하다. is-a 관계를 나타내고자 하고 코드 재사용 문제를 해결하려면 추상 클래스를 사용하고, has-a 관계를 나타내고, 코드 재사용 문제가 아닌 추상화 문제를 해결하려면 인터페이스를 사용하면 된다.

클래스 상속의 관점에서 추상 클래스는 상향식 설계 방식으로, 먼저 하위 클래스의 코드를 반복한 다음 상위 클래스를 추상화한 것이 추상 클래스다. 인터페이스는 반대로 하향식 설계 방식이다. 다시 말해 일반적으로 먼저 인터페이스를 설계한 다음 특정 구현을 고려하게 된다.

2.7.5 생각해보기

자주 사용하는 프로그래밍 언어에서 인터페이스와 추상 클래스를 지원하는 문법이 지원되는지 알아보자.

2.8 인터페이스 기반 프로그래밍: 모든 클래스에 대해 인터페이스를 정의해야 할까?

2.7절에서 인터페이스와 추상 클래스의 정의, 차이점, 의미, 응용 시나리오를 소개했다. 이번 절에서는 인터페이스를 기반으로 프로그래밍하는 **인터페이스**와 관련된 설계 사상을 소개한다. 이는 매우 중요하며 일반적인 개발 현장에서 자주 사용되고 있다.

2.8.1 인터페이스를 이해하는 다양한 방법

구현이 아닌 인터페이스에 대한 프로그래밍[5]을 이해할 때 특정 프로그래밍 언어를 떠올리면 안 된다. 그렇지 않으면 사고가 해당 언어의 인터페이스 관련 문법에 갇혀 버리게 되기 때문이다. 이 설계 사상은 1994년에 출판된 《GoF의 디자인 패턴》에서 처음 등장했는데, 이는 1995년에 발표된 자바보다도 먼저 세상에 나온 사상으로 추상적이고 일반화된 설계 사상이다.

이 설계 사상을 이해하는 열쇠는 **인터페이스**라는 단어를 이해하는 것이다. 2.7절에서 이야기했던 인터페이스의 정의를 기억하는가? 본질적으로 인터페이스는 **프로토콜** 또는 **규약**의 집합으로, 사용자에게 제공되는 **기능의 목록**이다. 인터페이스라는 단어는 서버와 클라이언트 사이의 인터페이스, 클래스 라이브러리에서 제공하는 인터페이스 같이 응용 프로그램의 시나리오에 따라 다르게 해석되며, 통신 프로토콜의 집합도 인터페이스라고 부를 수 있다. 그러나 이러한 인터페이스에 대한 이해는 모두 상위 수준의 추상적인 이해이며 실제 코드와는 거의 관련이 없다. 코드에서 구현되는 인터페이스는 구현이 아닌 인터페이스 기반이라는 설계 사상에서 프로그래밍 언어의 인터페이스 또는 추상 클래스로 이해될 수 있다.

이 설계 사상을 적용하면 코드 품질을 효과적으로 향상시킬 수 있는데, 그 이유는 구현이 아닌 인터페이스 기반의 프로그래밍을 통해 구현과 인터페이스를 분리하고, 불안정한 구현을 직접 노출하는 대신 캡슐화하여 감추고, 안정적인 인터페이스만 노출할 수 있기 때문이다. 업스트림 시스템은 다운스트림 시스템에서 제공하는 인터페이스 프로그래밍과 연결되고, 불안정한 구현 세부 사항에 의존하지 않아도 된다. 이런 식으로 구성되면, 구현되는 세부 사항이 변경되더라도 업스트림 시스템의 코드를 기본적으로 변경할 필요가 없으므로 결합을 줄이고 확장성을 향상시키게 된다.

구현이 아닌 인터페이스에 기반한 프로그래밍이라는 설계 사상을 표현하는 또 다른 방법은 구현이 아닌 추상화에 기반한 프로그래밍이다. 사실 두 번째 표현 방법이 이 설계 사상의 원래 의도를 훨씬 더 잘 반영하고 있다. 소프트웨어 개발에서 가장 큰 과제는 변화하는 요구 사항을 처리하는 방법이다. 추상화, 탑 레벨 아키텍처, 구현에 영향받지 않는 설계는 코드 유연성을 높여주며, 이후 요구 사항이 변경되더라도 훨씬 더 잘 대응할 수 있게 된다. 좋은 코드 설계는 현재 요구 사항에 유연하게 대응할 수 있을 뿐만 아니라 이후 요구 사항이 변경될 때조차도 기존의 코드 설계를 훼손하지 않고 유연하게 대응하는 것이다. 추상화는 코드의 확장성, 유연성, 유지 보수성을 향상시키는 효과적인 수단이다.

5 　원문은 다음과 같다. Program to an interface, not an implementation.

2.8.2 설계 철학을 실제로 적용해보자

구현이 아닌 인터페이스 기반 설계 철학을 적용하는 방법을 예제를 통해 살펴보자.

시스템의 여러 곳에 이미지 처리와 저장에 관련된 코드가 있다고 가정해보자. 이미지가 처리된 후 AWS에 업로드된다. 이때 이미지 저장과 관련된 코드 논리를 코드 재사용을 통해 전체 시스템에서 사용할 수 있도록 AWSImageStore 클래스로 캡슐화한다면 다음 코드처럼 구현될 것이다.

```java
public class AWSImageStore {
  // ...속성, 구조 함수 등 생략...

  public void createBucketIfNotExisting(String bucketName) {
    // ...버킷 생성 코드 생략, 실패 시 예외 발생...
  }

  public String generateAccessToken() {
    // ...Access Token 생성 코드 생략...
  }

  public String uploadToAWS(Image image, String bucketName, String accessToken) {
    // ...이미지를 AWS에 전송하는 코드 생략...
  }

  public Image downloadFromAWS(String url, String accessToken) {
    //...AWS에서 이미지를 다운로드하는 코드 생략...
  }
}

// AWSImageStore 클래스 사용 예제
public class ImageProcessingJob {
  private static final String BUCKET_NAME = "ai_images_bucket";
  // ...일부 상관없는 코드 생략...

  public void process() {
    Image image = ...;  // Image 클래스 이미지 객체
    AWSImageStore imageStore = new AWSImageStore(/* 매개변수 생략 */);
    imageStore.createBucketIfNotExisting(BUCKET_NAME);
    String accessToken = imageStore.generateAccessToken();
    imagestore.uploadToAWS(image, BUCKET_NAME, accessToken);
  }
}
```

이미지의 전체 업로드 프로세스는 버킷[6] 생성, 액세스 토큰 생성, 액세스 토큰이 있는 이미지를 지정된 버킷에 업로드하는 세 단계로 구성된다.

앞의 예제 코드는 매우 간단하고 구조적으로도 명확하기에 AWS에 사진을 저장하는 비즈니스 요구 사항을 완전히 충족할 수 있다. 그러나 소프트웨어 개발에서 변화는 필수불가결한 것이 아니던가. 일정 시간이 지나면 AWS에 이미지를 저장하는 대신 프라이빗 클라우드를 구축하여 그 곳에 이미지를 저장해야 한다는 요구 사항이 눈앞에 놓이게 될 수 있다. 이러한 요구 사항의 변화를 충족하려면 코드를 어떻게 수정해야 할까?

이미지를 프라이빗 클라우드에 저장하는 PrivateImageStore 클래스를 처음부터 다시 설계하고 구현해야 하며, 이를 사용하여 프로젝트에서 AWSImageStore 클래스가 사용되고 있는 모든 부분을 찾아서 전부 PrivateImageStore 클래스로 교체해야 한다. 이러한 교체 과정에서 코드의 변경을 최소화하기 위해 PrivateImageStore 클래스를 구현할 때 반드시 AWSImageStore 클래스와 동일한 public 메서드를 정의할 필요가 있으며, 클라우드에 업로드하는 코드 논리에 따라 다시 구현해야 한다. 그러나 이러한 작업 방식은 일견 타당해 보이나, 실제로는 다음과 같은 두 가지 문제가 있다는 것을 알게 될 것이다.

▶ 첫 번째 문제

AWSImageStore 클래스에서 일부 public 메서드의 이름은 uploadToAWS() 또는 downloadFromAWS() 과 같이 AWS를 사용한다는 구현의 세부 정보를 노출하고 있다. 이 기능을 개발할 때 인터페이스에 대한 인식과 추상적인 사고가 없다면 이와 같이 구현 세부 사항을 노출하는 이름을 짓는 것은 매우 흔한 일이다. 어쨌든 처음에는 AWS에 이미지를 저장하는 것만 고려하면 되기 때문이다. **AWS**라는 단어가 포함된 이 메서드를 이름 변경 없이 PrivateImageStore 클래스에 그대로 옮기는 것은 분명히 부적절하게 느껴진다. 그렇다고 PrivateImageStore 클래스에서 uploadToAWS() 메서드와 downloadFromAWS() 메서드의 이름을 다르게 지정할 경우, 이 메서드가 사용된 모든 코드를 수정해야 하며, 이는 수정할 곳이 많다는 문제뿐만 아니라, 코드 수정 시 오류가 발생할 확률이 높아질 수 있다.

▶ 두 번째 문제

AWS에 이미지를 저장하는 프로세스가 프라이빗 클라우드에 저장하는 프로세스와 전혀 다른 형

---

6   스토리지의 디렉터리 개념이라고 생각하자.

태를 띨 수 있다. 예를 들어 AWS를 사용하여 이미지를 업로드하거나 다운로드할 때는 액세스 토큰을 생성하고 지정할 필요가 있지만, 프라이빗 클라우드는 액세스 토큰이 필요하지 않을 수 있다. 따라서 AWSImageStore 클래스의 액세스 토큰 관련 generateAccessToken() 메서드는 PrivateImageStore 클래스에서 구현할 수 없는데, AWSImageStore 클래스가 이미지를 업로드하고 다운로드할 때는 generateAccessToken() 메서드를 사용하기 때문에, PrivateImageStore 클래스로 변경하게 되면 관련 코드를 전부 수정해야만 한다.

그렇다면 이 두 가지 문제를 어떻게 해결해야 할까? 근본적인 해결책은 코드를 처음에 작성할 때부터 구현이 아닌 인터페이스 기반의 설계 철학을 따라서 다음과 같이 세 가지 규칙을 따라야 한다.

1) 함수 또는 메서드의 이름은 구현 세부 사항을 노출하지 않아야 한다. 예를 들어 이 코드에서 uploadToAWS() 메서드는 이 요구 사항을 충족하지 않으므로 **AWS**라는 구체적인 단어를 사용하는 대신 upload() 같은 추상적인 이름을 사용해야 한다.

2) 구체적인 구현 세부 사항을 캡슐화해야 한다. 예를 들어 AWS에 업로드하거나 다운로드할 때만 사용되는 특별한 전략이나 프로세스는 호출자에게 노출되지 않아야 한다. 따라서 업로드와 다운로드 프로세스를 캡슐화하고 호출자가 사용할 모든 세부 정보를 포함하는 메서드를 제공해야 한다.

3) 클래스 구현을 위한 추상 인터페이스를 정의해야 한다. 구체적인 구현 클래스는 통합 인터페이스 정의를 어떻게 정의하느냐에 따라 변경되어야 하며, 사용자는 프로그래밍을 위한 구체적인 구현 클래스보다는 인터페이스에 의존하여 작업해야 한다.

다음 예제 코드는 위의 설계 방법에 따라 리팩터링한 코드다.

```
public interface ImageStore {
  String upload(Image image, String bucketName);
  Image download(String url);
}

public class AWSImageStore implements ImageStore {
  // 속성, 메서드 생략
  public String upload(Image image, String bucketName) {
    createBucketIfNotExisting(bucketName);
    String accessToken = generateAccessToken();
    // ...구체적인 업로드 코드 생략...
  }
```

```
  public Image download(String url) {
    String accessToken = generateAccessToken();
    // ...구체적인 다운로드 코드 생략...
  }

  private void createBucketIfNotExisting(String bucketName) {
    // ...구체적인 버킷 생성 코드와 오류 발생 시 예외 처리 생략...
  }

  private String generateAccessToken() {
    // ...액세스 토큰 생성 코드 생략...
  }
}

// 업로드와 다운로드 프로세스 변경: 액세스 토큰 없음
public class PrivateImageStore implements ImageStore {
  public String upload(Image image, String bucketName) {
    createBucketIfNotExisting(bucketName);
    // ...구체적인 업로드 코드 생략...
  }

  public Image download(String url) {
    // ...구체적인 다운로드 코드 생략...
  }

  private void createBucketIfNotExisting(String bucketName) {
    // ...구체적인 버킷 생성 코드와 오류 발생 시 예외 처리 생략...
  }
}

// ImageStore 인터페이스 사용 예제
public class ImageProcessingJob {
  private static final String BUCKET_NAME = "ai_images_bucket";
  // ...일부 코드 생략...

  public void process() {
    Image image = ...;  // Image 클래스 이미지 객체
    ImageStore imageStore = new PrivateImageStore(...);
    imagestore.upload(image, BUCKET_NAME);
  }
}
```

실제로 인터페이스를 정의할 때 클래스를 먼저 구현하고 그에 맞추어 인터페이스를 정의하는 경우
가 적지 않다. 하지만 이런 식으로 작업하게 되면 추상화가 충분히 이루어지지 않을뿐더러, 인터페
이스 정의가 구체적인 구현에 의존하는 좋지 않은 형태로 고착될 가능성이 매우 높으며, 그러한 인
더페이스 설계는 의미가 없다. 물론 개빌자 입장에서 구현을 먼저 하고 인터페이스를 정의하는 방

식이 낮다고 생각한다면 사용할 수는 있겠지만, 구현 클래스의 메서드를 인터페이스 정의로 이동할 때 어떤 메서드를 어떤 방식으로 포함시킬 것인지에 대해 명확하게 이해하고 있어야 한다. 예를 들어 이 코드에서 `AWSImageStore` 클래스의 `generateAccessToken()` 메서드는 인터페이스로 이동하면 안 된다.

요약하면, 코드를 작성할 때 추상화, 캡슐화, 인터페이스에 대해 항상 정확히 인식해야 한다. 인터페이스 정의는 구현 세부 정보를 노출하지 않으며, 구체적인 수행 방법이 아닌, 어떤 작업을 수행하는지만 고려한다. 또한 인터페이스를 설계할 때 현재 인터페이스 설계가 보편적인지, 인터페이스 정의를 변경하지 않고도 다르게 구현할 수 있는지 신중하게 고려해야 한다.

2.8.3 인터페이스의 남용을 방지하려면 어떻게 해야 할까?

그렇다면 이런 질문이 떠오를 수 있다. 이 설계 방식을 따르려면 모든 구현 클래스에 해당하는 인터페이스를 정의해야만 할까? 구현 프로그래밍이 아닌 인터페이스에만 의존하는 코드가 있는 것일까?

어떤 일을 하더라도 반드시 **정도**가 필요하다. 이 설계 사상을 남용하게 되면, 모든 클래스에 맞는 인터페이스를 정의해야만 하고, 이 설계 사상을 남용하면 클래스별로 인터페이스를 정의해야 해서 사방에 펼쳐진 인터페이스는 개발에 불필요한 부담이 될 것이다. 언제 클래스에 대한 인터페이스를 정의해야 하는지 또는 언제 인터페이스를 정의할 필요가 없는지에 대해 절충안을 만들 때, 필요한 기본적인 조건은 결국 구현이 아닌 인터페이스 기반 설계 사상의 기본이다.

구현이 아닌 인터페이스 기반 설계 사상의 원래 의도는 구현에서 인터페이스를 분리하고 불안정한 구현을 캡슐화하고 안정적인 인터페이스를 노출하는 것이다. 업스트림 시스템은 구현 프로그래밍이 아닌 인터페이스 지향적이며 불안정한 구현 세부 사항에 의존하지 않는다. 이렇게 하면 구현이 변경될 때 업스트림 시스템의 코드를 기본적으로 변경할 필요가 없으므로 코드의 확장성이 향상된다.

이 설계 사상의 원래 의도를 생각해보면, 비즈니스 시나리오에서 특정 기능에 대한 구현 방법이 하나뿐이고, 이후에도 다른 구현 방법으로 대체할 일이 없다면 인터페이스를 정의할 필요가 없다. 다시 말해 인터페이스 기반으로 프로그래밍할 필요가 없으며 구현 클래스를 직접 사용하면 된다. 또한 구현이 아닌 인터페이스 기반은 구현이 아닌 추상화로 표현할 수 있는데, 이후 함수의 구현이 변경되더라도 동시에 두 개의 구현이 사용되지 않는다면, 클래스의 구현을 직접 수정해도 된다. 함수는 그 자체로 구현 세부 사항을 캡슐화한 추상화이기도 하다. 따라서 함수의 정의가 충분히 추상적이라면, 인터페이스가 없어도 구현이 아닌 추상화 사상을 만족할 수 있다.

이번 절에서 마지막으로 리팩터링한 코드에서는 인터페이스를 통해 두 가지 구체적인 구현을 분리했지만, 인터페이스는 다음과 유사한 방식으로 프로젝트의 여러 곳에서 사용되며, 이로 인해 문제가 발생할 수 있다. 즉, 이미지 저장 방식을 변경해야 하는 경우 여전히 많은 코드를 수정해야 하는데, 어떻게 이 문제를 해결할 수 있을지 고민해보자.

```java
// ImageStore 사용 예제
public class ImageProcessingJob {
  private static final String BUCKET_NAME = "ai_images_bucket";
  // ...일부 코드 생략...

  public void process() {
    Image image = ...;  // Image 클래스 이미지 객체
    ImageStore imageStore = new PrivateImageStore(/* 매개변수 생략 */);
    imagestore.upload(image, BUCKET_NAME);
  }
}
```

2.9 상속보다 합성

객체지향 프로그래밍에는 고전적인 설계 원칙이 있다. 합성이 상속보다 낫고, 상속보다 합성을 더 많이 사용하는 것처럼 보일 때도 있다. 그렇다면 상속을 추천하지 않는 이유는 무엇일까? 상속에 비해 합성이 가지는 장점은 무엇일까? 합성을 사용할지 상속을 사용할지 결정하는 방법은 무엇일까? 이번 절에서는 이 세 가지 질문을 통해 고전적인 설계 원칙을 자세히 살펴보기로 한다.

2.9.1 상속이 더 이상 사용되지 않는 이유

상속은 객체지향 프로그래밍의 4대 특성 중 하나로 클래스 간의 is-a 관계를 나타내는 데 사용되며 코드 재사용 문제를 해결할 수 있다. 상속에는 많은 기능이 있지만 상속 단계가 너무 깊고 복잡하게 되면 코드의 유지 관리 가능성에 영향을 미친다. 프로젝트에서 상속을 사용하는 것이 옳은지에 대해 많은 논쟁이 있기도 하며, 많은 사람들은 상속을 드물게 사용하거나 전혀 사용하지 않아야 하는 안티 패턴으로 간주하기도 한다. 그렇다면 왜 그런 논란이 생겨났을까? 예를 들어보자.

새에 대한 클래스를 설계한다고 가정해보자. 추상 클래스인 `AbstractBird` 클래스로 추상적인 새의 개념을 정의하고, 참새, 비둘기, 까마귀처럼 새의 하위 분류는 모두 이 추상 클래스를 상속한다.

대부분의 새가 날 수 있기 때문에, AbstractBird 추상 클래스에 fly() 메서드를 정의하는 게 타당할까? 사실 그렇지 않다. 대부분의 새가 날 수 있음에도 불구하고 타조와 같은 명확한 예외가 존재한다. 만약 타조 클래스가 fly() 메서드를 포함한 상위 클래스를 상속한다면, 타조 클래스는 **날아다니는 동작**을 가지게 된다. 그리고 이는 분명히 현실 세계의 사물에 대한 우리의 이해와 일치하지 않는다. 물론 타조 하위 클래스에서 fly() 메서드를 재정의하고 UnSupportedMethodException 예외를 발생시키면 된다고 생각할 수도 있다. 일단 이 개념에 따라 구현한 코드는 다음과 같다.

```
public class AbstractBird {
  // ...일부 속성과 메서드 생략...
  public void fly() { ... }
}

public class Ostrich extends AbstractBird { // 타조 클래스
  // ...일부 속성과 메서드 생략...
  public void fly() {
    throw new UnSupportedMethodException("I can't fly.");
  }
}
```

이러한 설계 방식은 타조에 대한 문제는 해결할 수 있지만, 타조 외에도 펭귄, 키위처럼 날지 못하는 새가 있기 때문에 좋은 방법은 아니다. 날지 못하는 모든 새는 각각의 클래스에서 fly() 메서드를 매번 재정의하고 예외를 발생시켜야 하기 때문이다. 이러한 설계는 한편으로는 코딩 작업량을 증가시킬 뿐만 아니라 다른 한편으로는 3.8절에서 논의할 최소 지식 원칙을 위반하면서, 외부에 노출되면 안 되는 인터페이스를 노출시키게 되어, 클래스에서 구현 시 잘못 사용될 가능성이 높아진다.

이를 해결하기 위해 AbstractBird 클래스에서 날 수 있는 새를 뜻하는 AbstractFlyableBird 클래스와 날지 못하는 새를 뜻하는 AbstractUnFlyableBird 클래스로 세분화된 추상 클래스를 파생시키는 방법을 생각해볼 수 있다. 이제 참새나 까마귀처럼 날 수 있는 새는 AbstractFlyableBird 클래스를 상속하는 클래스로 정의되며, 타조, 펭귄처럼 날지 못하는 새는 AbstractUnFlyableBird 클래스를 상속하는 클래스로 정의되어 그림 2.7과 같은 구조를 가지게 된다. 이제 문제가 해결되었을까?

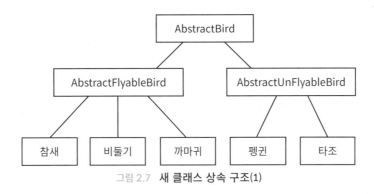

그림 2.7 **새 클래스 상속 구조(1)**

그림 2.7에서 알 수 있듯이 이제 상속 관계가 세 단계로 늘어난 것을 알 수 있다. 그러나 아직까지는 상속 관계가 비교적 단순하고 단계가 얕기 때문에 받아들일 수 있는 수준이다. 하지만 요구 사항은 새가 날 수 있는가를 판단하는 한 가지로 끝나지 않을 것이다. 만약 새가 노래를 부를 수 있는가에 대해서도 주의를 기울인다면 클래스의 상속 관계를 어떻게 설계해야 할까?

새가 날 수 있는지의 여부와 노래를 부를 수 있는지의 여부를 모두 판단하게 되면, 날 수도 있고 노래도 부를 수 있는 새, 날지 못하지만 노래는 부를 수 있는 새, 날 수 있지만 노래는 부르지 못하는 새, 날지 못하고 노래도 부르지 못하는 새의 네 가지 조합이 생기게 된다. 만약 앞의 설계 방식을 따른다면 기본적으로 `AbstractFlyableTweetableBird` 클래스, `AbstractFlyableUnTweetableBird` 클래스, `AbstractUnFlyableTweetableBird` 클래스, `AbstractUnFlyableUnTweetableBird` 클래스의 네 가지 추상 클래스를 더 정의해야 한다. 이제 상속 관계는 그림 2.8처럼 구성된다.

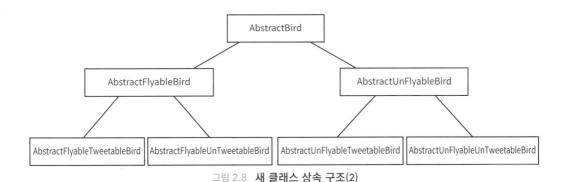

그림 2.8 **새 클래스 상속 구조(2)**

여기서부터 이미 뭔가 잘못되었다는 느낌이 들 것이다. 하지만 여기에 알을 낳는지 여부도 고려해야 한다면 조합의 수는 기하급수적으로 증가하게 된다. 다시 말해, 클래스의 상속 계층은 점점 더 깊어지고, 상속 관계는 점점 더 복잡해질 것이다. 이렇게 깊고 복잡한 상속 관계는 코드의 가독성을 극도로 떨어뜨리는데, 클래스에 포함된 메서드와 속성을 파악하려면 상위 클래스의 코드뿐만 아니라 상속을 거슬러 올라가 모든 상위 클래스를 파악해야 하기 때문이다. 또한 이는 상위 클래스의 구현 세부 정보를 하위 클래스에 노출하게 되므로 클래스의 캡슐화 특성을 깨뜨리는 문제도 발생한다. 이때 하위 클래스의 구현은 상위 클래스의 구현에 따라 달라진다. 다시 말해 상위 클래스와 하위 클래스는 밀접하게 결합되어 있기 때문에, 상위 클래스의 코드가 수정되면, 모든 하위 클래스에 영향을 미치게 된다.

간단히 말해서 상속의 가장 큰 문제는 상속 계층이 너무 깊고 상속 관계가 너무 복잡하기 때문에, 코드의 가독성과 유지 보수성에 영향을 미친다는 점이다. 그리고 이 문제점이 상속을 추천하지 않는 이유다. 그렇다면 위와 같은 경우 이 상속 문제를 어떻게 해결해야 할까? 이에 대한 답은 다음 2.9.2절에서 찾을 수 있을 것이다.

2.9.2 합성이 상속에 비해 나은 장점

앞에서 살펴봤던 상속 문제는 **합성**composition, **인터페이스**, **위임**delegation이라는 세 가지 기술적 방법을 통해 해결할 수 있다.

앞에서 인터페이스는 특정한 작업의 속성을 의미한다고 이야기했다. 다시 말해 '날아다닌다'는 기능에 대해 Flyable 인터페이스를 정의할 수 있으며, 날아다니는 새인 경우에만 이 인터페이스를 구현하도록 할 수 있다. 노래를 부르고, 알을 낳는 두 가지 작업 특성에 대해서도 비슷하게 각각 Tweetable 인터페이스와 EggLayable 인터페이스를 정의할 수 있다. 이러한 설계 방식을 적용한 Java 코드는 다음과 같다.

```
public interface Flyable {
  void fly();
}

public interface Tweetable {
  void tweet();
}

public interface EggLayable {
  void layEgg();
}

public class Ostrich implements Tweetable, EggLayable { // 타조 클래스
  // ...일부 속성과 메서드 생략...
```

```
  @Override
  public void tweet() { ... }

  @Override
  public void layEgg() { ... }
}

public class Sparrow impelents Flayable, Tweetable, EggLayable { // 참새 클래스
  // ...일부 속성과 메서드 생략...
  @Override
  public void fly() { ... }

  @Override
  public void tweet() { ... }

  @Override
  public void layEgg() { ... }
}
```

그러나 인터페이스는 메서드를 선언할 뿐 구현하지는 않는다. 즉, 알을 낳는 모든 새는 layEgg() 메서드를 구현해야 하는데, 대부분 구현 논리는 동일하기 때문에, 코드 중복 문제가 발생한다. 이러한 코드 중복 문제를 해결하려면 이 세 가지 인터페이스를 구현하는 클래스를 구현하는 방식으로 해결할 수 있다. 즉, fly() 메서드를 구현하는 FlyAbility 클래스, tweet() 메서드를 구현하는 TweetAbility 클래스, layEgg() 메서드를 구현하는 EggLayAbility 클래스를 구현한 다음, 합성이나 위임을 통해 코드 중복을 제거할 수 있다. 다음 예제 코드에서 구현 방법을 살펴볼 수 있다.

```
public interface Flyable {
  void fly();
}

public class FlyAbility implements Flyable {
  @Override
  public void fly() { ... }
}

// ...다음 코드 생략...
// - Tweetable 인터페이스
// - TweetAbility 클래스
// - EggLayable 인터페이스 구현
// - EggLayAbility 클래스 구현

public class Ostrich implements Tweetable, EggLayable {  // 타조 클래스
```

```
private TweetAbility tweetAbility = new TweetAbility();  // 합성
private EggLayAbility eggLayAbility = new EggLayAbility();  // 합성
 // ...일부 속성과 메서드 생략...

@Override
public void tweet() {
  tweetAbility.tweet(); // 위임
}

@Override
public void layEgg() {
  eggLayAbility.layEgg(); // 위임
}
}
```

상속에는 is-a 관계 표현, 다형성 지원, 코드 재사용이라는 세 가지 주요 기능이 있다는 것을 이미 알고 있을 것이다. 하지만 이 세 가지 기능은 굳이 상속을 사용하지 않더라도 다른 기술적 수단을 통해 대체할 수 있다. 예를 들어 is-a 관계는 합성과 인터페이스의 has-a 관계로 대체될 수 있고, 다형성은 인터페이스를 사용하여 달성될 수 있으며, 코드 재사용은 합성과 위임으로 목적을 달성할 수 있다. 이론적으로 합성, 인터페이스, 위임의 세 가지 기술 수단은 상속을 완전히 대체할 수 있다. 따라서 프로젝트에서 상속 관계, 특히 일부 복잡한 상속 관계를 사용하지 않거나 더 적게 사용할 수 있다.

2.9.3 합성을 사용할지 상속을 사용할지 결정하기

합성을 더 많이 사용하고 상속을 덜 사용하도록 권장하지만, 합성이 언제나 완벽하게 동작하는 것은 아니며, 상속이 항상 쓸모없는 것도 아니다. 앞의 예제를 합성 기반으로 다시 작성하는 것은 세분화된 분할을 의미하는데, 다시 말해 더 많은 클래스와 인터페이스를 정의해야 한다는 뜻이기도 하다. 클래스와 인터페이스의 수는 코드의 복잡성과 유지 관리 비용을 증가시킨다. 따라서 실제 프로젝트 개발에서는 상황에 따라 상속을 사용할 것인지 합성을 사용할 것인지 선택해야 한다.

클래스 간의 상속 구조가 안정적이어서 쉽게 변경되지 않고 상속 단계가 2단계 이하로 비교적 얕아 상속 관계가 복잡하지 않다면 과감하게 상속을 사용할 수 있다. 반대로 시스템이 불안정하고 상속 계층이 깊고 상속 관계가 복잡하면 상속 대신 합성을 사용해야 한다.

하지만 일부 특수한 시나리오에서는 상속을 사용해야 하는 경우가 있다. 함수의 입력 매개변수 유형을 변경할 수 없고 입력 매개변수가 인터페이스가 아닌 경우 상속을 사용해야만 다형성을 지원

할 수 있다. 예를 들어 다음 예제 코드에서 FeignClient 클래스는 외부 클래스로 코드를 직접 수정할 수는 없지만, 이 클래스에서 실행되는 encode() 함수를 재정의하여 다른 기능을 구현하고자 한다면 현재로서는 상속을 통해서만 이 목적을 달성할 수 있다.

```java
public class FeignClient {  // Feign Client 프레임 코드
  // ...일부 코드 생략...
  public void encode(String url) { ... }
}

public class CustomizedFeignClient extends FeignClient {
  @Override
  public void encode(String url) {
    // ...중복되는 encode() 구현 코드 생략...
  }
}

public void demofunction(FeignClient feignClient) {
  // ...일부 코드 생략...
  feignClient.encode(url);
  // ...일부 코드 생략...
}

// 사용하기
FeignClient client = new CustomizedFeignClient();
demofunction(client);
```

더 많은 합성, 더 적은 상속을 권장하는 이유는 의외로 오랫동안 많은 프로그래머가 상속을 남용했기 때문이다. 다시 말하지만, 합성은 완벽하지 않으며 상속이 항상 쓸모없는 것도 아니다. 따라서 부작용을 잘 다독여서 각각의 장점을 최대한 활용하고, 다양한 상황에서 상속이나 합성을 적절하게 선택하는 것이 우리가 추구해야 할 방향일 것이다.

2.9.4 생각해보기

MVC 아키텍처를 기반으로 웹 애플리케이션을 개발할 때 종종 저장소 계층에서 Entity, 서비스 비즈니스 계층에서 BO, 컨트롤러 인터페이스 계층에서 VO를 정의한다. 대부분의 경우 Entity, BO, VO의 코드는 많이 반복되지만 그렇다고 동일하지는 않다. 그렇다면 Entity, BO, VO의 코드 중복 문제를 처리하는 방법에는 어떤 것이 있을까?

3

설계 원칙

2장에서 객체지향에 대한 기본적인 내용을 알아보았다면, 3장에서는 SOLID, KISS, YAGNI, DRY, LoD와 같은 고전적인 설계 원칙 몇 가지를 소개한다. 이러한 설계 원칙에 대해 **이해**하는 것도 중요하지만, 그보다는 실제 프로젝트에서 **사용하는 방법**을 정확하게 알고 있어야 한다. 설계 원칙에 대한 이해가 충분하지 않으면, 불필요하게 독단적이고 엄격한 사용으로 이어져 결국 역효과를 낳을 것이다. 따라서 이 장에서는 설계 원칙의 정의를 살펴보고, 각 원칙의 원래 의도가 무엇이며, 어떻게 사용하는지에 대해 알아보기로 한다.

3.1 단일 책임 원칙

도입문에서 설계 원칙 중 하나로 **SOLID 원칙**을 들었다. 사실, SOLID 원칙은 하나의 단일 설계 원칙이 아니라 단일 책임 원칙, 개방 폐쇄 원칙, 리스코프 치환 원칙, 인터페이스 분리 원칙, 의존 역전 원칙의 5가지 설계 원칙의 앞 글자를 따서 일컫는 용어다. 이번 절에서는 SOLID 원칙의 첫 번째 항목인 단일 책임 원칙에 대해 알아보자.

3.1.1 단일 책임 원칙의 정의 및 해석

단일 책임 원칙single responsibility principle, SRP이란 클래스와 모듈module은 하나의 책임 또는 기능만을 가지고 있어야 한다[1]는 설계 원칙이다.

1 　원문은 다음과 같다. A class or module should have a single responsibility.

주의할 점은 단일 책임 원칙이 설명하는 대상에는 클래스와 모듈이라는 두 가지 종류가 있다는 점이다. 이 두 가지 개념에 대해 두 가지 이해 방식이 있다. 첫 번째 방식은 모듈을 클래스보다 더 추상적인 개념으로 간주하고 클래스를 일종의 모듈로 간주하는 것이며, 두 번째 방식은 모듈을 좀 더 포괄적인 범위의 대상으로 놓고, 여러 클래스가 하나의 모듈을 구성한다고 간주하는 것이다.

단일 책임 원칙을 어떤 방식으로 이해하든, 클래스와 모듈에 적용할 때는 서로 의미가 동일하다. 여기에서는 **클래스** 설계 관점에서 단일 책임 원칙을 적용하는 방법을 이야기하지만, **모듈**에 적용할 경우에도 충분히 쉽게 이해할 수 있다.

단일 책임 원칙은 클래스가 하나의 책임이나 기능만을 담당한다는 것을 의미한다. 즉, 거대하고 포괄적인 클래스를 설계하는 대신, 작은 단위와 단일 기능을 가진 클래스를 설계해야 한다. 다시 말해, 클래스에 비즈니스와 관련 없는 기능이 두 개 이상 포함되어 있으면 책임이 단일하지 않으므로, 단일 기능을 가진 여러 개의 작은 클래스로 분할되어야 한다고 생각할 수 있다.

예를 들어 어떤 클래스에 주문 관련 코드와 사용자 관련 코드가 모두 포함되어 있다고 하자. 주문과 사용자는 두 개의 독립적인 비즈니스 도메인 모델이며, 관련이 없는 두 기능을 동일한 클래스에 넣는 것은 단일 책임 원칙에 위배된다. 단일 책임 원칙을 충족하기 위해 이 클래스를 더 작게 세분화하여 단일 기능을 가진 두 개의 클래스인 주문 클래스와 사용자 클래스로 분할해야 한다.

3.1.2 클래스에 단일 책임이 있는지 판단하는 방법

3.1.1절에서 예로 든 클래스는 간단하기 때문에 주문 관련 기능이 사용자와 관련 없다는 것은 바로 알 수 있다. 그러나 대부분의 경우 클래스의 메서드가 동일한 유형의 함수로 분류되는지, 아니면 관련 없는 두 개의 함수로 분류되는지를 판별하는 것은 쉽지 않기 때문에, 실제 소프트웨어 개발에서 클래스에 단일 책임이 있는지를 판별하기란 쉬운 일이 아니다. 여기에서는 클래스의 책임이 단일한지 아닌지를 설명하기 위해 실제 개발에 가까운 예제를 사용할 것이다.

어떤 소셜 네트워크 제품에서는 `UserInfo` 클래스를 사용하여 사용자 정보를 기록하는데, 과연 `UserInfo` 클래스의 설계가 단일 책임 원칙을 충족할까?

```
public class UserInfo {
  private long userId;
  private String username;
  private String email;
```

```
    private String telephone;
    private long createTime;
    private long lastLoginTime;
    private String avatarUrl;
    private String provinceOfAddress; // 도
    private String cityOfAddress; // 시
    private String regionOfAddress; // 구
    private String detailedAddress; // 상세 주소
    // 일부 속성과 메서드 생략
}
```

이 질문에 대해 크게 두 가지 다른 견해가 있을 수 있다. UserInfo 클래스에는 사용자와 관련된 정보가 포함되어 있고 모든 속성과 메서드가 사용자와 같은 비즈니스 모델에 속해 있어 단일 책임 원칙을 만족한다는 관점과, UserInfo 클래스에서 주소 정보의 비율이 상대적으로 높기 때문에 주소 정보를 독립적인 UserAddress 클래스로 분할할 수 있으며 UserInfo 클래스는 주소 정보를 제외한 다른 정보만 보유하도록 하여 두 클래스의 책임을 단일화할 수 있다는 관점이다.

그렇다면 이 두 가지 관점 중 어느 견해가 더 타당할까? 사실 어느 한쪽을 선택하려면 시나리오를 살펴볼 필요가 있다. 만약 이 소셜 네트워크 제품에서 사용자의 주소 정보가 다른 사용자 정보와 동일하게 정보 표시에만 사용되며, 다른 정보와 함께 사용된다면 UserInfo 클래스의 현재 설계가 합리적이라고 할 수 있다. 그러나 이 소셜 네트워크 상품이 발전하여 전자 상거래 기능 모듈이 제품에 추가되면 사용자의 주소 정보는 표시를 위해 사용될 뿐만 아니라 전자 상거래의 물류에 독립적으로 적용될 가능성이 생긴다. 이 경우에는 주소 정보를 UserInfo 클래스에서 분리해 독립적인 물류 배송 정보로 구축하는 것이 좋다.

생각을 조금 더 넓혀서 이 소셜 네트워크 제품을 개발한 회사가 성장해 더 많은 제품을 개발할 수도 있다. 이때 회사의 모든 제품이 통합 계정 시스템을 지원하기를 원할 것이다. 이 경우에는 계속해서 UserInfo 클래스를 분할해서 본인 인증과 관련된 email, telephone과 같은 속성을 별도의 클래스로 추출해야 할 것이다.

이런 예를 통해 동일한 클래스라 할지라도 다른 응용 시나리오나 다른 단계의 요구 사항에 따라 클래스의 책임이 단일한지 아닌지를 판단하는 것이 다를 수 있다는 점을 알 수 있다. 특정 응용 시나리오 또는 현재 요구 사항을 기준으로 할 때는 클래스의 설계가 단일 책임 원칙을 만족할 수 있지만, 응용 시나리오를 변경하거나 요구 사항이 이후 달라질 경우에는 해당 클래스의 설계가 단일 책임 원칙을 충족하지 못할 수 있으므로 계속해서 더 작은 클래스로 분할해야 한다.

이 밖에도 다른 비즈니스 수준에서 동일한 클래스의 설계를 보는 관점에 따라 해당 클래스에 단일 책임이 있는지를 판단한 결과가 다를 수 있다. 위의 예제에서 UserInfo 클래스의 경우, UserInfo 클래스에 포함된 정보가 **사용자** 비즈니스 수준의 관점에서는 모두 사용자의 정보이므로 단일 책임 원칙이 충족될 것이고, **사용자 표시 정보, 주소 정보, 로그인 인증 정보**처럼 더 세분화된 비즈니스 수준에서는 UserInfo 클래스는 단일 책임 원칙을 충족하지 않으며 계속 분할해야 하는 대상이 된다.

요약하면, 클래스에 단일 책임이 있는지를 평가하기 위한 명확하고 정량화할 수 있는 표준은 존재하지 않는다. 실제로 소프트웨어를 개발할 때는 과도하게 너무 세분화하여 설계할 필요는 없다. 처음에는 현재 비즈니스 요구 사항을 충족하기 위해 거친 형태의 클래스를 작성할 수 있다. 하지만 사업이 발전하면서 클래스에 기능이 점점 추가되고, 코드가 점점 더 복잡해지면서 거대해진 클래스를 여러 개의 세분화된 클래스로 나눌 수 있을 것이다.

단일 책임 여부를 결정하기 위해 사용되는 몇 가지 결정 원칙을 정리하면 다음과 같다.

1) 클래스에 코드, 함수 또는 속성이 너무 많아 코드의 가독성과 유지 보수성에 영향을 미치는 경우 클래스 분할을 고려해야 한다.

2) 클래스가 너무 과하게 다른 클래스에 의존한다면, 높은 응집도와 낮은 결합도의 코드 설계 사상에 부합하지 않으므로 클래스 분할을 고려해야 한다.

3) 클래스에 private 메서드가 너무 많은 경우 이 private 메서드를 새로운 클래스로 분리하고 더 많은 클래스에서 사용할 수 있도록 public 메서드로 설정하여 코드의 재사용성을 향상시켜야 한다.

4) 클래스의 이름을 비즈니스적으로 정확하게 지정하기 어렵거나 Manager, Context처럼 일반적인 단어가 아니면 클래스의 이름을 정의하기 어려울 경우, 클래스 책임 정의가 충분히 명확하지 않음을 의미할 수 있다.

5) UserInfo 클래스의 많은 메서드가 주소를 위해서만 구현된 앞의 예시처럼 클래스의 많은 메서드가 여러 속성 중 일부에서만 작동하는 경우 이러한 속성과 해당 메서드를 분할하는 것을 고려할 수 있다.

3.1.3 클래스의 책임이 가능한 한 자세하게 설명되어 있는지 여부

그렇다면 단일 책임 원칙을 충족하려면 클래스를 최대한 작게 나누는 것이 좋을까? 사실 꼭 그렇지는 않다. 다음은 간단한 프로토콜의 직렬화 및 역직렬화 기능을 구현한 Serialization 클래스인데, 다음 예제 코드를 보면서 살펴보기로 하자.

```java
/**
 * Protocol format: identifier-string;{gson string}
 * For example: UEUEUE;{"a":"A","b":"B"}
 */
public class Serialization {
  private static final String IDENTIFIER_STRING = "UEUEUE;";
  private Gson gson;

  public Serialization() {
    this.gson = new Gson();
  }

  public String serialize(Map<String, String> object) {
    StringBuilder textBuilder = new StringBuilder();
    textBuilder.append(IDENTIFIER_STRING);
    textBuilder.append(gson.toJson(object));
    return textBuilder.toString();
  }

  public Map<String, String> deserialize(String text) {
    if (!text.startsWith(IDENTIFIER_STRING)) {
        return Collections.emptyMap();
    }
    String gsonStr = text.substring(IDENTIFIER_STRING.length());
    return gson.fromJson(gsonStr, Map.class);
  }
}
```

여기서 Serialization 클래스의 책임을 더 세분화하려면 직렬화를 담당하는 Serializer 클래스와 역직렬화를 담당하는 Deserializer 클래스로 나눌 수 있다. 그 결과는 다음과 같다.

```java
public class Serializer {
  private static final String IDENTIFIER_STRING = "UEUEUE;";
  private Gson gson;

  public Serializer() {
    this.gson = new Gson();
```

```
    }

    public String serialize(Map<String, String> object) {
        StringBuilder textBuilder = new StringBuilder();
        textBuilder.append(IDENTIFIER_STRING);
        textBuilder.append(gson.toJson(object));
        return textBuilder.toString();
    }
}

public class Deserializer {
    private static final String IDENTIFIER_STRING = "UEUEUE;";
    private Gson gson;

    public Deserializer() {
        this.gson = new Gson();
    }

    public Map<String, String> deserialize(String text) {
        if (!text.startsWith(IDENTIFIER_STRING)) {
            return Collections.emptyMap();
        }
        String gsonStr = text.substring(IDENTIFIER_STRING.length());
        return gson.fromJson(gsonStr, Map.class);
    }
}
```

분할 결과, Serializer 클래스와 Deserializer 클래스의 책임은 단일화되지만 새로운 문제가 발생한다. 만약 데이터 식별자를 "UEUEUE;"에서 "DFDFDF;"로 변경하거나 직렬화 메서드를 JSON에서 XML로 변경하는 등, 프로토콜 형식을 수정하면 Serializer 클래스와 Deserializer 클래스가 함께 수정되어야 하지만 코드의 응집력은 이전만큼 높지 않다는 것이 확실하다. 만약 Serializer 클래스의 프로토콜을 수정한 후, Deserializer 클래스의 코드를 수정하는 것을 잊어버리면 직렬화와 역직렬화가 어긋나면서 잘못된 결과를 가져온다. 다시 말해, 클래스 분할로 인해 코드의 유지 보수성이 극히 낮아지는 결과를 초래할 수 있다는 것이다.

사실 설계 원칙을 적용하든 디자인 패턴을 적용하든 그 목표는 코드의 가독성, 확장성, 재사용성, 유지 보수성을 향상시키는 것이다. 어떤 설계 원칙을 적용하는 것이 타당한지를 판단할 때 이를 최종 평가 기준으로 삼을 수 있을 것이다.

클래스 설계 외에 단일 책임 원칙을 적용할 수 있는 설계에는 어떤 것들이 있는지 생각해보자.

3.2 개방 폐쇄 원칙

이번 절에서는 SOLID 원칙 중 두 번째 원칙인 **개방 폐쇄 원칙**open-closed principle, OCP에 대해 살펴보자. 이 원칙은 **확장할 때는 개방, 수정할 때는 폐쇄** 원칙으로도 불리는데, 개방 폐쇄 원칙은 SOLID 원칙 중에서도 가장 이해하기 어렵고, 마스터하기 어려우면서도 가장 유용한 원칙이기도 하다.

개방 폐쇄 원칙을 이해하기 어려운 이유는 코드를 변경할 때 그 결과를 **확장**으로 보아야 하는지, **수정**으로 보아야 하는지 명확하게 구분하기 어렵기 때문이다. 결과적으로 개방 폐쇄 원칙을 충족하는지 또는 그에 위배되는지도 판단이 어려워지며, 코드를 수정하기만 해도 개방 폐쇄 원칙에 위배되는 경우에 속해 이해하기 어려운 면이 있다.

개방 폐쇄 원칙이 숙달하기에 어렵다고 말하는 이유는 '확장할 때는 개방, 수정할 때는 폐쇄'라는 개념을 어떻게 달성할 것인지, 높은 확장성을 추구하면서 코드의 가독성에 영향을 미치지 않도록 이 원칙을 프로젝트에 어떻게 유연하게 적용할 것인지와 같은 문제는 대체로 이해하기 어려운 문제에 속하기 때문이다.

개방 폐쇄 원칙은 확장성이 코드 품질의 중요한 척도이기 때문에 가장 유용하다. 고전적인 디자인 패턴 22개 중 대부분은 코드 확장성 문제를 해결하기 위해 고안되었고, 이 패턴들의 중요한 설계 원칙이 바로 개방 폐쇄 원칙이다.

3.2.1 확장할 때는 개방, 수정할 때는 폐쇄

개방 폐쇄 원칙을 정확하게 설명하면 다음과 같다. 모듈, 클래스, 함수와 같은 소프트웨어의 단위들은 확장을 위해 개방되어야 하지만 수정을 위해서는 폐쇄되어야 한다. 다시 말해 새로운 기능을 추가할 때 기존의 모듈, 클래스, 함수를 수정하기보다는 기존 코드를 기반으로 모듈, 클래스, 함수 등을 추가하는 방식으로 코드를 확장해야 한다는 뜻이다.

예제를 통해 개방 폐쇄 원칙을 좀 더 깊게 이해해보자.

다음 코드는 API 모니터링 경고 알림을 위한 코드다. AlertRule 클래스는 경고 알림 규칙을 저장하고, Notification 클래스는 이메일이나 SMS와 같은 다양한 알림 채널을 지원하는 경고 알림을 담당하며, NotificationEmergencyLevel 클래스는 SEVERE(심각), URGENCY(긴급), NORMAL(정상), TRIVIAL(관련 없음) 같이 경고 알림의 긴급한 정도를 지정한다. 이때 긴급한 정도의 차이에 따라 알림이 발송되는 채널이 달라질 수 있다.

```java
public class Alert {
  private AlertRule rule;
  private Notification notification;

  public Alert(AlertRule rule, Notification notification) {
    this.rule = rule;
    this.notification = notification;
  }

  public void check(String api, long requestCount, long errorCount, long duration) {
    long tps = requestCount / duration;
    if (tps > rule.getMatchedRule(api).getMaxTps()) {
      notification.notify(NotificationEmergencyLevel.URGENCY, "...");
    }

    if (errorCount > rule.getMatchedRule(api).getMaxErrorCount()) {
      notification.notify(NotificationEmergencyLevel.SEVERE, "...");
    }
  }
}
```

위 예제 코드의 비즈니스 논리는 주로 check() 함수에 집중되어 있다. 인터페이스의 초당 트랜잭션 수가 미리 설정한 최댓값을 초과하거나 인터페이스 요청 오류 수가 최대 허용치를 초과하는 경우 경고가 발생하며, 이를 해당 인터페이스 담당자 또는 팀에 알리게 된다.

만약 이때 '초당 인터페이스 요청 횟수가 미리 설정된 최댓값을 초과할 경우, 경고 알림이 설정되며 통지가 발송된다'라는 새로운 경고 알림 규칙을 추가해야 한다면 코드를 어떻게 수정하는 것이 좋을까? 수정해야 할 코드는 크게 두 부분으로 나눌 수 있다. 첫 번째는 check() 함수의 입력 매개변수를 수정하여, 인터페이스 요청 타임아웃 수치를 나타내는 새로운 timeoutCount 값을 추가하는 것이고, 두 번째는 check() 함수에 새로운 경고 알림 논리를 추가하는 것이다. 수정된 코드는 다음과 같다.

```
public class Alert {
  // ...AlertRule/Notification 클래스의 속성과 구조, 기능 구현 생략...

  // 변경 1: 매개변수 timeoutCount 추가
  public void check(String api, long requestCount, long errorCount, long timeoutCount,
                    long duration) {
    long tps = requestCount / duration;
    if (tps > rule.getMatchedRule(api).getMaxTps()) {
      notification.notify(NotificationEmergencyLevel.URGENCY, "...");
    }

    if (errorCount > rule.getMatchedRule(api).getMaxErrorCount()) {
      notification.notify(NotificationEmergencyLevel.SEVERE, "...");
    }

    // 변경 2: 인터페이스 요청 타임아웃 처리 추가
    long timeoutTps = timeoutCount / duration;
    if (timeoutTps > rule.getMatchedRule(api).getMaxTimeoutTps()) {
      notification.notify(NotificationEmergencyLevel.URGENCY, "...");
    }
  }
}
```

그런데 이렇게 코드를 수정하게 되면 두 가지 문제가 뒤따른다. 첫 번째 문제는 인터페이스 자체를 수정하면 인터페이스를 호출하는 코드도 모두 그에 따라 수정된다는 점이다. 두 번째 문제는 check() 함수가 수정되면 해당 함수에 대한 단위 테스트 역시 수정된다는 점이다.

이 예제는 코드 자체를 수정하는 방법으로 문제를 해결하고자 시도했다. 만약 개방 폐쇄 원칙, 즉 확장할 때는 개방, 수정할 때는 폐쇄라는 원칙을 따르기 위해 확장하는 방법에는 어떤 것이 있을까?

먼저 새로운 경고 알림을 추가하기 전에 Alert 클래스의 코드를 리팩터링하여 확장성을 높인다. 리팩터링은 크게 두 부분으로 구성되는데, 먼저 check() 함수의 여러 입력 매개변수를 ApiStatInfo 클래스로 캡슐화하는 것이고, 두 번째 부분은 핸들러를 도입하여 if 판단 논리를 각 핸들러로 분배하는 것이다. 이를 구현한 코드는 다음과 같다.

```
public class Alert {
  private List<AlertHandler> alertHandlers = new ArrayList<>();

  public void addAlertHandler(AlertHandler alertHandler) {
    this.alertHandlers.add(alertHandler);
  }
```

```java
  public void check(ApiStatInfo apiStatInfo) {
    for (AlertHandler handler : alertHandlers) {
      handler.check(apiStatInfo);
    }
  }
}

public class ApiStatInfo { // 생성자, getter, setter 메서드 생략
  private String api;
  private long requestCount;
  private long errorCount;
  private long duration;
}

public abstract class AlertHandler {
  protected AlertRule rule;
  protected Notification notification;

  public AlertHandler(AlertRule rule, Notification notification) {
    this.rule = rule;
    this.notification = notification;
  }

  public abstract void check(ApiStatInfo apiStatInfo);
}

public class TpsAlertHandler extends AlertHandler {
  public TpsAlertHandler(AlertRule rule, Notification notification) {
    super(rule, notification);
  }

  @Override
  public void check(ApiStatInfo apiStatInfo) {
    long tps = apiStatInfo.getRequestCount() / apiStatInfo.getDuration();
    if (tps > rule.getMatchedRule(apiStatInfo.getApi()).getMaxTps()) {
      notification.notify(NotificationEmergencyLevel.URGENCY, "...");
    }
  }
}

public class ErrorAlertHandler extends AlertHandler {
  public ErrorAlertHandler(AlertRule rule, Notification notification) {
    super(rule, notification);
  }

  @Override
  public void check(ApiStatInfo apiStatInfo) {
    if (apiStatInfo.getErrorCount() >
```

```
      rule.getMatchedRule(apiStatInfo.getApi()).getMaxErrorCount()) {
        notification.notify(NotificationEmergencyLevel.SEVERE, "...");
      }
    }
  }
```

이어서 리팩터링된 Alert 클래스의 구체적인 사용 방법을 예제 코드를 통해 살펴보자. 다음 코드에서 ApplicationContext 클래스는 Alert 클래스의 생성, alertRule과 알림의 의존성 주입을 담당하는 어셈블리, 핸들러 추가 등의 초기화를 담당하는 싱글턴 클래스다.

```
public class ApplicationContext {
  private AlertRule alertRule;
  private Notification notification;
  private Alert alert;

  public void initializeBeans() {
    alertRule = new AlertRule(/* 매개변수 생략 */);  // 초기화 코드 생략
    notification = new Notification(/* 매개변수 생략 */);  // 초기화 코드 생략
    alert = new Alert();
    alert.addAlertHandler(new TpsAlertHandler(alertRule, notification));
    alert.addAlertHandler(new ErrorAlertHandler(alertRule, notification));
  }

  public Alert getAlert() { return alert; }

  // 빈약한 도메인 기반의 싱글턴
  private static final ApplicationContext instance = new ApplicationContext();
  private ApplicationContext() {
    initializeBeans();
  }

  public static ApplicationContext getInstance() {
    return instance;
  }
}

public class Demo {
  public static void main(String[] args) {
    ApiStatInfo apiStatInfo = new ApiStatInfo();
    // ...apiStatInfo 데이터 값 설정 코드 생략...
    ApplicationContext.getInstance().getAlert().check(apiStatInfo);
  }
}
```

이렇게 리팩터링된 코드를 기반으로 앞의 경우와 같이 '초당 인터페이스 요청 횟수가 미리 설정된 최댓값을 초과할 경우, 경고 알림이 설정되며 통지가 발송된다'는 규칙을 적용하려면 어떻게 해야 할까? 기본적으로 다음과 같이 네 부분을 변경해야 한다.

1) ApiStatInfo 클래스에 새로운 timeoutCount 속성을 추가한다.

2) 새로운 핸들러인 TimeoutAlertHander 클래스를 추가한다.

3) ApplicationContext 클래스의 initializeBeans() 메서드에 alert 객체를 대상으로 Timeout AlertHandler를 등록한다.

4) Alert 클래스를 사용할 때 check() 함수의 입력 매개변수 apiStatInfo 객체에 대한 timeout Count 속성값을 설정한다.

수정된 코드는 다음과 같다.

```java
public class Alert { // 코드 변경 없음 }

public class ApiStatInfo {  // 생성자, getter, setter 메서드 생략
  private String api;
  private long requestCount;
  private long errorCount;
  private long duration;
  private long timeoutCount;  // 변경 1: timeoutCount 속성 추가
}

public abstract class AlertHandler {  // 코드 변경 없음 }
public class TpsAlertHandler extends AlertHandler {  // 코드 변경 없음 }
public class ErrorAlertHandler extends AlertHandler {  // 코드 변경 없음 }
// 변경 2: TimeoutAlertHander 클래스 추가
public class TimeoutAlertHandler extends AlertHandler {  // 코드 생략 }

public class ApplicationContext {
  private AlertRule alertRule;
  private Notification notification;
  private Alert alert;

  public void initializeBeans() {
    alertRule = new AlertRule(/* 매개변수 생략 */); // 초기화 코드 생략
    notification = new Notification(/* 매개변수 생략 */); // 초기화 코드 생략
    alert = new Alert();
    alert.addAlertHandler(new TpsAlertHandler(alertRule, notification));
    alert.addAlertHandler(new ErrorAlertHandler(alertRule, notification));
    // 변경 3: alert 객체에 TimeoutAlertHandler 등록
```

```
      alert.addAlertHandler(new TimeoutAlertHandler(alertRule, notification));
  }
  // ...변경되지 않은 코드 생략...
}

public class Demo {
  public static void main(String[] args) {
    ApiStatInfo apiStatInfo = new ApiStatInfo();
    // ...apiStatInfo에 대한 필드 설정 코드 생략...
    apiStatInfo.setTimeoutCount(289);  // 변경 4: timeoutCount 값 설정
    ApplicationContext.getInstance().getAlert().check(apiStatInfo);
  }
}
```

이와 같이 리팩터링된 코드는 더 유연하고 확장하기 쉽다는 것을 한눈에 알 수 있다. 새 경고 알림을 추가하기 위해 굳이 check() 메서드를 변경할 필요 없이 확장 메서드에 기반한 새로운 핸들러 클래스를 생성하기만 하면 된다. 또한 기존의 클래스에 대한 단위 테스트를 매번 수정할 필요 없이 새로 추가된 핸들러 클래스에 대한 테스트를 추가하는 것으로 충분하다.

3.2.2 코드를 수정하는 것은 개방 폐쇄 원칙을 위반하는 것일까?

그런데 위의 예제가 리팩터링된 코드를 기반으로 변경되었음에도 여전히 새 경고 알림을 추가하기 위해 코드 자체가 수정되고 있기 때문에 의구심을 가질 수 있을 것이다. 예를 들어 새 경고 알림을 추가할 때 TimeoutAlertHander 클래스를 추가하는 작업을 제외한 나머지 작업은 여전히 기존 코드를 수정하고 있기 때문이다. 그렇다면 이 코드 수정은 과연 개방 폐쇄 원칙을 위반한 것으로 봐야 할까?

먼저 첫 번째 변경 사항을 분석해보자. 여기서는 timeoutCount 속성을 ApiStatInfo 클래스에 추가했었다. 변경 사항에는 ApiStatInfo 클래스에 새 속성을 추가한 것뿐만 아니라 getter 메서드와 setter 메서드의 추가도 포함되어 있다. 따라서 질문은 다음과 같이 바뀌게 된다. "클래스에 새 속성과 메서드를 추가하는 것은 **수정**에 해당하는가 아니면 **확장**에 해당하는가?"

앞에서 언급했던 개방 폐쇄 원칙의 정의를 다시 상기해보자. 모듈, 클래스, 함수와 같은 소프트웨어의 단위들은 확장을 위해 개방되어야 하지만 수정을 위해서는 폐쇄되어야 한다. 이처럼 개방 폐쇄 원칙이 적용되는 객체는 모듈, 클래스, 메서드, 속성과 같이 다양한 단위의 코드일 수 있다. 같은 코드 변경 사항에 대해 코드 단위를 크게 잡으면 수정으로 간주될 수 있지만, 세세한 코드 단

위를 기준으로 할 경우 확장으로 간주될 수 있다. 첫 번째 변경 사항을 다시 살펴보면, 속성과 메서드가 추가되었기 때문에 분명히 클래스가 수정되었다고 할 수 있다. 따라서 클래스 입장에서 보면 이 변경 사항들은 수정으로 간주될 수 있다. 하지만 이 변경 사항이 기존의 속성을 변경하거나 메서드를 수정하지 않았기 때문에 속성이나 메서드 입장에서 보면 확장으로 간주될 수 있다.

사실 여기서 코드를 수정하는 작업이 개방 폐쇄 원칙을 위반하는지 여부를 걱정할 필요가 없을뿐더러 이 코드가 수정에 해당하는지 또는 확장에 해당하는지조차도 고민할 필요가 없다. 개방 폐쇄 원칙의 기본적인 목적을 다시 떠올려보면, 코드의 수정이 기존에 작성되었던 코드와 단위 테스트를 깨뜨리지 않는 한, 이는 개방 폐쇄 원칙을 위반하지 않는다고 판단해도 무방하기 때문이다.

그렇다면 세 번째와 네 번째 변경 사항도 살펴보자. 여기에서는 `ApplicationContext` 클래스의 `initializeBeans()` 메서드에서 `alert` 객체에 `TimeoutAlertHandler`를 등록하고, `Alert` 클래스를 사용할 때 `check()` 함수의 `apiStatInfo` 객체에 `timeoutCount` 속성값을 설정했다.

이 변경 사항은 기본적으로 메서드 단위 내에서 변경이 이루어지기 때문에 확장이 아닌 수정으로 간주된다. 그러나 이와 같은 수정은 불가피하며 개방 폐쇄 원칙에서도 허용된다. 왜 그런지 알아보자.

리팩터링된 `Alert` 클래스 코드에서 핵심 논리는 `Alert` 클래스와 다양한 핸들러 클래스에 집중되어 있다. 실제로 새 경고 알림을 추가할 때 `Alert` 클래스의 논리를 수정할 필요가 없으며, 새로운 기능이 담긴 핸들러 클래스만 추가하면 된다. 따라서 `Alert` 클래스와 그 핸들러 클래스를 **모듈**로 간주하면 모듈 수준에서 새 기능을 추가하기 위해 논리를 수정할 필요 없이 확장만 이루어진 것이라고 볼 수 있으며, 이는 개방 폐쇄 원칙을 완전히 충족하는 것이다.

새로운 기능을 추가할 때 소프트웨어 단위에 해당하는 모듈, 클래스, 메서드의 코드를 전혀 수정하지 않는 것은 불가능하다는 것을 인지해야 한다. 실행 가능한 프로그램을 빌드하려면 클래스를 생성하고 조합해야 하며, 일부 초기화 작업을 수행해야 하기 때문에 이 부분에 해당하는 코드 수정은 불가피하다. 따라서 우리는 수정을 아예 안 하는 것이 아니라 수정을 가능한 한 상위 수준의 코드에서 진행하고, 코드의 핵심 부분이나 복잡한 부분, 공통 코드나 기반 코드가 개방 폐쇄 원칙을 충족하는 방향으로 노력해야 한다.

3.2.3 확장할 때는 개방, 수정할 때는 폐쇄를 달성하는 방법

앞의 `Alert` 클래스 예제에서는 핸들러 클래스 시스템을 도입하여 개방 폐쇄 원칙을 충족하는 코드를 작성할 수 있었다. 하지만 복잡한 코드를 설계하고 개발한 경험이 많지 않은 경우 이러한 코드 설계 사상을 떠올리기가 쉽지 않을 수 있다.

사실 이런 설계 사상을 떠올리려면 여유를 가지고 천천히 학습한 다음, 그 결과로 축적되는 탄탄한 이론적 지식과 풍부한 실무 경험이 필요하다. 하지만 무턱대고 지식과 경험을 쌓을 수는 없으니, 여기서 확장할 때는 개방, 수정할 때는 폐쇄하는 방법에 대해 몇 가지 가이드라인과 구체적인 방법을 소개해보겠다.

개방 폐쇄 원칙은 코드의 확장성 문제라고도 볼 수 있는데, 이는 코드가 확장하기 쉬운지를 판단하는 표준에 해당한다. 추후 변경되는 요구 사항에 대응할 때 코드가 확장할 때는 개방, 수정할 때는 폐쇄될 수 있다면 해당 코드의 확장성이 매우 뛰어나다는 것을 의미한다.

확장 가능한 코드를 작성하려면 확장, 추상화, 캡슐화에 대해 인식하고 있는 것이 매우 중요하며, 이는 개발 기술 자체보다 훨씬 더 중요할 수 있다.

코드를 작성할 때 현재 코드에 앞으로 요구 사항이 추가될 가능성이 있는지 판단하는 데 더 많은 시간을 할애할 필요가 있다. 코드 구조를 미리 설계해 확장 가능하도록 미리 구성하면, 추후 요구 사항이 변경되더라도 코드의 전체 구조를 변경할 필요 없이 새로운 코드가 유연하게 추가되며, 코드의 수정을 최소화하면서 요구 사항을 만족시킬 수 있다.

또한 코드의 변경 가능한 부분과 변경할 수 없는 부분을 잘 식별해야 한다. 변경되는 사항을 기존 코드와 분리할 수 있도록 변수 부분을 캡슐화하고, 상위 시스템에서 사용되는 변경되지 않을 추상 인터페이스를 제공해야 한다. 이 구조에서는 특정 구현이 변경되어도 추상 인터페이스를 기반으로 새로운 구현을 확장하여 기존 구현을 대체할 수 있으며, 상위 시스템의 코드를 수정할 필요가 없다.

코드를 작성할 때, 확장, 추상, 캡슐화에 대해 인식하기 위해 필요한 시간 외에도, 개방 폐쇄 원칙을 실현하기 위해 사용할 수 있는 구체적인 방법이 몇 가지 존재한다.

코드의 확장성은 코드의 품질을 판단하는 중요한 기준이다. 이 책에 포함된 내용 대부분은 코드의 확장성을 향상시키는 방법에 대해 설명하고 있으며, 이 책에서 언급하는 대부분의 설계 원칙과 디자인 패턴은 코드의 확장성을 향상시키는 데 목적을 두고 있다. 고전적인 디자인 패턴 22개 중 대부분은 코드 확장성의 문제를 해결하기 위한 것이며, 따라서 설계 자체가 개방 폐쇄 원칙을 기본으로 한다.

코드 확장성을 개선하기 위해 설계 원칙과 디자인 패턴에서 많이 사용되고 있는 방법에는 다형성, 의존성 주입, 구현이 아닌 인터페이스 기반의 프로그래밍이 있으며, 이는 전략 패턴, 템플릿 메서드 패턴, 책임 연쇄 패턴과 같은 대부분의 디자인 패턴에서 볼 수 있다. 디자인 패턴에서 이 부분은 매우 방대하게 다루어지며, 6장에서 8장에 걸쳐 자세하게 설명하고 있다. 이번 절에서는 다형성, 의존성 주입, 구현이 아닌 인터페이스를 사용하여 개방 폐쇄 원칙을 구현하는 방법을 간단한 예제와 함께 살펴볼 것이다.

예를 들어 Kafka를 통해 비동기 메시지를 발송하는 솔루션을 구현한다고 가정해보자. 이러한 기능을 개발하기 위해 Kafka 메시지 대기열과 독립적인 비동기 메시지 전송 인터페이스를 추상적으로 정의한다. 모든 상위 레벨 시스템은 이 추상 인터페이스에 정의되며, 의존성 주입을 통해 호출된다. 이에 대한 보다 자세한 내용은 5장에서 살펴보기로 한다. Kafka를 RocketMQ로 교체하거나 메시지 형식을 JSON에서 XML로 교체하는 등 메시지 대기열이나 메시지 형식을 교체해야 하는 경우 코드 설계가 개방 폐쇄 원칙을 따르므로 교체가 매우 쉬워진다. 다음 구체적인 예제 코드를 살펴보자.

```
// 추상 인터페이스
public interface MessageQueue { ... }
public class KafkaMessageQueue implements MessageQueue { ... }
public class RocketMQMessageQueue implements MessageQueue {...}

public interface MessageFromatter { ... }
public class JsonMessageFromatter implements MessageFromatter { ... }
public class ProtoBufMessageFromatter implements MessageFromatter { ... }

public class Demo {
  private MessageQueue msgQueue; // 구현이 아닌 인터페이스 기반 프로그래밍
  public Demo(MessageQueue msgQueue) { // 의존성 주입
    this.msgQueue = msgQueue;
  }

  // msgFormatter: 다형성, 의존성 주입
  public void send(Notification notification, MessageFormatter msgFormatter) {
    ...
  }
}
```

3.2.4 프로젝트에 개방 폐쇄 원칙을 유연하게 적용하는 방법

위에서 언급했듯이 개방 폐쇄 원칙 기반의 높은 확장성을 지원하는 코드를 작성하는 방법의 핵심은 확장 포인트를 미리 준비해두는 것이다. 그렇다면 확장 포인트가 어디인지 어떻게 알 수 있을까?

금융 시스템, 전자 상거래 시스템, 물류 시스템과 같은 비즈니스 시스템을 개발하는 경우 가능한 한 많은 확장 포인트를 준비하기 위해서 비즈니스에 대한 충분한 이해가 있어야 한다. 그렇지 않으면 추후 추가될 가능성이 있는 비즈니스 요구 사항을 예측하는 것이 힘들어진다. 프레임워크, 구성 요소, 클래스 라이브러리와 같은 비즈니스 독립적 범용 기반 기능 모듈을 개발하는 경우, 가능한 한 많은 확장 포인트를 준비하기 위해서는 이후 해당 모듈들이 어떻게 사용될지, 어떤 요구 사항이 있을지 이해하는 것이 필수적이다.

하지만 비즈니스와 시스템에 대해 충분히 알고 있더라도 모든 확장 포인트를 미리 준비하는 것은 불가능하다. 모든 확장 포인트를 알고 있더라도 해당 포인트를 전부 개발하는 데 드는 리소스가 과할 때가 대부분이기 때문이다. 따라서 추후 요구될 가능성이 거의 없는 사항들까지 미리 준비하는 것은 과도한 설계라고 할 수 있다.

일반적으로 추천하는 방법은 단기간 내에 진행할 수 있는 확장, 코드 구조 변경에 미치는 영향이 비교적 큰 확장, 구현 비용이 많이 들지 않는 확장에 대해 확장 포인트를 미리 준비하는 것이다. 반면에 향후 지원해야 하는지 여부가 확실하지 않은 요구 사항이나 확장이 오히려 코드 개발에 부하를 주는 경우에는 해당 작업이 실제로 필요할 때 리팩터링하는 것이 더 나을 수 있다.

더 나아가 개방 폐쇄 원칙이 '공짜'가 아니라는 점을 확실히 해야 한다. 코드의 확장성은 종종 코드의 가독성을 떨어뜨린다. 예를 들어 앞에서 살펴본 `Alert` 클래스는 확장성을 위해 코드를 리팩터링했는데, 결과적으로 이 코드는 기존의 코드에 비해 훨씬 복잡하고 이해도 어려워졌다. 따라서 일반적인 개발 상황에서는 코드의 확장성과 가독성 사이에서 적절한 균형이 필요하다. 코드의 확장성이 더 중요한 일부 시나리오에는 코드의 가독성을 일부 **희생**할 필요가 있다.

만약 위의 `Alert` 클래스에서 경고 알림 규칙이 서너 개에 불과하다면, `check()` 메서드의 구현 역시 간단할 것이기 때문에 굳이 추후의 요구 사항 변동을 걱정하며 리팩터링할 필요는 없다. 나중에 경고 알림이 대량으로 추가되는 상황이 발생한다면 `check()` 메서드에서 `if` 분기가 기하급수적으로 늘어날 것이고 그에 따라 코드 논리가 복잡해질 뿐만 아니라 코드의 크기도 늘어나기 때문에, 그때 코드를 리팩터링하면 될 것이다.

설계 원칙을 배울 때, 설계 원칙의 정의를 이해하는 것보다 훨씬 중요한 것은 왜 그 원칙이 생겨날 수밖에 없었는지를 생각하여 목적을 파악하는 것이다. 그래야만 설계 원칙을 적절하고 유연하게 적용할 수 있게 된다. 이를 염두에 두고 확장할 때는 개방, 수정할 때는 폐쇄되어야 하는 이유가 무엇인지 생각해보자.

3.3 리스코프 치환 원칙

이번 절에서는 SOLID 원칙 중에 리스코프 치환 원칙에 대해 설명한다. 사실 리스코프 치환 원칙은 매우 느슨한 설계 원칙이기 때문에 정상적인 상황에서 우리가 작성하는 코드는 이 설계 원칙을 위반하지 않는다. 따라서 이 원칙은 이해도 쉽고 실제로 적용하는 것도 쉽다. 이번 절에서는 먼저 리스코프 치환 원칙의 정의를 소개하고, 리스코프 치환 원칙과 다형성의 차이점을 설명한다. 그리고 마지막으로 어떤 종류의 코드가 리스코프 치환 원칙을 위반하는지 예제와 함께 살펴볼 것이다.

3.3.1 리스코프 치환 원칙의 정의

리스코프 치환 원칙 Liskov substitution principle, LSP은 1986년에 MIT의 바바라 리스코프Barbara Liskov 교수에 의해 제안된 원칙이다. 리스코프는 이 원리에 대해 "만약 S가 T의 하위 유형인 경우, T 유형의 객체는 프로그램을 중단하지 않고도 S 유형의 객체로 대체될 수 있다"[2]고 설명한다. 그리고 1996년 로버트 마틴Robert Cecil Martin은 그의 SOLID 원칙에서 리스코프 치환 원칙에 대해 "기본 클래스에서 참조 포인터를 사용하는 함수는 특별히 인지하지 않고도 파생 클래스의 객체를 사용할 수 있어야 한다"[3]고 설명했다.

리스코프 치환 원칙은 앞의 리스코프와 마틴의 설명을 조합하여 다음과 같이 정의할 수 있다.

> 하위 유형 또는 파생 클래스의 객체는 프로그램 내에서 상위 클래스가 나타나는 모든 상황에서 대체 가능하며, 프로그램이 원래 가지는 논리적인 동작이 변경되지 않으며 정확성도 유지된다.

리스코프 치환 원칙의 정의는 상대적으로 추상적이므로 코드를 통해 설명해보겠다. 상위 클

---

2 원문은 다음과 같다. If S is a subtype of T, then objects of type T may be replaced with objects of type S, without breaking the program.

3 원문은 다음과 같다. Functions that use pointers pf references to base classes must be able to use objects of derived classes without knowing it.

래스인 Transporter 클래스는 org.apache.http 라이브러리의 HttpClient 클래스를 사용하여 네트워크 데이터를 전송하고, 하위 클래스인 SecurityTransporter 클래스는 상위 클래스인 Transporter 클래스를 상속받아 보안 인증 정보인 appId와 appToken을 데이터 전송 시 추가한다.

```java
public class Transporter {
  private HttpClient httpClient;

  public Transporter(HttpClient httpClient) {
    this.httpClient = httpClient;
  }

  public Response sendRequest(Request request) {
    // ...httpClient를 통해 발송 요청하는 코드 생략...
  }
}

public class SecurityTransporter extends Transporter {
  private String appId;
  private String appToken;

  public SecurityTransporter(HttpClient httpClient, String appId, String appToken) {
    super(httpClient);
    this.appId = appId;
    this.appToken = appToken;
  }

  @Override
  public Response sendRequest(Request request) {
    if (StringUtils.isNotBlank(appId) && StringUtils.isNotBlank(appToken)) {
      request.addPayload("app-id", appId);
      request.addPayload("app-token", appToken);
    }
    return super.sendRequest(request);
  }
}

public class Demo {
  public void demoFunction(Transporter transporter) {
    Reuqest request = new Request();
    // ...request 객체에 값을 설정하는 코드 생략...
    Response response = transporter.sendRequest(request);
    // ...일부 코드 생략...
  }
}
```

```
// 리스코프 치환 원칙
Demo demo = new Demo();
demo.demofunction(new SecurityTransporter(/* 매개변수 생략 */);));
```

위 코드에서 하위 클래스인 SecurityTransporter 클래스의 설계는 리스코프 치환 원칙을 따르기 때문에, 해당 객체는 상위 클래스 객체가 나타나는 모든 위치에서 대체될 수 있다. 그럼에도 코드가 원래 의도했던 논리적 동작이 변경되지 않으며 정확성도 그대로 유지됨을 확인할 수 있다.

3.3.2 리스코프 치환 원칙과 다형성의 차이점

그런데 앞에서 작성한 코드의 설계는 사실상 객체지향의 특성인 다형성을 단순하게 이용한 것이 아닐까 하는 의구심이 들 수 있다. 만약 그렇다면 다형성과 리스코프 치환 원칙은 같은 것이라고 봐도 되는 것일까? 앞의 코드와 리스코프 치환 원칙의 정의를 기준으로 살펴보면, 리스코프 치환 원칙과 다형성은 보기에는 비슷하지만, 실제로는 완전히 다른 의미를 담고 있다.

앞의 예제 코드를 이용해 계속 살펴보자. 다만 그 전에 SecurityTransporter 클래스에서 send Request() 메서드를 약간 수정할 필요가 있다. 수정 전에는 appId 속성이나 appToken 속성이 설정되지 않았다면 보안 검증을 하지 않았지만, 수정한 코드에서는 appId 속성이나 appToken 속성이 설정되지 않으면 NoAuthorizationRuntimeException 예외가 발생한다. 수정 전과 후의 코드를 함께 비교해보자.

```java
// 수정 전:
public class SecurityTransporter extends Transporter {
  // ...일부 코드 생략...
  @Override
  public Response sendRequest(Request request) {
    if (StringUtils.isNotBlank(appId) && StringUtils.isNotBlank(appToken)) {
      request.addPayload("app-id", appId);
      request.addPayload("app-token", appToken);
    }
    return super.sendRequest(request);
  }
}

// 수정 후:
public class SecurityTransporter extends Transporter {
  // ...일부 코드 생략...
  @Override
  public Response sendRequest(Request request) {
```

```
  if (StringUtils.isBlank(appId) || StringUtils.isBlank(appToken)) {
    throw new NoAuthorizationRuntimeException(...);
  }
  request.addPayload("app-id", appId);
  request.addPayload("app-token", appToken);
  return super.sendRequest(request);
  }
}
```

수정된 코드에서는 상위 클래스 Transporter 클래스의 객체가 demoFunction() 메서드로 전달되는 경우에는 어떤 예외도 발생시키지 않지만, 하위 클래스인 SecurityTransporter 클래스의 객체가 demoFunction() 메서드로 전달되면 예외를 발생시킬 수 있다. 비록 코드 내에서 명시적으로 try-catch 처리를 하지 않아 실행 시간 예외가 발생하지만, 하위 클래스가 상위 클래스의 demoFunction() 메서드를 대체하면서 전체 프로그램의 논리적 동작이 변경되었다.

수정된 코드는 여전히 Java의 다형성 구문을 통해 동적으로 상위 클래스인 Transporter 클래스를 하위 클래스인 SecurityTransporter 클래스로 대체할 수 있으며, 오류가 발생하지 않는다. 그러나 설계 관점에서 살펴보면 SecurityTransporter 클래스의 설계는 리스코프 치환 원칙을 따르지 않는다. 다형성은 코드를 구현하는 방식에 해당하지만, 리스코프 치환 원칙은 상속 관계에서 하위 클래스의 설계 방식을 설명하는 설계 원칙에 해당한다. 다시 말해 상위 클래스를 대체할 때 프로그램의 원래 논리적 동작이 변경되지 않고 프로그램의 정확성이 손상되지 않도록 해야 한다는 원칙을 제시하고 있는 것이다.

3.3.3 리스코프 치환 원칙을 위반하는 안티 패턴

리스코프 원칙에는 좀 더 이해하기 쉬운 설명 방식이 있는데, 바로 **계약에 따른 설계**design by contract라는 표현이다. 하위 클래스를 설계할 때는 상위 클래스의 동작 규칙을 따라야 한다. 상위 클래스는 함수의 동작 규칙을 정의하고 하위 클래스는 함수의 내부 구현 논리를 변경할 수 있지만 함수의 원래 동작 규칙은 변경할 수 없다. 여기서 말하는 동작 규칙에는 함수가 구현하기 위해 선언한 것, 입력, 출력, 예외에 대한 규칙, 주석에 나열된 모든 특수 사례 설명이 포함된다. 사실 여기에서 언급된 상위 클래스와 하위 클래스 간의 관계는 인터페이스와 구현 클래스 간의 관계로 대체될 수도 있다.

위의 내용을 더 잘 이해하기 위해 리스코프 치환 원칙을 위반하는 코드의 예를 몇 가지 들어보겠다.

예를 들어 상위 클래스가 주문 정렬을 위한 `sortOrdersByAmount()` 함수를 정의하여 금액에 따라 작은 것부터 큰 것 순서대로 주문을 정렬하게 구성되어 있을 때, 하위 클래스에서 생성 날짜에 따라 주문을 정렬하도록 `sortOrdersByAmount()` 함수를 재정의하는 경우이다. 그러면 이 하위 클래스의 설계는 리스코프 치환 원칙을 위반하게 된다.

예를 들어 어떤 함수의 계약에 따르면 상위 클래스에서 작업 시 오류가 발생하면 `null`을 반환하며, 값을 얻을 수 없을 때는 빈 컬렉션을 반환하지만, 하위 클래스에서 이 함수를 재정의하면서 구성이 변경되어, 작업 시 오류가 발생하면 `null` 대신에 예외를 발생시키고, 값을 얻을 수 없을 때는 `null`을 반환한다면 이 하위 클래스의 설계는 리스코프 치환 원칙을 위반하는 것이다.

다른 예로 상위 클래스에서는 입력 시 모든 정수를 받아들일 수 있지만, 하위 클래스에서 이 함수를 재정의하면서 양의 정수만 받아들일 수 있도록 변경되고, 음의 정수가 입력될 경우 예외를 발생시킨다면 하위 클래스의 유효성 검사가 상위 클래스의 유효성 검사보다 훨씬 엄격하게 변경된 것이며, 결과적으로 이 하위 클래스의 설계는 리스코프 치환 원리를 위반하는 것이다.

마지막 예로 상위 클래스에서 던지는 예외가 `ArgumentNullException` 예외 하나뿐이라면 하위 클래스에서 이 함수를 재정의하더라도 여전히 `ArgumentNullException` 예외만 발생시킬 수 있다. 그렇지 않으면 하위 클래스가 리스코프 치환 원칙을 위반하는 것이다.

상위 클래스에 예금을 인출하는 함수인 `withdraw()` 함수가 정의되어 있으며 주석에 사용자의 출금 금액이 계정 잔액을 초과해서는 안 된다고 명시되어 있는 경우와 VIP 계정에 대한 처리를 담당하는 하위 클래스에서 재정의된 `withdraw()` 함수가 당좌 인출 기능을 지원하는 경우는 인출 금액이 현재 계정 잔액보다 클 수 있는데, 이 하위 클래스의 설계는 리스코프 치환 원칙을 위반한다. 이런 경우에 하위 클래스의 설계가 리스코프 치환 원칙을 만족하게 하려면, 상위 클래스의 주석을 수정하는 것이 훨씬 간단한 방법이다.

앞에서 설명한 세 가지 패턴은 리스코프 치환 원칙을 위반하는 전형적인 안티 패턴이다.

또한 하위 클래스의 설계와 구현이 리스코프 치환 원칙을 위반하는지 여부를 판단하기 위한 방법으로 상위 클래스의 단위 테스트를 통해 하위 클래스의 코드를 확인하는 방법도 있다. 만약 일부 단위 테스트가 실행되지 않으면 하위 클래스의 설계와 구현이 상위 클래스의 계약을 완전히 준수하지 않고 하위 클래스가 리스코프 치환 원칙을 위반할 수 있음을 의미한다.

3.3.4 생각해보기

리스코프 치환 원리의 중요성은 무엇인지 생각해보자.

3.4 인터페이스 분리 원칙

로버트 마틴은 SOLID 원칙에서 **인터페이스 분리 원칙**interface segregation principle을 다음과 같이 정의했다.

> 클라이언트는 필요하지 않은 인터페이스를 사용하도록 강요되어서는 안 된다.[4]

여기서 클라이언트는 인터페이스 호출자나 사용자로 이해하면 된다.

사실, **인터페이스**라는 용어는 소프트웨어 개발의 여러 가지 상황에서 사용될 수 있다. **인터페이스**는 추상적인 규칙의 집합으로 간주하거나, 시스템끼리 서로 호출하는 API를 구체적으로 지칭할 수도 있으며, 객체지향 프로그래밍 언어의 인터페이스를 의미하기도 한다. 인터페이스 분리 원칙에서 이야기하는 **인터페이스**는 크게 다음 세 가지 중 하나를 의미한다.

- API나 기능의 집합
- 단일 API 또는 기능
- 객체지향 프로그래밍의 인터페이스

이번 절에서는 위에 나열된 세 가지 의미에 따라 다양한 시나리오의 인터페이스 분리 원칙에 대해 이야기해보자.

3.4.1 API나 기능의 집합으로서의 인터페이스

다음 예제 코드를 살펴보자. 이 코드의 마이크로 서비스 사용자 시스템은 등록, 로그인, 사용자 정보 획득과 같은 사용자 관련 API 집합을 제공한다.

---

[4] 원문은 다음과 같다. Clients should not be forced to depend upon interfaces that they do not use.

```
public interface UserService {
  boolean register(String cellphone, String password);
  boolean login(String cellphone, String password);
  UserInfo getUserInfoById(long id);
  UserInfo getUserInfoByCellphone(String cellphone);
}

public class UserServiceImpl implements UserService {
  // ...코드 구현 생략...
}
```

현재 백그라운드 관리 시스템에서는 사용자 삭제 기능이 추가되어야 한다고 판단했고, 그에 따라 사용자 시스템에서 사용자 삭제 인터페이스가 제공되기를 원하고 있다. 이것을 구현하는 것이 매우 쉽다고 생각할 수도 있다. UserService 인터페이스에 deleteUserByCellphone() 인터페이스 또는 deleteUserById() 인터페이스를 추가하기만 하면 되기 때문이다. 하지만 이 방법은 당면한 문제는 해결할 수 있지만 일부 보안 위험이 드러나게 된다.

사용자 삭제는 신중하게 수행해야 하는 작업이므로 백그라운드 관리 시스템을 통해서만 수행되어야 하며, 따라서 관련 인터페이스의 사용 범위는 백그라운드 관리 시스템으로 제한되어야 한다. 하지만 이 인터페이스를 UserService 인터페이스에 넣게 되면 UserService 인터페이스를 사용하는 모든 시스템이 사용자 삭제 인터페이스를 호출할 수 있게 된다. 이와 같이 사용자 삭제 인터페이스가 다른 비즈니스 시스템에서 제한 없이 호출되면 실수로 인해 사용자 정보가 삭제될 수 있다.

여기서 권장되는 솔루션은 아키텍처 설계 수준에서 인터페이스 인증을 통해 호출을 제한하는 것이다. 다만, 현재 인증 프레임워크 지원이 없다면 코드 설계 수준에서 인터페이스의 오용을 방지하고 사용자 삭제를 위한 인터페이스를 RestrictedUserService 인터페이스에 넣고, Restricted UserService 인터페이스를 별도로 묶어 백그라운드 관리 시스템에 제공할 수 있다. 이러한 방식을 통해 호출자는 필요한 인터페이스에만 의존하고, 필요하지 않은 인터페이스에는 의존하지 않을 수 있으며, 결과적으로 인터페이스 분리 원칙을 만족시킬 수 있다. 다음 예제 코드는 위의 설명을 적용한 코드다.

```
public interface UserService {
  boolean register(String cellphone, String password);
  boolean login(String cellphone, String password);
  UserInfo getUserInfoById(long id);
  UserInfo getUserInfoByCellphone(String cellphone);
```

```
}

public interface RestrictedUserService {
  boolean deleteUserByCellphone(String cellphone);
  boolean deleteUserById(long id);
}

public class UserServiceImpl implements UserService, RestrictedUserService {
  // ...구현 코드 생략...
}
```

이 코드 예제에서 인터페이스 분리 원칙에 적용되는 인터페이스는 API 또는 기능의 집합에 해당하며, 마이크로 서비스의 인터페이스, 클래스 라이브러리의 기능 등이 여기에 해당한다. 마이크로 서비스의 인터페이스나 클래스 라이브러리 기능을 설계할 때, 인터페이스 또는 기능의 일부가 호출자 중 일부에만 사용되거나 전혀 사용되지 않는다면 불필요한 항목을 **강요**하는 대신, 인터페이스나 기능에서 해당 부분을 분리하여 해당 호출자에게 별도로 제공해야 하며, 사용하지 않는 인터페이스나 기능에는 접근하지 못하게 해야 한다.

3.4.2 단일 API나 기능으로서의 인터페이스

이번에는 단일 API나 기능으로서의 인터페이스를 다루는 방법에 대해 살펴보자. 이 경우에는 인터페이스 분리 원칙은 다음과 같이 적용될 수 있다. API나 기능은 가능한 한 단순해야 하며 하나의 기능에 여러 다른 기능 논리를 구현하지 않아야 한다. 예제 코드는 다음과 같다.

```
public class Statistics {
  private Long max;
  private Long min;
  private Long average;
  private Long sum;
  private Long percentile99;
  private Long percentile999;
  // ...생성자, getter, setter 메서드 생략...
}

public Statistics count(Collection<Long> dataSet) {
  Statistics statistics = new Statistics();
  // ...계산 코드 생략...
  return statistics;
}
```

앞의 예제 코드에서 count() 메서드는 최댓값, 최솟값, 평균값과 같은 여러 다른 통계 함수를 포함하기 때문에 충분히 단일하지 않다. 인터페이스 분리 원칙에 따라 count() 메서드를 여러 개의 작은 단위 메서드로 분할해야 하며, 각각의 단위 메서드는 다른 함수를 포함하지 않는 독립적인 통계 기능을 제공해야 한다. 분할 후 코드는 다음과 같이 바뀐다.

```
public Long max(Collection<Long> dataSet) { ... }
public Long min(Collection<Long> dataSet) {      }
public Long average(Colletion<Long> dataSet) { ... }
// 일부 통계 메서드 생략
```

그러나 또 다른 관점에서 보면 count() 메서드가 단일 책임이 아니라고 말하기 어려운데, 결국 통계와 관련된 작업만 수행하기 때문이다. 앞에서 단일 책임 원칙을 언급할 때, 특정 기능이 단일인지 여부를 판별하는 것이 시나리오에 따라 달라질 수 있다고 언급한 바 있다.

프로젝트에서 통계와 관련된 요구 사항에 대해 Statistics 클래스에 의해 정의된 모든 통계 정보가 사용된다면 count() 메서드의 설계는 합리적이라고 할 수 있다. 하지만 전체 정보가 아닌 min, max, average의 세 가지 통계만 주로 사용하는 경우에도, count() 메서드는 매번 모든 통계를 다시 계산해야 한다. 이는 불필요한 작업이 매번 실행된다는 의미로, 데이터의 양이 많으면 많을수록 코드의 성능에 영향을 미친다. 이런 경우에는 앞에서 말했듯이 count() 메서드를 보다 세분화된 통계 메서드 여러 개로 분할해야 한다.

인터페이스 분리 원칙은 단일 책임 원칙과 다소 유사하다. 인터페이스 분리 원칙은 인터페이스에 단일 책임이 있는지 여부를 확인할 수 있는 방법을 제공하는데, 이는 호출자가 인터페이스를 사용하는 방식에 따라 간접적으로 결정된다. 호출자가 인터페이스의 일부 또는 그 기능의 일부만 사용하는 경우 해당 인터페이스 설계는 단일 책임 원칙을 충족하지 않는다고 말할 수 있다.

3.4.3 객체지향 프로그래밍에서의 인터페이스

앞에서 언급한 두 가지 인터페이스 외에도 Java에서의 interface와 같은 객체지향 프로그래밍의 인터페이스로 다룰 수도 있다. 예제 코드를 사용하여 자세히 알아보자.

프로젝트에서 Redis, MySQL, Kafka의 3가지 시스템이 연계되어 사용된다고 가정해보자. 각 시스템은 IP 주소, 포트, 액세스 제한 시간과 같은 설정 정보에 대응한다. 프로젝트의 다른 모듈에서도 이 정보를 사용할 수 있도록 RedisConfig 클래스, MysqlConfig 클래스, KafkaConfig 클래스를 구현해 설정 정보를 메모리에 올릴 수 있도록 한 결과 코드는 다음과 같다. 단, 여기에서는 RedisConfig 클래스의 코드만 있고, 다른 두 클래스는 구현 방법이 유사하므로 생략하였다.

```
public class RedisConfig {
  private ConfigSource configSource;  // 설정 센터(ZooKeeper 등)
  private String address;
  private int timeout;
  private int maxTotal;
  // ...maxWaitMillis, maxIdle, minIdle 등 일부 설정 정보 생략...

  public RedisConfig(ConfigSource configSource) {
    this.configSource = configSource;
  }

  public String getAddress() {
    return this.address;
  }

  // get(), init() 메서드 등은 생략
  public void update() {
    // configSource에서 address, timeout, maxTotal을 읽어온다.
  }
}

public class KafkaConfig { ... }

public class MysqlConfig { ... }
```

그런데 갑자기 Redis, Kafka의 설정 정보 핫 업데이트를 지원하라는 새로운 요구 사항이 전달되었다. **핫 업데이트**는 설정 센터에서 설정 정보가 변경되면 시스템을 다시 시작하지 않고도 최신 설정 정보를 메모리에 다시 올릴 수 있어야 함을 의미한다. 그러나 Redis, Kafka와 달리 모종의 이유로 MySQL은 설정 정보를 핫 업데이트하면 안 되는 상황이다.

이러한 요구 사항을 만족시키기 위해 RedisConfig 클래스와 KafkaConfig 클래스의 update() 메서드에서 실행 간격 정보인 periodInSeconds 속성을 호출하여 일정 시간마다 반복하여 설정 정보를 업데이트하는 ScheduledUpdater 클래스를 구현하기로 한다. 해당 코드는 다음과 같이 구현된다.

```
public interface Updater {
  void update();
}
```

```java
public class RedisConfig implemets Updater {
  // ...일부 속성과 메서드 생략...
  @Override
  public void update() { ... }
}

public class KafkaConfig implements Updater {
  // ...일부 속성과 메서드 생략...
  @Override
  public void update() { ... }
}

public class MysqlConfig { ... }

public class ScheduledUpdater {
private final ScheduledExecutorService executor =
  Executors.newSingleThreadScheduledExecutor();
  private long initialDelayInSeconds;
  private long periodInSeconds;
  private Updater updater;

  public ScheduleUpdater(Updater updater, long initialDelayInSeconds, long periodInSeconds) {
    this.updater = updater;
    this.initialDelayInSeconds = initialDelayInSeconds;
    this.periodInSeconds = periodInSeconds;
  }

  public void run() {
    executor.scheduleAtFixedRate(new Runnable() {
      @Override
      public void run() {
        updater.update();
      }
    }, this.initialDelayInSeconds, this.periodInSeconds, TimeUnit.SECONDS);
  }
}

public class Application {
  ConfigSource configSource = new ZookeeperConfigSource(/* 매개변수 생략 */);
  public static final RedisConfig redisConfig = new RedisConfig(configSource);
  public static final KafkaConfig kafkaConfig = new KakfaConfig(configSource);
  public static final MySqlConfig mysqlConfig = new MysqlConfig(configSource);

  public static void main(String[] args) {
    ScheduledUpdater redisConfigUpdater = new ScheduledUpdater(redisConfig, 300, 300);
    redisConfigUpdater.run();
    ScheduledUpdater kafkaConfigUpdater = new ScheduledUpdater(kafkaConfig, 60, 60);
    kafkaConfigUpdater.run();
```

```
      }
   }
```

핫 업데이트 요구 사항이 구현되었지만 이제 모니터링에 대한 요구 사항이 추가된다. ZooKeeper에서 명령 줄을 통해 설정 정보를 보는 것은 번거롭기 때문에, 보다 편리한 방법으로 설정 정보를 볼 수 있도록 개선해야 한다.

프로젝트에 SimpleHttpServer 클래스를 내재화하면, http://127.0.0.1:2389/config처럼 HTTP 주소로 설정 정보를 출력할 수 있다. 그러나 모종의 이유로 이번엔 Kafka를 제외한 MySQL과 Redis의 설정 정보만 보여주어야 한다.

이 기능을 구현하려면 코드를 수정해야 하며, 결과 코드는 다음과 같다.

```java
public interface Updater {
  void update();
}

public interface Viewer {
  String outputInPlainText();
  Map<String, String> output();
}

public class RedisConfig implemets Updater, Viewer {
  // 일부 속성과 메서드 생략
  @Override
  public void update() { ... }

  @Override
  public String outputInPlainText() { ... }

  @Override
  public Map<String, String> output() { ... }
}

public class KafkaConfig implements Updater {
  // 일부 속성과 메서드 생략
  @Override
  public void update() { ... }
}

public class MysqlConfig implements Viewer {
  // 일부 속성과 메서드 생략
```

```java
  @Override
  public String outputInPlainText() { ... }

  @Override
  public Map<String, String> output() { ... }
}

public class SimpleHttpServer {
  private String host;
  private int port;
  private Map<String, List<Viewer>> viewers = new HashMap<>();

  public SimpleHttpServer(String host, int port) { ... }

  public void addViewers(String urlDirectory, Viewer viewer) {
    if (!viewers.containsKey(urlDirectory)) {
      viewers.put(urlDirectory, new ArrayList<Viewer>());
    }
    this.viewers.get(urlDirectory).add(viewer);
  }

  public void run() { ... }
}

public class Application {
    ConfigSource configSource = new ZookeeperConfigSource();
    public static final RedisConfig redisConfig = new RedisConfig(configSource);
    public static final KafkaConfig kafkaConfig = new KakfaConfig(configSource);
    public static final MySqlConfig mysqlConfig = new MySqlConfig(configSource);

    public static void main(String[] args) {
        ScheduledUpdater redisConfigUpdater =
            new ScheduledUpdater(redisConfig, 300, 300);
        redisConfigUpdater.run();

        ScheduledUpdater kafkaConfigUpdater =
            new ScheduledUpdater(kafkaConfig, 60, 60);
        kafkaConfigUpdater.run();

        SimpleHttpServer simpleHttpServer = new SimpleHttpServer("127.0.0.1", 2389);
        simpleHttpServer.addViewer("/config", redisConfig);
        simpleHttpServer.addViewer("/config", mysqlConfig);
        simpleHttpServer.run();
    }
}
```

이렇게 핫 업데이트와 모니터링 요구 사항을 구현하였다. 이 코드에서 업데이트에 관련된 Updater 인터페이스와 Viewer 인터페이스를 설계했고, 각각의 인터페이스는 단일 기능을 가지도록 했다. 핫 업데이트에 관련된 ScheduledUpdater 클래스는 Updater 인터페이스에만 의존하며, 불필요한 Viewer 인터페이스에 의존하지 않기 때문에 인터페이스 분리 원칙을 만족한다. 또한 SimpleHttp Server 클래스는 모니터링에 관련된 Viewer 인터페이스에만 의존하고 불필요한 Updater 인터페이스에 의존하지 않으며 마찬가지로 인터페이스 분리 원칙도 만족한다.

만약 인터페이스 분리 원칙을 따르지 않는다면 이를 어떻게 구현할 수 있을까? 먼저 Updater 인터페이스와 Viewer 인터페이스를 설계하는 대신에 크고 포괄적인 Config 인터페이스를 설계하고, RedisConfig 클래스, KafkaConfig 클래스, MysqlConfig 클래스가 이 설정 인터페이스를 구현할 것이다. 그리고 ScheduledUpdater의 Updater 객체와 SimpleHttpServer의 Viewer 객체는 Config 객체로 대체된다. 이러한 설계는 어떤 결과를 가져오게 될까? 먼저 이 설계대로 구현된 코드를 살펴보자.

```java
public interface Config {
  void update();
  String outputInPlainText();
  Map<String, String> output();
}

public class RedisConfig implements Config {
  // Config의 인터페이스 update, outputInPlainText, output을 구현해야 한다.
}

public class KafkaConfig implements Config {
  // Config의 인터페이스 update, outputInPlainText, output을 구현해야 한다.
}

public class MysqlConfig implements Config {
  // Config의 인터페이스 update, outputInPlainText, output을 구현해야 한다.
}

public class ScheduledUpdater {
  // ...일부 속성과 메서드 생략...

  private Config config;

  public ScheduleUpdater(Config config, long initialDelayInSeconds, long periodInSeconds) {
      this.config = config;
      ...
```

```
    }
    ...
}

public class SimpleHttpServer {
  private String host;
  private int port;
  private Map<String, List<Config>> viewers = new HashMap<>();

  public SimpleHttpServer(String host, int port) { ... }

  public void addViewer(String urlDirectory, Config config) {
    if (!viewers.containsKey(urlDirectory)) {
      viewers.put(urlDirectory, new ArrayList<Config>());
    }
    viewers.get(urlDirectory).add(config);
  }

  public void run() { ... }
}
```

두 가지 설계에 따른 코드가 코드 크기, 구현 복잡성, 가독성이 모두 엇비슷하다고 가정할 때, 첫
번째 설계가 두 번째 설계보다 우수하다고 할 수 있으며, 이와 같은 판단은 다음 두 가지 측면에
근거를 두고 있다.

▶ 첫 번째 설계는 더 유연하기 때문에 확장성이 높고 재사용하기 쉽다.
`Updater` 인터페이스와 `Viewer` 인터페이스는 공통성과 높은 재사용성을 의미하는 단일 책임을 가
지고 있다. 예를 들어 이 코드에 추가로 성능 통계 모듈을 개발하고 사용자의 편의를 위해 `Simple
HttpServer`를 통해 웹 페이지에 통계 결과를 표시해야 하는 요구 사항이 추가되었을 경우, 성능
통계 클래스에서 공통 인터페이스인 `Viewer`를 구현하고 `SimpleHttpServer`의 코드 구현을 재사용
할 수 있다. 구체적인 코드는 다음과 같다.

```
public class ApiMetrics implements Viewer { ... }
public class DbMetrics implements Viewer { ... }
public class Application {
    ConfigSource configSource = new ZookeeperConfigSource();
    public static final RedisConfig redisConfig = new RedisConfig(configSource);
    public static final KafkaConfig kafkaConfig = new KakfaConfig(configSource);
    public static final MySqlConfig mySqlConfig = new MySqlConfig(configSource);
    public static final ApiMetrics apiMetrics = new ApiMetrics();
    public static final DbMetrics dbMetrics = new DbMetrics();
```

```
    public static void main(String[] args) {
        SimpleHttpServer simpleHttpServer = new SimpleHttpServer("127.0.0.1", 2389);
        simpleHttpServer.addViewer("/config", redisConfig);
        simpleHttpServer.addViewer("/config", mySqlConfig);
        simpleHttpServer.addViewer("/metrics", apiMetrics);
        simpleHttpServer.addViewer("/metrics", dbMetrics);
        simpleHttpServer.run();
    }
}
```

▶ **두 번째 설계는 코드에서 쓸모없는 작업을 수행한다.**

Config 인터페이스는 서로 관련이 없는 두 종류의 인터페이스가 포함되어 있다. 즉, update()와 output(), outputInPlainText()는 서로 전혀 관계가 없다. 요구 사항에 따르면 KafkaConfig 클래스는 세 가지 중 update() 인터페이스 한 가지만 필요로 하며, output() 관련 인터페이스는 필요 없다. 마찬가지로 MysqlConfig 클래스는 output() 관련 인터페이스만 필요할 뿐이지, update() 인터페이스는 필요하지 않다. 그러나 두 번째 설계에서는 RedisConfig 클래스, KafkaConfig 클래스, MySqlConfig 클래스가 사용하지 않을 수도 있는 update(), output(), outputInPlainText()를 모두 다 구현해야 한다. 뿐만 아니라 Config에 새 인터페이스가 추가될 때마다, 모든 구현 클래스도 해당 인터페이스를 모두 구현해야 한다. 반대로 인터페이스 밀도가 상대적으로 작은 경우 인터페이스 변경에 따라 수정해야 하는 클래스도 그만큼 줄어든다.

3.4.4 생각해보기

java.util.concurrent 동시성 패키지는 원자 클래스인 AtomicInteger 클래스를 제공하는데, 그 중에서 getAndIncrement() 메서드는 정수에 1을 더하고, 해당 정수가 변경되기 전의 값을 반환하는 메서드다. 그렇다면 getAndIncrement() 메서드는 단일 책임 원칙과 인터페이스 분리 원칙을 준수하는 함수일까?

3.5 의존 역전 원칙

이번 절에서는 SOLID 원칙의 마지막 원칙인 **의존 역전 원칙**dependency inversion principle, DIP을 살펴볼 것이다. 앞서 언급했듯이 단일 책임 원칙과 개방 폐쇄 원칙은 이해는 비교적 간단하지만 실제로 사용하는 데 어려움을 느끼며, 반대로 의존 역전 원칙은 사용하기는 쉬운 반면에 이해하기는 어렵다. 세부적인 내용을 살펴보기 전에 다음 질문에 대해 답해보자.

1) **의존 역전**이 뜻하는 것은 어떤 대상 사이의 역전인가? 그리고 어떤 의존이 역전되는 것인가? 그리고 여기서 말하는 **역전**은 무엇을 의미하는가?

2) 종종 **제어 반전**inversion of control과 **의존성 주입**dependency injection이라는 두 가지 다른 개념을 접할 수 있는데, 이 개념은 **의존 역전**과 같은 개념에 속하는가? 만약 그렇지 않다면 그 차이는 무엇인가?

3) Java 언어에 익숙하다면 Spring 프레임워크의 IoC는 앞에서 언급한 세 가지 개념과 어떤 관련이 있는가?

3.5.1 제어 반전

먼저 제어 반전에 대해 살펴보자. Java에 익숙한 경우 Spring 프레임워크의 IoC가 바로 떠오르겠지만, 여기에서 다루는 제어 반전은 당분간 Spring 프레임워크와 무관하다는 것을 명심하자. Spring 프레임워크의 IoC에 대해서는 뒤에서 소개할 것이다.

예제 코드를 통해 제어 반전에 대해 살펴보자.

```java
public class UserServiceTest {
  public static boolean doTest() {
    ...
  }

  public static void main(String[] args) { // 이 코드는 프레임워크에 넣을 수 있음
    if (doTest()) {
      System.out.println("Test succeed.");
    } else {
      System.out.println("Test failed.");
    }
  }
}
```

이 코드는 어떠한 테스트 프레임워크에도 의존하지 않는 테스트 코드로서, 테스트 코드의 실행 과정을 외부에서 직접 작성하고 제외할 수 있는 코드다. 하지만 이 코드에서 테스트 프레임워크를 추상화할 수 있기 때문에 다음 예제 코드처럼 변경할 수 있다.

```java
public abstract class TestCase {
  public void run() {
    if (doTest()) {
```

```
      System.out.println("Test succeed.");
    } else {
      System.out.println("Test failed.");
    }
  }

  public abstract boolean doTest();
}

public class JunitApplication {
  private static final List<TestCase> testCases = new ArrayList<>();

  public static void register(TestCase testCase) {
    testCases.add(testCase);
  }

  public static final void main(String[] args) {
    for (TestCase testCase: testCases) {
      testCase.run();
    }
  }
}
```

이 코드는 테스트 프레임워크를 단순화한 것으로, 이후 특정 클래스를 테스트하려면 TestCase 클래스의 실행 흐름을 담당하는 main() 함수를 직접 작성할 필요 없이 프레임워크에서 제공하는 확장 포인트인 doTest() 추상 메서드에 테스트 코드를 채우기만 하면 된다. 예제 코드를 살펴보자.

```
public class UserServiceTest extends TestCase {
  @Override
  public boolean doTest() {
    ...
  }
}
// 명시적으로 register()를 호출하여 등록하는 대신 설정을 통해 구현할 수도 있다.
JunitApplication.register(new UserServiceTest());
```

위의 예제 코드는 프레임워크를 통해 구현한 **제어 반전**의 일반적인 형태이다. 프레임워크는 객체를 조합하고 전체 실행 흐름을 관리하기 위한 확장 가능한 코드 **골격**을 제공한다. 프로그래머가 프레임워크를 사용할 때는 제공되는 확장 포인트에 비즈니스 코드를 작성하는 것만으로 전체 프로그램이 실행된다.

여기서 **제어**는 프로그램의 실행 흐름을 제어하는 것을 의미하며, **역전**이 되는 대상은 프레임워크를 사용하기 전에 직접 작성했던 전체 프로그램 흐름의 실행을 제어하는 코드다. 프레임워크를 사용한 후 전체 프로그램의 실행 흐름은 프레임워크에 의해 **제어**되고, 흐름의 제어는 프로그래머에서 프레임워크로 **역전**되는 것이다.

사실 제어 반전을 구현하는 방법에는 여러 가지가 있는데, 위의 예제 코드에서 살펴봤던 템플릿 디자인 패턴과 유사한 방법 외에도 이존성 주입 등이 방법이 있다. 따라서 제어 반전은 특정한 기술이 아니라 일반적으로 프레임워크를 사용할 때 만나게 되는 보편적인 설계 사상에 가깝다.

3.5.2 의존성 주입

제어 반전과 달리 의존성 주입은 특정한 프로그래밍 기술이다. 따라서 의존성 주입은 이해하거나 적용하기 쉬울 뿐만 아니라 매우 유용하다.

의존성 주입을 한 문장으로 요약하면 new 예약어를 사용하여 클래스 내부에 종속되는 클래스의 객체를 생성하는 대신, 외부에서 종속 클래스의 객체를 생성한 후 생성자, 함수의 매개변수 등을 통해 클래스에 주입하는 것을 의미한다. 예제 코드는 다음과 같다.

```java
public class Notification {
  private MessageSender messageSender;

  public Notification(MessageSender messageSender) {
    this.messageSender = messageSender; // new를 사용하는 대신 의존성 주입
  }

  public void sendMessage(String cellphone, String message) {
    this.messageSender.send(cellphone, message);
  }
}

public interface MessageSender {
  void send(String cellphone, String message);
}

// 문자 메시지 발송 클래스
public class SmsSender implements MessageSender {
  @Override
  public void send(String cellphone, String message) {
    ...
  }
```

```
  }

  // 내부 문자 발송 클래스
  public class InboxSender implements MessageSender {
    @Override
    public void send(String cellphone, String message) {
      ...
    }
  }
  // Notification 사용
  MessageSender messageSender = new SmsSender();
  Notification notification = new Notification(messageSender);
```

만약 위의 예제 코드를 이해할 수 있다면 의존성 주입의 프로그래밍 기술을 마스터한 것과 다름
없다. 5.3절에서는 의존성 주입이 테스트 가능한 코드를 작성하는 효과적인 수단이라는 것을 살펴
볼 것이다.

3.5.3 의존성 주입 프레임워크

의존성 주입에 이어 **의존성 주입 프레임워크**dependency injection framework에 대해 알아보자.

위에서 살펴본 Notification 클래스의 예제 코드에서는 의존성 주입을 적극적으로 도입한 결과,
클래스 내부에서 new 예약어를 통해 MessageSender 객체를 직접 생성할 필요가 없게 되었지만, 그
럼에도 여전히 객체 생성, 조합, 의존성 주입 등의 코드 논리는 프로그래머가 직접 작성해야만 한
다. 물론 이 코드는 클래스 내부가 아니라 상위 코드로 옮겨진다는 차이점이 있으며, 다음 예제와
같이 작성될 수 있다.

```
public class Demo {
  public static final void main(String args[]) {
    MessageSender sender = new SmsSender(); // 객체 생성
    Notification notification = new Notification(sender); // 의존성 주입

    notification.sendMessage("010********", "인증 번호: 2346");
  }
}
```

실제 소프트웨어 개발 시에는 수십, 수백 개의 클래스가 필요할 수 있으며, 이에 따라 클래스 객체
의 생성과 의존성 주입은 매우 복잡해진다. 만약 이 작업을 프로그래머가 직접 코드를 작성하는
방식으로 진행한다면 오류가 발생하기 쉽고 개발 리소스도 많이 든다. 더군다나 객체 생성과 의존

성 주입은 비즈니스 논리에 속하지 않기 때문에 프레임워크에 의해 자동으로 완성되는 코드 형태로 완전히 추상화될 수 있다. 그리고 이러한 프레임워크를 **의존성 주입 프레임워크**라고 한다.

의존성 주입 프레임워크를 사용하면 생성해야 하는 모든 클래스 객체와 클래스 간의 의존성을 간단히 구성할 수 있으며, 이를 통해 프레임워크가 자동으로 객체를 생성하고, 객체의 라이프 사이클을 관리하고, 의존성 주입을 할 수 있다.

Google Guice, Spring, PicoContainer, Butterfly Container 등과 같은 많은 의존성 주입 프레임워크가 사용되고 있다. 혹자는 Spring 프레임워크를 **제어 반전 컨테이너**inversion of control container라고 부르고, 또 어떤 사람들은 Spring 프레임워크를 의존성 주입 프레임워크라고 부른다. 사실, 두 개의 표현은 모두 틀리지 않으며, 단지 제어 반전 컨테이너라는 표현이 더 광범위하고, 의존성 주입 프레임워크라는 표현이 좀 더 구체적일 뿐이다. 위에서 언급한 바와 같이 제어 반전을 구현하는 방법에는 여러 가지가 있는데 의존성 주입 외에도 템플릿 디자인 패턴 등이 있으며, Spring 프레임워크의 제어 반전은 주로 의존성 주입을 통해 이루어지므로 Spring은 의존성 주입 프레임워크로 분류하는 것이 더 정확하다.

3.5.4 의존 역전 원칙

마지막으로 이번 절의 주인공인 **의존 역전 원칙**을 살펴보자.

의존 역전 원칙에 대한 정의는 다음과 같다. 상위 모듈은 하위 모듈에 의존하지 않아야 하며, 추상화에 의존해야만 한다. 또한 추상화가 세부 사항에 의존하는 것이 아니라, 세부 사항이 추상화에 의존해야 한다.[5]

그렇다면 상위 모듈과 하위 모듈을 어떻게 구분할까? 간단히 말해서 호출자는 상위 모듈에 속하고, 수신자는 하위 모듈에 속한다. 의존 역전 원칙은 앞에서 언급했던 제어 반전과 유사하게 프레임워크의 설계를 사용하도록 하는 데 주로 사용된다. Tomcat을 예로 들어 설명해보겠다.

Tomcat은 Java 웹 애플리케이션을 실행하기 위한 컨테이너다. 우리가 작성한 웹 애플리케이션 코드는 Tomcat 컨테이너에 배포만 하면 별도의 작업 필요 없이 Tomcat 컨테이너에서 호출하고 실행할 수 있다. 앞의 정의에 따라 구분해보면 Tomcat은 **상위 모듈**이고 우리가 작성하는 웹 애플리

---

5   원문은 다음과 같다. High-level modules shouldn't depend on low-level modules. Both modules should depend on abstractions. In addition, abstractions shouldn't depend on details. Details depend on abstractions.

케이션 코드는 **하위 모듈**에 해당한다. Tomcat과 애플리케이션 코드 사이에는 직접적인 의존성이 없으며 둘 다 동일한 **추상**인 서블릿 사양에 의존한다. 서블릿 사양은 그에 의존하는 특정 Tomcat 컨테이너나 애플리케이션의 구현 세부 사항에 의존하지 않는다.

3.5.5 생각해보기

이번 절에서 살펴본 Notification 클래스에서 구현이 아닌 인터페이스 기반과 의존성 주입은 서로 유사하다. 그렇다면 이 두 가지의 차이점은 무엇인가?

3.6 KISS 원칙과 YAGNI 원칙

지금까지 고전적인 SOLID 원칙을 설명했다. 이번 절에서는 KISS 원칙과 YAGNI 원칙을 소개할 텐데, KISS 원칙은 많이 들어봤더라도 YAGNI 원칙에 대해서는 들어본 적이 없을 수 있다. 하지만 어렵지 않으므로 걱정하지 않아도 된다.

- KISS 원칙에서 **단순한**이라는 단어가 가지는 의미는 무엇일까?
- 어떤 종류의 코드를 단순한 코드라고 할 수 있을까?
- **복잡한** 코드는 어떤 코드인가?
- 간단한 코드를 작성하려면 어떻게 하면 좋을까?
- YAGNI 원칙은 KISS 원칙과 어떤 점이 다른 것인가?

위와 같은 질문들을 염두에 두면서 이번 절을 읽어보기 바란다.

3.6.1 KISS 원칙의 정의와 해석

KISS 원칙은 가능한 한 단순하게 유지하라는 대전제는 비슷하지만, 실제로 KISS에 해당하는 약자는 'Keep It Simple and Stupid', 'Keep It Short and Simple', 'Keep It Simple and Straightforward'와 같이 여러 해석이 존재한다.

KISS 원칙은 많은 상황에 적용될 수 있는 **포괄적인** 설계 원칙이다. 소프트웨어 개발분만 아니라 시스템 설계와 제품 설계에도 많이 사용된다. 예를 들면 냉장고, TV, 건물, 휴대폰의 설계에서 이 원칙을 차용하는 경우가 많다. 하지만 이 책은 코드 설계에 관한 책이므로 소프트웨어 개발에 KISS 원리를 적용하는 방법에 초점을 맞추자.

앞에서 코드의 가독성과 유지 보수성이 코드 품질을 측정하는 두 가지 중요한 기준임을 수차례 강조한 바 있다. KISS 원칙은 코드를 읽고 유지 관리할 수 있도록 해주는 중요한 수단이다. 코드가 매우 간단하기 때문에 읽기 쉬울 뿐만 아니라 버그를 찾아내기도 쉽다. 따라서 버그가 있더라도 비교적 쉽게 수정이 가능하다.

그러나 KISS 원칙은 우리에게 코드를 **단순**하게 유지하라고 말할 뿐, 어떤 종류의 코드가 단순한 것인지 알려주지 않으며, 이런 코드를 어떻게 개발해야 하는지 명확한 방법도 제공하지 않는다. 따라서 KISS 원리는 간단하지만 구현하기가 쉽지만은 않다.

3.6.2 적은 줄 수의 코드가 더 간단하지 않다

이번 절의 예제 코드는 입력 문자열 ipAddress가 유효한 IP 주소인지 확인하는 기능을 구현하는 데 세 가지 다른 방법을 사용하는 것을 보여준다. 여기서 유효한 IP 주소는 "." 문자로 구분된 4개의 숫자로 구성되며, 각 숫자는 정수로서 0부터 255까지의 값을 가질 수 있다. 단, 첫 번째 숫자는 0이 될 수 없다는 제약이 있다. 다음 코드를 보고 어떤 코드가 KISS 원칙에 부합하는지 살펴보자.

```java
// 첫 번째 코드: 정규표현식 사용
public boolean isValidIpAddressV1(String ipAddress) {
  if (StringUtils.isBlank(ipAddress)) return false;
  String regex = "^(1\\d{2}|2[0-4]\\d|25[0-5]|[1-9]\\d|[1-9])\\."
    + "(1\\d{2}|2[0-4]\\d|25[0-5]|[1-9]\\d|\\d)\\."
    + "(1\\d{2}|2[0-4]\\d|25[0-5]|[1-9]\\d|\\d)\\."
    + "(1\\d{2}|2[0-4]\\d|25[0-5]|[1-9]\\d|\\d)$";

  return ipAddress.matches(regex);
}

// 두 번째 코드: 기성 클래스 사용
public boolean isValidIpAddressV2(String ipAddress) {
  if (StringUtils.isBlank(ipAddress)) return false;
  String[] ipUnits = StringUtils.split(ipAddress, '.');
  if (ipUnits.length != 4) {
    return false;
  }
  for (int i = 0; i < 4; ++i) {
    int ipUnitIntValue;
    try {
      ipUnitIntValue = Integer.parseInt(ipUnits[i]);
    } catch (NumberFormatException e) {
```

```
      return false;
    }
    if (ipUnitIntValue < 0 || ipUnitIntValue > 255) {
      return false;
    }
    if (i == 0 && ipUnitIntValue == 0) {
      return false;
    }
  }
  return true;
}

// 세 번째 코드: 외부 클래스 없이 직접 구현
public boolean isValidIpAddressV3(String ipAddress) {
  char[] ipChars = ipAddress.toCharArray();
  int length = ipChars.length;
  int ipUnitIntValue = -1;
  boolean isFirstUnit = true;
  int unitsCount = 0;
  for (int i = 0; i < length; ++i) {
    char c = ipChars[i];
    if (c == '.') {
      if (ipUnitIntValue < 0 || ipUnitIntValue > 255) return false;
      if (isFirstUnit && ipUnitIntValue == 0) return false;
      if (isFirstUnit) isFirstUnit = false;
      ipUnitIntValue = -1;
      unitsCount++;
      continue;
    }
    if (c < '0' || c > '9') {
      return false;
    }
    if (ipUnitIntValue == -1) ipUnitIntValue = 0;
    ipUnitIntValue = ipUnitIntValue * 10 + (c - '0');
  }
  if (ipUnitIntValue < 0 || ipUnitIntValue > 255) return false;
  if (unitsCount != 3) return false;
  return true;
}
```

첫 번째 코드는 정규표현식을 활용한 단 3줄의 코드로 문제를 해결했다. 그럼 줄 수가 가장 적은
이 코드는 KISS 원칙을 준수한다고 할 수 있을까? 이미 눈치챘겠지만 그렇지 않다. 첫 번째 코드
는 코드 줄 수가 가장 적어 간단해 보이지만 실제로는 이해하기 어렵고, 더 복잡한 정규표현식을
사용하고 있어서 실제로 정규표현식을 작성할 때 버그가 전혀 나오지 않도록 하는 것은 매우 어렵

다. 더군다나 정규표현식에 익숙하지 않은 사용자에게는 정규표현식이 포함된 코드를 이해하고 유지 관리하는 것 자체가 이미 어려울 수 있다. 정규표현식 기반의 구현 방식은 코드의 가독성 및 유지 보수성이 좋지 않기 때문에 코드의 가독성 및 유지 보수성 향상을 목적으로 하는 KISS 원칙의 원래 설계 의도에 부합하지 않는다.

두 번째 코드는 StringUtils 클래스와 Integer 클래스에서 제공하는 유틸리티 함수를 사용하여 IP 주소 문자열을 처리하며, 세 번째 코드는 외부 코드의 도움을 받지 않고 IP 주소의 문자를 하나씩 처리하여 적합성 여부를 판단한다. 코드의 줄 수는 두 번째 코드나 세 번째 코드는 서로 유사하다고 할 수 있으나, 세 번째 코드는 두 번째 코드보다 작성할 때 생각해야 하는 점도 훨씬 더 많고, 버그가 발생하기 쉽다. 또한 가독성 측면에서도 두 번째 코드가 더 명확하고 이해하기 쉽다. 결론적으로 두 번째 코드가 더 **간단**할 뿐만 아니라 KISS 원칙을 따른다고 할 수 있다.

그럼 세 번째 코드는 의미가 없을까? 그렇지 않다. 세 번째 코드는 약간 더 복잡하고 잘못하면 버그가 생길 수도 있지만, 성능은 두 번째 코드보다 높다. 그렇다면 성능 관점에서 세 번째 코드를 선택하는 것이 정답일 수도 있다. 그렇다면 왜 세 번째 코드가 성능이 더 높을까? 일반적으로 범용 도구 클래스의 기능은 일반적이고 포괄적이므로 코드 구현 측면에서 더 많은 조건에서 사용될 수 있어야 하며, 처리해야 하는 범주도 넓기 때문에 실행 효율성이 약간 떨어질 수 있다. 세 번째 코드는 IP 주소의 입력 형식에 대해서만 기본 문자를 자체적으로 조작하고 다른 불필요한 처리 논리가 없기 때문에 실행 효율성 측면에서 이러한 종류의 사용자 정의 처리 코드가 범용 코드보다는 성능 면에서 확실히 우수하다.

결과적으로 세 번째 코드가 성능 면에서 가장 뛰어나지만 지나치게 특정 기능에만 최적화되어 있으므로 대부분 두 번째 코드를 선택한다. isValidIpAddress() 함수의 성능 때문에 시스템의 전체 성능이 떨어지는 문제가 발생하지 않는다면, 굳이 코드 구현이 더 어렵고 가독성을 떨어뜨리는 코드를 선택할 이유가 없다.

3.6.3 복잡한 코드가 반드시 KISS 원칙을 위반하는 것은 아니다

앞에서 언급했듯이 코드는 논리 복잡성, 구현 난이도, 코드 가독성까지도 고려되기 때문에 더 적은 수의 줄로 작성된 코드라고 해서 반드시 더 간단한 것은 아니다. 그렇다면 반대로 코드의 논리가 복잡하고 구현이 어려울 뿐만 아니라 가독성마저 좋지 않다면 해당 코드는 항상 KISS 원칙에 위배되는 것일까? 먼저 다음 코드를 살펴보자.

```
// KMP 계산: a, b는 기본 문자열과 패턴 문자열이며, n, m은 각각의 길이이다.
public static int kmp(char[] a, int n, char[] b, int m) {
  int[] next = getNexts(b, m);
  int j = 0;
  for (int i = 0; i < n; ++i) {
    while (j > 0 && a[i] != b[j]) {
      j = next[j - 1] + 1;
    }
    if (a[i] == b[j]) {
      ++j;
    }
    if (j == m) {
      return i - m + 1;
    }
  }
  return -1;
}

private static int[] getNexts(char[] b, int m) {
  int[] next = new int[m];
  next[0] = -1;
  int k = -1;
  for (int i = 1; i < m; ++i) {
    while (k != -1 && b[k + 1] != b[i]) {
      k = next[k];
    }
    if (b[k + 1] == b[i]) {
      ++k;
    }
    next[i] = k;
  }
  return next;
}
```

이 코드는 복잡한 논리, 어려운 구현, 낮은 가독성의 코드임에도 KISS 원칙을 위반하지 않는다. KMP 알고리즘은 효율적인 것으로 알려져 있는데, 수백 MB의 텍스트에서 일치하는 긴 텍스트 문자열을 찾는 문제, Vim, Word 같은 제품에서 문자열 검색 기능을 구현하거나 혹은 문자열 일치 알고리즘이 시스템 성능의 병목에 해당하는 경우 KMP 알고리즘을 선택해야 한다. 비록 KMP 알고리즘 자체는 논리가 복잡하고 구현이 어렵고 가독성이 떨어지는 특성을 가지고 있지만, 복잡한 알고리즘을 사용하여 복잡한 문제를 해결하는 것은 KISS 원리에 위배되지 않는다.

그러나 프로젝트 개발과 관련된 문자열 매칭 문제의 대부분은 작은 텍스트에 대한 것이므로, 이 경우 프로그래밍 언어에서 제공하는 기성 문자열 매칭 기능을 직접 호출할 수 있다. KMP 알고리즘을 사용하여 더 작은 텍스트의 문자열 일치 문제를 해결하려고 하는 것은 KISS 원칙에 위배된다. 즉, 동일한 코드를 기준으로 할 때, 특정 응용 시나리오에서 KISS 원칙에 위배되지 않더라도 다른 응용 시나리오에서는 KISS 원칙에 위배될 수 있다.

3.6.4 KISS 원칙을 만족하는 코드 작성 방법

KISS 원칙을 만족하는 코드를 작성하는 방법에 대해서 앞에서 언급했던 방법들을 정리하면 다음과 같다.

- 복잡한 정규표현식, 프로그래밍 언어에서 제공하는 지나치게 높은 레벨의 코드 등 지나치게 복잡한 기술을 사용하여 코드를 구현하지 않는다.
- '바퀴를 다시 발명reinvent the wheel'하는 대신 기존 라이브러리를 사용하는 것을 고려한다. 라이브러리의 기능을 직접 구현하면 버그가 발생할 확률이 높아지고 유지 관리 비용도 덩달아 높아진다.
- 과도하게 최적화하지 않는다. 코드를 최적화하기 위해 산술 연산 대신 비트 연산을 사용하거나 if-else 대신 복잡한 조건문을 사용하는 것을 최소화한다.

3.6.5 YAGNI 원칙과 KISS 원칙의 차이

YAGNIyou ain't gonna need it 원칙을 소프트웨어 개발에 적용하면, 현재 사용되지 않는 기능을 설계하지 말고 현재 사용되지 않는 코드를 작성하지 않는다는 의미가 된다. 즉, 과도하게 설계하지 말라는 것이다. KISS 원칙과 마찬가지로 YAGNI 원칙은 **포괄적인** 설계 원칙이라고 할 수 있다.

현재 Redis를 사용하여 설정 정보를 저장하고 있는 시스템은 추후 업그레이드되면서 ZooKeeper를 사용하게 될 수도 있다. 하지만 YAGNI 원칙에 따르면 ZooKeeper를 사용하기 전에 추후 사용될 코드를 고려하여 미리 작성할 필요가 없다. 물론 이것이 코드의 확장성을 고려할 필요가 없다는 뜻은 아니다. 확장 포인트의 구현은 여전히 중요하며, ZooKeeper를 도입해야 하는 경우 코드를 전면적으로 수정하지 않고도 목적을 달성할 수 있다.

또한 프로젝트에 현재 필요하지 않은 개발 패키지를 미리 도입하지 않도록 한다. Java 프로그래머는 프로젝트가 의존하는 클래스 라이브러리를 관리하기 위해 종종 Maven이나 Gradle을 사용하는데, 이때 Maven과 Gradle 설정 파일을 자주 수정하여 불필요한 공통 클래스 라이브러리를 대량으로 프로젝트에 미리 적용하는 경우가 있다. 하지만 이러한 관행은 YAGNI 원칙에 위배된다.

지금까지 이야기한 내용에서 알 수 있듯이 YAGNI 원칙과 KISS 원칙은 다르다. KISS 원칙은 가능한 한 간단하게 유지하라는 **방법**에 관한 것이지만, YAGNI 원칙은 현재 필요하지 않은 것을 미리 하지 말라는 **금지**에 관한 것이다.

3.6.6 생각해보기

개발 과정에서 이른바 '바퀴를 다시 발명'하는 행위에 대해 어떻게 생각하는지 이야기해보자.

3.7 DRY 원칙

DRYdon't repeat yourself 원칙은 흔히 중복 코드를 작성하지 말라는 뜻으로 번역된다. 하지만 많은 사람들이 **중복**이라는 단어를 프로젝트에 동일한 코드가 여러 개 존재하는 것으로 착각한다. 하지만 실제로 두 개의 동일한 중복 코드가 반드시 DRY 원칙에 위배되는 것은 아니다. 애초에 코드 자체는 DRY 원칙의 위반 대상에 포함되지 않는다. 이번 절에서는 DRY 원칙에서 말하는 중복이 무엇인지에 대해 중점적으로 알아볼 것이다.

3.7.1 코드 논리의 중복

다음 코드를 살펴보자. DRY 원칙을 위반하고 있는가? 만약 위반했다면 어떤 식으로 리팩터링해야 할까? 만약 위반하지 않았다면 그 이유는 무엇일까?

```
public class UserAuthenticator {
  public void authenticate(String username, String password) {
    if (!isValidUsername(username)) {
      // InvalidUsernameException 예외 발생
    }
    if (!isValidPassword(password)) {
      // InvalidPasswordException 예외 발생
    }
    // ...일부 코드 생략...
  }

  private boolean isValidUsername(String username) {
    if (StringUtils.isBlank(username)) {
      return false;
    }
```

```
      int length = username.length();
      if (length < 4 || length > 64) {
        return false;
      }

      if (!StringUtils.isAllLowerCase(username)) {
        return false;
      }

      for (int i = 0; i < length; ++i) {
        char c = username.charAt(i);
        if (!(c >= 'a' && c <= 'z') || (c >= '0' && c <= '9') || c == '.') {
          return false;
        }
      }
      return true;
    }

  private boolean isValidPassword(String password) {
      if (StringUtils.isBlank(password)) {
        return false;
      }

      int length = password.length();
      if (length < 4 || length > 64) {
        return false;
      }

      if (!StringUtils.isAllLowerCase(password)) {
        return false;
      }

      for (int i = 0; i < length; ++i) {
        char c = password.charAt(i);
        if (!(c >= 'a' && c <= 'z') || (c >= '0' && c <= '9') || c == '.') {
          return false;
        }
      }

      return true;
    }
}
```

이 코드에서 isValidUserName() 함수와 isValidPassword() 함수에는 동일한 코드 논리가 많이 포함되어 있으며, 이는 마치 DRY 원칙을 분명히 위반하는 것처럼 보인다. 중복된 코드 논리를 제거하기 위해 isValidUserName() 함수와 isValidPassword() 함수를 하나의 isValidUserName

OrPassword() 함수로 병합하게 리팩터링하면 DRY 원칙을 만족할 것 같기도 하다. 이런 논리로 리팩터링한 코드는 다음과 같다.

```java
public class UserAuthenticatorV2 {
  public void authenticate(String userName, String password) {
    if (!isValidUsernameOrPassword(userName)) {
      // InvalidUsernameException 예외 발생
    }

    if (!isValidUsernameOrPassword(password)) {
      // InvalidPasswordException 예외 발생
    }
  }

  private boolean isValidUsernameOrPassword(String usernameOrPassword) {
    // 기존의 isValidUsername(), isValidPassword() 함수와 동일한 코드
    return true;
  }
}
```

리팩터링 후 코드 크기가 줄어들고 반복적인 코드 논리가 제거됐음에도, 이 리팩터링은 근본적으로 잘못된 것이다.

isValidUserName() 함수와 isValidPassword() 함수는 코드 논리는 중복되지만, 의미적으로는 사용자 이름을 확인하는 일과 암호를 확인하는 일로 서로 전혀 다른 일을 하는 함수이며 실제로는 반복되는 함수라고 할 수 없다. 현재 코드상으로는 사용자 이름과 암호를 확인하는 논리가 완전히 동일하지만, 요구 사항이 변경되는 순간 이 코드는 전면적으로 리팩터링을 해야 하는 잠재적인 문제가 발생할 수 있다. 예를 들어 비밀번호에 대문자가 들어가야 하거나, 길이를 8문자 이상으로 제한하는 등, 요구 사항이 변경되면 다시 isValidUserNameOrPassword() 함수를 사용자 이름을 확인하는 용도로 사용되는 isValidUserName() 함수와 암호를 확인하는 용도로 사용되는 isValidPassword() 함수로 분할해야 한다.

이와 같이 앞에서 살펴본 예제 코드는 논리는 동일하지만 의미가 다르기 때문에 DRY 원칙에 위배되지 않는다. 만약 이러한 반복적인 코드 논리가 자주 나타난다면 보다 세분화된 기능을 추상화하여 해결할 수 있다. 예를 들어 원하는 특정 문자만 포함하는지를 확인하는 논리를 별도로 분리하여 boolean onlyContains(String str, String charlist)와 같이 캡슐화한 후, isValidUserName() 함수와 isValidPassword() 함수에서 이 함수를 호출하는 것이다.

3.7.2 기능적(의미론적) 중복

만약 프로젝트 코드에 isValidIp() 함수와 checkIfIpValid() 함수가 존재할 때, 함수의 이름이 다르고, 코드 논리도 다를 수 있지만 실제로 두 함수는 모두 IP 주소가 적합한지 여부를 판단하는 데 사용된다는 것을 알 수 있다. 이와 같이 같은 프로젝트에 동일한 기능의 함수가 중복하여 존재하는 이유는, 두 함수가 서로 다른 개발자에 의해 개발되었을 뿐만 아니라 이미 isValidIp() 함수가 있음에도 해당 함수의 존재를 파악하지 못한 채 checkIfIpValid() 함수를 정의하고 구현했기 때문이다. 이와 같이 같은 프로젝트에서 같은 기능을 하는 기능이 중복 구현되어 있다면 DRY 원칙 위반일까?

```java
public boolean isValidIp(String ipAddress) {
  if (StringUtils.isBlank(ipAddress)) return false;
  String regex = "^(1\\d{2}|2[0-4]\\d|25[0-5]|[1-9]\\d|[1-9])\\."
        + "(1\\d{2}|2[0-4]\\d|25[0-5]|[1-9]\\d|\\d)\\."
        + "(1\\d{2}|2[0-4]\\d|25[0-5]|[1-9]\\d|\\d)\\."
        + "(1\\d{2}|2[0-4]\\d|25[0-5]|[1-9]\\d|\\d)$";
  return ipAddress.matches(regex);
}

public boolean checkIfIpValid(String ipAddress) {
  if (StringUtils.isBlank(ipAddress)) return false;
  String[] ipUnits = StringUtils.split(ipAddress, '.');
  if (ipUnits.length != 4) {
    return false;
  }
  for (int i = 0; i < 4; ++i) {
    int ipUnitIntValue;
    try {
      ipUnitIntValue = Integer.parseInt(ipUnits[i]);
    } catch (NumberFormatException e) {
      return false;
    }
    if (ipUnitIntValue < 0 || ipUnitIntValue > 255) {
      return false;
    }
    if (i == 0 && ipUnitIntValue == 0) {
      return false;
    }
  }
  return true;
}
```

3.7.1절에서 살펴본 예제 코드는 코드의 논리가 중복되지만 의미는 중복되지 않으므로 DRY 원칙에 위배되지 않는다. 반면 앞의 예제 코드는 비록 코드 논리가 중복되지 않지만 의미적인 중복, 즉기능이 중복되므로 DRY 원칙에 위배된다고 할 수 있다. 동일한 프로젝트에서는 IP 주소가 적합한지를 판단하기 위해 모든 코드는 동일한 기능을 호출해야 한다.

어떤 코드는 `isValidIp()` 함수를 호출하고, 다른 코드는 `checkIfIpValid()` 함수를 호출하게 되면 코드의 가독성과 유지 보수성이 나빠진다. 예를 들어 이 코드를 본 다른 사람들은 왜 같은 일을 하는 함수가 두 개 존재하는지 의아해할 것이다. 다른 예를 들어보자. 프로젝트에서 IP 주소가 적합한지 판단하는 규칙을 변경하여 더 이상 255.255.255.255는 적합한 IP 주소로 취급되지 않는 상황에서, 두 개의 함수 중 `isValidIp()` 함수만 수정되는 경우 이는 추후 찾아내기 어려운 버그가 된다.

3.7.3 코드 실행의 중복

다음 예제 코드에서는 `UserService` 클래스의 `login()` 함수를 사용하여 사용자 로그인의 성공 여부를 확인하는데, 로그인에 성공하면 사용자 정보가 반환되고 로그인에 실패하면 예외가 발생한다. 이 코드는 DRY 원칙을 위반할까?

```
public class UserService {
  private UserRepo userRepo;  // 의존성 주입 또는 제어 반전으로 주입

  public User login(String email, String password) {
    boolean existed = userRepo.checkIfUserExisted(email, password);
    if (!existed) {
      // AuthenticationFailureException 예외 발생
    }
    User user = userRepo.getUserByEmail(email);
    return user;
  }
}

public class UserRepo {
  public boolean checkIfUserExisted(String email, String password) {
    if (!EmailValidation.validate(email)) {
      // InvalidEmailException 예외 발생
    }
    if (!PasswordValidation.validate(password)) {
      // InvalidPasswordException 예외 발생
    }
```

```
    // 사용자 정보에서 해당 email, password가 존재하는지 확인하는 코드 생략
  }

  public User getUserByEmail(String email) {
    if (!EmailValidation.validate(email)) {
      // InvalidEmailException 예외 발생
    }
    // ...주어진 이메일에 해당하는 사용자가 있는지 확인하는 코드 생략...
  }
}
```

이 코드는 논리적 중복이나 의미적 중복이 없지만 코드에 실행 중복이 있기 때문에 여전히 DRY 원칙에 위배된다. 실행 중복 중 비교적 명백한 것은 login() 함수에서 checkIfUserExisted() 함수를 호출할 때와 getUserByEmail() 함수를 호출할 때, 이메일 확인 논리가 두 번 실행되는 부분이다. 이 문제는 비교적 쉽게 해결할 수 있는데, 이메일 확인 논리를 UserRepo 클래스에서 UserService 클래스로 옮기면 된다.

하지만 이 밖에도 숨어 있는 실행 중복이 있다. 사실 login() 함수는 checkIfUserExisted() 함수를 호출할 필요 없이 getUserByEmail() 함수만 호출해도 된다. 굳이 이메일을 확인하기 위해 데이터베이스에 접근했다가 다시 사용자 정보를 확인하기 위해 데이터베이스에 접근할 필요가 없는 것이다. 이러한 최적화는 checkIfUserExisted() 함수와 getUserByEmail() 함수 모두 데이터베이스에 접근하며, 데이터베이스의 처리에는 많은 리소스가 필요하기 때문에 반드시 필요하다.

위에서 설명한 대로 코드를 리팩터링하여 중복해서 실행하는 코드를 제거하고 이메일과 비밀번호를 한 번만 확인하도록 수정한 코드는 다음과 같다.

```
public class UserService {
  private UserRepo userRepo; // 의존성 주입 또는 제어 반전

  public User login(String email, String password) {
    if (!EmailValidation.validate(email)) {
      // InvalidEmailException 예외 발생
    }
    if (!PasswordValidation.validate(password)) {
      // InvalidPasswordException 예외 발생
    }
    User user = userRepo.getUserByEmail(email);
    if (user == null || !password.equals(user.getPassword())) {
      // AuthenticationFailureException 예외 발생
```

```
        }
        return user;
    }
}

public class UserRepo {
    public boolean checkIfUserExisted(String email, String password) {
        // ...사용자 정보에서 해당 email, password가 존재하는지 확인하는 코드 생략...
    }

    public User getUserByEmail(String email) {
        // ...주어진 이메일에 해당하는 사용자가 있는지 확인하는 코드 생략...
    }
}
```

3.7.4 코드 재사용성

1장에서 코드의 재사용성은 코드의 품질을 판단하는 중요한 기준이라고 언급한 바 있다. 코드의 재사용성을 향상시키는 방법에 대해 지금까지 여러 가지 방법을 소개했으며, 다시 정리하면 다음과 같이 요약할 수 있다.

▶ **코드의 결합도를 줄인다.**

고도로 결합된 코드는 특정 기능을 재사용하거나 독립적인 모듈, 클래스, 함수로 추출하려고 할 때, 일부 코드의 동작이 전체에 영향을 미치며, 일부 코드를 분리하기 위해 보다 많은 코드를 재배치해야 하는 경우가 많다. 따라서 결합도가 높은 코드는 코드의 재사용성에 영향을 미치며, 이를 피하기 위해 코드의 결합도를 최소화할 필요가 있다.

▶ **단일 책임 원칙을 충족시켜야 한다.**

모듈이나 클래스의 책임이 충분히 단일하지 않은데, 설계가 거대하다면 해당 모듈이나 클래스에 의존하는 더 많은 코드가 있을 것이며, 반대로 이 모듈이나 클래스도 다른 코드에 많이 의존하고 있을 것이다. 이는 코드의 결합도를 증가시키고 재사용성에 영향을 미친다. 또한 코드의 단위가 작을수록 범용성이 향상되고, 재사용이 더 쉬워진다.

▶ **코드의 모듈화는 필수다.**
여기서 **모듈**은 클래스의 모음뿐만 아니라 단일 클래스나 함수로도 이해할 수 있다. 기능적으로 독립적인 코드를 모듈로 캡슐화하는 방법을 익혀둘 필요가 있다. 모듈은 재사용하기 쉽고 복잡한 시스템을 구축하는 데 직접 사용할 수 있는 빌딩 블록과 같다.

▶ **비즈니스 논리와 비즈니스 논리가 아닌 부분을 분리할 필요가 있다.**
특정 비즈니스와 관련이 없는 코드는 재사용하기 쉽고, 특정 비즈니스에서 사용되는 코드는 재사용이 어렵다. 비즈니스와 관련 없는 코드를 재사용하려면 비즈니스 논리에서 비즈니스와 관련 없는 논리를 분리하여 공통 프레임워크, 클래스 라이브러리, 구성 요소로 추출해야 한다.

▶ **일반적인 코드는 하위 계층으로 내려보낸다.**
계층화 관점에서 하위 계층의 코드는 재사용하기 쉽다. 일반적인 경우 코드가 계층으로 분리되면, 교차 호출로 인한 호출 관계의 혼동을 피하기 위해 상위 계층의 코드가 하위 계층의 코드를 호출하는 작업과 동일 계층의 코드끼리 호출하는 작업만 허용하고, 하위 계층의 코드가 상위 계층의 코드를 호출하는 작업을 금지한다. 따라서 일반적인 코드는 상위 계층 시스템에서 재사용할 수 있도록 하위 계층으로 내려보내야 한다.

▶ **상속, 다형성, 추상화, 캡슐화를 활용한다.**
상속을 사용하면 공통 코드가 상위 클래스로 추출되고 하위 클래스는 상위 클래스의 속성과 메서드를 재사용할 수 있게 된다. 또한 더 추상적인 코드일수록 재사용이 더 쉽다. 코드는 세부 정보를 숨기고 변경되지 않는 인터페이스를 노출하며 재사용하기 쉬운 모듈로 캡슐화된다.

▶ **애플리케이션 템플릿과 같은 디자인 패턴을 활용하면 코드 재사용성을 향상시킬 수 있다.**
예를 들어 템플릿 메서드 패턴은 코드의 일부를 유연하게 교체할 수 있는 다형성을 사용하여 전체 프로세스의 템플릿 코드를 재사용할 수 있게 해준다. 코드의 재사용성을 향상시키기 위해 디자인 패턴을 적용하는 방법에 대해서는 다음 장에서 설명할 예정이다.

이 밖에도 제네릭 프로그래밍과 같이 일부 프로그래밍 언어에서 제공되는 기능들이 코드 재사용성을 향상시킬 수 있다. 위에서 나열한 방법들을 따르는 것도 중요하지만 그 이상으로 의식적으로 코드 재사용을 하겠다는 마음을 가지는 것이 훨씬 더 중요하다. 코드를 작성할 때마다 현재 작성 중인 코드를 필요에 따라 독립적인 모듈, 클래스, 함수로 사용할 수 있는지 고려해야 한다. 그리고 모듈, 클래스, 함수를 설계할 때 외부 API를 설계하는 것과 동일한 방식으로 재사용성을 고려해야 한다.

물론 재사용 가능한 코드를 작성하는 것은 쉬운 일이 아니다. 코드를 작성하는 시점에 해당 코드의 재사용에 관련된 요구 사항이 있다면, 해당 요구 사항에 따라 재사용 가능한 코드를 개발하는 것은 어렵지 않다. 반면에 당장 재사용할 코드가 아니라 단순하게 언젠가는 재사용할 것이라는 막연한 생각을 가지고 있다면, 향후 코드가 어떤 식으로 재사용될지 예측하기 어렵다.

명시적인 재사용 요구 사항이 없다면, 현재 불필요한 재사용 요구 사항에 대해 너무 많은 개발 리소스를 투자하는 것은 권장되지 않으며 이는 앞서 이야기한 YAGNI 원칙에도 위배된다.

여러 분야에 다양하게 언급되는 **3의 법칙**rule of three이라는 유명한 법칙이 있다. 이 원칙을 코드 개발에 적용하면, 처음 코드를 작성할 때는 재사용성을 고려하지 않고, 나중에 재사용 시나리오를 만나면 다시 사용할 수 있도록 리팩터링하면 된다.

3.7.5 생각해보기

코드 논리의 중복, 기능적 (의미론적) 중복, 코드 실행의 중복 외에 또 어떤 형태의 코드 중복이 있을까? 그리고 그러한 형태의 코드 중복은 DRY 원칙을 위반하는지 생각해보자.

3.8 LoD

이번 절에서는 3장의 시작 부분에서 설계 원칙 중 마지막으로 언급된 **데메테르의 법칙**law of Demeter, LoD에 대해 살펴볼 것이다. 비록 LoD는 앞에서 살펴본 SOLID, KISS, DRY 원칙만큼 잘 알려져 있는 것은 아니지만, 매우 유용한 법칙이다. 이 설계 원칙은 코드에서 **높은 응집도**high cohesion와 **낮은 결합도**loose coupling를 달성하는 데 도움이 될 수 있다.

3.8.1 높은 응집도와 낮은 결합도에 대한 생각

높은 응집도와 낮은 결합도는 코드의 가독성과 유지 보수성을 효과적으로 향상시키고 기능 변경으로 인한 코드 변경 범위를 줄일 수 있는 매우 중요한 설계 사상이다. 떠올려보면 앞에서 이 설계 사상을 여러 차례 언급했는데, 단일 책임 원칙, 구현보다 인터페이스 기반 프로그래밍 등 많은 설계 원칙이 코드의 높은 응집도와 낮은 결합도를 달성하는 것을 목표로 하고 있다.

높은 응집도와 낮은 결합도는 시스템, 모듈, 클래스, 함수의 설계와 개발뿐만 아니라 마이크로 서비스, 프레임워크, 구성 요소, 클래스 라이브러리의 설계와 개발에도 적용될 수 있다. 여기에서는 클래스를 대상으로 설명하지만, 다른 응용 시나리오에도 쉽게 응용할 수 있을 것이다.

높은 응집도는 클래스 자체의 설계에 사용된다. 즉, 유사한 기능은 동일한 클래스에 배치되어야 하고, 유사하지 않은 기능은 다른 클래스로 분리해야 함을 의미한다. 대부분 유사한 기능끼리 수정되는 경우가 많기 때문에 같은 클래스에 배치하면 코드를 수정하거나 유지 보수하기 쉬워진다. 단일 책임 원칙은 높은 코드 응집도를 달성하기 위한 효과적인 설계 원칙이다.

낮은 결합도는 클래스 간의 의존성 설계에 사용되는데, 코드에서 클래스 간의 의존성이 단순하고 명확해야 함을 의미한다. 두 클래스가 종속 관계에 있을 때, 둘 중 어느 한 쪽의 클래스를 수정하더라도 다른 클래스의 코드가 거의 수정되지 않아야 한다. 앞에서 설명했던 의존성 주입, 인터페이스 분리, 구현이 아닌 인터페이스 기반 프로그래밍, LoD 모두 낮은 코드 결합도를 달성하는 것에 관한 것이다.

응집도와 **결합도**는 완전히 독립적이지 않기 때문에, 높은 응집도는 낮은 결합도를 이끌어내며, 반면에 낮은 결합도는 높은 응집도로 이어진다. 예를 들어 그림 3.1 (a)의 코드 구조는 **높은 응집도**와 **낮은 결합도**를 보여주고, 그림 3.1 (b)의 코드 구조는 **낮은 응집도**와 **높은 결합도**를 보여준다.

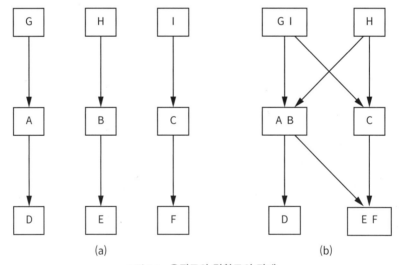

그림 3.1 응집도와 결합도의 관계

그림 3.1 (a)의 코드 구조에서 각 클래스는 단일 책임을 가지기 때문에, 분리 가능한 기능은 서로 다른 클래스에 배치되어 코드의 응집도가 높다. 또한 단일 책임으로 인해 각 클래스는 더 적은 수의 클래스에 종속되고 코드의 결합도도 낮다. 어떤 클래스를 수정하는 경우, 이 수정이 영향을 미

치는 범위는 단일 종속 클래스에 한정된다. 반면 그림 3.1 (b) 같은 구조에서는 클래스의 책임이 단일하지 않고 기능의 범위는 크고 서로 관계가 없는 기능끼리 동일한 클래스에 배치되어 복잡한 의존성을 초래한다. 또한 클래스를 수정해야 할 때 더 많은 클래스가 영향을 받는다. 정리하면 응집도가 높고 결합도가 낮은 코드일수록 그 구조가 단순하고 명확하며, 그에 따라 코드의 가독성과 유지 보수성이 높아지는 것을 알 수 있다.

3.8.2 LoD의 정의

LoD라는 이름만으로는 이 설계 원칙이 무엇인지 전혀 알 수 없다. 실제로 LoD는 **최소 지식의 원칙** the least knowledge principle이라고도 한다.

최소 지식의 원칙은 모든 유닛이 자신과 매우 **밀접하게 관련된** 유닛에 대해서 **제한된 지식**만 알아야 한다. 또는 모든 유닛은 자신의 친구들에게만 이야기해야 하며, 알지 못하는 유닛과는 이야기하면 안 된다.[6]

대부분의 설계 원칙과 사상은 매우 추상적이며 사람마다 해석이 다를 수 있기 때문에 실제 개발에 유연하게 적용하려면 실무적인 경험이 필요하며, LoD도 예외는 아니다. 필자는 과거의 경험과 그에 따른 이해에 따라 LoD를 이렇게 정리했다. 첫 번째, 직접 의존성이 없어야 하는 클래스 사이에는 반드시 의존성이 없어야 하며, 두 번째, 의존성이 있는 클래스는 필요한 인터페이스에만 의존해야 한다.

위와 같이 LoD는 두 가지 내용으로 구성되어 있음을 알 수 있는데, 예제 코드를 통해 이 두 가지 내용을 자세하게 알아보자.

3.8.3 정의 해석 및 첫 번째 예제 코드

먼저 앞에서 설명한 LoD의 정의에서 첫 번째 문장을 살펴보자. 직접 의존성이 없어야 하는 클래스 사이에는 반드시 의존성이 없어야 한다고 언급했다. 이에 대해 간단한 예제 코드를 통해 설명해보겠다. 이 예제 코드는 웹 페이지를 **크롤링**crawling하는 단순화된 검색 엔진의 기능을 구현하고 있다. 이 코드에는 3개의 클래스가 포함되어 있는데, 그중 `NetworkTransporter` 클래스는 기본적인 네트워크 통신을 담당하고 있으며, 요청에 따라 데이터를 가져오고, `HtmlDownloader` 클래스는

---

6 원문은 다음과 같다. Each unit should have only limited knowledge about other units: only units "closely" related to the current unit. Or: Each unit should only talk to its friends; Don't talk to strangers.

URL을 통해 웹 페이지를 가져온다. 그리고 Document 클래스는 웹 페이지 문서를 표시하고, 문서의 내용을 분석하여 추출한다. 구체적인 코드는 다음과 같다.

```java
public class NetworkTransporter {
  // ...속성과 일부 메서드 생략...
  public Byte[] send(HtmlRequest htmlRequest) {
    ...
  }
}

public class HtmlDownloader {
  private NetworkTransporter transporter;  // 설정 함수 또는 IoC 주입으로 설정

  public Html downloadHtml(String url) {
    Byte[] rawHtml = transporter.send(new HtmlRequest(url));
    return new Html(rawHtml);
  }
}

public class Document {
  private Html html;
  private String url;

  public Document(String url) {
    this.url = url;
    HtmlDownloader downloader = new HtmlDownloader();
    this.html = downloader.downloadHtml(url);
  }
  ...
}
```

이 코드는 기본적인 기능을 구현하기는 했지만, 설계상 많은 결함을 가지고 있다.

먼저 NetworkTransporter 클래스를 살펴보자. NetworkTransporter 클래스는 저수준 네트워크 통신 클래스라서 HTML 페이지를 다운로드하는 역할만 하는 것이 아니라 좀 더 일반화된 기능을 구현해야 한다. 따라서 HtmlRequest 클래스에 직접 의존하지 않아야 한다. 이러한 관점에서 보면 NetworkTransporter 클래스의 설계는 LoD를 위반하고 있다.

LoD를 충족하도록 NetworkTransporter 클래스를 리팩터링하는 방법은 무엇일까? 비교를 통해 예를 들어보자. 우리가 상점에 가서 물건을 고르고 계산을 할 때, 계산하는 직원에게 직접 지갑을 주고 돈을 꺼내 가도록 하는 사람은 아마 없을 것이다. 대신 직접 돈을 지갑에서 꺼내 계산

하는 직원에게 건넬 것이다. 여기서 HtmlRequest 클래스는 지갑에 해당하며, HtmlRequest 클래스의 address 속성과 content 속성은 돈에 해당한다. 참고로 HtmlRequest 클래스의 정의는 앞의 코드에 포함되어 있지 않으나, 웹 페이지 다운로드 주소를 나타내는 address 속성과 웹 페이지의 내용을 의미하는 content 속성을 가지고 있다. NetworkTransporter 클래스는 계산하는 직원에 해당한다. 따라서 이 경우에는 HtmlRequest 클래스를 NetworkTransporter 클래스에 전달하는 대신, address 속성과 content 속성을 NetworkTransporter 클래스에 전달해야 하며, NetworkTransporter 클래스가 address 속성과 content 속성을 스스로 가져오도록 해야 한다. 이 설계에 따라 리팩터링하면 다음과 같다.

```
public class NetworkTransporter {
  // ...속성과 일부 메서드 생략...

  public Byte[] send(String address, Byte[] content) {
    ...
  }
}
```

이번에는 HtmlDownloader 클래스를 보자. HtmlDownloader 클래스의 기존 설계에는 문제가 없었지만, NetworkTransporter 클래스에서 send() 메서드의 정의를 수정했고 HtmlDownloader 클래스가 send() 함수를 호출하고 있었으므로 관련 부분이 수정되어야 한다.

```
public class HtmlDownloader {
  private NetworkTransporter transporter;  // 설정 함수 또는 IoC 주입으로 설정

  public Html downloadHtml(String url) {
    HtmlRequest htmlRequest = new HtmlRequest(url);
    Byte[] rawHtml = transporter.send(htmlRequest.getAddress(),
        htmlRequest.getContent().getBytes());
    return new Html(rawHtml);
  }
}
```

마지막으로 Document 클래스를 살펴보자. Document 클래스에는 다음과 같은 세 가지 문제가 있다.

* 생성자에서 downloader.downloadHtml() 메서드를 호출하는데, 생성자는 객체를 생성하기 위한 도구로 실행 시간이 오래 걸리거나 오류가 발생할 가능성이 있는 작업은 피해야 한다. 또한 생성자에 포함된 코드는 테스트가 매우 까다롭기 때문에 다른 곳으로 옮겨야 한다.

- HtmlDownloader 클래스의 객체가 생성자 내에서 new 예약어에 의해 생성되는데, 이러한 형태는 구현이 아닌 인터페이스 기반의 설계를 위반하기 때문에 테스트에 어려움이 생길 수밖에 없다.
- Document 클래스는 HtmlDownloader 클래스에 의존해서는 안 됨에도 불구하고 종속되어 있기 때문에 LoD를 위반하고 있다.

하지만 이 세 가지 문제는 한 가지만 수정하면 모두 해결되는데, 수정된 결과는 다음과 같다.

```java
public class Document {
  private Html html;
  private String url;

  public Document(String url, Html html) {
    this.html = html;
    this.url = url;
  }
  ...
}

// Factory 메서드로 Document 클래스 객체 생성
public class DocumentFactory {
  private HtmlDownloader downloader;

  public DocumentFactory(HtmlDownloader downloader) {
    this.downloader = downloader;
  }

  public Document createDocument(String url) {
    Html html = downloader.downloadHtml(url);
    return new Document(url, html);
  }
}
```

3.8.4 정의 해석 및 두 번째 예제 코드

이어서 앞에서 설명한 LoD 정의에서 두 번째 문장을 살펴보자. 의존성이 있는 클래스는 필요한 인터페이스에만 의존해야 한다고 언급했다. 이번에도 간단한 예제 코드를 통해 설명해보겠다. 다음 예제 코드의 Serialization 클래스는 객체의 직렬화와 역직렬화를 담당하는 코드다.

```java
public class Serialization {
  public String serialize(Object object) {
    String serializedResult = ...;
```

```
    ...
    return serializedResult;
  }

  public Object deserialize(String str) {
    Object deserializedResult = ...;
    ...
    return deserializedResult;
  }
}
```

보기에 Serialization 클래스의 설계 자체에는 문제가 없어 보인다. 하지만 이 Serialization 클래스가 일부 클래스는 직렬화만 하고, 다른 클래스는 역직렬화만 하는 시나리오에 적용되어야 한다면 LoD에 위배되는 것처럼 느껴진다. 이 원칙에 따르면 가능한 한 클래스 간의 의존성은 필요한 인터페이스에만 의존해야 하므로, 직렬화만 사용하는 클래스는 역직렬화 인터페이스에 의존해서는 안 되며, 역직렬화만 사용하는 클래스는 직렬화 인터페이스에 의존하지 않아야 한다. 따라서 Serialization 클래스를 둘로 분할하여, Serializer 클래스는 직렬화만 담당하고, Deserializer 클래스는 역직렬화만 담당하도록 해야 한다. 이렇게 분할된 후에는 직렬화를 사용하는 클래스는 Serializer 클래스에만 의존하고, 역직렬화를 사용하는 클래스는 Deserializer 클래스에만 의존하게 된다. 분할 후의 코드는 다음과 같다.

```
public class Serializer {
  public String serialize(Object object) {
    String serializedResult = ...;
    ...
    return serializedResult;
  }
}

public class Deserializer {
  public Object deserialize(String str) {
    Object deserializedResult = ...;
    ...
    return deserializedResult;
  }
}
```

그런데 이렇게 분할된 코드는 비록 LoD를 만족할지언정 높은 응집도를 갖는 코드가 아니다. 높은 응집도를 만족하려면 동일한 클래스에서는 유사한 기능만 구현해야 하며, 기능을 수정해야 할 때 수정 작업이 하나의 클래스에 집중되어야 한다. 만약 위의 예제 코드의 직렬화 구현에서 JSON을 반환하던 것이 XML을 반환하도록 수정되면 역직렬화 구현도 수정해야 한다. 즉, `Serialization` 클래스가 분할되기 전에는 클래스 하나만 수정하면 되던 것이 분할 후에는 항상 두 개의 클래스를 동시에 수정해야 하고, 수정 범위도 훨씬 더 커지는 문제가 발생한다.

그렇다면 높은 응집력을 가지면서도 LoD를 위반하지 않는 코드를 작성하려면 어떻게 해야 할까? 이 문제는 두 개의 인터페이스를 도입하는 것으로 쉽게 해결할 수 있다. 다음 코드를 보자.

```java
public interface Serializable {
  String serialize(Object object);
}

public interface Deserializable {
  Object deserialize(String text);
}

public class Serialization implements Serializable, Deserializable {
  @Override
  public String serialize(Object object) {
    String serializedResult = ...;
    ...
    return serializedResult;
  }

  @Override
  public Object deserialize(String str) {
    Object deserializedResult = ...;
    ...
    return deserializedResult;
  }
}

public class DemoClass_1 {
  private Serializable serializer;

  public Demo(Serializable serializer) {
    this.serializer = serializer;
  }
  ...
}

public class DemoClass_2 {
  private Deserializable deserializer;
```

```
  public Demo(Deserializable deserializer) {
    this.deserializer = deserializer;
  }
  ...
}
```

이 코드에서는 DemoClass_1 클래스 생성자에 직렬화와 역직렬화를 모두 가진 Serialization 클래스를 전달하고 있지만, DemoClass_1 클래스는 직렬화를 담당하는 Serializable 인터페이스에만 의존하므로, Serialization 클래스의 역직렬화 함수에는 접근이 불가능하며, 심지어 **인지**하지도 못한다. 따라서 LoD의 두 번째 부분인 의존성이 있는 클래스는 필요한 인터페이스에만 의존해야 한다는 조건을 만족하고 있다.

Serialization 클래스는 직렬화와 역직렬화의 두 가지 기능을 가지고 있으며, 직렬화만 사용하는 경우에도 역직렬화 기능이 있다는 사실을 알 수 있고, 이는 충분히 허용되는 수준이라고 말할 수 있다. 그렇다면 LoD를 만족시켜야 한다는 이유 하나만으로, 굳이 간단한 클래스가 두 개의 인터페이스를 가지게 하는 것은 과도한 설계일 수도 있다.

설계 원칙에는 옳고 그름이 없으며, 디자인 패턴의 적용이 합리적인지 판단하기 위해서는 실제로 적용되는 시나리오와 결합하여 분석할 필요가 있다.

Serialization 클래스의 경우 직렬화와 역직렬화의 두 가지 기능만 가지고 있기 때문에, 굳이 두 개의 인터페이스를 가질 필요가 없다고 생각되지만, 다음 코드와 같이 Serialization 클래스에 더 많은 기능이 추가되는 경우에는 직렬화와 역직렬화로 분할하는 것이 더 합리적일 것이다.

```
public class Serializer {
  public String serialize(Object object) { ... }
  public String serializeMap(Map map) { ... }
  public String serializeList(List list) { ... }

  public Object deserialize(String objectString) { ... }
  public Map deserializeMap(String mapString) { ... }
  public List deserializeList(String listString) { ... }
}
```

3.8.5 생각해보기

이 장에서 설명한 SOLID, KISS, YAGNI, DRY, LoD의 다섯 가지 코드 설계 원칙의 차이점에 대해 설명해보자.

코딩 규칙

설계 원칙과 디자인 패턴은 추상적인 경우가 많으며 사용 시 개인의 경험에 크게 의존하므로 부적절하게 사용하면 역효과가 날 수 있다. 반면 이 장에서 소개할 코딩 규칙은 간단할 뿐만 아니라 명확하며, 코드의 세부 사항에 집중하고, 쉽게 적용 가능하다. 코딩 규칙에 따라 코드를 작성하면 코드의 품질을 효과적으로 향상시킬 수 있다. 이 때문에 많은 프로그래머는 코딩 규칙이 설계 원칙과 디자인 패턴보다 더 중요하고 일반적인 프로젝트 개발에 더 유용하다고 생각한다. 이 장에서는 **명명**naming**과 주석**comment, **코드 스타일**code style, **코딩 팁**coding tip의 세 가지 측면에서 일반적으로 사용되는 코딩 규칙을 설명한다.

4.1 명명과 주석

프로젝트, 모듈, 패키지, API, 클래스, 함수, 변수, 매개변수는 모두 **명명**을 떼어놓고 생각할 수 없다. 명명은 코드 가독성에 큰 영향을 미치며, 프로그래머의 기본 능력과 소양을 반영하기도 한다. 따라서 가장 먼저 **명명** 규칙에 대해 알아보기로 한다.

4.1.1 긴 이름과 짧은 이름

길이의 관점에서 보면 명명은 긴 명명과 짧은 명명으로 나눌 수 있다. 긴 이름을 붙이는 것을 선호하는 사람들은 가급적 이름이 그 의미를 자세하게 표현하기를 원하는데, 그래야만 한눈에 설계 의도를 파악할 수 있기 때문이다. 반면에 짧은 이름을 붙이는 것을 선호하는 사람들은 그래야만 코드가 간결해질 수 있다고 생각한다.

명명 시 sec(← second), str(← string), num(← number), doc(← document) 등과 같은 일반적인 약어를 사용할 수 있지만, 이와 같은 약어는 주의해서 사용해야 한다. 함수의 임시 변수와 같이 사용 범위가 비교적 작은 변수의 경우, a, b, c와 같은 짧은 이름을 사용할 수 있다. 하지만 전역 변수와 같이 범위가 큰 변수의 경우 긴 이름을 사용하는 것이 좋다.

4.1.2 문맥 정보를 사용한 명명 단순화

먼저 간단한 예제 코드를 살펴보자.

```
public class User {
  private String userName;
  private String userPassword;
  private String userAvatarUrl;
  ...
}
```

User 클래스에서는 멤버 변수의 이름을 지정할 때 굳이 user 접두사를 사용할 필요 없이, 멤버 변수의 이름을 name, password, avatarUrl로 지정하면 된다. 이러한 멤버 변수를 사용할 때는 객체의 콘텍스트 정보를 통해 명확하게 표현할 수 있으며, 예제 코드는 다음과 같다.

```
User user = new User();
user.getName();  // user 객체의 콘텍스트 정보를 통해 user의 name임을 알 수 있다
```

클래스 외에도 함수에 대한 콘텍스트 정보를 사용하여 함수 매개변수의 이름을 단순화할 수도 있다. 예제 코드는 다음과 같다.

```
public void uploadUserAvatarImageToAWS(String userAvatarImageUri);
// 콘텍스트 정보를 사용하여 단순화
public void uploadUserAvatarImageToAWS(String imageUri);
```

4.1.3 비즈니스 용어집을 사용한 명명 통일

대부분의 비즈니스 개발에는 많은 수의 비즈니스 명사가 포함되는데, 프로젝트에 참가하는 프로그래머의 영어 이해 수준이 각기 다를 수밖에 없기 때문에, 동일한 비즈니스 용어의 번역이 다를

수 있고 그 결과 코드의 가독성도 떨어진다. 이때 통일된 비즈니스 용어집을 준비해두면 이 문제를 효과적으로 해결할 수 있다. 비즈니스 용어집에서는 특히 긴 단어에 대해서 통일된 약어를 지정할 수 있으며, 이를 활용하면 코드의 가독성이 떨어지지 않는다.

또한 일부 효율적인 팀은 클래스, 함수, 변수 등의 이름을 지정하는 데 사용되는 일반적인 단어 목록을 정리하여 자주 사용되는 단어에 대해 표준적인 명명 규칙을 사용하는 방법을 통해 명명이 통일되지 않거나 규칙에 어긋나는 문제를 효과적으로 해결하며, 명명에 드는 시간을 절약한다.

4.1.4 명명은 정확하지만 추상적이어야 한다

프로젝트에 `process`, `handle`, `manage` 같이 광범위한 단어를 포함하는 이름이 많을 경우, 이러한 이름이 정확한지, 좀 더 구체적인 의미의 다른 단어로 바꿔야 하는지 여부를 고려해야 한다. 물론 명명은 구현 세부 사항을 너무 구체적으로 명시하지 말고 작업 방법이 아닌 작업 자체만 명시하면 된다. 명명은 정확하지만 추상적인 특성도 고려해야 클래스, 함수 등을 수정하더라도 이름을 매번 변경할 필요가 없게 된다:

또한 명명 작업을 중시할 필요가 있는데, 특히 패키지 이름, 인터페이스 이름, 클래스 이름 등 더 큰 범위의 이름을 지정하는 경우 몇 번씩 검토하여 조사할 필요가 있다. 적당한 이름을 찾지 못하면 팀 내 토론을 거치거나 우수한 오픈소스 프로젝트의 명명 방법을 참조할 수 있다.

4.1.5 주석에 반드시 포함되어야 하는 것들

주석은 명명만큼 중요하다. 일부 프로그래머는 좋은 명명이 주석을 완전히 대체할 수 있으며, 만약 코드에 주석이 필요하다면 명명이 충분히 적합하지 않다는 뜻이므로, 주석을 추가하는 대신 명명을 다시 고려해야 한다고 말한다. 하지만 이러한 견해는 매우 편향적일 수 있다. 명명을 아무리 잘 하더라도 결국 길이 제한이 있을 뿐만 아니라 모든 것을 담을 수는 없으므로, 주석은 매우 좋은 보충 설명이 될 수 있다. 주석은 주로 무엇what을 하는지, 왜why 하는지, 어떻게how 하는지 3가지 측면을 담고 있다. 다음 예제 코드를 살펴보면 이해가 쉬울 것이다.

```
/**
 * (what) Bean을 생성하는 데 사용되는 팩터리 클래스
 *
 * (why) 이 클래스의 기능은 Spring IoC 프레임워크와 비슷하지만 더 가볍다.
 *
 * (how) 다른 데이터 소스에서 다음 순서로 Bean을 생성한다.
```

```
 * 사용자 지정 객체 -> SPI -> 설정 파일 -> 기본 객체
 */
public class BeansFactory {
  ...
}
```

어떤 사람들은 주석이 보충 정보만 제공하면 된다고 생각하기도 한다. 즉, 주석은 코드의 설계 의도를 나타내는 **이유**를 명확하게 설명하는 것으로 족하며, **무엇**과 **어떻게**는 이름이나 코드를 통해 알 수 있으므로 굳이 주석에서 제공할 필요가 없다는 것이다. 하지만 다음 세 가지 이유를 들어 이러한 견해에 동의하지 않는다.

▶ **주석에는 이름보다 훨씬 더 많은 정보를 담을 수 있다.**

함수와 변수의 경우 그 이름만으로도 무엇을 하는지 기능을 알 수 있다. 예를 들어 void increaseWalletAvailableBalance(BigDecimal amount)라는 문구를 보았을 때 우리는 increaseWalletAvailableBalance라는 함수를 통해 지갑의 가용 잔액을 늘릴 수 있다는 것을 알 수 있고, boolean isValidatedPassword라는 문구는 isValidatedPassword 변수를 사용하여 암호가 유효한지 여부를 결정할 수 있음을 나타낸다. 하지만 클래스는 내용이 훨씬 많고 이름이 클래스 역할을 충분히 반영하지 못하는 경우가 많으며, 더 많은 정보를 담을 수 있기 때문에 주석의 필요성을 쉽게 느낄 수 있다. 클래스의 경우에는 주석에 **무엇**을 하는지를 작성하는 것이 합리적이다.

▶ **주석은 설명과 시연의 역할을 한다.**

코드 안에는 비밀이 없다. 코드를 읽음으로써 코드가 **어떻게** 하는지를 이해할 수 있고, 코드가 어떻게 구현되었는지는 알 수 있다면, 주석에는 코드가 **어떻게** 하는지 설명할 필요가 없다고 볼 수 있을까? 안타깝게도 모두 그렇다고 말할 수 없다. 주석에 코드의 구현 사상에 대한 요약 설명과 특수한 경우에 대한 설명을 작성할 수 있으며, 이를 통해 프로그래머는 코드를 자세히 읽지 않고도 주석을 통해 코드가 어떻게 구현되는지에 대한 일반적인 사상을 얻을 수 있다.

복잡한 클래스나 인터페이스의 경우 간단한 예제를 주석에 담아 **어떻게** 사용하는지에 대해 명확하게 작성해야 할 수도 있다. 이때 주석은 좋은 예제 역할을 할 수 있다.

▶ **요약 주석은 코드의 논리를 더 명확하게 할 수 있다.**

복잡한 논리를 가진 함수를 단일 책임 기반으로 분할하는 것이 쉽지 않은 경우, 함수 내에 요약 주석을 제공하여 코드 논리를 더 명확하게 할 수 있다. 다음 예제 코드에서 세 줄의 요약 주석을 사용하여 isValidPassword 함수의 코드를 3개의 작은 모듈로 나눈 결과 가독성이 향상

되는 것을 확인할 수 있다.

```java
public boolean isValidPassword(String password) {
  // 비밀번호가 공백이거나 null인지 검사
  if (StringUtils.isBlank(password)) {
    return false;
  }

  // 비밀번호의 길이가 4 이상 64 미만인지 검사
  int length = password.length();
  if (length < 4 || length > 64) {
    return false;
  }

  // 비밀번호에 ~z, 0~9, "." 문자만 포함하는지 검사
  for (int i = 0; i < length; ++i) {
    char c = password.charAt(i);

    if (!((c >= 'a' && c <= 'z') || (c >= '0' && c <= '9') || c == '.')) {
      return false;
    }
  }
  return true;
}
```

4.1.6 주석이 많다고 좋은 것은 아니다

주석이 너무 많으면 종종 코드의 가독성이 떨어진다는 것을 의미하며, 코드를 작성하는 사람은 많은 주석으로 코드의 보충 설명을 해야 한다. 또한 주석이 많으면 주석에 대한 리소스도 많이 필요하게 된다. 코드를 수정한 후, 주석을 수정하지 않았다면 그 순간부터 주석과 코드의 논리가 일치하지 않고, 이는 더 많은 문제를 야기시킬 수 있다.

클래스, 함수, 멤버 변수에 대해서는 자세한 주석을 작성하는 것이 필요하지만, 지역 변수와 같은 함수 내부의 코드나 함수 내부의 각 명령문에 대해서는 가능한 주석을 줄이고 좋은 명명, 기능 분할, 설명 변수로 대체할 수 있다.

4.1.7 생각해보기

요약 주석은 코드 논리를 더 명확하게 한다는 이야기를 할 때 isValidPassword() 함수의 예를 들었는데, 코드 가독성 측면에서 isValidPassword() 함수를 최적화하는 방법은 무엇일까?

4.2 코드 스타일

코드 스타일에 관해서는 실제로 어떤 스타일이 더 낫다고 말하기 어렵고, 굳이 표준적인 코드 작성 방법을 추구할 필요도 없다. 중요한 것은 팀이나 프로젝트 전체에서 코드 스타일을 일관되게 유지하는 것이다. 이렇게 하면 코드를 읽을 때 다른 스타일로 인해 발생하는 간섭을 줄일 수 있다.

4.2.1 클래스, 함수의 적절한 크기

클래스나 함수의 코드 줄 수는 너무 많아도 안 되며, 너무 적어도 안 된다. 만약 클래스나 함수가 너무 클 경우, 예를 들어 클래스가 수천 줄로 구성되어 있고, 함수가 수백 줄로 이루어진 경우에는 코드 논리가 너무 복잡해진다. 이렇게 거대한 클래스나 함수를 읽게 되면 뒤의 코드를 읽을 때 즈음에는 앞에서 읽었던 코드를 잊어버릴 수 있다. 반대로 클래스나 함수가 너무 작으면 그만큼 클래스나 함수의 개수가 늘어나기 때문에 호출 관계가 복잡해지며, 특정 코드의 논리를 확인하기 위해 여러 클래스와 함수 사이를 이동해야 하므로 가독성에 큰 영향을 미친다.

그렇다면 클래스나 함수의 크기는 몇 줄이어야 적당한 것일까?

3.1.2절에서 클래스에는 단일 책임이 있는지를 평가하기 위한 명확하고 수치화할 수 있는 표준이 없다고 이미 언급했다. 마찬가지로 클래스나 함수의 크기가 몇 줄이어야 하는가에 대한 명확하고 수치화할 수 있는 표준도 없다.

일부 프로그래머는 함수의 크기가 디스플레이가 한 번에 표시할 수 있는 줄 수를 넘어서는 안 된다고 생각한다. 예를 들어 컴퓨터에서 함수에 포함된 모든 코드를 한 화면에 표시하려면 코드가 50줄을 초과할 수 없다. 그렇지 않다면 함수의 내용을 파악하기 위해 계속 화면을 스크롤해야 하며, 이는 좋은 코드 리딩 경험이라고 할 수 없다.

클래스의 크기가 몇 줄이어야 하는가에 대해서는 사실 적절한 숫자를 찾아내는 것이 매우 어려운 일이다. 3.1.2절에서 이야기했듯이, 클래스의 코드를 읽기 어렵다고 느끼거나 함수를 구현할 때 클래스의 어떤 함수를 사용해야 할지 모르는 경우, 적당한 함수를 찾는 데 시간이 오래 걸리거나 거대한 클래스에서 실제로 사용하는 함수는 매우 작다면, 클래스의 크기가 너무 크다는 의미로 해석할 수 있다.

4.2.2 한 줄의 적절한 길이

Google의 Java 프로그래밍 사양에서 한 줄은 100자로 제한되어 있다. 물론 프로그래밍 언어, 프로그래밍 규칙, 프로젝트, 팀마다 제한이 다를 수 있다. 코드 줄의 길이와 관련하여 가급적 IDE의 표시 너비를 초과해서는 안 된다는 규칙을 따를 수 있다. 전체 줄의 내용을 보기 위해 슬라이더를 끌어야 하는 경험은 코드를 읽는 데 도움이 되지 않는다. 물론, 줄의 길이 제한이 너무 작으면 하나의 문장이 두 개 이상의 라인으로 분할되기 때문에 오히려 가독성이 떨어지는 경우가 생긴다.

4.2.3 빈 줄을 활용한 코드 블록 구분

만약 긴 함수를 논리적으로 여러 개의 독립된 코드 블록으로 나눌 수 있다면, 이러한 독립된 코드 블록을 별도의 함수로 추출하는 것이 불편한 경우, 코드의 논리를 명확하게 하기 위해 4.1.5절에서 언급한 요약 주석을 사용하는 방법 외에도 빈 줄을 사용하여 각 코드 블록을 구분할 수도 있다.

클래스의 멤버 변수와 함수 사이, 정적 멤버 변수와 일반 멤버 변수 사이, 함수 사이, 멤버 변수 사이에 빈 줄을 추가하여 이러한 모듈 간의 경계와 코드의 전체 구조를 더 명확하게 정리할 수 있다.

4.2.4 4칸 들여쓰기 혹은 2칸 들여쓰기

PHP가 세계 최고의 프로그래밍 언어인가라는 질문과 코드 들여쓰기를 4칸으로 할지 2칸으로 할지에 대한 질문은 프로그래머들 사이에서 가장 많이 논의되는 주제이다. 일반적으로 Java 코딩 규칙은 2칸 들여쓰기를 사용하는 경향이 있고, PHP 코딩 규칙은 4칸 들여쓰기를 사용하는 경향이 있다. 들여쓰기를 어떻게 할 것인지에 대한 결정은 개인적인 습관일 뿐만 아니라 팀이나 프로젝트 내부에서 반드시 통일되어야 하는 사항이라고 할 수 있다.

이 밖에도 업계에서 권장하는 코드 스타일이나 주요 오픈소스 프로젝트의 들여쓰기 스타일을 차용할 수도 있다. 이렇게 하면 오픈소스 프로젝트의 일부 코드를 사용해야 할 때 코드의 스타일을 쉽게 통합할 수 있다.

공간을 절약하기 위해 2칸 들여쓰기를 사용할 것을 권장한다. 4칸 들여쓰기를 사용하는 경우 코드의 중첩이 늘어나면, 누적된 들여쓰기로 인해 문장이 두 줄 이상으로 분리될 확률이 높아지기 때문에 코드의 가독성에 영향을 미친다.

마지막으로 들여쓰기에 Tab 키를 사용하면 안 된다는 점은 백 번 강조해도 지나치지 않는다. IDE

마다 Tab 키를 사용한 후 표시되는 너비가 달라, 어떤 경우에는 4칸 들여쓰기가 이루어지고, 어떤 경우에는 2칸 들여쓰기가 이루어지기 때문이다.

4.2.5 여는 중괄호는 어디에 놓여야 할까

여는 중괄호는 새로운 줄에서 시작하는 게 올바른 것인지 앞 줄에 이어서 놓여야 하는지 명확하지 않을 때가 있다. C나 PHP 프로그래머는 새로운 줄에서 여는 중괄호가 익숙한 반면에, Java 프로그래머는 새 줄에서 여는 중괄호가 익숙하지 않다. 다음 코드를 보면 이해될 것이다.

```
// PHP
class ClassName
{
    public function foo()
    {
        // 메서드 본체
    }
}

// Java
public class ClassName {
  public void foo() {
    // 메서드 본체
  }
}
```

여는 중괄호를 새로운 줄에서 시작할 경우의 장점은 여는 중괄호와 닫는 중괄호가 세로로 정렬되기 때문에 코드 구조가 훨씬 명확해진다는 점이다. 반면 앞 줄에 이어서 여는 중괄호가 있을 경우, 공간이 줄어드는 것은 장점이라 할 수 있지만 코드가 너무 붙어서 가독성이 떨어질 수 있다. 물론 여는 중괄호가 어디에 놓이든 팀이나 프로젝트의 일관성이 있는 전략이 제일 중요하다.

4.2.6 클래스의 멤버 순서

Java 클래스에서는 먼저 해당 클래스가 속한 패키지 이름을 작성한 다음 `import` 문을 통해 가져온 종속 클래스를 나열해야 한다. Google의 코딩 규칙에서는 종속 클래스가 알파벳순으로 나열된다.

클래스에서 멤버 변수는 일반적으로 함수 앞에 놓는다. 멤버 변수 사이, 함수 사이의 관계는 먼저 정적 멤버 변수 또는 정적 함수가 놓이고, 뒤에 비정적 멤버 변수와 비정적 함수가 놓인다. 또한 멤버 변수와 함수는 범위 내림차순으로 정렬되므로, 먼저 `public` 상태의 멤버 변수 또는 함수를 작성한 다음, protected 상태의 멤버 변수 또는 함수를 작성하며, 마지막으로 private 상태의 멤버 변수 또는 함수를 작성한다.

그러나 Java가 아닌 다른 프로그래밍 언어에서는 클래스 내의 멤버를 배열하는 순서가 상당히 다를 수 있다. 예를 들어 C++에서는 함수 뒤에 멤버 변수를 두는 것이 더 익숙하다. 또한 함수의 경우 큰 것부터 작은 것까지 범위에 따라 정렬하는 것 외에도 호출 관계의 함수를 함께 배치하는 등 다른 방식으로 정렬할 수도 있다. 예를 들어 public 상태의 함수가 private 상태의 함수를 호출하면 이 두 함수를 함께 배열할 수 있다.

4.2.7 생각해보기

어떤 사람들은 코드를 작성할 때 코딩 규칙을 엄격하게 준수해야 한다고 생각하는 반면, 어떤 사람들은 코딩 규칙을 너무 엄격하게 준수하는 것은 시간 낭비이며 요구 사항을 적절하게 완화할 수 있다고 생각한다. 이 문제에 대해 어떻게 생각하는지 이야기해보자.

4.3 코딩 팁

4.1절과 4.2절에서는 명명, 주석, 코드 스타일에 대해 살펴봤으므로 이번 절에서는 몇 가지 실용적인 팁을 소개하고자 한다. 코딩 팁은 비교적 사소하지만 그 양도 비교적 많다. 여기에서는 그중에서 매우 실용적인 팁만 소개하고 있으므로, 더 많은 팁은 직접 찾아서 습득할 수 있도록 하자.

4.3.1 복잡한 코드의 모듈화

코드를 작성할 때 우리는 모듈에 대한 생각을 항상 해야 하며, 복잡한 코드의 커다란 블록을 클래스나 함수로 캡슐화하는 데 능숙할 필요가 있다. 그래야 코드를 읽는 사람들이 코드의 세부 사항에서 길을 잃지 않고 코드 가독성도 크게 향상시킬 수 있다.

다음 예제 코드를 살펴보자.

```
// 리팩터링 전 코드
public void invest(long userId, long financialProductId) {
  Calendar calendar = Calendar.getInstance();
  calendar.setTime(date);
  calendar.set(Calendar.DATE, (calendar.get(Calendar.DATE) + 1));
  if (calendar.get(Calendar.DAY_OF_MONTH) == 1) {
```

```
      return;
  }
  ...
}

// 리팩터링된 코드: isLastDayOfMonth() 함수 캡슐화
public void invest(long userId, long financialProductId) {
  if (isLastDayOfMonth(new Date())) {
    return;
  }
  ...
}

public boolean isLastDayOfMonth(Date date) {
  Calendar calendar = Calendar.getInstance();
  calendar.setTime(date);
  calendar.set(Calendar.DATE, (calendar.get(Calendar.DATE) + 1));
  if (calendar.get(Calendar.DAY_OF_MONTH) == 1) {
    return true;
  }
  return false;
}
```

리팩터링 전에는 invest() 함수의 시간 처리 코드를 비교적 이해하기 어려웠다. 하지만 리팩터링 후에는 isLastDayOfMonth() 함수로 추상화했고, 함수의 이름을 통해 특정 날짜가 월의 마지막 날인지 판별하는 것이라는 것을 명확하게 알 수 있다.

4.3.2 함수의 매개변수 관리

함수에 매개변수가 너무 많으면 함수를 읽거나 사용하는 것이 불편하다. 함수의 매개변수가 몇 개 이상이면 너무 많다고 말할 수 있을까? 물론 이것도 정해진 기준은 없다. 일반적으로 함수의 매개변수가 5개 이상이면 너무 많다고 말할 수 있는데, 매개변수가 5개를 넘어가면 함수를 호출할 때 호출문이 너무 길어져 앞에서 논의했던 한 줄의 범위를 넘어서기 쉽고, 그러면 호출문이 두 줄 이상으로 나뉘어 코드의 가독성이 떨어지기 때문이다. 이 밖에도 매개변수가 너무 많으면 오류가 발생할 위험도 높아진다.

함수에 매개변수가 너무 많은 이유가 함수의 책임이 단일하지 않기 때문이라면 함수를 여러 함수로 분할하여 매개변수를 줄일 수 있다. 예제 코드는 다음과 같다.

```
public User getUser(String id, String username, String telephone, String email, String udid,
                    String uuid);
// 여러 기능으로 분할
public User getUserById(String id);
public User getUserByUsername(String username);
public User getUserByTelephone(String telephone);
public User getUserByEmail(String email);
public User getUserByUdid(String udid);
public User getUserByUuid(String uuid);
```

함수의 과도한 매개변수 문제는, 매개변수를 객체로 캡슐화하는 방법으로 해결할 수도 있다. 이 방법은 매개변수의 수를 줄일 수 있을 뿐만 아니라 기능의 호환성도 향상시킬 수 있다. 함수에 새로운 매개변수가 추가되더라도 함수의 정의가 변경되지 않으며, 객체에 멤버 변수를 추가하는 것만으로 처리할 수 있으므로, 기존의 호출 코드를 일일이 수정할 필요가 없게 된다. 예제 코드는 다음과 같다.

```
public void postBlog(String title, String summary, String keywords, String content,
                     String category, long authorId);
// 매개변수를 객체로 캡슐화
public class Blog {
  private String title;
  private String summary;
  private String keywords;
  private Strint content;
  private String category;
  private long authorId;
}
public void postBlog(Blog blog);
```

4.3.3 함수의 플래그 매개변수 제거

함수에서 bool 또는 boolean 형식의 플래그 매개변수를 통해 값을 받고, 이 값이 true일 때 실행하는 코드와 false일 때 실행하는 코드가 다르도록 설계하면 안 된다. 이는 단일 책임 원칙과 인터페이스 분리 원칙을 위반하기 때문이다. 따라서 플래그 매개변수를 포함하는 함수를 두 개의 함수로 분할하는 것이 좋다. 다음 예제 코드에서 isVip는 플래그 매개변수다.

```
public void buyCourse(long userId, long courseId, boolean isVip);
// 두 개의 함수로 분할
public void buyCourse(long userId, long courseId);
```

```
public void buyCourseForVip(long userId, long courseId);
```

그러나 함수의 영향 범위가 제한된 전용 함수이거나 분할 후 두 함수가 자주 동시에 호출되는 경우에는 플래그 매개변수를 유지하는 것을 고려할 수 있다. 예제 코드는 다음과 같다.

```
// 함수 분할 후 적용 방식
boolean isVip = false;
...
if (isVip) {
  buyCourseForVip(userId, courseId);
} else {
  buyCourse(userId, courseId);
}
// 플래그 매개변수 사용 시 코드가 더 간결해짐
boolean isVip = false;
...
buyCourse(userId, courseId, isVip);
```

함수에서 플래그 매개변수를 사용하여 내부 논리를 제어하는 방식 외에도 매개변수가 null인지에 따라 내부 논리를 제어하는 경우도 빈번하다. 하지만 이런 경우 이 기능을 여러 개로 분할해야 한다. 분할 후 함수의 책임이 명확해지기 때문이다. 다음 예제 코드의 selectTransactions() 함수는 startDate와 endDate 매개변수가 null인지의 여부에 따라 다른 코드 논리를 실행한다.

```
public List<Transaction> selectTransactions(Long userId, Date startDate, Date endDate) {
  if (startDate != null && endDate != null) {
    // startDate와 endDate 사이의 데이터 처리
  }
  if (startDate != null && endDate == null) {
    // startDate 이후의 모든 데이터 처리
  }
  if (startDate == null && endDate != null) {
    // endDate 이전의 모든 데이터 처리
  }
  if (startDate == null && endDate == null) {
    // 모든 데이터 처리
  }
}

// 여러 개의 public 함수로 분할한 후, 코드가 간결해지고 사용이 편리해짐
public List<Transaction> selectTransactionsBetween(Long userId, Date startDate, Date endDate) {
  return selectTransactions(userId, startDate, endDate);
```

```
  }

  public List<Transaction> selectTransactionsStartWith(Long userId, Date startDate) {
    return selectTransactions(userId, startDate, null);
  }

  public List<Transaction> selectTransactionsEndWith(Long userId, Date endDate) {
    return selectTransactions(userId, null, endDate);
  }

  public List<Transaction> selectAllTransactions(Long userId) {
    return selectTransactions(userId, null, null);
  }

  private List<Transaction> selectTransactions(Long userId, Date startDate,
    Date endDate) {
    ...
  }
```

4.3.4 깊은 중첩 코드 제거

너무 깊은 중첩 코드는 종종 if-else, switch-case, for 반복문의 과도한 중첩으로 인해 발생한다. 일반적으로 중첩은 2단계를 넘지 않는 것이 좋으며, 중첩이 2단계를 초과하는 경우 중첩 단계의 수를 줄이는 방법을 찾아야 한다. 너무 깊은 중첩은 코드를 여러 번 들여쓰게 하기 때문에, 줄의 길이가 너무 길어지며, 그로 인해 코드를 다시 여러 줄로 나누게 되어 코드의 가독성에 영향을 미친다.

깊은 중첩 문제에는 다음 예제 코드에서 보여주는 네 가지 처리 방식이 주로 사용된다.

1) 중복되는 if, else 문을 제거한다.

```
// 첫 번째 예제
public double caculateTotalAmount(List<Order> orders) {
  if (orders == null || orders.isEmpty()) {
    return 0.0;
  } else { // if 내부에서 return을 사용하면 이 else 문을 없앨 수 있다
    double amount = 0.0;
    for (Order order : orders) {
      if (order != null) {
        amount += (order.getCount() * order.getPrice());
      }
    }
    return amount;
```

```
    }
  }

// 두 번째 예제
public List<String> matchStrings(List<String> strList,String substr) {
  List<String> matchedStrings = new ArrayList<>();
  if (strList != null && substr != null) {
    for (String str : strList) {
      if (str != null) { // 이 if 문은 다음의 if 문과 통합이 가능하다
        if (str.contains(substr)) {
          matchedStrings.add(str);
        }
      }
    }
  }
  return matchedStrings;
}
```

2) **continue, break, return** 키워드를 사용하여 중첩을 바로 종료한다.

```
// 리팩터링 전 코드
public List<String> matchStrings(List<String> strList,String substr) {
  List<String> matchedStrings = new ArrayList<>();
  if (strList != null && substr != null) {
    for (String str : strList) {
      if (str != null && str.contains(substr)) {
        matchedStrings.add(str);
        ...
      }
    }
  }
  return matchedStrings;
}

// 리팩터링 후 코드: continue를 사용하여 내부에서 종료
public List<String> matchStrings(List<String> strList,String substr) {
  List<String> matchedStrings = new ArrayList<>();
  if (strList != null && substr != null) {
    for (String str : strList) {
      if (str == null || !str.contains(substr)) {
        continue;
      }
      matchedStrings.add(str);
      ...
    }
  }
```

```
      return matchedStrings;
  }
```

3) 실행 순서를 조정하여 중첩 단계를 줄인다.

```java
// 리팩터링 전 코드
public List<String> matchStrings(List<String> strList,String substr) {
  List<String> matchedStrings = new ArrayList<>();
  if (strList != null && substr != null) {
    for (String str : strList) {
      if (str != null) {
        if (str.contains(substr)) {
          matchedStrings.add(str);
        }
      }
    }
  }
  return matchedStrings;
}
```

```java
// 리팩터링 후 코드: 먼저 null인지 여부를 판단하여 정리
public List<String> matchStrings(List<String> strList,String substr) {
  if (strList == null || substr == null) { // null인지의 여부를 먼저 판단
    return Collections.emptyList();
  }

  List<String> matchedStrings = new ArrayList<>();
  for (String str : strList) {
    if (str != null) {
      if (str.contains(substr)) {
        matchedStrings.add(str);
      }
    }
  }
  return matchedStrings;
}
```

4) 중첩 단계를 줄이기 위해 코드의 일부를 함수로 캡슐화한다.

```java
// 리팩터링 전 코드
public List<String> appendSalts(List<String> passwords) {
  if (passwords == null || passwords.isEmpty()) {
    return Collections.emptyList();
  }
```

```
    List<String> passwordsWithSalt = new ArrayList<>();
    for (String password : passwords) {
      if (password == null) {
        continue;
      }
      if (password.length() < 8) {
        ...
      } else {
        ...
      }
    }
    return passwordsWithSalt;
  }

  // 리팩터링 후 코드: 코드의 일부분을 함수로 캡슐화
  public List<String> appendSalts(List<String> passwords) {
    if (passwords == null || passwords.isEmpty()) {
      return Collections.emptyList();
    }
    List<String> passwordsWithSalt = new ArrayList<>();
    for (String password : passwords) {
      if (password == null) {
        continue;
      }
      passwordsWithSalt.add(appendSalt(password));
    }
    return passwordsWithSalt;
  }

  private String appendSalt(String password) {
    String passwordWithSalt = password;
    if (password.length() < 8) {
      ...
    } else {
      ...
    }

    return passwordWithSalt;
  }
```

4.3.5 설명 변수

설명 변수explanatory variable는 코드 가독성을 향상시키고 불필요한 주석을 줄일 수 있다. 일반적으로 설명 변수에는 두 가지 사용 방법이 존재한다.

1) 매직 넘버 대신 상수를 사용한다.

```
public double CalculateCircularArea(double radius) {
  return (3.1415) * radius * radius;
}

// 매직 넘버 대신 상수 사용
public static final Double PI = 3.1415;

public double CalculateCircularArea(double radius) {
  return PI * radius * radius;
}
```

2) 설명 변수를 사용하여 복잡한 표현을 설명한다.

```
if (date.after(SUMMER_START) && date.before(SUMMER_END)) {
  ...
} else {
  ...
}

// 설명 변수 도입 후, 코드 이해가 더 쉬워짐
boolean isSummer = date.after(SUMMER_START)&&date.before(SUMMER_END);
if (isSummer) {
  ...
} else {
  ...
}
```

4.3.6 생각해보기

이 장에서 언급한 코딩 규칙 외에 코드의 가독성을 향상시킬 수 있는 코드 규칙에는 어떤 것이 있는지 이야기해보자.

5

리팩터링 기법

대부분의 엔지니어는 **리팩터링**refactoring에 익숙하다. 지속적인 리팩터링은 코드 품질을 향상시키는 효과적인 수단이다. 하지만 코드 리팩터링을 해본 프로그래머는 많지 않으며, 지속적인 리팩터링을 개발의 일부로 받아들인 프로그래머는 더 적다. 코드를 리팩터링할 때는 코드의 **나쁜 냄새**bad smell와 설계 결함에 대한 통찰력을 기반으로 설계 원칙, 디자인 패턴, 코딩 규칙 등을 합리적이고 능숙하게 사용해야 하기 때문에 단순히 문제를 해결하는 것보다 코드를 리팩터링할 때 더 많은 능력이 요구된다.

5.1 리팩터링의 네 가지 요소: 목적, 대상, 시기, 방법

일부 소프트웨어 엔지니어는 왜why 리팩터링을 해야 하는지, 무엇what을 리팩터링을 해야 하는지, 언제when 리팩터링을 해야 하는지, 어떻게how 리팩터링을 해야 하는지 깊이 이해하지 못하고 있기 때문에 리팩터링에 대해 어려움이 있다. 품질이 낮은 코드를 직면했을 때 이해가 부족한 소프트웨어 엔지니어는 리팩터링을 체계적으로 수행할 수 있는 충분한 기술이 갖춰 있지 않다는 것을 직면하게 된다. 이번 절에서는 먼저 리팩터링에 대해 포괄적이고 명확하게 이해할 수 있도록 리팩터링의 목적, 대상, 시기, 방법에 대해 살펴보자.

5.1.1 리팩터링의 목적

소프트웨어 설계 전문가인 마틴 파울러가 제시한 리팩터링의 정의는 이렇다.

리팩터링은 코드에 대한 이해를 쉽게 하기 위해 소프트웨어의 내부 구조를 개선하는 것으로, 소프트웨어의 외부 동작을 변경하지 않고 수정 비용을 줄이는 것을 목적으로 한다.

이 정의에서 '외부 동작을 변경하지 않는다'는 점에 주의를 기울일 필요가 있다. 여기서 **외부**의 의미는 상대적인 것임에 유의하자. 함수를 리팩터링한다면 함수의 정의가 외부적인 동작에 해당하고, 클래스 라이브러리를 리팩터링한다면 클래스 라이브러리에 의해 노출된 API나 메서드가 외부적인 동작에 해당한다.

리팩터링에 대한 정의에 대해 살펴봤으므로, 이어서 리팩터링이 필요한 이유를 살펴보자.

우선, 리팩터링은 코드 품질을 보장하는 효과적인 수단이며 코드 품질 저하를 효과적으로 방지할 수 있다. 기술의 업데이트, 요구 사항의 변경, 인력 리소스의 이동에 따라 코드 품질이 저하될 수 있다. 이 시점에 아무도 코드의 품질을 책임지지 않는다면 코드는 점점 더 지저분해질 것이다. 코드가 이미 손대기 어려워지기 시작할 때쯤, 프로젝트의 유지 보수 비용이 새로운 코드를 작성하는 것보다 많이 든다면, 이 코드는 리팩터링하기에는 이미 늦었다고 할 수 있다.

그리고 고품질 코드는 훌륭한 설계 한 번에 나오는 것이 아니라 반복적인 작업의 결과로 나오는 것이다. 우리는 미래의 요구 사항을 완전히 예측할 수 없을뿐더러 미래에 구현할 가능성이 있는 요구 사항을 미리 실현할 수 있는 충분한 에너지와 자원이 없다. 즉, 제품이 업그레이드되고 프로젝트가 진행되어 시스템이 발전하면 코드 리팩터링은 불가피한 작업이다.

마지막으로 리팩터링은 일시적으로 불완전한 설계를 덮을 수 있는 과도한 설계를 피하는 효과적인 방법이다. 코드 유지 관리 과정에서 문제가 발생하면 코드를 리팩터링하여 초기 단계에서 과도한 설계를 효과적으로 방지할 수 있다.

사실 리팩터링은 소프트웨어 엔지니어의 기술적 성장을 위해서도 중요하다. 리팩터링은 코딩 규칙과 같은 이론적 지식분만 아니라 설계 원칙과 디자인 패턴을 응용해볼 수 있는 중요한 기회라고 할 수 있다. 리팩터링 과정에서 이러한 이론적 지식을 활용하는 방법을 익힐 수 있다. 또한 리팩터링 능력은 소프트웨어 엔지니어의 코딩 능력을 측정하는 중요한 수단이다. 간혹 주니어 소프트웨어 엔지니어는 코드를 개발하고, 시니어 소프트웨어 엔지니어는 코드를 설계하고, 수석 소프트웨어 엔지니어는 코드를 리팩터링한다는 말을 들은 적이 있을 것이다. 좀 더 자세히 정리해보면 다음과 같다. 주니어 소프트웨어 엔지니어는 기존 코드 프레임워크에서 코드를 수정하거나 새로운 기능을 개발하고, 시니어 소프트웨어 엔지니어는 처음부터 코드 구조를 설계하고, 코드 프레임워크를 만든다. 마지막으로 수석 소프트웨어 엔지니어는 코드의 품질을 책임지며, 적시에 코드에서 문제를 찾고, 목표를 가지고 코드를 리팩터링하며, 항상 코드 품질을 보증 관리한다.

5.1.2 리팩터링의 대상

리팩터링은 그 규모에 따라 크게 대규모 고수준의 리팩터링과 소규모 저수준의 리팩터링으로 나눌 수 있다. 앞으로는 전자를 대규모 리팩터링, 후자를 소규모 리팩터링이라 하겠다.

대규모 리팩터링은 시스템, 모듈, 코드 구조, 클래스 간 관계의 리팩터링을 포함하여 최상위 코드 설계를 리팩터링하는 것을 말한다. 대규모 리팩터링에는 계층화, 모듈화, 분리, 재사용 가능한 구성 요소 추상화가 사용된다. 대규모 리팩터링을 할 때는 3장에서 소개한 설계 원칙과 앞으로 소개할 디자인 패턴을 사용하게 된다. 대규모 리팩터링은 코드 변경이 많고 그 영향이 크기 때문에 작업이 어렵고 시간이 많이 걸리며 버그가 발생할 위험이 높다.

소규모 리팩터링은 표준 명명, 표준 주석, 초대형 클래스와 함수 제거, 중복 코드 추출과 같이 주로 클래스, 함수, 변수 수준에서 코드 세부 정보를 리팩터링하는 것을 말한다. 소규모 리팩터링은 주로 4장에서 소개된 코딩 규칙을 통해 이루어진다. 소규모 리팩터링은 수정이 집중적으로 이루어지며, 프로세스가 간단하고, 조작성이 강하며, 소요 시간이 짧고, 버그가 발생할 위험이 낮다. 다양한 코딩 규칙에 능숙하다면 소규모 리팩터링에 많은 도움이 될 것이다.

5.1.3 리팩터링의 시기

코드가 이미 망가진 후에 리팩터링을 해야 할까? 당연히 그렇지 않다. 오히려 코드를 유지 관리하는 데 어려움이 있고, 버그가 빈번하게 발생하는 등 심각한 문제가 있다면 리팩터링하기에는 너무 늦었다.

따라서 코드 품질에 주의를 기울이지 않고, 임의로 코드를 추가 또는 삭제하고, 유지 관리할 수 없는 경우에 리팩터링하거나 다시 작성하는 행위는 추천하지 않는다. 즉, 코드가 이미 망가진 후에 모든 문제를 한꺼번에 해결하는 수단으로 리팩터링에 의존하면 안 된다. 반대로 지속 가능하고 진화적인 리팩터링 계획을 탐구해야 한다. 이러한 리팩터링 계획이 바로 **지속적인 리팩터링**이다.

지속적인 리팩터링에 대한 개념을 항상 머리 속에 넣고 있어야 한다. 단위 테스트와 코드 리뷰code review를 개발의 일부로 취급하는 것처럼 지속적인 리팩터링을 개발의 일부로 다루어야 한다. 지속적인 리팩터링이 개발 습관이 되고 팀 내에서 합의가 이루어진다면 코드 품질은 보장된다.

5.1.4 리팩터링의 방법

앞서 언급했듯이 리팩터링은 규모에 따라 크게 대규모 리팩터링과 소규모 리팩터링으로 나눌 수 있다. 규모가 다른 리팩터링은 서로 다르게 다루어야 한다.

대규모 리팩터링은 많은 양의 코드 수정을 수반하며, 기존 코드의 품질이 좋지 않고 결합도가 높으면 리팩터링 시 전체에 영향을 미치는 경우가 많다. 코드를 많이 변경할수록 문제가 많아져 짧은 시간에 리팩터링을 완료하지 못하고, 새로운 비즈니스 개발 일정이 리팩터링과 충돌하게 된다. 그리고 프로그래머는 마지못해 모든 이전 변경 사항을 취소하게 된다.

따라서 대규모 리팩터링을 수행할 때는 사전에 종합적인 리팩터링 계획을 수립해, 질서 있고 단계적으로 진행해야 한다. 각 단계에서 코드의 일부를 리팩터링하여 제출, 테스트, 실행하는 데 문제가 없으면 다음 단계의 리팩터링을 수행하여 코드 저장소의 코드가 항상 실행 가능한 상태가 되도록 해야 한다. 대규모 리팩터링의 각 단계에서 리팩터링의 영향을 받는 코드의 범위를 제어하고 기존 코드와의 호환성을 고려하고 필요할 때 호환성을 달성하기 위해 변경 코드를 제공해야 한다. 이렇게 해야만 각 단계의 리팩터링에 너무 많은 시간을 소모하지 않으면서도[1] 새 기능 개발과 충돌하지 않도록 할 수 있다.

대규모 리팩터링은 조직적이고 계획적이며 신중해야 하며 경험 있고 숙련된 수석 엔지니어가 주도해야 하는 반면, 소규모 리팩터링은 영향을 미치는 범위가 작고 변경 사항이 적기 때문에 원한다면 시간이 있을 때마다 소규모 리팩터링을 할 수 있다. 실제로 직접 코드 품질 문제를 찾는 방법 외에도 많이 사용되는 코드 분석 도구인 Checkstyle, FindBugs, PMD 등을 사용하여 코드에서 문제를 자동으로 찾은 다음, 해당 부분만 리팩터링할 수도 있다.

프로젝트 개발에서 수석 소프트웨어 엔지니어와 프로젝트 관리자는 리팩터링을 책임지는데, 코드의 품질을 유지하고, **깨진 유리창 효과**[2]가 발생하지 않도록 가끔 코드를 리팩터링한다. 또한 팀 내에서 코드 품질을 추구하는 분위기를 조성하여 팀원들이 코드 품질에 적극적으로 관심을 기울이고 지속적인 리팩터링을 수행할 수 있도록 해야 한다.

---

1 일반적으로 하루 단위로 리팩터링 단계를 구성한다.
2 누군가가 저수준의 코드를 프로젝트에 추가하면, 점점 더 많은 사람들이 저수준의 코드를 추가하게 되는 현상.

생각해보기

코드를 리팩터링할 때 겪을 수 있는 문제는 어떤 것들이 있을까? 코드 리팩터링과 관련하여 어떤 생각을 가지고 있는지 이야기해보자.

5.2 단위 테스트

대부분의 프로그래머는 지속적인 리팩터링이 필요하다고 생각하지만, 다른 사람이 만든 코드를 리팩터링하다 발생할 가능성이 있는 버그와 같은 문제를 걱정하기 때문에, 코드를 능동적으로 리팩터링하는 사람은 거의 없다.

잘못된 리팩터링을 방지하는 방법은 무엇일까? 고전적인 설계 원칙과 디자인 패턴에 능숙해야 할 뿐만 아니라 비즈니스와 코드에 대한 충분한 이해가 필요하다. 또한 단위 테스트는 리팩터링이 잘못되지 않도록 하는 효과적인 수단이다. 리팩터링이 완료된 후 새 코드가 여전히 단위 테스트를 통과한다면 코드가 해야 할 일이 제대로 수행되고 있으며, 리팩터링의 정의에 맞게 외부적인 동작이 변경되지 않았음을 의미한다.

5.2.1 단위 테스트에 대해

단위 테스트는 코드의 정확성을 테스트하기 위한 것이지만, 테스트 엔지니어가 아닌 개발 엔지니어가 작성하는 것이며, 단위 테스트는 통합 테스트보다 더 작다. 먼저 통합 테스트는 요청을 시작하여 코드가 실행 결과를 반환하는 전체 경로end to end에 대한 테스트이며, 테스트 대상은 전체 시스템이나 사용자 등록, 로그인 기능과 같은 기능 단위의 모듈이다. 반면에 단위 테스트는 코드 수준의 테스트이며 테스트 대상은 클래스 또는 함수로 제한되어, 해당 대상이 예상대로 실행되는지를 테스트하는 방법이다. 다음 예제 코드를 통해 단위 테스트를 만들어볼 것이다.

```java
public class Text {
  private String content;

  public Text(String content) {
    this.content = content;
  }

  /**
   * 문자열을 숫자로 변환하며 문자열의 앞뒤 공백은 잘라낸다.
   * 문자열에 숫자가 아닌 문자가 포함된 경우 null을 반환한다.
```

```
    */
  public Integer toNumber() {
    if (content == null || content.isEmpty()) {
      return null;
    }
    ...
    return null;
  }
}
```

Text 클래스에서 toNumber() 함수를 테스트하는 단위 테스트 코드는 어떻게 작성해야 할까?

사실 단위 테스트 코드의 작성은 고도의 기술을 필요로 하지 않으며, 프로그래머는 예상되거나 예상치 못한 상황에서 코드가 올바르게 실행될 수 있도록 가능한 한 모든 정상 및 비정상 상황을 포괄하는 테스트 케이스를 신중하게 생각하고 설계해야 한다. 테스트의 포괄성을 보장하기 위해 toNumber() 함수에 대해 다음과 같은 테스트 케이스를 설계해야 한다.

- 문자열에 숫자 "123"만 포함된 경우에 toNumber() 함수는 정수 123을 반환한다.
- 문자열이 비어 있거나 null이면 toNumber() 함수는 null을 반환한다.
- " 123 ", " 123", "123 "과 같이 문자열의 앞이나 뒤에 공백이 있는 경우에 toNumber() 함수는 정수 123을 반환한다.
- " 123 ", " 123", "123 "과 같이 문자열의 앞이나 뒤에 여러 개의 공백이 있는 경우에 toNumber() 함수는 정수 123을 반환한다.
- "123a4", "123 4"와 같이 문자열에 숫자가 아닌 문자가 포함된 경우 toNumber() 함수는 null을 반환한다.

테스트 케이스가 설계되면 다음 단계는 그것을 코드로 **변환**해야 한다. 다음 예제 코드는 위의 테스트 케이스를 코드로 작성한 것이며, 테스트 프레임워크를 사용하지 않았다.

```
public class Assert {
  public static void assertEquals(Integer expectedValue, Integer actualValue) {
    if (actualValue != expectedValue) {
      String message = String.format(
              "Test failed, expected: %d, actual: %d.", expectedValue, actualValue);
      System.out.println(message);
    } else {
      System.out.println("Test succeeded.");
```

```java
      }
    }

    public static boolean assertNull(Integer actualValue) {
      boolean isNull = actualValue == null;
      if (isNull) {
        System.out.println("Test succeeded.");
      } else {
        System.out.println("Test failed, the value is not null:" + actualValue);
      }
      return isNull;
    }
  }
}

public class TestCaseRunner {
  public static void main(String[] args) {
    System.out.println("Run testToNumber()");
    new TextTest().testToNumber();
    System.out.println("Run testToNumber_nullorEmpty()");
    new TextTest().testToNumber_nullorEmpty();
    System.out.println("Run testToNumber_containsLeadingAndTrailingSpaces()");
    new TextTest().testToNumber_containsLeadingAndTrailingSpaces();
    System.out.println("Run testToNumber_containsMultiLeadingAndTrailingSpaces()");
    new TextTest().testToNumber_containsMultiLeadingAndTrailingSpaces();
    System.out.println("Run testToNumber_containsInvalidCharaters()");
    new TextTest().testToNumber_containsInvalidCharaters();
  }
}

public class TextTest {
  public void testToNumber() {
    Text text = new Text("123");
    Assert.assertEquals(123, text.toNumber());
  }

  public void testToNumber_nullorEmpty() {
    Text text1 = new Text(null);
    Assert.assertNull(text1.toNumber());
    Text text2 = new Text("");
    Assert.assertNull(text2.toNumber());
  }

  public void testToNumber_containsLeadingAndTrailingSpaces() {
    Text text1 = new Text(" 123");
    Assert.assertEquals(123, text1.toNumber());
    Text text2 = new Text("123 ");
    Assert.assertEquals(123, text2.toNumber());
    Text text3 = new Text(" 123 ");
```

```
    Assert.assertEquals(123, text3.toNumber());
  }

  public void testToNumber_containsMultiLeadingAndTrailingSpaces() {
    Text text1 = new Text(" 123");
    Assert.assertEquals(123, text1.toNumber());
    Text text2 = new Text("123 ");
    Assert.assertEquals(123, text2.toNumber());
    Text text3 = new Text(" 123 ");
    Assert.assertEquals(123, text3.toNumber());
  }

  public void testToNumber_containsInvalidCharaters() {
    Text text1 = new Text("123a4");
    Assert.assertNull(text1.toNumber());
    Text text2 = new Text("123 4");
    Assert.assertNull(text2.toNumber());
  }
}
```

5.2.2 단위 테스트 코드를 작성하는 이유

단위 테스트 코드는 코드 품질을 향상시키는 효과적인 수단이다. 단위 테스트의 이점은 다음과 같이 요약해볼 수 있다.

▶ **단위 테스트는 프로그래머가 코드에서 버그를 찾는 데 도움이 될 수 있다.**
버그가 없는 코드를 작성하는 것은 프로그래머의 능력을 측정하는 중요한 기준이며, 많은 기업에서 채용 인터뷰를 할 때 중점적으로 살펴보는 부분이기도 하다.

매번 코드를 제출할 때마다 완벽한 단위 테스트를 설계하는 것은 중요하며, 이런 코드는 거의 버그가 없다. 이러한 과정을 거쳐 낮은 수준의 버그를 수정하는 데 드는 불필요한 시간을 절약할 수 있고 다른 의미 있는 작업을 수행할 수 있는 시간이 늘어난다.

▶ **단위 테스트는 프로그래머가 코드 설계에서 문제를 찾는 데 도움이 될 수 있다.**
1장에서 코드 테스트가 가능한지의 여부가 코드 품질을 판단하는 중요한 기준이라고 언급한 바 있다. 코드에 대한 단위 테스트를 설계하는 데 어려움을 겪고 있고, 단위 테스트 프레임워크의 고급 기능에 의존해야 하는 경우라면 의존성 주입을 사용하지 않거나 전역 변수와 정적 함수를 많이 사용하고 결합성이 높은 코드처럼 설계가 비합리적임을 의미하는 경우가 많다. 따라서 단위 테스트를 통해 코드 설계의 문제점을 적시에 찾을 수 있다.

▶ **단위 테스트는 통합 테스트를 보완하는 강력한 도구다.**

프로그램이 실행될 때 나타나는 버그는 나누는 값이 0이 되거나 네트워크가 타임 아웃이 되는 것처럼, 일부 경계 조건과 비정상적인 상황에서 발생하는 경우가 많다. 이러한 대부분의 예외는 테스트 환경에서 재현이 매우 어렵다. 단위 테스트는 이러한 테스트 환경의 부족한 부분을 보완하며, 5.3절에서 살펴볼 모의 구현mock 메서드를 사용하여 모의 구현 객체의 반환값을 제어하고 비정상적인 상황을 재현하여 해당 상황에서의 코드 실행 결과를 테스트한다.

일부 복잡한 시스템의 경우, 많은 모듈이 있고 각 모듈마다 다양한 입력, 출력, 예외 사항 등이 존재하기 때문에 통합 테스트가 포괄적일 수 없다. 만약 모든 모듈을 하나로 엮는다면 전체 시스템에서 확인해야 하는 테스트 시나리오가 매우 많이 만들어질 수밖에 없고, 가능한 모든 상황에 대해 테스트 케이스를 설계하고 테스트하는 것은 비현실적이다. 이때 단위 테스트를 사용하면 통합 테스트를 보완할 수 있다. 물론 단위 테스트가 통합 테스트를 완전히 대체할 수는 없지만 모든 클래스와 함수가 예상대로 실행된다는 것을 보장할 수 있다면 전체 시스템에 문제가 발생할 가능성이 줄어든다.

▶ **단위 테스트 코드를 작성하는 과정은 코드 리팩터링 과정에 해당한다.**

5.1절에서 지속적인 리팩터링이 개발의 일부여야 한다고 언급한 바 있다. 실제로 단위 테스트 코드를 작성하는 것은 현장에서 지속적인 리팩터링을 수행하는 효과적인 방법이다. 코드를 작성할 때 모든 상황을 명확하게 고려하기는 어렵지만, 단위 테스트 코드를 작성하는 것을 통해 코드를 다시 한번 검토할 수 있고, 테스트 용이성이 낮은 것과 같은 코드 설계상의 문제를 찾아낼수 있다. 그리고 경계 조건의 부적절한 처리와 같은 코드 작성 문제를 리팩터링할 수 있게 된다.

▶ **단위 테스트는 프로그래머가 코드에 빠르게 익숙해지도록 도와준다.**

코드를 읽기 전에 먼저 비즈니스 배경과 코드 설계 사상을 이해하는 것이 도움이 되지만, 일부 프로그래머는 문서를 작성하고 주석을 추가하는 것을 좋아하지 않기 때문에 코드의 가독성이 떨어지며 이해하기 어려운 코드가 되기 십상이다. 이 경우 단위 테스트가 문서와 주석의 역할을 대신할 수 있다. 실제로 단위 테스트 사례는 코드가 수행하는 작업과 사용 방법을 반영하는 사용자 사례에 해당한다. 단위 테스트를 사용하면 코드가 구현하는 내용, 고려해야 할 특별한 경우, 처리해야 하는 경계 조건을 알기 위해 코드를 깊이 읽을 필요가 없게 된다.

▶ **단위 테스트는 테스트 주도 개발을 개선하고 대체할 수 있다.**

테스트 주도 개발test-driven development, TDD은 자주 언급되지만 거의 구현되지 않는 개발 패턴으로, 이 패턴의 핵심 사상은 테스트 케이스가 코드보다 먼저 작성된다는 것이다. 그러나 일부 프로그래머는 코드를 작성하기 전에 테스트 케이스를 설계하는 것은 물론이고 단위 테스트 코드를 작성하는 것조차 꺼리기 때문에 프로그래머가 이 개발 방식을 받아들이고 익숙해지는 것은 여전히 어려운 면이 있다.

하지만 먼저 코드를 작성한 다음, 이에 맞춰 단위 테스트를 설계하고, 단위 테스트에서 보고된 문제를 기반으로 코드를 리팩터링하는 개발 프로세스는 프로그래머가 더 쉽게 수용하고 구현할 수 있다.

5.2.3 단위 테스트를 설계하는 방법

5.2.1절에서 단위 테스트를 소개할 때 toNumber() 함수에 대한 단위 테스트 코드를 작성해봤다. 이 예제를 통해 알 수 있는 것은 단위 테스트가 코드에 대한 다양한 입력, 예외, 경계 조건을 다루는 테스트 케이스를 설계하고 테스트 케이스를 코드로 **변환**하는 프로세스라는 점이다.

이렇게 테스트 케이스를 코드로 **변환**할 때 단위 테스트 프레임워크를 사용하여 단위 테스트 코드 작성을 단순화할 수 있다. Java용 단위 테스트 프레임워크로는 JUnit, TestNG, Spring Testing이 많이 사용되고 있다. 이러한 단위 테스트 프레임워크는 테스트 케이스의 실행을 위한 TestCaseRunner와 같은 공통 실행 프로세스뿐만 아니라 다양한 Assert 함수를 갖춘 도구 클래스 라이브러리를 제공한다. 따라서 프레임워크를 사용하면 테스트 코드를 작성할 때 테스트 케이스 자체의 설계에만 집중할 수 있다. 단위 테스트 프레임워크를 사용하는 방법은 각각의 공식 문서를 참조하기 바란다.

다음 예제 코드는 JUnit을 사용하여 toNumber() 함수에 대한 테스트 케이스를 다시 구현한 것이다.

```
import org.junit.Assert;
import org.junit.Test;
public class TextTest {
  @Test
  public void testToNumber() {
    Text text = new Text("123");
    Assert.assertEquals(new Integer(123), text.toNumber());
  }

  @Test
  public void testToNumber_nullorEmpty() {
    Text text1 = new Text(null);
    Assert.assertNull(text1.toNumber());
    Text text2 = new Text("");
```

```
    Assert.assertNull(text2.toNumber());
  }

  @Test
  public void testToNumber_containsLeadingAndTrailingSpaces() {
    Text text1 = new Text(" 123");
    Assert.assertEquals(new Integer(123), text1.toNumber());
    Text text2 = new Text("123 ");
    Assert.assertEquals(new Integer(123), text2.toNumber());
    Text text3 = new Text(" 123 ");
    Assert.assertEquals(new Integer(123), text3.toNumber());
  }

  @Test
  public void testToNumber_containsMultiLeadingAndTrailingSpaces() {
    Text text1 = new Text(" 123");
    Assert.assertEquals(new Integer(123), text1.toNumber());
    Text text2 = new Text("123 ");
    Assert.assertEquals(new Integer(123), text2.toNumber());
    Text text3 = new Text(" 123 ");
    Assert.assertEquals(new Integer(123), text3.toNumber());
  }

  @Test
  public void testToNumber_containsInvalidCharaters() {
    Text text1 = new Text("123a4");
    Assert.assertNull(text1.toNumber());
    Text text2 = new Text("123 4");
    Assert.assertNull(text2.toNumber());
  }
}
```

단위 테스트 설계에 대해 많이 나오는 질문과 답변을 정리하면 다음과 같다.

▶ **단위 테스트를 설계하는 것은 시간이 많이 걸리는 일인가?**

단위 테스트를 위한 코드의 양이 매우 많고 때로는 테스트 중인 코드 자체보다 더 많더라도, 실제 단위 테스트 코드는 구현이 간단하고 설계를 고려할 필요가 없기 때문에 작성에 많은 시간이 필요하지 않다. 또한 테스트 케이스에 따라 그 구현 방식이 거의 비슷한 경우가 많으므로 새로운 단위 테스트 코드를 작성할 때 기존의 단위 테스트 코드를 재활용할 수 있다.

▶ **단위 테스트 코드의 품질에 대한 요구 사항이 있는가?**

단위 테스트 코드는 프로덕션 환경에서 실행되지 않고, 각 클래스의 단위 테스트 코드가 독립적이며 서로 의존하지 않으므로 비즈니스 코드에 비해 단위 테스트 코드의 품질에 내한 요구 사항을 적절한 수준으로 낮출 수 있다. 명명이 불규칙하거나 코드가 반복될 수도 있지만, 모두 받아들일 수 있는 수준일 것이다. 데이터를 따로 준비하는 등 별도의 단계 없이 자동으로 실행될 수 있고 운영 환경의 변화로 인해 실패하지 않는 한 아무 문제없다.

▶ **단위 테스트의 커버리지가 높으면 그것만으로 충분한가?**

단위 테스트 커버리지는 단위 테스트의 품질을 측정하는 데 자주 사용되는 값으로 쉽게 정량화할 수 있다. JaCoCo, Cobertura, EMMA, Clover 등 단위 테스트 커버리지를 측정하는 통계 도구가 여러 가지 있으며, 간단한 구문 커버리지부터 더 복잡한 조건 커버리지, 결정 커버리지, 경로 커버리지처럼 커버리지를 계산하는 방법도 여러 가지가 있다.

커버리지 계산이 아무리 복잡하더라도 커버리지를 단위 테스트 품질의 유일한 척도로 사용하는 것은 비합리적이다. 사실 그보다는 테스트 케이스가 모든 가능한 케이스, 특히 일부 특별한 케이스를 포함하는지 여부에 더 주의를 기울여야 한다. 예를 들어 다음 코드의 경우 cal(10.0, 2.0)과 같은 하나의 테스트 케이스만 있으면 테스트 커버리지를 100% 달성할 수 있지만, 그렇다고 이 테스트가 포괄적이라는 의미는 아니며, 나누는 값인 b가 0일 때 코드가 예상대로 실행되는지를 확인할 수 있는 더 많은 테스트 케이스가 필요하다.

```
public double cal(double a, double b) {
  if (b != 0) {
    return a / b;
  }
}
```

사실 단위 테스트 커버리지에 너무 집중하면 개발자가 커버리지를 개선하기 위해 불필요한 테스트 코드를 많이 작성할 수도 있다. 예를 들어 getter 메서드와 setter 메서드는 코드가 단순하고 일반적으로 할당 작업만 포함하기 때문에 굳이 단위 테스트를 설계할 필요가 없다. 일반적으로 프로젝트의 단위 테스트 커버리지가 60~70%에 도달하면 운영 서버에 배포해도 문제가 없다. 물론 코드 품질에 대한 요구 사항이 높으면 프로젝트의 단위 테스트 범위에 대한 요구 사항을 적절하게 높이는 것도 가능하다.

▶ **단위 테스트 코드를 작성할 때 코드의 구현 논리를 이해하는 것이 필요한가?**

단위 테스트는 테스트 중인 함수의 특정 구현 논리에 의존하지 않으며, 그 기능에만 초점을 맞춘다. 따라서 높은 커버리지를 추구하기 위해 코드를 한 줄씩 따라가면서 구현 논리 자체에 대한 단위 테스트를 설계하면 안 된다. 그렇지 않으면 코드가 리팩터링되었을 때 외부적인 동작이 변경되지 않았음에도 불구하고, 코드의 구현 논리가 변경되었다면 단위 테스트에 실패하게 된다.

단위 테스트 코드를 작성할 때 복잡한 기술이 필요치 않으므로 대부분의 단위 테스트 프레임워크는 단위 테스트 요구 사항을 만족할 것이다. 따라서 회사나 팀 내에서 동일한 단위 테스트 프레임워크를 사용하기만 한다면 문제가 없다. 어떤 단위 테스트 프레임워크를 선택했는가 여부에 관계없이 테스트할 수 없는 코드가 존재한다면 해당 코드가 제대로 작성되지 않았을 가능성이 매우 높다. 따라서 이런 경우에는 다른 단위 테스트 프레임워크를 찾을 것이 아니라 테스트가 가능하도록 코드를 리팩터링해야 한다.

5.2.4 단위 테스트를 작성하기 어려운 이유

날이 갈수록 더 많은 사람들이 단위 테스트의 중요성을 깨닫고 있지만 실제로 실행에 옮기는 사람은 많지 않고, 대부분의 회사 프로젝트에서는 단위 테스트를 활용하지 않다. 심지어 일부 프로젝트에는 단위 테스트가 있지만 완벽하지 않다. 이처럼 단위 테스트는 알고는 있지만 실행하기 어려운 것에 해당한다.

단위 테스트 코드의 작성은 사실 인내심을 테스트하는 일이기도 하다. 단위 테스트 코드는 작성하기는 번거롭지만, 그렇다고 특별한 기술을 습득할 수 있는 것은 아니기 때문에 많은 사람들이 꺼리는 경우가 많다. 또한 처음 단위 테스트 작성을 구현할 때는 많은 노력을 더해 실행하지만, 개발 작업이 길어지고 많아질수록 단위 테스트에 대한 요구 사항을 낮추기 시작하고, 이에 따라 '깨진 유리창 효과'가 발생하면서 더 이상 단위 테스트 코드 작성을 하지 않게 된다.

어떤 팀은 여러 가지 이유로 원래 단위 테스트를 작성하지 않았고 코드가 수십만 줄이 쌓여 있기 때문에, 단위 테스트를 하나씩 완료하는 것이 불가능한 상황일 수 있다. 이 경우에는 먼저 새로 작성된 코드에 단위 테스트가 있는지 확인하고, 코드가 수정될 때마다 점진적으로 단위 테스트를 추가해 나가야 한다. 하지만 이는 리더의 의지와 감독만으로는 불가능한 일이며, 팀원들에게 코드에 대한 강한 주인의식이 있어야 가능하다.

이 밖에도 테스트 팀이 있기 때문에, 개발자가 별도로 단위 테스트를 작성하는 것은 순전히 시간 낭비이며 불필요하다고 느끼는 사람들이 있을 수 있다. 원래 IT 산업은 지능 집약적 산업이었지만, 지금은 SI 기반의 작업이 늘면서 많은 기업들이 노동집약적인 산업으로 만들어 나가고 있으며, 개발 과정에서 단위 테스트 코드 작성이나 코드 리뷰가 전혀 이루어지고 있지 않고, 설령 진행하고 있더라도 그 수준이 처참한 수준인 경우가 많다. 작성이 완료된 코드를 커밋하면, 이 코드는 블랙

박스 테스트 팀에 던져져 테스트가 이루어지고, 이때 발견된 문제는 개발팀에 다시 피드백이 전달되어 수정되지만, 발견되지 않은 문제는 서비스에서 문제가 발생해야 수정되는 사이클을 반복할 뿐이다.

이런 형태의 개발 모델에서 팀이 직접 단위 테스트를 작성할 필요가 없다고 생각할 수 있지만, 다시 생각해보면 잘 작성된 단위 테스트와 코드 리뷰를 통해 코드의 품질에 신경 쓰면 테스트 시간을 크게 줄일 수 있다. 구글의 경우 많은 프로젝트의 코드 정확성은 테스트 팀이 아니 개발 팀 수준에서 보장되었고, 이러한 모델에서는 서비스상에서 발생하는 버그가 거의 없다.

프로그래머는 단위 테스트의 이점을 진정으로 느낄 때만 이를 인식하고 사용할 수 있다.

5.2.5 생각해보기

이진 검색 알고리즘의 개선된 형태를 설계한다고 가정하자. 증가하는 배열에서 주어진 값보다 크거나 같은 첫 번째 요소를 찾은 다음, 이 알고리즘에 대한 단위 테스트 케이스를 설계해보자.

5.3 코드 테스트 용이성

단위 테스트 코드를 작성하는 것은 어렵지 않으며 많은 기술이 필요한 것은 아니다. 그럼에도 테스트 가능한 코드를 작성하는 것은 도전이 필요한 일일 수도 있다. 또한 테스트 용이성은 코드의 품질을 어느 정도 반영하기도 한다. 이번 절에서는 테스트 가능한 코드를 작성하는 방법에 대해 설명하고 테스트가 불가능한 코드에 대해서도 알아볼 것이다.

5.3.1 테스트 가능한 코드를 작성하는 방법

예제 코드를 통해 테스트 가능한 코드를 작성하는 방법을 알아보자. 다음 코드에서 Transaction 클래스는 주문 거래 흐름을 나타내며, Transaction 클래스의 execute() 함수는 송금 작업을 통해 구매자의 지갑에서 판매자의 지갑으로 돈을 이체하기 위해 RPC 서비스인 WalletRpcService를 호출한다. 또한 전송 작업의 동시 실행 오류를 방지하기 위해 코드에서 RedisDistributedLock 싱글턴 클래스를 통해 분산 잠금을 사용한다.

```
public class Transaction {
  private String id;
  private Long buyerId;
```

```
private Long sellerId;
private Long productId;
private String orderId;
private Long createTimestamp;
private Double amount;
private STATUS status;
private String walletTransactionId;

public Transaction(String preAssignedId, Long buyerId, Long sellerId, Long productId,
                   String orderId) {
  if (preAssignedId != null && !preAssignedId.isEmpty()) {
    this.id = preAssignedId;
  } else {
    this.id = IdGenerator.generateTransactionId();
  }

  if (!this.id.startWith("t_")) {
    this.id = "t_" + preAssignedId;
  }

  this.buyerId = buyerId;
  this.sellerId = sellerId;
  this.productId = productId;
  this.orderId = orderId;
  this.status = STATUS.TO_BE_EXECUTD;
  this.createTimestamp = System.currentTimestamp();
}

public boolean execute() throws InvalidTransactionException {
  if (buyerId == null || sellerId == null || amount < 0.0) {
    throw new InvalidTransactionException(...);
  }

  if (status == STATUS.EXECUTED) return true;

  boolean isLocked = false;

  try {
    isLocked = RedisDistributedLock.getSingletonIntance().lockTransction(id);
    if (!isLocked) {
      return false;  // 잠금 실패, false 반환 후 작업 실행
    }
    if (status == STATUS.EXECUTED) return true;

    long executionInvokedTimestamp = System.currentTimestamp();
    if (executionInvokedTimestamp - createdTimestap > 14days) {
      this.status = STATUS.EXPIRED;
      return false;
```

```
    }

    WalletRpcService walletRpcService = new WalletRpcService();
    String walletTransactionId =
      walletRpcService.moveMoney(id, buyerId, sellerId, amount);
    if (walletTransactionId != null) {
      this.walletTransactionId = walletTransactionId;
      this.status = STATUS.EXECUTED;
      return true;
    } else {
      this.status = STATUS.FAILED;
      return false;
    }
  } finally {
    if (isLocked) {
      RedisDistributedLock.getSingletonIntance().unlockTransction(id);
    }
  }
  }
 }
}
```

이 코드에서 Transaction 클래스의 주요 코드와 작업은 execute() 함수에 집중되어 있기 때문에 execute() 함수가 핵심 테스트 객체다. 정상 상황과 비정상 상황을 포함한 모든 상황을 최대한 다루기 위해 execute() 함수에 대해 다음과 같이 여섯 가지 테스트 케이스를 설계했다.

1) 정상적인 상황에서 트랜잭션이 성공적으로 실행되면 트랜잭션과 지갑 간의 트랜잭션 흐름 조정 과정에 사용된 walletTransactionId 값이 채워지고 트랜잭션 상태가 EXECUTED로 설정되며, execute() 함수는 true를 반환한다.

2) 매개변수인 buyId가 null이거나, SellerId가 null이거나, amount가 0보다 작은 상황에서 execute() 함수는 InvalidTransactionException 예외를 발생시킨다.

3) createTimestamp 값이 14일 이상 경과하여 트랜잭션이 만료된 경우, execute() 함수는 트랜잭션 상태를 EXPIRED로 설정하고 false를 반환한다.

4) 트랜잭션이 이미 실행되어 status 값이 EXECUTED인 경우, execute() 함수는 전송을 반복하지 않고 true를 반환한다.

5) WalletRpcService의 호출에 실패하여 전송이 실패하면, execute() 함수는 트랜잭션 상태를 FAILED로 설정하고 false를 반환한다.

6) 트랜잭션이 아직 진행 중이면 execute() 함수는 트랜잭션을 반복하지 않고 바로 false를 반환한다.

이 테스트 케이스를 코드로 **변환**하려면 문제가 많다는 것을 알 수 있다. 여기서는 그중에서 첫 번째 테스트 케이스와 세 번째 테스트 케이스를 구현해보고 문제점을 살펴보기로 한다. 나머지 테스트 케이스는 직접 구현해보기 바란다.

먼저 첫 번째 테스트 케이스를 구현한 코드를 살펴보자.

```
public void testExecute() {
  Long buyerId = 123L;
  Long sellerId = 234L;
  Long productId = 345L;
  Long orderId = 456L;
  Transaction transaction = new Transaction(null, buyerId, sellerId, productId, orderId);
  boolean executedResult = transaction.execute();
  assertTrue(executedResult);
}
```

execute() 함수는 RedisDistributedLock과 WalletRpcService라는 두 개의 외부 서비스에 의존하고 있기 때문에 단위 테스트 코드에서 다음과 같은 문제가 발생한다.

- 단위 테스트를 실행하려면 Redis 서비스와 Wallet RPC 서비스를 구축해야 하는데, 이에 드는 리소스 비용이 매우 높다.
- Wallet RPC 서비스에 모의 거래 데이터를 보내면 예상했던 결과가 반환되는지 확인해야 하지만 Wallet RPC 서비스가 직접 통제 가능한 범위 내에 없을 수 있고, 특히 외부 업체의 서비스일 경우 일반적으로 모의 데이터로 테스트가 불가능할 수 있다.
- Redis 서비스와 Wallet RPC 서비스에 대한 execute() 함수의 호출은 최하위 계층의 네트워크를 통해 이루어지므로 시간이 오래 걸리고 단위 테스트 수행에 영향을 미친다.

네트워크 중단, 시간 초과, Redis 서비스와 RPC 서비스를 사용할 수 없는 환경은 단위 테스트 실행에 영향을 줄 수 있다. 단위 테스트는 종단 간의 통합 테스트가 아니라 주로 프로그래머가 작성한 코드의 정확성을 테스트하는 것이므로, 분산 잠금이나 Wallet RPC 서비스와 같은 외부 시스템에 의존하는 부분은 테스트 범위를 벗어나는 것이다. 코드가 외부 시스템, 데이터베이스, 네트워크, 파일 시스템과 같이 제어할 수 없는 구성 요소에 종속되는 경우 이 종속 관계를 끊을 방법이 필요하며, 이를 **모의 구현** 또는 **Mock**이라고 한다. 물론 Mock이라는 용어 대신에 테스트 프레임워크에 따라 Stub, Dummy, Fake, Spy 같은 다른 이름을 사용할 수도 있다. 모의 구현은 실제 서비스를 **모의** 서비스로 대체하는 것으로서, 모의 구현 서비스는 완전히 통제하에 있으며 원하는 결과를 만들어낼 수 있다.

모의 구현은 어떤 식으로 동작할까? 모의 구현에는 수동 모의 구현과 프레임워크를 이용하는 모의 구현의 두 가지 방법이 있다. 프레임워크 기반의 모의 구현이 수동 모의 구현에 비해 가지는 장점은 코드의 작성이 단순화된다는 것이다. 프레임워크에 따라 모의 구현 방식이 다르기 때문에 여기에서는 수동 모의 구현만 다루기로 한다.

WalletRpcService 클래스를 상속받아 클래스를 만들고 moveMoney() 함수를 재정의하는 방법을 통해 WalletRpcService 클래스의 모의 구현 클래스를 구현할 수 있으며, 구체적인 코드는 다음과 같다. 이때 MockWalletRpcServiceOne 클래스와 MockWalletRpcServiceTwo 클래스의 함수는 실제로 송금하거나 네트워크를 사용하는 코드를 포함하지 않으며, 우리가 원하는 출력을 바로 반환하는 형태로 구현되어 있고 모든 출력이 제어 가능한 상태에 놓여 있음에 유의하자.

```
public class MockWalletRpcServiceOne extends WalletRpcService {
  public String moveMoney(Long id, Long fromUserId, Long toUserId, Double amount) {
    return "123bac";
  }
}

public class MockWalletRpcServiceTwo extends WalletRpcService {
  public String moveMoney(Long id, Long fromUserId, Long toUserId, Double amount) {
    return null;
  }
}
```

이제 이 코드에서 MockWalletRpcServiceOne 클래스와 MockWalletRpcServiceTwo 클래스가 실제로 어떻게 WalletRpcService 클래스를 대체하는지 알아보자.

먼저 기존 코드에서는 execute() 함수에서 new 예약어를 통해 WalletRpcService 클래스 객체를 동적으로 생성하기 때문에 교체가 불가능하다. 따라서 Transaction 클래스의 execute() 함수는 테스트 용이성이 떨어지며, 이를 해결하기 위해 리팩터링이 필요하다.

3.5절에서 의존성 주입이 코드의 테스트 용이성을 향상시키는 효과적인 방법이라고 언급한 바 있다. 의존성 주입을 이용하면 WalletRpcService 클래스를 외부에서 생성한 후 Transaction 클래스로 주입할 수 있다. 이와 같이 리팩터링된 Transaction 클래스의 코드는 다음과 같다.

```java
public class Transaction {
  ...
  // 멤버 변수와 setter 메서드 추가
  private WalletRpcService walletRpcService;

  public void setWalletRpcService(WalletRpcService walletRpcService) {
    this.walletRpcService = walletRpcService;
  }
  ...
  public boolean execute() {
    ...
    // 아래 코드 삭제
    // WalletRpcService walletRpcService = new WalletRpcService();
    ...
  }
}
```

이제 단위 테스트에서 WalletRpcService 클래스 객체를 MockWalletRpcServiceOne 클래스 객체나 MockWalletRpcServiceTwo 클래스 객체로 쉽게 교체할 수 있다. 수정된 결과는 다음과 같다.

```java
public void testExecute() {
  Long buyerId = 123L;
  Long sellerId = 234L;
  Long productId = 345L;
  Long orderId = 456L;
  Transaction transaction = new Transaction(null, buyerId, sellerId, productId, orderId);
  // MockWalletRpcServiceOne을 사용하여 실제 Wallet RPC 서비스인 WalletRpcService 대체
  transaction.setWalletRpcService(new MockWalletRpcServiceOne()):
  boolean executedResult = transaction.execute();
  assertTrue(executedResult);
  assertEquals(STATUS.EXECUTED, transaction.getStatus());
}
```

지금까지는 WalletRpcService 클래스의 모의 구현을 작성해봤고, 이제 RedisDistributedLock 클래스를 살펴보자. RedisDistributedLock 클래스는 싱글턴 클래스이므로 이 클래스의 모의 구현은 좀 더 복잡하다. 싱글턴 클래스는 전역 변수와 동일하기 때문에 메서드를 상속하거나 재정의하는 방식으로 임의값을 넣을 수도 없고, 의존성 주입으로 대체할 수도 없다.

만약 RedisDistributedLock 클래스가 자체적으로 유지 관리되고 있어서 자유롭게 수정하고 리팩터링할 수 있다면 싱글턴이 아닌 패턴으로 리팩터링하는 방식으로 WalletRpcService 클래스처

럼 Mock을 구현할 수 있다. 하지만 `RedisDistributedLock` 클래스를 직접 수정할 수 없다면 잠금 논리를 캡슐화하는 방식으로 처리할 수 있다. 구체적인 코드는 다음과 같다.

```java
public class TransactionLock { // 잠금 논리 캡슐화
  public boolean lock(String id) {
    return RedisDistributedLock.getSingletonIntance().lockTransction(id);
  }

  public void unlock() {
    RedisDistributedLock.getSingletonIntance().unlockTransction(id);
  }
}

public class Transaction {
  ...
  private TransactionLock lock;

  public void setTransactionLock(TransactionLock lock) {
    this.lock = lock;
  }

  public boolean execute() {
    ...
    try {
      isLocked = lock.lock();
      ...
    } finally {
      if (isLocked) {
        lock.unlock();
      }
    }
    ...
  }
}
```

그리고 이 코드를 위해 작성된 단위 테스트 코드는 다음과 같다. 이 코드에서는 Redis에 접근하는 것을 방지하기 위해 `TransactionLock` 클래스 대신 모의 구현으로 작성된 `TransactionLock`을 사용하고 있다.

```java
public void testExecute() {
  Long buyerId = 123L;
  Long sellerId = 234L;
  Long productId = 345L;
```

```
  Long orderId = 456L;

  TransactionLock mockLock = new TransactionLock() {
    public boolean lock(String id) {
      return true;
    }
    public void unlock() {}
  };

  Transaction transaction = new Transaction(null, buyerId, sellerId, productId, orderId);
  transaction.setWalletRpcService(new MockWalletRpcServiceOne());
  transaction.setTransactionLock(mockLock);
  boolean executedResult = transaction.execute();
  assertTrue(executedResult);
  assertEquals(STATUS.EXECUTED, transaction.getStatus());
}
```

이처럼 첫 번째 테스트 케이스를 구현해서 직접 제어할 수 없는 외부 서비스인 경우 의존성 주입과 모의 구현을 통해 단위 테스트 코드를 구현할 수 있음을 확인할 수 있었다. 마찬가지로 네 번째 테스트 케이스와 여섯 번째 테스트 케이스도 구현이 가능하다.

이제 세 번째 테스트 케이스를 살펴보자. createTimestamp의 값이 14일 이상 이전이어서 트랜잭션이 만료된 경우, execute() 함수는 트랜잭션 상태를 EXPIRED로 설정하고 false를 반환해야 한다. 이 단위 테스트도 먼저 코드를 살펴본 다음 분석해보자.

```
public void testExecute_with_TransactionIsExpired() {
  Long buyerId = 123L;
  Long sellerId = 234L;
  Long productId = 345L;
  Long orderId = 456L;
  Transaction transaction = new Transaction(null, buyerId, sellerId, productId, orderId);
  transaction.setCreatedTimestamp(System.currentTimestamp() - 14days);
  boolean actualResult = transaction.execute();
  assertFalse(actualResult);
  assertEquals(STATUS.EXPIRED, transaction.getStatus());
}
```

위의 단위 테스트 코드에서는 트랜잭션의 createdTimestamp 값을 setCreatedTimestamp() 함수를 이용해 14일 이전으로 설정했기 때문에 테스트가 실행될 때 트랜잭션이 만료된 상태인지 테스트할 수 있다. 하지만 만약 Transaction 클래스에서 트랜잭션이 생성되는 시간의 임의 수정을 막기 위해 setCreatedTimestamp() 함수 또는 createdTimestamp 멤버 변수를 수정하는 setter 메서드를 제공하지 않는 상황에서는 어떻게 해야 할까?

누군가는 createTimestamp의 setter 메서드가 없으면 추가하면 되는 것 아니냐며 반문할지도 모르겠다. 하지만 setter 메서드를 임의로 추가하는 것은 클래스의 캡슐화 특성을 위반하는 행위다. Transaction 클래스에서 createTimestamp에는 트랜잭션이 생성될 때 현재 시스템 시간이 자동으로 힐딩퇴며, 그 이후에는 쉽게 수정되지 않아야 한다. 물론 createTimestamp의 setter 메서드를 노출하면 비록 코드의 유연성이 증가하지만, 코드의 제어성은 감소한다.

createTimestamp의 setter 메서드가 없다면 이 테스트 케이스는 어떻게 구현해야 할까? 실제로 이렇게 시간에 따라 코드의 흐름과 결과가 영향을 받는 **시간에 따라 해결을 보류 중인 동작**이 코드에 포함되는 문제는 꽤 자주 만나 볼 수 있다. 이를 처리하는 일반적인 방법은 보류 중인 동작을 다시 패키징하여 캡슐화하는 것이다. Transaction 클래스에서는 트랜잭션이 만료되었는지 여부에 대한 논리를 isExpired() 함수에 캡슐화할 수 있다. 구체적인 코드는 다음과 같다.

```
public class Transaction {
  protected boolean isExpired() {
    long executionInvokedTimestamp = System.currentTimestamp();
    return executionInvokedTimestamp - createdTimestamp > 14days;
  }

  public boolean execute() throws InvalidTransactionException {
    ...
    if (isExpired()) {
      this.status = STATUS.EXPIRED;
      return false;
    }
    ...
  }
}
```

이 코드의 단위 테스트 코드는 다음과 같고, 여기에서는 Transaction 클래스의 isExpired() 함수를 재정의하여 true를 반환하도록 하는 방법으로 만료된 트랜잭션을 테스트할 수 있다.

```
public void testExecute_with_TransactionIsExpired() {
  Long buyerId = 123L;
  Long sellerId = 234L;
  Long productId = 345L;
```

```
Long orderId = 456L;

Transaction transaction = new Transaction(null, buyerId, sellerId, productId, orderId) {
  protected boolean isExpired() {
    return true;
  }
};

boolean actualResult = transaction.execute();
assertFalse(actualResult);
assertEquals(STATUS.EXPIRED, transaction.getStatus());
}
```

약간의 리팩터링만으로도 Transaction 클래스의 코드 테스트 용이성이 향상되었다. 이와 같이 세 번째 테스트 케이스를 정상적으로 구현하는 데는 성공했지만, Transaction 클래스의 생성자에 복잡한 논리가 포함되어 있기 때문에 다소 비합리적이다. 생성자에서 트랜잭션 id를 할당하는 작업은 다소 복잡하기 때문에, 정확성을 보장하기 위해 검증할 필요가 있다. 검증의 편의를 위해 트랜잭션 id를 할당하는 코드를 fillTransactionId() 함수로 추상화한 다음, 이 함수에 대한 단위 테스트 코드를 작성할 수 있다. 구체적인 코드는 다음과 같다.

```
public Transaction(String preAssignedId, Long buyerId, Long sellerId, Long productId,
                   String orderId) {
  ...
  fillTransactionId(preAssignId);
  ...
}

protected void fillTransactionId(String preAssignedId) {
  if (preAssignedId != null && !preAssignedId.isEmpty()) {
    this.id = preAssignedId;
  } else {
    this.id = IdGenerator.generateTransactionId();
  }
  if (!this.id.startWith("t_")) {
    this.id = "t_" + preAssignedId;
  }
}
```

이처럼 Transaction 클래스의 코드를 리팩터링하여 테스트 용이성을 향상시켰다. 하지만 모든 함수, 특히 isExpired() 함수 같은 경우에도 모두 단위 테스트를 작성해야 할까? 사실 isExpired()

함수는 매우 간단하며, 코드를 읽어보면 버그가 있는지를 판단할 수 있는 수준이므로 굳이 단위 테스트를 설계할 필요는 없다. 즉, 단위 테스트는 복잡한 기능에 대해서만 작성하면 되고, 간단한 코드에 대한 단위 테스트는 굳이 작성할 필요가 없다는 뜻이다.

클래스의 단위 테스트 코드가 작성하기 쉬운가에 대해서 관건은 클래스의 독립성, 즉 해당 클래스가 높은 응집도와 낮은 결합도를 만족하는지에 달려 있다. 테스트하고자 하는 클래스가 다른 클래스나 데이터베이스, RPC 서비스와 같은 외부 시스템과 밀접하게 연결되어 있다면 단위 테스트를 구현하기 어려워진다. 의존성 주입의 주요 기능은 코드의 결합 정도를 줄이는 것이기 때문에, 이를 통해 코드의 테스트 용이성을 효과적으로 향상시킬 수 있다는 점을 명심하기 바란다.

5.3.2 테스트가 불가능한 코드

5.3.1절에서는 예제 코드의 테스트 용이성을 향상시키기 위해 의존성 주입, 모의 구현, 캡슐화 등을 통해 외부 서비스에 대한 의존성을 없애는 방법에 대해 살펴봤다. 여기에서는 테스트가 불가능한 네 가지 유형의 코드에 대해 알아보자.

1 보류 중인 동작

보류 중인 동작은 코드의 출력이 무작위이거나 불확실하며 대부분 시간 및 난수와 관련이 있음을 의미한다. 다음 예제 코드에서 caculateDelayDays() 함수의 결과는 현재 시간을 기준으로 하는 것을 알 수 있는데, caculateDelayDays() 함수는 동일한 dueTime 입력에 대해 매번 다른 값을 반환할 수밖에 없다. 이렇게 불확실한 실행 결과가 나오는 경우 정확성을 테스트할 수 없다.

```
public class Demo {
  public long caculateDelayDays(Date dueTime) {
    long currentTimestamp = System.currentTimeMillis();
    if (dueTime.getTime() >= currentTimestamp) {
      return 0;
    }
    long delayTime = currentTimestamp - dueTime.getTime();
    long delayDays = delayTime / 86400;
    return delayDays;
  }
}
```

2 전역 변수

전역 변수를 잘못 사용하면 단위 테스트를 설계하기가 어렵다. 예제 코드에서 RangeLimiter는 범위를 나타내는 클래스인데, position은 위치를 나타내는 정적 변수로 처음에는 0으로 초기화되어 있다. move() 함수는 위치를 변경할 때마다 position 값이 바뀐다. 그리고 마지막으로 RangeLimiterTest 클래스는 RangeLimiter 클래스의 단위 테스트 클래스다.

```java
public class RangeLimiter {
  private static AtomicInteger position = new AtomicInteger(0);
  public static final int MAX_LIMIT = 5;
  public static final int MIN_LIMIT = -5;

  public boolean move(int delta) {
    int currentPos = position.addAndGet(delta);
    boolean betweenRange = (currentPos <= MAX_LIMIT) && (currentPos >= MIN_LIMIT);
    return betweenRange;
  }
}

public class RangeLimiterTest {
  public void testMove_betweenRange() {
    RangeLimiter rangeLimiter = new RangeLimiter();
    assertTrue(rangeLimiter.move(1));
    assertTrue(rangeLimiter.move(3));
    assertTrue(rangeLimiter.move(-5));
  }

  public void testMove_exceedRange() {
    RangeLimiter rangeLimiter = new RangeLimiter();
    assertFalse(rangeLimiter.move(6));
  }
}
```

사실 이 단위 테스트 코드에는 실패 가능성이 숨어 있다. 만약 단위 테스트 프레임워크가 testMove_betweenRange() 테스트 케이스와 testMove_exceedRange() 테스트 케이스를 순차적으로 실행한다고 가정해보자. 첫 번째 테스트 케이스를 실행하면 정적 변수 position의 값이 -1이 되며, 이 값은 -5부터 5의 범위 내에 있으므로 아무런 문제가 없다. 하지만 두 번째 테스트 케이스를 이어서 실행하면 원래 테스트 케이스의 의도와 달리 position 값이 5가 되기 때문에 move() 함수가 true를 반환하게 되어 두 번째 테스트 케이스는 실패하게 된다.

물론 RangeLimiter 클래스가 위치를 재설정하는 기능을 제공하면 단위 테스트 케이스를 실행할 때마다 위치를 0으로 재설정하여 위에서 언급한 문제를 해결할 수 있지만, 단위 테스트 프레임워크에 따라서는 단위 테스트 케이스를 순차적으로 실행하거나 또는 멀티 스레드로 동시에 실행할 수도 있다. 만약 두 개의 테스트 케이스가 멀티 스레드 방식으로 동시에 실행된다면 move() 함수가 포함된 4줄의 코드가 어떤 순서로 실행될지 알 수 없다는 문제가 여전히 남게 된다.

❸ 정적 메서드

코드에서 정적 메서드를 호출할 때 정적 메서드는 모의 구현이 어렵기 때문에 코드 테스트 용이성이 떨어지는 경우가 간혹 있을 수 있다. 그러나 위와 같은 상황을 감안하여 문제점을 구체적으로 분석할 필요가 있다. 정적 메서드를 실행하는 데 너무 오래 걸리고, 외부 리소스에 의존하고, 코드가 복잡하며, 보류 중인 동작이 있는 경우에만 모의 구현 정적 메서드를 통해 단위 테스트를 진행해야 한다. 다시 말해 Math.abs()와 같은 간단한 정적 메서드는 애초에 모의 구현이 필요하지 않기 때문에 코드의 테스트 용이성에 영향을 미치지 않는다.

❹ 복잡한 상속 관계

합성 관계에 비해 상속 관계가 결합성이 훨씬 높다. 상속 관계로 구현된 코드의 테스트는 훨씬 더 어렵다. 상위 클래스에서 단위 테스트를 위해 종속 객체를 모의 구현해야 하는 경우, 이 상위 클래스를 상속받는 모든 하위 클래스의 단위 테스트 코드에서 이 종속 객체를 전부 모의 구현해야 한다. 논리적으로 복잡한 상속 관계에서 상속 깊이가 깊어질수록 모의 구현된 종속 객체가 더 많이 필요하고 모의 구현이 해당 객체에 종속될 때 이러한 종속 객체를 모의 구현하는 방법을 이해하기 위해 상위 클래스의 코드를 확인해야 하기 때문에 번거로워진다.

5.3.3 생각해보기

1) 5.3.1절의 예제 코드에서 void fillTransactionId(String preAssignedId) 함수에 정적 함수를 호출하는 코드인 IdGenerator.generateTransactionId()가 포함되어 있다. 이것이 코드의 테스트 용이성에 영향을 미치는지 생각해보자. 그리고 단위 테스트를 작성할 때 정적 함수인 generateTransactionId()를 모의 구현해야 하는지도 생각해보자.

2) 의존성 주입은 new 예약어를 통해 클래스 내부에서 객체를 생성하는 것이 아니라 외부에서 객체를 생성한 후 클래스에 전달하는 것을 의미한다. 그렇다면 모든 객체를 클래스 외부에서 생성해야 하는 것이 옳은지를 생각해보자. 또한 코드의 테스트 용이성에 영향을 주지 않고 클래스 내에서 생성할 수 있는 유형의 객체에는 어떤 것이 있는지 생각해보자.

5.4 디커플링

5.1절에서 리팩터링을 대규모 리팩터링과 소규모 리팩터링으로 나눌 수 있다고 언급한 바 있다. 소규모 리팩터링의 주요 목적은 코드의 가독성을 높이는 것인 반면, 대규모 리팩터링의 주요 목적은 **디커플링**이라고 할 수 있다. 이번 절에서는 코드를 디커플링하는 방법에 대해 알아보자.

5.4.1 디커플링이 중요한 이유

소프트웨어 설계와 개발 과정에서 코드의 복잡성에 주의를 기울여야 한다. 복잡한 코드는 가독성과 유지 보수성에 문제가 있는 경우가 많은데, 그렇다면 코드의 복잡성을 제어할 수 있는 방법은 무엇일까? 물론 코드의 복잡성을 제어하는 방법은 매우 많지만, 그중에서 가장 효과적인 방법은 바로 디커플링이다. 디커플링을 통해 응집도가 높고 결합도가 낮은 코드를 만들 수 있으며, 이와 같은 방식으로 코드를 리팩터링하면 코드의 복잡성을 효과적으로 제어할 수 있게 된다.

실제로 높은 응집도와 낮은 결합도는 클래스 간의 세분화된 관계 설계를 이끌어낼 뿐만 아니라 세분화된 시스템, 아키텍처, 모듈의 설계를 이끌어내는 일반적인 설계 사상이다. 코딩 규칙에 비교해 더 높은 수준에서 코드의 가독성과 유지 보수성을 향상시킬 수 있다.

코드를 읽든 코드를 수정하든 높은 응집도와 낮은 결합도 특성을 사용하면 다른 모듈이나 클래스의 코드에 대해 너무 많이 이해할 필요 없이 모듈이나 클래스에 집중할 수 있으므로 코드를 읽고 수정할 때 어려움을 줄일 수 있다. 의존성이 간단하고 결합도가 낮기 때문에 코드 수정이 전체적인 코드에 영향을 미치지 않아 코드 변경 영역을 집중시킬 수 있어 버그가 발생할 위험이 줄어든다.

높은 응집도와 낮은 결합도를 가진 코드는 그 구조가 명확하고 계층화와 모듈화가 합리적이며 의존성이 간단하고 모듈이나 클래스 사이의 결합도가 낮다는 것을 의미한다. 높은 응집도와 낮은 결합도를 가진 코드는 일부 클래스나 모듈의 내부 설계가 합리적이지 않아 코드 품질이 높지 않더라도 그 코드가 영향을 미치는 범위가 제한된다. 따라서 코드의 전체 구조를 조정하는 작업 없이도 특정 모듈이나 클래스에 집중하는 소규모 리팩터링을 할 수 있으며, 리팩터링 난이도 역시 대폭 하락시킬 수 있다.

5.4.2 코드를 디커플링해야 하는지 판단하기

기능 코드의 일부가 수정되면 전체 코드를 모두 건드려야 하는 상황이 발생한다는 것은 이 프로젝트의 코드 결합도가 너무 높아 디커플링이 필요하다는 것을 의미한다. 이 밖에도 프로젝트 코드에서 모듈과 클래스 간의 의존성을 따져본 후, 의존성 그래프의 복잡성에 따라 프로젝트의 코드를 분리해야 하는지 판단하는 직관적인 방법도 있다. 모듈과 클래스 사이의 의존 관계가 복잡하고 혼란스럽다면 코드 구조에 문제가 있는 것이므로, 디커플링을 통해 의존성을 단순하고 명확하게 할 수 있다.

5.4.3 코드 디커플링 방법

이제 코드를 디커플링하는 방법을 살펴보자.

1 캡슐화와 추상화로 디커플링하기

캡슐화와 추상화는 시스템, 모듈, 클래스 라이브러리, 구성 요소, 인터페이스, 클래스 설계와 같은 다양한 코드 설계 시나리오에 적용할 수 있다. 캡슐화와 추상화는 구현의 복잡성을 효과적으로 숨기고 구현의 변동성을 격리하며 상위 모듈에게 안정적이고 사용하기 쉬운 인터페이스를 제공할 수 있다.

예를 들어 UNIX 시스템에서 제공하는 객체 열기 함수 open()은 보기에는 사용하기 쉽지만 기본 구현은 권한 제어, 동시성 제어, 물리적 스토리지를 모두 포괄할 만큼 복잡하다. open() 함수를 추상 함수로 캡슐화하면 복잡한 코드의 확산을 효과적으로 제어하고 복잡성을 적절히 제어할 수 있다. 또한 open() 함수가 구현이 아닌 추상화를 기반으로 정의되기 때문에, 함수의 기본 구현을 변경할 때 이에 의존하는 상위 코드는 변경할 필요가 없다.

2 중간 계층으로 디커플링하기

중간 계층은 모듈 사이 또는 클래스 사이의 의존성을 단순화할 수 있다. 그림 5.1은 중간 계층을 도입하기 전과 후의 의존성을 비교한 다이어그램이다. 데이터 저장 중간 계층이 도입되기 전에는 모듈 A, B, C가 모두 메모리 1단계 캐시, Redis 2단계 캐시, 데이터베이스 영구 저장소 세 가지 모듈에 전부 의존하고 있다. 하지만 데이터 저장 중간 계층을 도입하면 모듈 A, B, C 모두 데이터 저장 중간 계층 모듈에만 의존하고 있다. 그림 5.1에서 볼 수 있듯이 중간 계층의 도입은 모듈 간의 의존성을 단순화하고 코드 구조를 더 명확하게 만든다.

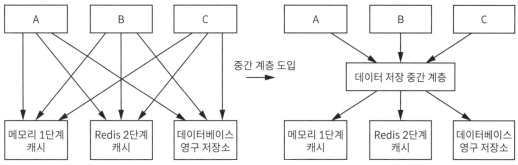

그림 5.1 **중간 계층 도입 전후 의존성 비교**

리팩터링을 진행할 때도 중간 계층이 과도기적 역할을 할 수 있기 때문에 개발 프로세스와 리팩터링 프로세스가 서로 간섭하지 않고 동시에 진행될 수 있다. 예를 들어 인터페이스 설계에 문제가 있어 정의를 수정해야 하는 일이 발생했고, 결과적으로 이 인터페이스를 호출하는 모든 코드를 전부 수정해야 한다고 가정해보자. 만약 새로 개발된 코드에서도 이 인터페이스를 사용하는 경우 개발 프로세스와 리팩터링 프로세스에 충돌이 일어나게 된다. 하지만 인터페이스를 4단계의 과정을 거쳐 수정하면 리팩터링을 작고 빠르게 실행할 수 있다.

1) 중간 계층을 도입하고 이를 사용하여 이전 인터페이스를 감싸는 새 인터페이스를 제공한다.

2) 새로 개발된 코드는 중간 계층에서 제공하는 새로운 인터페이스에만 의존한다.

3) 이전 인터페이스에 종속된 코드를 전부 변경하여 새 인터페이스를 호출한다.

4) 모든 코드가 새 인터페이스를 호출하는지 확인한 후 이전 인터페이스를 제거한다.

이와 같이 중간 계층을 도입하면 단계적으로 리팩터링을 완료할 수 있다. 각 단계의 개발 부담이 그리 크지 않고 짧은 시간에 완료할 수 있기 때문에 리팩터링 프로세스와 개발 프로세스가 서로 충돌할 가능성이 낮아진다.

❸ 모듈화와 계층화로 디커플링하기

모듈화는 복잡한 시스템을 구축할 때 사용되는 일반적인 수단으로 건설, 기계 제조, 기타 산업 등에서도 널리 사용된다. UNIX와 같이 복잡한 시스템은 모든 구현 세부 사항을 제어하기 어렵다. 그럼에도 UNIX와 같은 복잡한 시스템을 개발하고 유지할 수 있는 주된 이유는 전체 시스템을 프로세스 스케줄링, 프로세스 통신, 메모리 관리, 가상 파일 시스템, 네트워크 인터페이스 모듈 등 여러 개의 독립적인 모듈로 분할하기 때문이다. 모듈은 인터페이스를 통해 통신하며 모듈 간의 결합도는 매우 낮다. 소규모로 구성된 각 팀은 높은 응집도를 가지는 독립적인 모듈의 개발을 담당하고,

마지막으로 각 모듈을 결합하여 복잡한 시스템을 형성한다.

실제로 모듈화 개념은 서비스 기반의 아키텍처service-oriented architecture, SOA, 마이크로 서비스, 클래스 라이브러리, 클래스와 기능의 설계에 반영된다. 모듈화의 본질은 분할을 통한 제어다.

이제 코드의 계층에 중점을 두고 이야기해보자. 코드를 개발할 때 우리는 모듈화에 대해 의식해야 하고, 각 모듈을 독립적인 클래스 라이브러리로 개발해야 하며, 각각의 모듈은 다른 모듈이 클래스의 내부에 접근할 수 있도록 구현 세부 사항을 캡슐화해서 인터페이스 형태로 제공해야 한다. 그래야만 모듈 사이의 결합도를 낮출 수 있다.

모듈화 외에도 계층화는 복잡한 시스템을 구축하는 일반적인 수단이기도 하다. 예를 들어 UNIX 시스템은 계층이라는 개념을 기반으로 개발되었으며, 크게 커널 계층, 시스템 호출 계층, 응용 프로그램 계층의 3계층으로 나눌 수 있다. 각 계층은 구현 세부 사항을 캡슐화하고 상위 계층에서 사용할 추상 인터페이스를 노출한다. 또한 다른 계층의 코드에 영향을 주지 않고 각각의 계층을 다시 구현하거나 업데이트할 수 있다. 복잡한 시스템이 발전할수록 계층화 기술을 최대한 이용해야 한다. 재사용이 용이하고 특정 비즈니스와 관계없는 코드는 최대한 하위 계층으로 내리고, 수정이 빈번한 특정 비즈니스와 깊게 관련된 코드는 상위 계층으로 올려야 한다.

❹ 고전적인 코드 설계 원칙과 사상을 사용한 디커플링
이제 디커플링에 사용할 수 있는 코드 설계 원칙과 사상을 요약해보자.

1) 단일 책임 원칙
응집도와 결합도는 서로 독립적인 요소가 아니기 때문에 응집도가 높으면 코드의 결합도가 낮아지는데, 단일 책임 원칙은 높은 응집도를 달성하기 위해 가장 중요한 지침이기도 하다. 모듈이나 클래스에 단일 책임이 있는 경우 해당 클래스에 의존하는 클래스와 해당 클래스가 의존하는 클래스의 수가 줄어들고 코드의 결합도도 낮아진다.

2) 구현이 아닌 인터페이스 기반의 프로그래밍
이 원칙을 사용하여 프로그래밍하면 의존성이 있는 두 개의 모듈 또는 클래스 사이에서도 어떤 모듈이나 클래스의 변경 사항이 다른 모듈 또는 클래스에 영향을 미치지 않는다. 이는 강한 의존성에 의한 높은 결합도를 약한 의존성에 기반한 낮은 결합도로 디커플링하는 것에 해당한다고 볼 수 있다.

3) 의존성 주입

구현이 아닌 인터페이스 기반 프로그래밍과 마찬가지로 의존성 주입을 통해 모듈 또는 클래스 사이의 강한 결합을 약한 결합으로 바꿀 수 있다. 비록 의존성 주입이 원래 의존성이 있어야 하는 두 개의 클래스를 의존성이 없는 형태로 바꿀 수는 없지만, 최소한 두 클래스 사이의 결합 정도를 원래보다 낮출 수 있으며, 의존하고 있는 클래스를 다른 클래스로 쉽게 바꿀 수도 있다.

4) 상속보다는 합성을 더 많이 사용

상속은 강한 의존 관계에 해당한다. 즉, 상위 클래스가 하위 클래스와 고도로 결합되어 있기 때문에 매우 취약하다. 상위 클래스의 변경 사항은 모든 하위 클래스에 영향을 미친다. 반면에 합성은 약한 의존 관계로 복잡한 상속 관계를 합성으로 대체하면 디커플링이 가능해진다.

5) LoD를 따르는 것

LoD에 따르면 직접 의존성이 없어야 하는 클래스 사이에는 반드시 의존성이 없어야 하며, 의존성이 있는 클래스는 필요한 인터페이스에만 의존해야 한다. 위의 설명에서 알 수 있듯이 LoD를 사용하는 목적 자체가 코드의 결합도를 낮게 유지하는 것이다.

앞에서 설명한 설계 원칙과 사상 외에도 대부분의 디자인 패턴은 디커플링 효과를 가지는데, 이는 6~8장에서 살펴볼 것이다.

5.4.4 생각해보기

실제로 일반적인 개발에서 디커플링은 어디에서나 볼 수 있다. 예를 들어 Spring의 AOP는 비즈니스 코드와 그렇지 않은 코드의 디커플링을 구현할 수 있게 도와주며, IoC는 객체 생성과 사용의 디커플링을 구현할 수 있다. 이외에 또 다른 디커플링 방법이 있는지 생각해보자.

5.5 리팩터링 예제

지금까지 리팩터링의 네 가지 요소, 단위 테스트, 코드 테스트 용이성, 디커플링과 같은 리팩터링과 관련된 몇 가지 이론적 지식을 소개했다. 마지막으로 ID 생성기 코드를 리팩터링하는 프로세스를 살펴보고, 코드의 품질 문제를 찾는 방법을 논의하면서 코드를 **사용 가능한 수준**에서 **사용이 편리한 수준**까지 최적화해보도록 하자.

ID 생성기의 요구 사항과 개발 배경

IDidentifier는 ID 번호, 상품 바코드, QR 코드, 자동차 번호판처럼 우리 주변 어디에서나 볼 수 있다. 특히 소프트웨어 개발에서는 ID가 주문 번호, 데이터베이스의 고유 기본값처럼 비즈니스 정보의 고유 식별자unique identifier로 자주 사용된다.

만약 백엔드 비즈니스 시스템 개발에 참여하고 있다고 가정해보자. 잘못된 요청이 들어왔을 때 문제의 해결을 쉽게 하기 위해, 코드를 작성할 때 코드의 주요 실행 경로마다 로그를 출력하도록 구현했다. 잘못된 요청이 들어오면 관련 로그를 모두 확인하여 문제를 파악할 수 있게 된다. 하지만 실제로 로그를 열어보면 수십 수백 개의 요청에 대한 로그가 실타래처럼 얽혀 있다. 어떤 로그가 어떤 요청에 속하는지 식별하기 위한 특별한 장치나 작업이 없으면 문제를 발생시킨 로그를 서로 연결할 방법이 없다.

위의 요구 사항은 마이크로 서비스의 호출 연결 추적과 유사하지만, 마이크로 서비스에서 호출 연결 추적이 서비스 사이의 추적인데 반해, 지금 구현하려는 것은 서비스 내에서 일어나는 일에 대한 추적이라는 점이 다르다.

마이크로 서비스에서 사용되는 호출 연결 추적 방식을 응용하여 각 요청마다 고유 ID를 할당하고 요청을 처리하는 작업자 스레드의 로컬 변수와 같은 요청 콘텍스트에 저장할 수 있다. Java에서는 스레드의 `ThreadLocal` 구현을 사용하거나 로깅 프레임워크 SLF4J의 MDCmapped diagnostic context 구현을 직접 사용할 수 있다. 이렇게 저장된 요청 ID를 로그가 출력될 때마다 요청 콘텍스트에서 가져와 로그와 함께 출력하는 방식을 통해 동일한 요청에 대한 로그에는 모두 동일한 요청 ID가 포함된다. 따라서 동일한 요청에 대한 모든 로그를 요청 ID로 검색할 수 있게 된다.

지금까지 ID 생성기의 요구 사항에 대한 배경을 소개하였으므로 전체 요구 사항을 구현하는 방법에 대해서는 생략하고, 이어서 실제 요청 ID 생성기 코드를 살펴보자.

사용 가능한 수준의 코드 구현

다음 코드는 요청 ID를 생성하는 기능을 구현한 예제 코드다. 이 코드를 보고 어떻게 최적화할 수 있을지 미리 생각해보자.

```
public class IdGenerator {
  private static final Logger logger = LoggerFactory.getLogger(IdGenerator.class);
```

```java
public static String generate() {
  String id = "";
  try {
    String hostName = InetAddress.getLocalHost().getHostName();
    String[] tokens = hostName.split("\\.");
    if (tokens.length > 0) {
      hostName = tokens[tokens.length - 1];
    }
    char[] randomChars = new char[8];
    int count = 0;
    Random random = new Random();
    while (count < 8) {
      int randomAscii = random.nextInt(122);
      if (randomAscii >= 48 && randomAscii <= 57) {
        randomChars[count] = (char)('0' + (randomAscii - 48));
        count++;
      } else if (randomAscii >= 65 && randomAscii <= 90) {
        randomChars[count] = (char)('A' + (randomAscii - 65));
        count++;
      } else if (randomAscii >= 97 && randomAscii <= 122) {
        randomChars[count] = (char)('a' + (randomAscii - 97));
        count++;
      }
    }
    id = String.format("%s-%d-%s", hostName,
            System.currentTimeMillis(),new String(randomChars));
  } catch (UnknownHostException e) {
    logger.warn("Failed to get the hostname.", e);
  }
  return id;
}
}
```

이 코드에 의해 생성된 요청 ID는 호스트 이름hostname의 마지막 필드, ms 단위의 정확한 현재 시각, 대소문자를 포함한 임의의 8바이트 고유 문자열의 세 부분으로 구성된다. 이렇게 생성된 요청 ID는 고유성이 보장되지 않아 중복될 가능성이 있지만 실제로 그 가능성은 매우 낮다. 실제로 로그 추적의 경우 가능성이 매우 낮을 경우 중복이 되어도 무방한 경우가 많다. 다음 예제에서 생성된 ID가 어떤 형태인지 살펴볼 수 있다.

```
103-1577456311467-3nR3Do45
103-1577456311468-0wnuV5yw
103-1577456311468-sdrnkFxN
103-1577456311468-8lwk0BP0
```

이 예제 코드는 사실 **사용할 수 있는 수준** 정도에 그친다. 양이 많지는 않지만 최적화할 가치가 높은 부분이 많기 때문이다.

5.5.3 코드 품질 문제를 찾는 방법

2장에서 언급했던 코드 품질 평가 기준을 참조하여, 다음 일곱 가지 측면을 살펴보는 것으로 코드의 가독성, 확장성, 유지 보수성, 유연성, 간결성, 재사용성, 테스트 용이성을 확인할 수 있다.

- 모듈의 구분이 명확하고 코드 구조가 높은 응집도, 낮은 결합도를 충족하는가?
- 코드가 고전적인 설계 원칙(SOLID, DRY, KISS, YAGNI, LoD 등)을 따르고 있는가?
- 디자인 패턴이 제대로 적용되었고, 과도하게 설계되지는 않았는가?
- 코드를 확장하기 쉬운가?
- 코드를 재사용할 수 있는가? 혹시 '바퀴를 재발명'하고 있지는 않은가?
- 코드는 테스트하기 쉬우며, 단위 테스트가 정상 상황과 비정상 상황을 포괄적으로 다루고 있는가?
- 코드가 적절한 명명, 적절한 주석, 균일한 코드 스타일과 같은 코딩 규칙을 준수하고 있는가?

앞의 항목들을 모든 코드 리팩터링에 적용되는 정기 점검 항목으로 사용할 수 있다. 이 항목들을 기준으로 앞에서 구현한 ID 생성기 코드가 어떤 문제를 가지고 있는지 확인해보자.

첫 번째, 이 코드는 비교적 단순하고 IdGenerator 클래스로만 구성되어 있으므로 별도의 모듈 분할이 필요하지 않으며, SOLID, DRY, KISS, YAGNI, LoD와 같은 설계 원칙에 위배되지 않는다. 또한 별도의 디자인 패턴을 적용하지 않았기 때문에 과도하게 사용하는 문제도 없다.

두 번째, IdGenerator 클래스는 인터페이스가 아닌 구현 클래스로 설계되었고, 호출자가 인터페이스 대신 구현에 직접 의존해야 하기 때문에, 구현이 아닌 인터페이스 기반의 프로그래밍 설계 사상을 위반하고 있다. 그렇다고 해서 이 설계 방식이 문제가 되는 것은 아니다. ID 생성 알고리즘이 변경될 경우 IdGenerator 클래스를 직접 수정할 수 있기 때문이다. 하지만 프로젝트에 두 개 이상의 ID 생성 알고리즘이 필요한 경우 이 알고리즘을 공용 인터페이스로 추상화해야만 한다.

다시 말하지만, IdGenerator 클래스의 generate() 함수는 이 함수를 사용하는 코드의 테스트 용이성에 영향을 미치는 정적 함수다. 동시에 generate() 함수의 코드 구현은 호스트 이름과 같은 실행 환경, 시간 함수, 임의 문자열 생성 알고리즘에 따라 달라지기 때문에 generate() 함수 자체의 테스트 용이성이 좋지 않으며, 이에 대해 비교적 큰 리팩터링을 진행해야 한다. 그 외에도 단위 테스트 코드를 작성하지 않았으므로 리팩터링 시 보완해야 한다.

마지막으로, `IdGenerator` 클래스는 하나의 함수만 포함하고 있으며, 코드의 크기가 크지는 않지만 가독성은 그다지 좋지 않다. 특히 코드에서 임의의 문자열을 생성하는 부분은 주석이 없고 생성 알고리즘을 이해하기 어려울 뿐만 아니라 매직 넘버magic number[3]가 너무 많이 사용되고 있다. 따라서 코드를 리팩터링할 때 이 부분의 가독성을 개선해야 한다.

이와 같이 코드 설계 문제에 초점을 맞추는 것 외에도 코드 구현이 비즈니스 자체의 고유 기능과 비즈니스와 관련 없는 요구 사항을 충족하는지에 주의를 기울여야 한다. 이를 위해 다음과 같은 추가적인 점검이 필요할 수 있다.

1) 의도했던 비즈니스 요구 사항을 코드가 모두 구현하고 있는가?

2) 코드의 논리가 올바르고 발생할 가능성이 있는 다양한 예외를 처리하고 있는가?

3) 로그 출력이 적절한가?

4) 인터페이스가 사용하기 쉽고, 멱등성, 트랜잭션 등을 지원하는가?

5) 코드에 스레드 안전성 문제가 있는가?

6) 코드의 특성상 최적화의 여지가 있는가?

7) 코드에 보안 허점이 있는가? 입출력의 검증은 합리적인가?

앞에서 언급한 추가적인 점검 사항을 기준으로 예제 코드를 다시 살펴보자.

위에서 언급했듯이 예제 코드에서 생성된 ID는 비록 완전한 고윳값이 아니지만, 추적 로그의 경우 ID 충돌 가능성이 적기 때문에 비즈니스 요구 사항을 충족한다. 하지만 코드에서 `hostName`을 가져오는 부분은 `hostName`이 비어 있는 케이스를 처리하지 않는 결함이 있고, 호스트 이름을 얻지 못하는 경우 코드에서 예외 처리를 제대로 하고 있는 것처럼 보이지만, 사실은 이 처리가 `IdGenerator` 클래스 내부에만 이루어져 실제로는 경고 로그가 출력될 뿐이고, 상위 계층에서 이 코드를 호출한 함수로 예외가 전달되지 않는다. 이러한 예외 처리 방식이 적절하다고 할 수 있을까? 이 문제에 대한 답변을 고민해보자.

---

3 [옮긴이] 특정한 작업을 위해 미리 계산된 값(원문은 '魔法数')

예제 코드의 로그 출력은 적절하다고 볼 수 있는데 로그의 내용이 문제를 정확하게 반영할 수 있고, 문제를 해결하기 편리하며, 중복된 로그가 없기 때문이다. IdGenerator 클래스는 사용자에게 단 하나의 generate() 인터페이스만 노출하는데 인터페이스의 정의가 간단하고 명확하기 때문에 불편함이 없다. generate() 함수의 코드는 공유 변수를 포함하지 않기 때문에 코드는 스레드로부터 안전하며 다중 스레드 환경에서 generate() 함수를 호출할 때도 동시성 문제가 없다.

성능 면에서도, ID를 생성할 때 외부 지장소에 의존하지 않고 메모리에서 직접 생성되며, 로그의 출력 빈도가 그리 높지 않으므로 예제 코드는 비즈니스의 성능 요구 사항을 충분히 충족하고 있다. 하지만 ID를 생성할 때마다 호스트 이름을 얻는 데 시간이 많이 걸리기 때문에 이 부분은 최적화할 수 있을 것이다. 또한 randomAscii의 범위는 0부터 122지만, 그 안에서 실제로 사용하는 값은 0~9, a~z, A~Z의 세 구간뿐이기 때문에, 극단적인 경우 원하는 구간 밖에서 값을 가져올 확률이 높으며 이런 경우 여러 번 반복하여 문자열을 생성해야 할 수 있다. 따라서 임의 문자열 생성 알고리즘도 최적화 대상이라고 할 수 있다.

generate() 함수의 while 루프에서 사용되고 있는 3개의 if 문 코드는 비슷한 데다 구현이 다소 복잡하기 때문에, 이 코드를 결합하여 좀 더 단순화할 수 있다.

앞에서 발견한 문제들을 해결하기 위해 이 코드를 **사용하기 쉽도록** 리팩터링할 것이다. 리팩터링은 단계별로 소규모 접근 방식으로 진행하는데, 매번 코드의 일부를 변경한 후, 해당 목적이 달성되면 다시 다음 단계의 리팩터링을 진행하는 방식을 통해 변경 사항을 쉽게 테스트하고 짧은 시간안에 단계별로 완료한 후 넘어갈 수 있게 될 것이다. 위에서 발견한 코드 품질 문제를 해결하기 위해 앞으로 4단계 리팩터링 과정을 거칠 것이다.

1) 첫 번째 리팩터링: 코드의 가독성을 높인다.
2) 두 번째 리팩터링: 코드의 테스트 용이성을 높인다.
3) 세 번째 리팩터링: 단위 테스트 코드를 작성한다.
4) 네 번째 리팩터링: 예외 처리 로직을 개선한다.

5.5.4 가독성 향상을 위한 리팩터링

먼저 코드의 가독성을 개선해보자. 4장에서 소개했던 코딩 규칙에 따라 코드를 최적화하는데, 그 구체적인 전략은 다음과 같다.

- hostName 변수는 두 가지 다른 용도로 사용되고 있는데, 중복하여 사용하지 않도록 개선한다.

- hostName을 얻기 위한 코드를 추출하여 getLastFieldOfHostName() 함수로 정의한다.

- 코드에서 57, 90, 97, 122와 같은 매직 넘버를 제거한다.

- 임의 문자열 생성 코드를 추출하여 generateRandomAlphanumeric() 함수로 정의한다.

- generate() 함수에서 if 문의 논리가 반복되고 구현이 복잡하므로 단순화한다.

- IdGenerator 클래스의 이름을 바꾸고 인터페이스를 추상화한다.

위의 최적화 전략에 따라 첫 번째 리팩터링을 수행한 결과는 다음과 같다.

```java
public interface IdGenerator {
  String generate();
}

public class LogTraceIdGenerator implements IdGenerator {
  private static final Logger logger = LoggerFactory.getLogger(LogTraceIdGenerator.class);

  @Override
  public String generate() {
    String substrOfHostName = getLastFieldOfHostName();
    long currentTimeMillis = System.currentTimeMillis();
    String randomString = generateRandomAlphanumeric(8);
    String id = String.format("%s-%d-%s",
            substrOfHostName, currentTimeMillis, randomString);
    return id;
  }

  private String getLastFieldOfHostName() {
    String substrOfHostName = null;
    try {
      String hostName = InetAddress.getLocalHost().getHostName();
      String[] tokens = hostName.split("\\.");
      substrOfHostName = tokens[tokens.length - 1];
      return substrOfHostName;
    } catch (UnknownHostException e) {
      logger.warn("Failed to get the host name.", e);
    }
    return substrOfHostName;
  }

  private String generateRandomAlphanumeric(int length) {
    char[] randomChars = new char[length];
    int count = 0;
```

```
    Random random = new Random();
    while (count < length) {
      int maxAscii = 'z';
      int randomAscii = random.nextInt(maxAscii);
      boolean isDigit = randomAscii >= '0' && randomAscii <= '9';
      boolean isUppercase = randomAscii >= 'A' && randomAscii <= 'Z';
      boolean isLowercase = randomAscii >= 'a' && randomAscii <= 'z';
      if (isDigit || isUppercase || isLowercase) {
        randomChars[count] = (char) (randomAscii);
        ++count;
      }
    }
    return new String(randomChars);
  }
}
```

5.5.5 코드 테스트 용이성 향상을 위한 리팩터링

Id 생성기 예제 코드는 테스트 용이성 측면에서 두 가지 문제가 있었다.

1) generate() 함수는 해당 함수를 사용하는 코드의 테스트 용이성에 영향을 미치는 정적 함수로 정의되어 있다.

2) generate() 함수의 코드 구현은 호스트 이름과 같은 실행 환경, 시간 함수, 임의 문자열 생성 알고리즘에 따라 달라지므로, generate() 함수 자체의 테스트 용이성도 좋지 않다.

그런데 첫 번째 문제는 첫 번째 리팩터링을 통해 해결한 상태이다. LogTraceIdGenerator 클래스의 generate() 함수는 비정적 함수이며, 의존성 주입을 통해 외부에서 LogTraceIdGenerator 클래스의 객체를 생성한 후, 필요한 코드에 주입할 수 있다. 두 번째 문제는 첫 번째 리팩터링을 기반으로 나열한 리팩터링 전략에 따라 리팩터링해야 한다.

1) getLastFieldOfHostName() 함수에서 복잡한 코드로 구현된 문자열 추출 코드를 분리하여 getLastSubstrSplitedByDot() 함수로 정의한다. 분리된 getLastFieldOfHostName() 함수는 간단하기 때문에 단위 테스트도 필요하지 않다. 대신 getLastSubstrSplittedByDot() 함수는 테스트할 수 있다.

2) private 함수는 객체를 통해 호출할 수 없기 때문에 테스트 용이성이 떨어지므로 private 함수인 generateRandomAlphanumeric() 함수와 getLastSubstrSplitedByDot() 함수의 접근 권한을 private에서 protected로 변경하고, Google Guava에서 사용되는 @VisibleForTesting

애너테이션annotation을 추가한다. 이 주석은 실질적인 효과를 전혀 갖지 않고, 식별자로서의 역할만 하지만 코드의 가독성이 높아진다. 또한 함수의 접근 권한이 private에서 protected로 바뀐 것은 실제로 함수의 기능에 영향을 미치지는 않으나 단위 테스트를 보다 쉽게 할 수 있다.

```
public class LogTraceIdGenerator implements IdGenerator {
  private static final Logger logger =
    LoggerFactory.getLogger(LogTraceIdGenerator.class);

  @Override
  public String generate() {
    String substrOfHostName = getLastFieldOfHostName();
    long currentTimeMillis = System.currentTimeMillis();
    String randomString = generateRandomAlphanumeric(8);
    String id = String.format("%s-%d-%s",
            substrOfHostName, currentTimeMillis, randomString);
    return id;
  }

  private String getLastFieldOfHostName() {
    String substrOfHostName = null;
    try {
      String hostName = InetAddress.getLocalHost().getHostName();
      substrOfHostName = getLastSubstrSplittedByDot(hostName);
    } catch (UnknownHostException e) {
      logger.warn("Failed to get the host name.", e);
    }
    return substrOfHostName;
  }

  @VisibleForTesting
  protected String getLastSubstrSplittedByDot(String hostName) {
    String[] tokens = hostName.split("\\.");
    String substrOfHostName = tokens[tokens.length - 1];
    return substrOfHostName;
  }

  @VisibleForTesting
  protected String generateRandomAlphanumeric(int length) {
    char[] randomChars = new char[length];
    int count = 0;
    Random random = new Random();

    while (count < length) {
      int maxAscii = 'z';
```

```
      int randomAscii = random.nextInt(maxAscii);
      boolean isDigit = randomAscii >= '0' && randomAscii <= '9';
      boolean isUppercase = randomAscii >= 'A' && randomAscii <= 'Z';
      boolean isLowercase = randomAscii >= 'a' && randomAscii <= 'z';

      if (isDigit || isUppercase || isLowercase) {
        randomChars[count] = (char) (randomAscii);
        ++count;
      }
    }
  }

  return new String(randomChars);
  }
}
```

이 코드에서 로그를 출력하는 Logger 클래스의 객체인 logger가 static final로 정의되어 클래스 내부에 생성되어 있는데, 이것이 코드의 테스트 용이성에 영향을 미칠까? 영향을 미친다면 Logger 클래스의 객체 logger를 의존성 주입을 통해 주입해야 할까?

의존성 주입은 실제 객체를 모의 구현 객체로 쉽게 대체할 수 있기 때문에 코드의 테스트 용이성을 향상시킬 수 있다. 실제 객체를 대체하기 위해 모의 구현 객체가 사용되는 것은 실제 객체가 코드의 결과에 영향을 미치지만 그 값을 제어할 수 없기 때문이다. 반면에 Logger 클래스의 객체 logger는 데이터를 기록하지만 데이터를 읽어와 변화시키지 않으며, 비즈니스 논리에 얽혀 있지 않기 때문에 코드의 정확성에 영향을 미치지 않는다. 따라서 logger의 모의 구현 객체가 필요하지 않고, 이에 따라 의존성 주입을 사용할 필요가 없기 때문에 클래스 내부에 직접 객체 logger를 생성하는 것이 합리적이다. 마찬가지로 BO, VO, Entity와 같이 데이터의 저장에만 관여하는 일부 객체는 의존성 주입을 사용하여 생성하는 대신 new 예약어를 통해 클래스에서 직접 생성하면 된다.

5.5.6 단위 테스트 코드 작성을 위한 리팩터링

두 번에 걸친 리팩터링으로 인해 코드가 가지고 있던 명백한 문제가 수정되었기 때문에, 이제 단위 테스트를 작성할 차례다. LogTraceIdGenerator 클래스에는 다음과 같은 4개의 함수가 포함되어 있다.

```
public String generate();
private String getLastFieldOfHostName();
@VisibleForTesting
protected String getLastSubstrSplittedByDot(String hostName);
```

```
@VisibleForTesting
protected String generateRandomAlphanumeric(int length);
```

먼저 getLastSubstrSplitedByDot() 함수와 generateRandomAlphanumeric() 함수를 살펴보자.
이 두 함수의 복잡한 코드 논리가 테스트의 초점이지만, 사실 테스트 자체는 어렵지 않다. 이는 두
번째 리팩터링에서 코드의 테스트 용이성을 향상시키기 위해 이 두 함수의 코드를 호스트 이름 획
득, 시간 함수, 임의 문자열 생성과 같이 테스트할 수 없는 구성 요소와의 디커플링을 통해 추출했
기 때문이다. 다음 예제는 JUnit 테스트 프레임워크를 사용하여 작성한 단위 테스트 코드다.

```
public class LogTraceIdGeneratorTest {
  @Test
  public void testGetLastSubstrSplittedByDot() {
    RandomIdGenerator idGenerator = new RandomIdGenerator();
    String actualSubstr = idGenerator.getLastSubstrSplittedByDot("field1.field2.field3");
    Assert.assertEquals("field3", actualSubstr);
    actualSubstr = idGenerator.getLastSubstrSplittedByDot("field1");
    Assert.assertEquals("field1", actualSubstr);
    actualSubstr = idGenerator.getLastSubstrSplittedByDot("field1#field2$field3");
    Assert.assertEquals("field1#field2#field3", actualSubstr);
  }

  // hostName이 null이거나 빈 문자열이 코드에서 처리되지 않으면 단위 테스트 실패
  @Test
  public void testGetLastSubstrSplittedByDot_nullOrEmpty() {
    RandomIdGenerator idGenerator = new RandomIdGenerator();
    String actualSubstr = idGenerator.getLastSubstrSplittedByDot(null);
    Assert.assertNull(actualSubstr);
    actualSubstr = idGenerator.getLastSubstrSplittedByDot("");
    Assert.assertEquals("", actualSubstr);
  }

  @Test
  public void testGenerateRandomAlphanumeric() {
    RandomIdGenerator idGenerator = new RandomIdGenerator();
    String actualRandomString = idGenerator.generateRandomAlphanumeric(6);
    Assert.assertNotNull(actualRandomString);
    Assert.assertEquals(6, actualRandomString.length());
    for (char c : actualRandomString.toCharArray()) {
      Assert.assertTrue(('0' < c && c < '9') ||
                        ('a' < c && c < 'z') ||
                        ('A' < c && c < 'Z'));
    }
  }
}
```

```
// 코드에서 length <= 0인 경우가 처리되지 않으면 단위 테스트 실패
@Test
public void testGenerateRandomAlphanumeric_lengthEqualsOrLessThanZero() {
  RandomIdGenerator idGenerator = new RandomIdGenerator();
  String actualRandomString = idGenerator.generateRandomAlphanumeric(0);
  Assert.assertEquals("", actualRandomString);
  actualRandomString = idGenerator.generateRandomAlphanumeric(-1);
  Assert.assertNull(actualRandomString);
  }
}
```

이어서 generate() 함수를 살펴보자. 이 함수는 외부에 노출된 유일한 함수이다. generate() 함수는 호스트 이름 획득 기능, 시간 함수, 임의 문자열 생성 기능에 의존하는데, 테스트할 때 이러한 기능을 모의 구현해야 할까?

앞에서 단위 테스트의 대상이 구현 자체가 아닌 기능이며, 그래야만 함수의 구현이 변경되더라도 단위 테스트가 계속 작동할 수 있다고 언급했었다. 그렇다면 generate() 함수의 기능은 무엇일까? 이것은 전적으로 코드 작성자가 정의할 수 있는 부분이다.

generate() 함수에는 기능 정의가 3개 있으며, 여기에서는 각기 다른 기능 정의마다 별도의 단위 테스트를 설계할 것이다.

1) generate() 함수의 기능을 **고유 ID의 무작위 생성**으로 정의한다면 generate() 함수를 여러 번 호출하여 생성된 ID가 고유성을 가지는지 여부만 테스트하면 된다.

2) generate() 함수의 기능을 **숫자, 대문자, 소문자, 하이픈으로만 구성된 고유 ID의 무작위 생성**으로 정의한다면, ID의 고유성뿐만 아니라 생성된 ID가 숫자, 대문자, 소문자, 하이픈으로만 구성되는지를 테스트해야 한다.

3) generate() 함수의 기능을 **고유 ID 생성, 형식**은 {hostname substr}-{timestamp}-{8자리 난수}이며, **호스트 이름을 가져오지 못하는 경우** null-{timestamp}-{8자리 난수}로 정의한다면, ID의 고유성뿐만 아니라 생성된 ID가 형식에 대한 요구 사항을 완전히 만족하는지도 테스트해야 한다.

앞에서 정의한 generate() 함수의 기능 정의 중 첫 번째와 두 번째 정의를 테스트할 때는 호스트 이름 획득 함수, 시간 함수, 임의 문자열 생성 함수에 대한 모의 구현이 필요하지 않지만, 세 번째 정의를 테스트하려면 호스트 이름 획득 함수에 대한 모의 구현을 작성하여 null이 반환될 때 코

드가 예상대로 실행되는지 테스트해야 한다.

마지막으로 getLastFieldOfHostName() 함수를 살펴보자. getLastFieldOfHostName() 함수의 코드 구현은 간단하고 코드를 직접 확인하면서 버그를 찾을 수 있으므로 단위 테스트를 작성할 필요가 없다.

단위 테스트 코드를 자세히 보았다면, 일부 경계 조건의 부적절한 처리로 인해 두 개의 단위 테스트가 실패할 가능성이 있음을 의미하는 주석이 있는 것을 알아차렸을 것이다. 이는 코드에서 문제를 찾는 데 도움이 되는 단위 테스트의 역할을 반영하고 있으며, 이 경계 조건과 기타 상황의 부적절한 처리를 고려하여 네 번째 리팩터링을 진행할 것이다.

5.5.7 예외 처리를 위한 리팩터링

함수의 실행 결과는 두 가지 범주로 나눌 수 있는데, 첫 번째는 예상된 결과로서 정상 조건에서 함수가 출력하는 결과이고, 두 번째는 예기치 않은 결과로서 정상적이지 않은 조건 또는 오류 상황에서 출력하는 결과이다. 예를 들어 호스트 이름을 가져오는 함수의 경우 정상적인 상황에서는 호스트 이름을 문자열 형식으로 반환하지만, 오류 상황에서는 UnknownHostException 예외를 발생시킨다.

정상적인 상황에서는 함수가 반환하는 데이터 유형이 비교적 명확하지만, 예외가 발생한 경우에는 함수가 반환하는 데이터의 형식이 더 유연하다고 할 수 있다. 비정상적인 조건에서는 예외 외에도 오류 코드, null, -1 같이 미리 정의된 값 또는 비어 있는 객체나 비어 있는 컬렉션을 반환할 수도 있다. 다음은 함수가 이러한 오류를 반환하는 방법과 이에 대처하는 방법을 나열한 것이다.

1 오류 코드 반환

Java, Python과 같은 언어는 주로 예외를 사용하여 함수의 오류를 처리하기 때문에 오류 코드를 거의 사용하지 않는다. 반면에 C 언어에는 예외 처리 구문 메커니즘이 없기 때문에 오류 코드 반환을 통해 함수의 오류를 처리한다. C 언어에서 오류 코드를 반환하는 방법에는 2가지가 있는데 하나는 함수의 반환값에 오류를 직접 넣거나 정상 실행 시 함수의 반환값을 출력 매개변수에 넣는 방식이고, 다른 하나는 오류 코드를 담은 errno와 같은 전역 변수를 준비하고, 함수를 실행할 때 오류가 발생하면 오류 코드를 이 전역 변수에 담는 방식이다. C 언어의 오류 코드 처리에 관한 예제 코드는 다음과 같다.

```c
// 첫 번째 오류 코드 반환 방식
// pathname, flags, mode는 입력 매개변수, fd는 열린 파일 핸들을 저장하는 출력 매개변수
int open(const char *pathname, int flags, mode_t mode, int* fd) {
  if (/* 파일이 없을 경우 */) {
    return EEXIST;
  }

  if (/* 접근 권한이 없을 경우 */) {
    return EACCESS;
  }

  if (/* 파일 열기 성공 */) {
    return SUCCESS; // C 언어의 정의: #define SUCCESS 0
  }
  ...
}
// 사용 예제
int fd;
int result = open("c:\test.txt", O_RDWR, S_IRWXU|S_IRWXG|S_IRWXO, &fd);
if (result == SUCCESS) {
  // 반환된 fd 사용
} else if (result == EEXIST) {
  ...
} else if (result == EACCESS) {
  ...
}
// 두 번째 오류 코드 반환 방식: 함수는 파일 핸들을 반환하고, 오류는 errno에 저장
int errno;  // 스레드 안전 전역 변수
int open(const char *pathname, int flags, mode_t mode) {
  if (/* 파일이 없을 경우 */) {
    errno = EEXIST;
    return -1;
  }

  if (/* 접근 권한이 없을 경우 */) {
    errno = EACCESS;
    return -1;
  }

  ...
}
// 사용 예제
int hFile = open("c:\test.txt", O_RDWR, S_IRWXU|S_IRWXG|S_IRWXO);
if (-1 == hFile) {
  printf("Failed to open file, error no: %d.\n", errno);
  if (errno == EEXIST) {
    ...
  } else if (errno == EACCESS) {
```

```
      ...
    }
    ...
  }
```

❷ null 반환

대부분의 프로그래밍 언어에서는 null을 사용하여 **존재하지 않음**을 표시한다. 하지만 함수가 null을 반환하는 것을 좋아하지 않는 경우도 많다. null을 반환할 가능성이 있는 함수를 사용할 때, null에 대한 처리를 잊어버리면 NullPointerException 예외가 발생할 수 있다. 또한 null을 반환할 가능성이 있는 함수를 많이 정의하게 되면, 코드의 많은 부분이 null에 대한 처리로 구성되어 코드가 복잡해질 뿐만 아니라 null 처리 코드가 비즈니스 논리 코드와 결합되어 코드의 가독성에 영향을 미치게 된다. 다음 예제는 null을 반환하는 함수의 사용 예다.

```
public class UserService {
  private UserRepo userRepo;  // 의존성 주입

  public User getUser(String telephone) {
    // 사용자가 없을 경우 null 반환
    return null;
  }
}

// getUser() 함수 사용
User user = userService.getUser("1891771****");
if (user != null) { // null 판단을 하지 않으면 NPE 예외 발생 가능
  String email = user.getEmail();
  if (email != null) { // null 판단을 하지 않으면 NPE 예외 발생 가능
    String escapedEmail = email.replaceAll("@", "#");
  }
}
```

이 코드에서 null 대신 예외를 사용하는 방법은 없을까? 예를 들어 사용자가 존재하지 않는 경우, null을 반환하는 대신 UserNotFoundException 예외를 발생시키는 것은 어떨까?

비록 null을 반환하는 형태에는 많은 단점이 있지만 get, find, select, search, query로 시작하는 조회 함수에서 데이터가 하나도 없는 것은 정상적인 결과에 해당하며, 이 경우에는 예외가 아닌 부재의 의미를 가지는 null을 반환하는 것이 합리적이다.

검색 함수는 데이터 객체를 반환하는 경우도 있지만, 어떤 검색 함수는 Java의 indexOf() 함수가 문자열에서 하위 문자열의 첫 번째 위치를 반환하는 것처럼 int 형태의 값을 반환할 수도 있다. 그런데 int 형에서는 부재를 의미하는 null을 반환할 수 없기 때문에 다른 방법을 고민해야 한다. 이런 경우 두 가지 방법이 많이 사용되는데, 첫 번째는 NotFoundException 예외를 반환하는 것이고, 두 번째는 -1과 같은 특수한 값을 반환하는 것이다. 그리고 이런 경우에는 검색 함수에서 결과를 찾지 못하는 것은 정상적인 동작이므로 예외를 반환하는 것보다 -1을 반환하는 것이 더 합리적이다.

❸ 비어 있는 객체 반환

null을 반환하는 것은 많은 단점이 있기 때문에 null을 비어 있는 문자열이나 비어 있는 컬렉션처럼 비어 있는 객체로 바꾸는 방식으로 함수를 사용할 때 null 판단을 피할 수 있다. 비어 있는 객체를 반환하는 예제 코드는 다음과 같다.

```java
// null 대신 빈 컬렉션 사용
public class UserService {
  private UserRepo userRepo;  // 의존성 주입

  public List<User> getUsersByTelPrefix(String telephonePrefix) {
    // 데이터를 찾지 못했을 경우
    return Collections.emptyList();
  }
}
// getUsers() 사용 예제
List<User> users = userService.getUsersByTelPrefix("189");
for (User user : users) {  // null 판단 불필요
  ...
}
// null 대신 빈 문자열 사용
public String retrieveUppercaseLetters(String text) {
  // text 안에 대문자가 없을 경우 null 대신 빈 문자열 반환
  return "";
}
// retrieveUppercaseLetters() 사용 예제
String uppercaseLetters = retrieveUppercaseLetters("jpublish");
int length = uppercaseLetters.length();  // null 판단 불필요
System.out.println("Contains " + length + " upper case letters.");
```

4 예외 처리

지금까지는 함수에서 오류가 발생했을 때 반환되는 다양한 유형의 데이터에 대해 설명했다. 하지만 현재 가장 많이 사용되는 함수의 오류 처리 방법은 예외를 발생시키는 것이다. 예외는 함수 호출 스택 정보와 같은 더 많은 오류 정보를 전달할 수 있고, 일반 논리와 예외 논리의 처리를 분리할 수 있어 코드의 가독성 향상에도 도움이 된다.

프로그래밍 언어마다 각기 다른 예외 구문이 있다. C++를 비롯한 Python, Ruby, JavaScript 등과 같은 대부분의 동적 언어에서는 **실행 시간 예외**runtime exception만 정의하고 있지만, Java는 실행 시간 예외 외에도 **컴파일 예외**compile exception를 정의하고 있다.

실행 시간 예외는 코드를 작성할 때 능동적으로 처리하기가 힘든데, 이는 컴파일러가 코드를 컴파일할 때 코드가 실행 시간 예외를 처리하는지를 확인해주지 않기 때문이다. 컴파일 예외는 코드 작성 시 적극적으로 catch를 사용하거나 함수를 정의할 때 예외를 선언하지 않으면 컴파일 시 오류가 발생한다. 따라서 실행 시간 예외는 **확인되지 않은 예외**unchecked exception라고 하며, 컴파일 예외는 **확인된 예외**checked exception라고 한다. 그렇다면 예외가 발생했을 때 어떤 예외 유형을 선택해야 할까?

배열의 범위를 벗어난 처리와 같은 코드 오류나 데이터베이스 연결 실패와 같은 복구 불가능한 예외는 catch를 사용하더라도 오류를 복구할 수 없기 때문에 실행 시간 예외를 사용하는 것이 더 적절하다. 하지만 인터페이스 처리 시간 초과처럼 재시도를 통해 복구 가능한 예외나 인출하는 금액이 계좌 잔액보다 큰 경우처럼 비즈니스 논리상 발생한 예외의 경우 호출자에게 명확하게 알릴 수 있는 컴파일 예외를 사용하는 것이 더 적절하다.

모든 예외를 실행 시간에 처리해야 한다고 생각하는 일부 개발자들은 주로 다음과 같은 세 가지 이유로 컴파일 예외를 사용하지 않아야 한다고 주장한다.

1) 컴파일 예외는 함수 정의에 명시적으로 선언되어야 하는데, 함수가 컴파일 예외를 많이 발생시키면, 함수의 정의가 매우 길어질 수 있기 때문에 코드의 가독성에 영향을 미치고 더 나아가 함수의 사용성을 떨어뜨린다.

2) 컴파일러는 모든 컴파일 예외를 명시적으로 잡아내도록 강제하므로 코드 구현이 더 복잡해진다. 하지만 실행 시간 예외는 이와 정반대이므로 함수 정의에 실행 시간 예외를 명시적으로 선언할 필요가 없으며 catch 여부도 직접 결정할 수 있다.

3) 컴파일 예외는 개방 폐쇄 원칙에 위배된다. 어떤 함수에 새로운 컴파일 예외가 추가되면 해당 함수의 호출 체인에서 위에 위치한 모든 함수는 해당 함수가 새로운 예외를 catch할 때까지 코드가 수정되어야 한다. 반면에 새로운 실행 시간 예외는 호출 체인의 코드 변경 없이도 추가할 수 있다. Spring AOP 프레임워크를 사용하여 관점 내에서 예외를 집중 처리하는 것과 같은 방식으로 특정 함수에서 실행 시간 예외를 집중 처리하도록 선택할 수 있다.

위의 설명에 따르면 실행 시간 예외가 더 유연하고 catch 여부와 같은 처리 권한이 프로그래머에게 맡겨져 있음을 알 수 있다. 하지만 너무 유연하면 반대로 제어할 수 없는 문제가 발생하기도 한다. 실행 시간 예외는 함수 정의에서 명시적으로 선언할 필요가 없기 때문에, 함수를 사용할 때 코드를 보고 함수가 어떤 예외를 발생시키는지 알 수 있어야 한다. 실행 시간 예외는 강제로 catch 처리될 필요가 없기 때문에, 필수적으로 처리되어야 하는 catch와 예외를 놓칠 가능성이 있다.

컴파일 예외와 실행 시간 예외 중 어떤 것을 사용할지에 대해서는 여전히 업계에서 많은 논쟁이 있으며, 현재로서는 어느 하나가 월등하게 낫다는 증거가 없다. 따라서 팀의 개발 습관에 따라 프로젝트 전반적으로 통일된 예외 처리 방법을 공식적으로 지정해 사용하면 된다.

두 가지 예외 유형에 이어 세 가지 예외 처리 방법에 대해 알아보자.

1) 직접 catch를 통해 처리하고, 상위 코드에 전파하지 않을 수 있다.

```
public void func1() throws Exception1 {
  ...
}

public void func2() {
  ...
  try {
    func1();
  } catch(Exception1 e) {
    log.warn("...", e); // catch 예외와 로그 출력
  }
  ...
}
```

2) 상위 함수에 예외를 그대로 전달한다.

```
public void func1() throws Exception1 {
  ...
}
```

```
public void func2() throws Exception1 {
  ...
  func1();
  ...
}
```

3) 발생한 예외를 다시 새로운 예외로 감싼 후 상위 함수에 전달한다.

```
public void func1() throws Exception1 {
  ...
}

public void func2() throws Exception2 {
  ...
  try {
    func1();
  } catch(Exception1 e) {
    throw new Exception2("...", e);
  }
  ...
}
```

함수에서 예외가 발생하면 이 중에서 어떤 방법을 선택하는 것이 좋을까?

함수 내에서 예외를 catch할 것인지 아니면 상위 함수에 예외를 전달할 것인지는 전적으로 상위 함수가 이 예외에 대해 **관심**을 가지고 있는지 여부에 달렸다. 상위 함수가 이 예외에 관심이 있다면 상위 함수에 예외를 전달하면 되고, 그렇지 않다면 직접 catch하여 처리하면 된다. 그리고 상위 함수에 예외를 전달하는 경우에도 새 예외로 감싼 후 전달할 것인지 아니면 그냥 그대로 전달할 것인지는 상위 함수가 해당 예외를 **이해**할 수 있는지에 따라 달라진다. 상위 함수가 이해할 수 있으면 상위 함수에 직접 전달하고, 그렇지 않다면 이해할 수 있는 새 예외로 감싸서 전달하면 된다.

다시 ID 생성기 예제 코드로 돌아와서 오류 처리를 위한 리팩터링을 계속 살펴보자.

▶ **generate() 함수의 리팩터링 진행**
다음의 **generate()** 함수가 호스트 이름을 가져오는 데 실패했을 때 반환값은 무엇인가? 그리고 이 반환값은 합리적인가?

```
public String generate() {
  String substrOfHostName = getLastFiledOfHostName();
```

```
    long currentTimeMillis = System.currentTimeMillis();
    String randomString = generateRandomAlphanumeric(8);
    String id = String.format("%s-%d-%s",
            substrOfHostName, currentTimeMillis, randomString);
    return id;
}
```

ID는 호스트 이름, 현재 시간, 임의 문자열의 세 부분으로 구성된다. 현재 시간을 가져오는 함수와 임의의 문자열을 생성하는 함수는 실패할 가능성이 없지만, 호스트 이름을 가져오는 함수는 실패할 가능성이 있다. 현재 코드에서 호스트 이름을 획득하지 못해 substrOfHostName이 null로 설정되면, 결과적으로 generate() 함수는 "null-1672373****-83Ab3uK6"과 같은 결과를 반환한다. 반면에 호스트 이름을 획득하지 못했을 때, substrOfHostName의 값이 빈 문자열이라면 generate() 함수는 "-16723733****-83Ab3uK6"과 같은 결과를 반환한다.

예외가 발생하는 상황에서 generate() 함수가 이 두 가지 값을 반환하는 것이 합리적일까? 이 질문에는 확실한 답이 존재하지 않으며, 이 함수를 사용하는 비즈니스가 어떻게 설계되었는지 확인해볼 필요가 있다. 그러나 대부분 예외를 호출자에게 명시적으로 알리는 편이 나으며, 이 코드는 위에서 설명한 두 가지 값보다는 컴파일 예외를 발생시키는 것이 낫다.

지금까지 설명한 설계 사상에 따라 generate() 함수를 리팩터링한 코드는 다음과 같다.

```
public String generate() throws IdGenerationFailureException {
    String substrOfHostName = getLastFiledOfHostName();
    if (substrOfHostName == null || substrOfHostName.isEmpty()) {
        throw new IdGenerationFailureException("host name is empty.");
    }
    long currentTimeMillis = System.currentTimeMillis();
    String randomString = generateRandomAlphanumeric(8);
    String id = String.format("%s-%d-%s",
            substrOfHostName, currentTimeMillis, randomString);

    return id;
}
```

▶ **getLastFiledOfHostName() 함수의 리팩터링 진행**

getLastFiledOfHostName() 함수는 호스트 이름을 획득하지 못하면 UnknownHostException 예외를 내부에서 catch해야 할까, 아니면 상위 함수에 UnknownHostException 예외를 전달하는 것

이 옳을까? 만약 getLastFiledOfHostName() 함수가 상위 함수에 예외를 전달하는 것을 선택한 경우에는 UnknownHostException을 예외를 직접 전달해야 할까 아니면 새 예외로 감싼 다음 전달해야 할까?

```
private String getLastFiledOfHostName() {
  String substrOfHostName = null;
  try {
    String hostName = InetAddress.getLocalHost().getHostName();
    substrOfHostName = getLastSubstrSplittedByDot(hostName);
  } catch (UnknownHostException e) {
    logger.warn("Failed to get the host name.", e);
  }
  return substrOfHostName;
}
```

이 코드에서 getLastFiledOfHostName() 함수는 호스트 이름을 가져오는 데 실패하면 null을 반환한다. 앞에서 언급했듯이 함수가 null을 반환할지 예외 객체를 반환할지는 데이터를 획득하지 못하는 것이 정상적인 결과인지 아닌지에 따라 다르다. 이 코드에서 호스트 이름을 가져오지 못하면 뒤에 실행되는 코드가 정상적으로 동작하지 못하므로 이는 비정상적인 동작이라 할 수 있다. 따라서 이 경우에는 null을 반환하는 것보다 예외를 발생시키는 것이 합리적이다.

UnknownHostException 예외를 직접 전달할지 아니면 새로운 예외로 감싸서 반환할지의 여부는 상위 함수인 getLastFiledOfHostName() 함수가 UnknownHostException 예외와 비즈니스 관련성이 있는지에 달려 있다. getLastFiledOfHostName() 함수는 호스트 이름의 마지막 필드를 가져오는 데 사용되며, UnknownHostException 예외는 호스트 이름을 가져오지 못했음을 나타내므로 서로 비즈니스와 관련이 있다. 따라서 UnknownHostException 예외를 새 예외로 다시 감쌀 필요 없이 직접 전달할 수 있다.

위의 설계 사상에 따라 getLastFiledOfHostName() 함수를 리팩터링한 결과는 다음과 같다.

```
private String getLastFiledOfHostName() throws UnknownHostException {
  String substrOfHostName = null;
  String hostName = InetAddress.getLocalHost().getHostName();
  substrOfHostName = getLastSubstrSplittedByDot(hostName);
  return substrOfHostName;
}
```

getLastFiledOfHostName() 함수를 수정했다면 그에 따라 generate() 함수도 함께 수정되어야 하며, generate() 함수가 getLastFiledOfHostName() 함수에서 발생한 UnknownHostException 예외를 catch해야 한다. 그럼 이 예외를 catch하고 나서 어떻게 처리해야 할까?

앞에서 이루어진 분석에 따르면, ID 생성이 실패할 경우 호출자에게 명시적으로 알려야 하기 때문에, 상위 함수에 예외를 전달해야 한다. 그럼 UnknownHostException 예외를 그대로 전달해야 할까 아니면 새 예외로 감싼 다음 전달해야 할까? 여기에서는 generate() 함수가 UnknownHost Exception 예외를 새로운 IdGenerationFailureException 예외로 다시 감싼 다음 전달하는 방법을 선택해야 하며, 여기에는 세 가지 이유가 있다.

1) generate() 함수의 호출자는 이 함수가 임의의 고유 ID를 생성한다는 사실만 알면 되며 ID 가 어떤 식으로 생성되는지 신경 쓸 필요가 없다. 만약 generate() 함수가 UnknownHost Exception 예외를 직접 전달한다면 불필요한 구현 세부 정보가 노출되는 결과가 발생한다.

2) 캡슐화의 관점에서 generate() 함수를 호출하는 상위 코드에 UnknownHostException 예외를 직접 노출하는 것은 바람직하지 않다. 게다가 호출자는 이 예외를 받더라도 무엇을 의미하는지 그리고 어떻게 처리해야 하는지 알지 못한다.

3) UnknownHostException 예외는 호스트 이름 획득과 관련되어 있지만, generate() 함수는 ID 생성과 관련되어 있기 때문에 서로 명시적인 관련이 없다.

위의 설계 사상에 따라 generate() 함수를 다시 리팩터링한 코드는 다음과 같다.

```java
public String generate() throws IdGenerationFailureException {
    String substrOfHostName = null;
    try {
        substrOfHostName = getLastFiledOfHostName();
    } catch (UnknownHostException e) {
        throw new IdGenerationFailureException("host name is empty.");
    }
    long currentTimeMillis = System.currentTimeMillis();
    String randomString = generateRandomAlphanumeric(8);
    String id = String.format("%s-%d-%s",
            substrOfHostName, currentTimeMillis, randomString);
    return id;
}
```

이어서 getLastSubstrSplittedByDot() 함수의 리팩터링을 할 차례다.

다음 코드에서 getLastSubstrSplitedByDot() 함수의 매개변수인 hostName 값이 null이거나 빈 문자열이라면 함수는 무엇을 반환해야 할까?

```
@VisibleForTesting
protected String getLastSubstrSplittedByDot(String hostName) {
  String[] tokens = hostName.split("\\.");
  String substrOfHostName = tokens[tokens.length - 1];

  return substrOfHostName;
}
```

먼저 hostName 매개변수에 전달된 값이 null인 경우에는 getLastSubstrSplitedByDot() 함수는 NullPointerException 예외를 발생시킨다. 그렇다면 getLastSubstrSplitedByDot() 함수에서 hostName 매개변수의 내용을 확인하는 것이 합리적일까 아니면 호출자가 hostName 매개변수를 null이나 빈 문자열로 전달하지 않도록 보장해야 할까?

만약 함수가 클래스 내에서만 호출되고 완전히 통제하에 있는 private 함수라면, 이 함수를 호출할 때 null 또는 빈 문자열을 전달하지 않는지 확인하기만 하면 된다. 따라서 private 함수에서는 null이나 빈 문자열에 대한 판단을 할 필요가 없다. 만약 함수가 public 함수이거나 protected 함수인 경우, 호출자의 행동을 제약할 수 없기 때문에 누군가가 실수로 null이나 빈 문자열을 hostName 매개변수에 전달할 수 있고, 그로 인해 코드가 실패할 수 있다. 따라서 강건한 코드를 원한다면 public 함수와 protected 함수에서는 null이나 빈 문자열 처리를 하는 것이 필수적이다.

위의 설계 사상에 따라 getLastSubstrSplittedByDot() 함수를 리팩터링한 코드는 다음과 같다.

```
@VisibleForTesting
protected String getLastSubstrSplittedByDot(String hostName) {
  if (hostName == null || hostName.isEmpty()) {
    throw IllegalArgumentException("...");  // 실행 시간 예외
  }
  String[] tokens = hostName.split("\\.");
  String substrOfHostName = tokens[tokens.length - 1];
  return substrOfHostName;
}
```

getLastSubstrSplitedByDot() 함수를 사용할 때 null이나 빈 문자열이 전달되지 않도록 해야

하므로 getLastFiledOfHostName() 함수도 수정해야 한다. 수정된 getLastFiledOfHostName() 함수의 코드는 다음과 같다.

```java
private String getLastFiledOfHostName() throws UnknownHostException {
  String substrOfHostName = null;
  String hostName = InetAddress.getLocalHost().getHostName();
  if (hostName == null || hostName.isEmpty()) {
    // null 또는 빈 문자열 판단
    throw new UnknownHostException("...");
  }
  substrOfHostName = getLastSubstrSplittedByDot(hostName);
  return substrOfHostName;
}
```

마지막으로 generateRandomAlphanumeric() 함수의 리팩터링 방안을 살펴보자.

generateRandomAlphanumeric() 함수에 전달된 매개변수 length의 값이 0보다 작거나 같으면 함수는 무엇을 반환해야 할까?

```java
@VisibleForTesting
protected String generateRandomAlphanumeric(int length) {
  char[] randomChars = new char[length];
  int count = 0;
  Random random = new Random();
  while (count < length) {
    int maxAscii = 'z';
    int randomAscii = random.nextInt(maxAscii);
    boolean isDigit = randomAscii >= '0' && randomAscii <= '9';
    boolean isUppercase = randomAscii >= 'A' && randomAscii <= 'Z';
    boolean isLowercase = randomAscii >= 'a' && randomAscii <= 'z';
    if (isDigit|| isUppercase || isLowercase) {
      randomChars[count] = (char) (randomAscii);
      ++count;
    }
  }
  return new String(randomChars);
}
```

길이가 0이거나 음수인 임의의 문자열을 생성하는 것은 정상적인 논리가 아닌 비정상 동작에 해당한다. 따라서 generateRandomAlphanumeric() 함수는 매개변수 length에 전달된 값이 0보다 작은 경우 IllegalArgumentException 예외를 발생시킨다.

이번 절에서 살펴본 코드에서 로그를 출력하는 Logger 클래스의 객체인 logger는 static final 로 정의되어 클래스 내부에 생성되는데, 이것이 IdGenerator 클래스의 테스트 용이성에 영향을 미치는지 생각해보고, Logger 클래스의 객체 logger를 의존성 주입을 통해 IdGenerator 클래스에 주입해야 하는지도 생각해보자.

6

생성 디자인 패턴

생성 디자인 패턴은 주로 객체 생성 문제를 해결하고 복잡한 생성 프로세스를 캡슐화하며 객체의 생성 코드와 사용 코드를 분리한다. 싱글턴 패턴은 전역적으로 유일한 객체를 생성하는 데 사용되며, 팩터리 패턴은 같은 상위 클래스나 인터페이스를 상속하는 하위 클래스와 같이 비록 유형은 다르지만 서로 관련되어 있는 객체를 주어진 객체 타입에 맞게 생성하는 데 사용된다. 빌더 패턴은 복잡한 객체를 생성하는 데 사용되는데, 서로 다른 선택적 매개변수를 설정하여 다양한 객체를 **사용자 정의**할 수 있다. 프로토타입 패턴은 기존 객체를 복사하는 방법을 사용하여 생성 비용이 높은 객체를 생성하는 시간을 절약한다.

6.1 싱글턴 패턴 (1)

22개의 고전 디자인 패턴이 자주 언급되지만, 그렇다고 모두 활발하게 사용되는 것은 아니며, 심지어 절반 이상이 거의 사용되고 있지 않다고 말할 수도 있다. 그 와중에도 프로그래머에게 친숙한 세 가지 디자인 패턴이 무엇인지 묻는다면 답변에 이번 절에서 살펴볼 **싱글턴 패턴**singleton pattern이 반드시 들어갈 것이다.

6.1.1 싱글턴 패턴의 정의

어떤 클래스의 객체 또는 인스턴스를 단 하나만 생성할 수 있다면, 해당 클래스는 싱글턴 클래스이며, 이 디자인 패턴을 싱글턴 패턴이라고 한다.

비즈니스 개념의 관점에서 클래스에 시스템에 한 번만 저장되어야 하는 데이터가 포함된 경우 해당 클래스는 싱글턴 클래스로 설계해야 한다. 예를 들어 시스템의 설정 정보를 관리하는 클래스는 설정 파일이 시스템에 단 하나 존재하고, 해당 파일의 내용이 객체 형태로 메모리에 존재한다면 복사본은 단 하나만 있어야 하며, 어떤 시스템이 해당 설정 정보를 수정하든 모든 시스템에 영향을 끼쳐야 한다. 또 다른 예로 고유 증분 ID 생성기 클래스를 들 수 있는데, 프로그램에 2개의 ID 생성기 객체가 동시에 존재한다면 중복된 ID가 생성될 수 있다. ID 생성기를 싱글턴 패턴으로 구현한 다음 예제 코드를 살펴보자.

```java
import java.util.concurrent.atomic.AtomicLong;
public class IdGenerator {
  // AtomicLong은 Java 동시성 라이브러리에서 제공하는 원자 변수 유형이며,
  // 스레드로부터 안전한 원자 연산으로 잠글 필요가 있는 일부 스레드로부터
  // 안전하지 않은 복합 연산을 캡슐화하며, 아래의 incrementAndGet()에서 사용함
  private AtomicLong id = new AtomicLong(0);
  private static final IdGenerator instance = new IdGenerator();

  private IdGenerator() {}

  public static IdGenerator getInstance() {
    return instance;
  }

  public long getId() {
    return id.incrementAndGet();
  }
}
// IdGenerator 클래스 사용 예
long id = IdGenerator.getInstance().getId();
```

6.1.2 싱글턴 패턴의 구현

6.1.1절의 예제 코드에서 간단한 싱글턴 패턴의 구현 코드를 작성해봤는데, 사실 싱글턴 패턴을 구현하는 방법에는 여러 가지가 있다. 싱글턴을 구현하고 싶다면, 다음의 4가지 조건에 중점을 두면 된다.

1) 생성자는 new 예약어를 통한 인스턴스 생성을 피하기 위해 private 접근 권한을 가지고 있어야 한다.

2) 객체가 생성될 때 스레드 안전성을 보장하는지 확인해야 한다.

3) 지연 로딩을 지원하는지 여부를 확인해야 한다.

4) `getInstance()` 함수의 성능이 충분해야 한다.

다음에 설명할 5가지 싱글턴 구현 방식은 Java 언어에만 해당되는 내용이다. 다른 프로그래밍 언어에 익숙하다면 해당 언어에서 어떻게 구현할 수 있을지 연구해보자.

1 즉시 초기화

즉시 초기화eager initialization 방식의 구현은 비교적 간단하다. 인스턴스는 클래스가 메모리에 적재될 때 이미 생성되어 초기화가 완료되기 때문에, 인스턴스 생성 프로세스는 스레드가 안전하다고 보장할 수 있다. 그러나 이 구현은 지연 적재lazy loading를 지원하지 않으며, 인스턴스는 사용되는 시점이 아니라 미리 생성된다. 구체적인 코드는 다음과 같다.

```java
public class IdGenerator {
  private AtomicLong id = new AtomicLong(0);
  private static final IdGenerator instance = new IdGenerator();

  private IdGenerator() {}
  public static IdGenerator getInstance() {
    return instance;
  }

  public long getId() {
    return id.incrementAndGet();
  }
}
```

2 늦은 초기화

즉시 초기화 방식과 반대인 **늦은 초기화**lazy initialization 방식도 존재한다. 즉시 초기화 방식과는 달리 늦은 초기화 방식은 지연 적재를 지원하기 때문에, 인스턴스의 생성과 초기화가 실제로 사용되기 전까지 일어나지 않는다. 구체적인 코드 구현은 다음과 같다.

```java
public class IdGenerator {
  private AtomicLong id = new AtomicLong(0);
  private static IdGenerator instance;

  private IdGenerator() {}

  public static synchronized IdGenerator getInstance() {
```

```
    if (instance == null) {
      instance = new IdGenerator();
    }
    return instance;
  }

  public long getId() {
    return id.incrementAndGet();
  }
}
```

늦은 초기화 방식이 지연 적재를 지원하기 때문에 즉시 초기화 방식보다 더 합리적이라고 생각할 수도 있다. 인스턴스가 많은 리소스를 점유하거나 초기화가 오래 걸리는 경우 인스턴스를 미리 만들고 초기화하는 것은 리소스 낭비라고 여겨지기 때문이다.

그러나 다시 생각해보면 시간이 오래 걸리는 초기화 작업이 인스턴스가 사용되기 직전에 이루어지면 시스템 성능에 영향을 미칠 수 있다. 예를 들어 클라이언트 인터페이스 요청이 실행될 때 초기화 작업으로 인해 인터페이스 요청의 응답 시간이 길어지거나 시간이 초과될 수도 있다. 하지만 즉시 초기화 방식을 채택하면 시간이 많이 걸리는 초기화 작업을 프로그램이 시작될 때 모두 끝낼 수 있으므로, 프로그램의 실행 과정에서 초기화 과정으로 인해 발생하는 성능 문제를 피할 수 있다.

인스턴스가 많은 리소스를 차지한다면, 문제가 있다면 빨리 노출시키는 fail-fast 설계 원칙에 따라 프로그램이 시작될 때 인스턴스 초기화가 완료되는 것이 합리적이다. 리소스가 충분하지 않으면 프로그램이 시작되는 시점에 Java의 PermGen Space OOM과 같은 오류가 발생하므로 빠르게 수정할 수 있다. 이러한 방식으로 실행 시간 오류를 피할 수 있으며 시스템 가용성에도 영향을 미치지 않게 된다.

또한 늦은 초기화 방식에는 명백한 단점이 존재한다. 이 코드에서 getInstance() 함수에 추가적인 잠금인 synchronized가 추가되는데, 그 결과 함수의 동시성이 1로 바뀌고, 한 번에 한 개의 스레드만 getInstance() 함수를 실행할 수 있게 된다. 그리고 IdGenerator 클래스를 사용하는 한 이 함수는 무조건 사용해야 한다. IdGenerator 클래스의 사용 빈도가 낮다면 이 방식을 받아들일 수 있을지 모르지만, 사용 빈도가 높다면 잠금이 매우 빈번하게 일어나며 낮은 동시성 문제로 인해 병목 현상이 발생할 수 있다. 이런 경우에는 즉시 초기화 방식과 같은 다른 방식의 사용을 고려해야 한다.

❸ 이중 잠금

즉시 초기화 방식은 지연 적재를 지원하지 않고, 늦은 초기화 방식은 높은 동시성을 지원하지 않는다. 이번에는 지연 적재와 높은 동시성을 모두 지원하는 싱글턴 패턴인 **이중 잠금**double-checked locking에 대해 알아보자. 이 방식은 인스턴스가 생성된 후 getInstance() 함수가 계속 호출되는 상황에서는 잠금이 일어나지 않는다. 따라서 이중 잠금 방식은 늦은 초기화 방식의 낮은 동시성을 해결하는 방법이 될 수 있다. 구체적인 코드 구현은 다음과 같다.

```java
public class IdGenerator {
  private AtomicLong id = new AtomicLong(0);
  private static IdGenerator instance;

  private IdGenerator() {}

  public static IdGenerator getInstance() {
    if (instance == null) {
      synchronized(IdGenerator.class) { // 클래스 레벨의 잠금 처리
        if (instance == null) {
          instance = new IdGenerator();
        }
      }
    }
    return instance;
  }

  public long getId() {
    return id.incrementAndGet();
  }
}
```

그러나 이 코드에는 문제가 하나 숨어 있다. CPU 명령이 재정렬되면 IdGenerator 클래스의 객체가 new 예약어를 통해 instance 멤버 변수가 지정된 후, 초기화가 이루어지기 전에 다른 스레드에서 이 객체를 사용하려고 할 수 있다. 이 문제를 해결하려면 volatile 키워드를 인스턴스 멤버 변수에 추가하여 명령어 재정렬을 방지하면 된다.

❹ 홀더에 의한 초기화

홀더에 의한 초기화initialization on demand holder idiom는 이중 잠금보다 간단한 방식으로 Java의 정적 내부 클래스를 사용하는 방식도 있다. 보기에는 즉시 초기화 방식과 유사하지만 지연 로딩이 가능하다는 장점이 있다. 구체적인 코드 구현은 다음과 같다.

```
public class IdGenerator {
  private AtomicLong id = new AtomicLong(0);

  private IdGenerator() {}

  private static class SingletonHolder {
    private static final IdGenerator instance = new IdGenerator();
  }

  public static IdGenerator getInstance() {
    return SingletonHolder.instance;
  }

  public long getId() {
    return id.incrementAndGet();
  }
}
```

위의 예제 코드에서 SingletonHolder는 정적 내부 클래스로, 외부 클래스인 IdGenerator가 적재되는 시점에 SingletonHolder 클래스는 적재되지 않는다. 대신 getInstance() 함수가 처음 호출될 때 적재되고 인스턴스가 생성된다. 이때 인스턴스의 유일성과 생성 프로세스의 스레드 안전성은 JVM에 의해 보장된다. 따라서 이 방식은 스레드 안전성을 보장할 뿐만 아니라 지연 적재도 가능하다.

5 열거

마지막으로 **열거**enumeration형 기반 방식에 대해 살펴보자. 이 방식은 Java의 열거형이 가지는 특성을 이용하여 인스턴스 생성 시 스레드 안전성과 인스턴스의 유일성을 보장한다. 구체적인 코드 구현은 다음과 같다.

```
public enum IdGenerator {
  INSTANCE;
  private AtomicLong id = new AtomicLong(0);

  public long getId() {
    return id.incrementAndGet();
  }
}
```

파일에 로그를 기록하는 Logger 클래스를 통해 싱글턴 패턴의 적용 방법을 살펴보자.

```
public class Logger {
  private FileWriter writer;

  public Logger() {
    File file = new File("log.txt");
    writer = new FileWriter(file, true);  // true 설정 시 기록
  }

  public void log(String message) {
    writer.write(mesasge);
  }
}

// Logger 클래스 응용 예시
public class UserController {
  private Logger logger = new Logger();

  public void login(String username, String password) {
    // ...비즈니스 논리 코드 생략...
    logger.log(username + " logined!");
  }
}

public class OrderController {
  private Logger logger = new Logger();

  public void create(OrderVo order) {
    // ...비즈니스 논리 코드 생략...
    logger.log("Created an order: " + order.toString());
  }
}
```

위의 예제 코드에서 모든 로그 정보는 log.txt 파일 하나에만 기록된다. UserController 클래스와 OrderController 클래스에서 각각 Logger 클래스 객체를 생성했다. 웹 컨테이너의 서블릿 다중 스레드 환경에서 두 개의 서블릿 스레드가 동시에 login() 함수와 create() 함수를 실행하고 동시에 log.txt 파일에 로그를 쓰면, 로그 정보를 서로 덮어쓰는 문제가 발생한다.

로그 정보를 서로 덮어쓰는 이유는 무엇일까? 이는 여러 스레드에서 공유하는 변수에 비유하여 이해할 수 있다. 멀티 스레드 환경에서 두 스레드가 동시에 같은 공유 변수에 1을 더하면, 변수의

값이 우리가 예상한 값인 2만큼 증가하지 않고, 1만큼만 증가할 가능성이 있는데, 이는 이 공유 변수가 스레드별로 사용을 위해 경쟁해야 하는 리소스이기 때문이다. 마찬가지로 로그를 저장하는 log.txt 파일도 경쟁 리소스이기 때문에, 두 개의 스레드가 동시에 데이터를 쓰는 경우 그림 6.1과 같이 중복되는 상황이 발생할 수 있다.

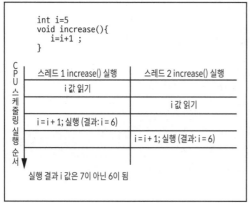
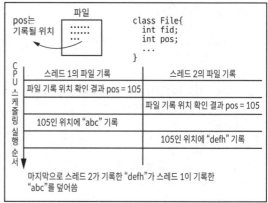

그림 6.1 **로그 정보를 서로 덮어쓴다**

이렇게 로그 정보가 서로 겹치는 문제를 해결하는 방법은 무엇일까? 첫 번째로 생각할 수 있는 방법은 잠금인데, log() 함수에 뮤텍스mutex를 추가[1]하여 한 번에 하나의 스레드만 log() 함수를 실행하도록 허용하는 것이다. 구체적인 코드는 다음과 같다.

```
public class Logger {
  private FileWriter writer;

  public Logger() {
    File file = new File("log.txt");
    writer = new FileWriter(file, true);  // true 설정 시 기록
  }

  public void log(String message) {
    synchronized(this) {
      writer.write(mesasge);
    }
  }
}
```

---

1   Java에서는 synchronized 키워드로 처리 가능하다.

하지만 잘 생각해보면 이 코드는 여러 스레드가 로그를 쓸 때 서로 겹치는 문제를 해결하지 못한다는 것을 알 수 있다. 이 코드에서 사용한 잠금 방식은 객체 수준의 잠금으로, 하나의 객체가 다른 스레드에서 동시에 log() 함수를 호출하는 경우에는 순차적으로 강제 실행되므로 문제가 없다. 하지만 서로 다른 객체는 잠금을 공유하지 않기 때문에, 서로 다른 스레드에서 서로 다른 객체를 통해 log() 함수가 호출되는 경우, 잠금이 작동하지 않으며, 로그 파일을 서로 덮어쓰는 문제가 여전히 남아 있게 된다.

추가로, 이 코드 설명에서 의도적으로 한 가지 사실을 이야기하지 않았는데, log() 함수에 객체 수준의 잠금을 추가했지만, 굳이 그럴 이유조차 없다. FileWriter 클래스 자체는 스레드로부터 안전하고, 해당 클래스 내부에서 이미 객체 수준 잠금을 추가하기 때문에, 실제로 FileWriter 클래스의 write() 함수를 호출할 때 객체 수준 잠금을 따로 추가하는 것은 아무런 의미가 없다. 뿐만 아니라 서로 다른 Logger 클래스의 객체가 FileWriter 클래스의 객체를 공유하지 않기 때문에 FileWriter 클래스의 객체 수준 잠금으로는 로그 파일을 서로 덮어쓰는 문제를 해결할 수 없다.

그렇다면 이 문제를 해결하는 방법은 무엇일까? 잠금 수준을 객체에서 클래스로 변경하는 방법이 있다. 클래스 수준의 잠금으로 인해, 다중 스레드 환경에서 모든 Logger 클래스의 객체는 하나의 잠금을 공유하게 되며, 동시에 하나의 log() 함수만 호출할 수 있게 된다. 구체적인 코드 구현은 다음과 같다.

```
public class Logger {
  private FileWriter writer;

  public Logger() {
    File file = new File("log.txt");
    writer = new FileWriter(file, true);  // true 설정 시 기록
  }

  public void log(String message) {
    synchronized(Logger.class) {  // 클래스 레벨의 잠금
      writer.write(mesasge);
    }
  }
}
```

실제로 리소스 경합 문제를 해결하는 방법에는 클래스 수준의 잠금을 사용하는 것 외에도 여러 가지가 있으며, 그중 분산 잠금이 자주 사용된다. 그러나 안전하고 안정적이며 버그가 없는 고성능

의 분산 잠금을 구현하는 것은 쉬운 일이 아니다. 이 밖에도 Java의 `BlockingQueue` 같은 동시 대기열을 사용해도 리소스 경합 문제를 해결할 수 있다. 여러 개의 스레드가 동시 대기열에 로그를 동시에 기록하고, 별도의 스레드가 단독으로 동시 대기열의 데이터를 읽어 로그 파일에 쓰는 것이다.

분산 잠금이나 동시 대기열 방식과 비교하면 싱글턴 패턴 방식은 훨씬 간단하다. `Logger` 클래스를 싱글턴 클래스로 설계하여, 프로그램에서 `Logger` 클래스의 객체를 하나만 생성한 다음, 모든 스레드가 `Logger` 클래스의 객체를 공유하여 `FileWriter` 클래스의 객체를 공유하도록 한다. `FileWriter` 클래스 자체는 객체 수준 스레드로부터 안전하며, 다중 스레드에서 로그 파일을 서로 덮어쓰는 문제를 방지할 수 있다. 이 설계대로 구현된 `Logger` 클래스는 다음과 같다.

```java
public class Logger {
  private FileWriter writer;
  private static final Logger instance = new Logger();

  private Logger() {
    File file = new File("log.txt");
    writer = new FileWriter(file, true);  // true 설정 시 기록
  }

  public static Logger getInstance() {
    return instance;
  }

  public void log(String message) {
    writer.write(mesasge);
  }
}

// Logger 클래스 응용 예시
public class UserController {
  public void login(String username, String password) {
    // ...비즈니스 논리 코드 생략...
    Logger.getInstance().log(username + " logined!");
  }
}

public class OrderController {
  public void create(OrderVo order) {
    // ...비즈니스 논리 코드 생략...
    Logger.getInstance().log("Created a order: " + order.toString());
  }
}
```

싱글턴 패턴이 일반적으로 사용되기는 하지만 싱글턴 패턴에는 여러 가지 단점이 있어 문제가 발생하는 경우가 많으며, 이에 따라 안티 패턴으로 인식되기도 한다. 따라서 가급적이면 싱글턴 패턴을 사용하지 않는 것이 좋다. 싱글턴 패턴의 문제점은 다음과 같다.

① 싱글턴 패턴은 클래스 간의 의존성을 감춘다.

코드 가독성 면에서 클래스 간의 의존성이 확실히 드러나는 것은 매우 중요하다. 생성자를 통해 선언된 클래스 간의 의존성, 매개변수 전달 같은 경우 함수의 정의를 보면 쉽게 식별할 수 있다. 그러나 싱글턴 클래스는 명시적으로 생성할 필요가 없고 매개변수 전달에 의존할 필요도 없으며 함수에서 직접 호출할 수 있음에도 의존성이 전혀 드러나지 않는다. 따라서 코드를 읽을 때 각 함수의 코드 구현 자체를 주의 깊게 살펴봐야만 이 클래스가 어떤 싱글턴 클래스에 의존하는지 알 수 있다.

② 싱글턴 패턴은 코드의 확장성에 영향을 미친다.

싱글턴 클래스는 하나의 인스턴스만 생성할 수 있다. 하지만 나중에 두 개 이상의 인스턴스가 필요한 경우, 코드를 전면적으로 수정해야 할 수 있다. 싱글턴 클래스는 대부분 전역 클래스를 나타내는 데 사용되는데 왜 두 개 이상의 인스턴스가 필요한 경우가 생길까?

사실 이런 일은 드물지 않다. 데이터베이스 연결 풀링을 예를 들어 살펴보자.

시스템을 처음 설계할 때는 전체 시스템에 데이터베이스 연결 풀이 하나만 존재해야 데이터베이스 연결 리소스를 쉽게 제어할 수 있다고 여겨졌고, 이런 설계 방침에 따라 데이터베이스 연결 풀 클래스를 싱글턴 클래스로 설계하게 된다. 그러나 얼마 지나지 않아 시스템의 일부 SQL 문이 실행에 매우 많은 시간을 필요로 한다는 것을 알게 된다. 이 SQL 문을 실행하면 데이터베이스 연결 리소스를 오랫동안 점유하게 되어 다른 SQL 요청에 응답할 수 없게 된다. 이 문제를 해결하기 위해 느린 SQL 문을 다른 SQL 문과 분리하여 별도로 실행하도록 설계를 변경했다. 그리고 이를 위해 시스템에 두 개의 데이터베이스 연결 풀을 만들어서, 하나는 느리게 실행되는 SQL 문에 사용되고, 다른 하나는 빠른 SQL 문에 사용되어, 리소스 점유 문제가 발생하지 않도록 하려고 한다.

이때 데이터베이스 연결 풀이 싱글턴 클래스로 설계되어 있다면 위와 같은 요구 사항 변경에 대응할 수 없다. 다시 말해, 싱글턴 클래스가 코드의 확장성에 영향을 미친다. 사실 위에서 설명한 문제는 일부 클래식 데이터베이스 연결 풀과 스레드 풀이 싱글턴 클래스로 설계되지 않은 이유이기도 하다.

❸ 싱글턴 패턴은 코드의 테스트 용이성에 영향을 미친다.

싱글턴 클래스가 데이터베이스와 같은 외부 리소스에 의존하는 경우에는 단위 테스트를 작성할 때 모의 구현으로 대체하고 싶을 것이다. 그러나 싱글턴 클래스를 다음 코드처럼 사용하고 있다면 모의 구현을 사용할 수 없다.

```java
public class Order {
  public void create(...) {
    ...
    long id = IdGenerator.getInstance().getId();
    ...
  }
}
```

또한 IdGenerator 클래스의 멤버 변수 id처럼 싱글턴 클래스가 멤버 변수를 보유하고 있다면, 이 변수는 실질적으로 모든 코드에서 공유하는 전역 변수와 동일한 효과를 가진다. 이 멤버 변수를 수정할 경우, 5.3.2절에서 단위 테스트에 대해 설명한 바와 같이 단위 테스트가 연속적 또는 순차적으로 실행될 때 테스트 결과에 영향을 미치게 된다.

❹ 싱글턴 패턴은 매개변수가 있는 생성자를 지원하지 않는다.

싱글턴 패턴은 매개변수가 있는 생성자를 지원하지 않기 때문에 연결 풀이 있는 싱글턴 객체를 생성할 때, 매개변수를 통해 연결 풀의 크기를 지정할 수 없다. 이 문제를 해결하는 방법에는 다음 세 가지가 있다.

1) init() 함수를 통해 매개변수를 전달하는 방법

이 방법을 사용하려면 getInstance() 함수가 호출되기 전에 init() 함수가 먼저 호출되어야 하며, 그렇지 않으면 예외가 발생한다. 구체적인 코드는 다음과 같다.

```java
public class Singleton {
  private static Singleton instance = null;
  private final int paramA;
  private final int paramB;

  private Singleton(int paramA, int paramB) {
    this.paramA = paramA;
    this.paramB = paramB;
  }
```

```
  public static Singleton getInstance() {
    if (instance == null) {
      throw new RuntimeException("Run init() first.");
    }
    return instance;
  }

  public synchronized static Singleton init(int paramA, int paramB) {
    if (instance != null) {
      throw new RuntimeException("Singleton has been created!");
    }
    instance = new Singleton(paramA, paramB);
    return instance;
  }
}

// 먼저 init() 함수를 호출하고 getInstance() 함수를 통해 객체를 가져온다
Singleton.init(10, 50);
Singleton singleton = Singleton.getInstance();
```

2) 매개변수를 getInstance() 함수에 넣는 방법

```
public class Singleton {
  private static Singleton instance = null;
  private final int paramA;
  private final int paramB;
  private Singleton(int paramA, int paramB) {
    this.paramA = paramA;
    this.paramB = paramB;
  }
  public synchronized static Singleton getInstance(int paramA, int paramB) {
    if (instance == null) {
      instance = new Singleton(paramA, paramB);
    }
    return instance;
  }
}
Singleton singleton = Singleton.getInstance(10, 50);
```

이 코드에는 문제가 있는데, 만약 getInstance() 함수를 다음과 같이 두 번 실행하면 어떻게 될까?

```
Singleton singleton1 = Singleton.getInstance(10, 50);
Singleton singleton2 = Singleton.getInstance(20, 30);
```

이 코드는 singleton1의 paramA 변수와 paramB 변수가 각각 10과 50을 가지고, singleton2의 paramA 변수와 paramB 변수가 각각 20과 30을 가지는 것을 의도한 것이지만, 실제 결과는 의도와 달리 singleton1과 signleton2 모두 paramA 변수가 모두 10이고, paramB 변수는 모두 50이다. 다시 말해, 두 번째 실행된 getInstance() 함수의 매개변수는 효과가 없을뿐더러 빌드 프로세스도 이를 알려주지 않기 때문에 잘못된 결과를 가져온다. 따라서 이러한 매개변수 전달 방식은 적절하지 않다.

3) 매개변수를 전역 변수에 넣는 방법

다음 코드에서 Config 클래스는 paramA와 paramB의 값을 저장하는 전역 변수를 가지고 있다. paramA 변수와 paramB 변수의 값은 다음 코드와 같이 정적 상수로 정의하거나 설정 파일에서 적재할 수 있다. 이 방법이 가장 명확하고 오류가 발생할 여지가 적다.

```
public class Config {
  public static final int PARAM_A = 123;
  public static fianl int PARAM_B = 245;
}

public class Singleton {
  private static Singleton instance = null;
  private final int paramA;
  private final int paramB;

  private Singleton() {
    this.paramA = Config.PARAM_A;
    this.paramB = Config.PARAM_B;
  }

  public synchronized static Singleton getInstance() {
    if (instance == null) {
      instance = new Singleton();
    }
    return instance;
  }
}
```

6.1.5 싱글턴 패턴의 대안

앞에서 언급했듯이 싱글턴 패턴에는 문제점이 적지 않다. 하지만 그렇다고 해서 싱글턴 패턴을 사용하지 않고 특정 클래스의 객체가 전역적으로 한 개만 생성되도록 보장할 수 있는 방법이 있을까?

전역적으로 유일한 클래스 객체를 생성하기 위해 싱글턴 패턴을 사용하는 대신 정적 메서드를 사용할 수 있다. 고유 ID 증분 생성기는 일반적으로 정적 메서드로 구현하는데, 예제 코드는 다음과 같다.

```
public class IdGenerator {
  private static AtomicLong id = new AtomicLong(0);

  public static long getId() {
    return id.incrementAndGet();
  }
}
// 사용 예제
long id = IdGenerator.getId();
```

그러나 정적 메서드는 싱글턴 패턴의 테스트 용이성과 확장성 문제를 해결할 수 없다. 따라서 또 다른 방법을 고려해봐야 하는데, 이번에는 의존성 주입을 기반으로 싱글턴 패턴에 의해 생성된 객체를 매개변수로 함수에 전달하거나 생성자를 통해 클래스의 멤버 변수에 전달하는 방법을 쓸 수 있다. 예제 코드는 다음과 같다.

```
// 의존성 주입
public demofunction(IdGenerator idGenerator) {
  long id = idGenerator.getId();
}
// 외부에서 demofunction()을 호출할 때 idGenerator 전달
IdGenerator idGenerator = IdGenerator.getInsance();
demofunction(idGenerator);
```

위에서 설명한 싱글턴 클래스 객체를 사용하면 클래스 사이의 의존성을 숨기는 싱글턴 패턴 문제와 같은 몇 가지 문제를 해결할 수 있다. 그러나 코드의 확장성, 테스트 용이성과 같은 다른 문제는 여전히 해결되지 않는다. 사실, 팩터리 패턴이나 Spring 같은 DI 컨테이너를 사용하여 싱글턴 패턴을 대체할 수도 있다. 이는 클래스 객체의 전역적인 유일성을 보장할 뿐만 아니라 확장 가능하고 테스트 용이성도 보장된다. 6.2절과 6.3절에서는 이 팩터리 패턴과 **DI 컨테이너**dependency injection container에 대해 자세히 살펴볼 것이다.

싱글턴 패턴을 안티 패턴으로 간주하고 프로젝트에서 사용해서는 안 된다는 주장도 있지만 이런 견해는 다소 극단적이다. 디자인 패턴 자체에는 옳고 그름이 없으며 오히려 어떻게 사용하느냐가

더 중요하다. 클래스가 이후 확장될 가능성이 없고, 외부 시스템에 의존하지 않는다면 해당 객체가 전역적으로 유일하도록 제한하는 방법으로 싱글턴 클래스로 디자인하는 것이 합리적이다. 또한 싱글턴 클래스는 사용이 간편하고 new 예약어를 통해 클래스 사이에 생성하거나 전달할 필요가 없다는 장점이 있다.

6.1.6 생각해보기

프로젝트에서 싱글턴 패턴을 사용한 코드가 다음과 같다면 리팩터링 시 코드의 변경을 최소화하면서 테스트 용이성을 향상시키는 방법에는 어떤 것이 있는지 생각해보자.

```java
public class Demo {
  private UserRepo userRepo;  // 생성자 또는 IoC 컨테이너를 통한 의존성 주입

  public boolean validateCachedUser(long userId) {
    User cachedUser = CacheManager.getInstance().getUser(userId);
    User actualUser = userRepo.getUser(userId);
    // cachedUser와 actualUser를 비교하는 핵심 코드 생략
  }
}
```

6.2 싱글턴 패턴 (2)

6.1절에서는 싱글턴 패턴의 정의, 구현 방법, 기존의 단점과 대안 등을 포함한 싱글턴 패턴의 기본 이론 지식을 설명했다. 이번 절에서는 위의 기본 이론을 확장해 분산 싱글턴 패턴을 설계하고 구현해볼 것이다. 물론 이 내용은 개발 사고를 확장하기 위한 것으로, 분산 싱글턴 패턴이 기존의 싱글턴 패턴에 비해 유용하다는 의미는 아니다.

6.2.1 싱글턴 패턴의 유일성

싱글턴 패턴의 정의를 다시 살펴보자. 하나의 객체 또는 인스턴스만 생성할 수 있는 클래스를 싱글턴 클래스라고 하며, 이 디자인 패턴을 싱글턴 패턴이라고 한다.

싱글턴 패턴의 정의에 따르면 클래스에서 하나의 객체만 생성할 수 있는데, 이 객체의 유일성이 가지는 범위는 스레드일까 아니면 프로세스일까? 앞 절의 내용을 자세히 읽었다면 객체는 프로세스마다 유일하게 생성된다는 것을 유추할 수 있다.

우리가 작성하는 코드는 일반적으로 컴파일compile과 링크link 단계를 거쳐 운영체제에서 사용 가능한 실행 파일을 생성한다. 실행 파일은 실제로 운영체제가 이해할 수 있는 일련의 명령으로 변환된 코드이며, 실행 파일에 포함된 내용을 코드 그 자체로 이해해도 무방하다.

실행 파일을 실행하면 운영체제가 프로세스를 시작하고, 디스크에서 실행 파일을 프로세스의 주소 공간[2]에 적재한다. 이어서 프로세스가 실행 파일의 코드를 하나씩 실행한다. 예를 들어 프로세스가 코드에서 `User user = new User();`에 해당하는 코드를 처리하면 자체 주소 공간에 user라는 임시 변수와 User 클래스의 객체를 생성한다.

이때 이 주소 공간은 프로세스 사이에서 공유되지 않는다. 어떤 프로세스가 `fork()` 함수 등을 이용해 다른 프로세스를 생성하면 운영체제는 새 주소 공간에 새 프로세스를 생성한 후, 이전 프로세스의 주소 공간에 있던 코드와 데이터를 포함한 모든 내용을 새 프로세스의 주소 공간에 복사한다.

이때 싱글턴 클래스는 기존 프로세스에 여전히 존재한 상태로 유일 객체를 유지하고 있으며, 새로운 프로세스에도 복사된 싱글턴 클래스와 유일 객체가 존재한다. 이때 이 두 개의 유일 객체는 서로 다른 존재다. 즉, 싱글턴 클래스에서 객체의 유일성이 영향을 미치는 범위는 프로세스 내로 한정되며, 여러 프로세스에 걸쳐 유일하지 않다.

6.2.2 스레드 전용 싱글턴 패턴

위에서 언급한 바와 같이 싱글턴 클래스의 객체는 프로세스를 기준으로 유일성을 가진다. 즉, 하나의 프로세스는 하나의 싱글턴 클래스 객체만 가질 수 있다. 그렇다면 스레드 전용 싱글턴 패턴을 구현하는 방법이 따로 있을까?

이에 답하기 전에 먼저 **스레드에서 유일**한 것과 **프로세스에서 유일**한 것의 차이점에 대해 알아보자. 프로세스에서 유일하다는 것은 여러 프로세스 내에서 유일하다는 뜻이 아니라, 하나의 프로세스 안에서 유일하다는 것을 뜻한다. 하지만 스레드에서 유일하다는 것은 하나의 스레드 안에서 유일하지만, 여러 스레드 사이에서는 유일하지 않을 수도 있다. 이때 프로세스에서 유일하다는 것은 실제로 하나의 스레드 안에서 유일할 뿐만 아니라 같은 프로세스에 속한 여러 스레드 사이에서도 유일하다는 것을 뜻한다. 그리고 이것이 프로세스에서 유일한 것과 스레드에서 유일한 것의 차이이

---

2   운영체제가 코드와 데이터를 저장하는 데 사용하는 프로세스 메모리 영역에 할당할 수 있는 메모리

기도 하다. 스레드 유일성에 대해 예를 들어 설명해보겠다.

IdGenerator 클래스가 스레드 전용 싱글턴 클래스라고 가정해보자. 스레드 A 내부에서 싱글턴 클래스의 객체 a를 생성할 수 있다. 스레드 내에서 유일하기 때문에 스레드 A에서는 더 이상 IdGenerator 클래스의 객체를 생성할 수 없지만, 스레드 B에서는 여전히 싱글턴 클래스의 객체 b를 만들 수 있다.

스레드 전용에 대한 설명은 복잡하지만 스레드 전용 싱글턴 패턴의 코드는 복잡하지 않다. 다음 코드에서는 HashMap을 통해 각 스레드에 대한 싱글턴 클래스의 객체를 저장한다. 여기서 HashMap의 키는 스레드 ID이고 값은 싱글턴 클래스의 객체다. 이런 방식으로 스레드마다 각자 다른 객체에 대응하고, 하나의 스레드는 하나의 객체에만 대응한다는 것을 알 수 있다. 사실 Java의 경우 HashMap 대신 ThreadLocal을 사용할 수 있는데, 이는 더 구현하기 쉽다. 하지만 ThreadLocal도 실제로는 HashMap 기반으로 구현된다.

```
public class IdGenerator {
  private AtomicLong id = new AtomicLong(0);
  private static final ConcurrentHashMap<Long, IdGenerator> instances
        = new ConcurrentHashMap<>();

  private IdGenerator() {}

  public static IdGenerator getInstance() {
    Long currentThreadId = Thread.currentThread().getId();
    instances.putIfAbsent(currentThreadId, new IdGenerator());
    return instances.get(currentThreadId);
  }

  public long getId() {
    return id.incrementAndGet();
  }
}
```

6.2.3 클러스터 환경에서의 싱글턴 패턴

이제 **분산 싱글턴 패턴**에 해당하는 클러스터 기반의 싱글턴 패턴에 대해 알아보자.

먼저 **클러스터에서 유일**하다는 것이 무엇인지 생각해보자. 클러스터는 여러 프로세스의 모음에 해당하기 때문에, 클러스터에서 유일하는 것은 프로세스 내에서 유일할 뿐만 아니라 여러 프로세스

간에도 유일하다는 것을 의미한다. 따라서 여러 개의 다른 프로세스 사이에서도 싱글턴 클래스의 객체는 하나만 사용 가능하다.

분산 싱글턴 패턴을 구현하기 위해 이 공유 싱글턴 클래스의 객체를 직렬화하고 파일과 같은 외부 공유 저장 영역에 저장할 수 있다. 프로세스가 이 싱글턴 클래스의 객체를 사용하려면 외부 공유 저장 영역에서 메모리로 읽어서 사용하기 전에 객체로 역직렬화해야 한다. 마지막으로 사용을 마치면 다시 직렬화를 통해 외부 공유 저장 장치에 다시 저장하는 과정을 거쳐야 한다. 프로세스 사이에 항상 객체가 하나만 존재하도록 하려면 프로세스가 객체를 획득한 후 다른 프로세스가 객체를 획득하지 못하도록 객체를 잠글 필요가 있다. 프로세스가 객체 사용을 마친 후 메모리에서 객체를 명시적으로 삭제하고 객체에 대한 잠금을 해제해야 한다. 다음 코드는 이 과정을 표현한 것이다.

```java
public class IdGenerator {
  private AtomicLong id = new AtomicLong(0);
  private static IdGenerator instance;
  private static SharedObjectStorage storage =
    FileSharedObjectStorage(/* 입력 매개변수 생략 */);
  private static DistributedLock lock = new DistributedLock();

  private IdGenerator() {}

  public synchronized static IdGenerator getInstance() {
    if (instance == null) {
      lock.lock();
      instance = storage.load(IdGenerator.class);
    }
    return instance;
  }

  public synchroinzed void freeInstance() {
    storage.save(this, IdGeneator.class);
    instance = null; // 객체 할당 해제
    lock.unlock();
  }

  public long getId() {
    return id.incrementAndGet();
  }
}
// IdGenerator클래스 사용 예제
IdGenerator idGeneator = IdGenerator.getInstance();
```

```
long id = idGenerator.getId();
IdGenerator.freeInstance();
```

6.2.4 다중 인스턴스 패턴

다중 인스턴스 패턴multiple instances pattern은 싱글턴 패턴에 대응하는 패턴이다. 싱글턴 패턴은 클래스가 하나의 객체만 생성할 수 있음을 의미하는데, 이에 비해 다중 인스턴스 패턴은 클래스가 여러 객체를 생성할 수 있지만, 생성할 수 있는 개수가 제한되어 있음을 의미한다. 다중 인스턴스 패턴의 예제 코드는 다음과 같다.

```
public class BackendServer {
  private long serverNo;
  private String serverAddress;
  private static final int SERVER_COUNT = 3;
  private static final Map<Long, BackendServer> serverInstances = new HashMap<>();
  static {
    serverInstances.put(1L, new BackendServer(1L, "192.168.22.138:8080"));
    serverInstances.put(2L, new BackendServer(2L, "192.168.22.139:8080"));
    serverInstances.put(3L, new BackendServer(3L, "192.168.22.140:8080"));
  }

  private BackendServer(long serverNo, String serverAddress) {
    this.serverNo = serverNo;
    this.serverAddress = serverAddress;
  }

  public BackendServer getInstance(long serverNo) {
    return serverInstances.get(serverNo);
  }

  public BackendServer getRandomInstance() {
    Random r = new Random();
    int no = r.nextInt(SERVER_COUNT)+1;
    return serverInstances.get(no);
  }
}
```

다중 인스턴스 패턴을 이해하는 다른 방법이 있다. 그 방법은 동일한 유형의 객체는 하나만 생성할 수 있지만, 다른 유형의 객체는 여러 개를 생성할 수 있다는 것이다. 여기에서 말하는 **유형**을 이해하기 위해 다음의 예제 코드를 살펴볼 것이다. 예제 코드에서 loggerName은 다른 **유형**을 구별하는 데 사용되는데, 동일한 `loggerName`을 가지는 객체 인스턴스는 동일한 객체이며, 다른 `loggerName`을 가지는 객체 인스턴스는 동일하지 않을 수 있다.

```java
public class Logger {
  private static final ConcurrentHashMap<String, Logger> instances
          = new ConcurrentHashMap<>();

  private Logger() {}

  public static Logger getInstance(String loggerName) {
    instances.putIfAbsent(loggerName, new Logger());
    return instances.get(loggerName);
  }

  public void log() {
    ...
  }
}
//l1 == l2, l1 != l3
Logger l1 = Logger.getInstance("User.class");
Logger l2 = Logger.getInstance("User.class");
Logger l3 = Logger.getInstance("Order.class");
```

다중 인스턴스 패턴은 팩터리 패턴과 유사하다. 그러나 다중 인스턴스 패턴으로 생성된 객체는 동일한 클래스의 객체인 반면 팩터리 패턴은 다른 하위 클래스의 객체를 생성한다는 점에서 차이가 있다. 또한 열거형도 다중 인스턴스 패턴과 유사한데, 하나의 객체에만 해당하는 유형이 있으며, 클래스는 여러 객체를 생성할 수 있다.

6.2.5 생각해보기

이번 절에서는 싱글턴 패턴에서 유일성의 범위가 프로세스에 한정된다고 언급했는데, 사실 Java의 경우 더 엄밀히 말하면 싱글턴 패턴의 유일성의 범위는 프로세스 안이 아닌 클래스 로더 안에 있다. 왜 그런지 생각해보자.

6.3 팩터리 패턴 (1)

팩터리 패턴factory pattern을 분류하는 방법에는 두 가지가 있다. 첫 번째 분류 방법은 팩터리 패턴을 **단순 팩터리 패턴**simple factory pattern, **팩터리 메서드 패턴**factory method pattern, **추상 팩터리 패턴**

abstract factory pattern의 세 가지로 나누는 것이고, 두 번째 분류 방법[3]은 팩터리 패턴을 팩터리 메서드 패턴과 추상 팩터리 패턴으로 나누고, 단순 팩터리 패턴을 팩터리 메서드 패턴의 특별한 예로 보는 것이다. 하지만 일반적으로 첫 번째 분류 방법을 사용하기 때문에, 여기에서도 이 방법을 따라 설명한다.

세 가지 팩터리 패턴 중 단순 팩터리 패턴과 팩터리 메서드 패턴은 비교적 단순하기 때문에 실제 프로젝트 개발에 많이 사용되는 반면, 추상 팩터리 패턴은 일칙적으로 더 복잡하기 때문에 실제 프로젝트 개발에 잘 사용되지 않는다. 따라서 여기서는 단순 팩터리 패턴과 팩터리 메서드 패턴의 두 가지 패턴에 초점을 맞출 것이다. 추상 팩터리 패턴은 간단하게 기본적인 내용만 이해하고 넘어가도 무방하다.

6.3.1 단순 팩터리 패턴

다음 예제 코드에서는 json, xml, yaml, properties와 같은 설정 파일의 확장자에 따라서 해당 형식에 대응하는 JsonRuleConfigParser, XmlRuleConfigParser와 같은 파서를 선택하고 설정 파일의 내용을 읽어 분석한 후, 메모리 객체인 RuleConfig에 저장한다.

```java
public class RuleConfigSource {
  public RuleConfig load(String ruleConfigFilePath) {
    String ruleConfigFileExtension = getFileExtension(ruleConfigFilePath);
    IRuleConfigParser parser = null;
    if ("json".equalsIgnoreCase(ruleConfigFileExtension)) {
      parser = new JsonRuleConfigParser();
    } else if ("xml".equalsIgnoreCase(ruleConfigFileExtension)) {
      parser = new XmlRuleConfigParser();
    } else if ("yaml".equalsIgnoreCase(ruleConfigFileExtension)) {
      parser = new YamlRuleConfigParser();
    } else if ("properties".equalsIgnoreCase(ruleConfigFileExtension)) {
      parser = new PropertiesRuleConfigParser();
    } else {
      throw new InvalidRuleConfigException(
            "Rule config file format is not supported: " + ruleConfigFilePath);
    }

    String configText = "";
    // ruleConfigFilePath 파일에서 configText로 설정 텍스트 읽기
    RuleConfig ruleConfig = parser.parse(configText);
    return ruleConfig;
```

---

3 《GoF의 디자인 패턴》에서 사용된 분류

```
    }

    private String getFileExtension(String filePath) {
      // 파일 이름을 분석하여 확장자 얻기
      return "json";
    }
  }
```

4장에서 소개했던 코딩 규칙에서 코드의 논리를 더 명확하고 읽기 쉽게 만들기 위해 독립적인 코드 블록을 함수로 캡슐화할 수 있다고 언급한 바 있다. 따라서 parser 객체 생성과 관련된 부분을 추출하여 createParser() 함수로 캡슐화할 수 있다. 리팩터링된 코드는 다음과 같다.

```
public RuleConfig load(String ruleConfigFilePath) {
  String ruleConfigFileExtension = getFileExtension(ruleConfigFilePath);
  IRuleConfigParser parser = createParser(ruleConfigFileExtension);
  if (parser == null) {
    throw new InvalidRuleConfigException(
            "Rule config file format is not supported: " + ruleConfigFilePath);
  }

  String configText = "";
  // ruleConfigFilePath 파일에서 configText로 설정 텍스트 읽기
  RuleConfig ruleConfig = parser.parse(configText);
  return ruleConfig;
}

  private String getFileExtension(String filePath) {
    // 파일 이름을 분석하여 확장자 얻기
    return "json";
  }

  private IRuleConfigParser createParser(String configFormat) {
    IRuleConfigParser parser = null;
    if ("json".equalsIgnoreCase(configFormat)) {
      parser = new JsonRuleConfigParser();
    } else if ("xml".equalsIgnoreCase(configFormat)) {
      parser = new XmlRuleConfigParser();
    } else if ("yaml".equalsIgnoreCase(configFormat)) {
      parser = new YamlRuleConfigParser();
    } else if ("properties".equalsIgnoreCase(configFormat)) {
      parser = new PropertiesRuleConfigParser();
    }
    return parser;
  }
}
```

클래스의 단일 책임을 명확히 하기 위해 RuleConfigSource 클래스에서 createParser() 함수를 분리한 후 별도의 클래스에 넣어 객체 생성만 담당하도록 할 수 있다. 이렇게 생성되는 클래스는 단순 팩터리 패턴이 적용된 팩터리 클래스이며, 해당 코드는 다음과 같다.

```java
public class RuleConfigSource {
  public RuleConfig load(String IRuleConfigParser) {
    String ruleConfigFileExtension = getFileExtension(ruleConfigFilePath);
    IRuleConfigParser parser = RuleConfigParserFactory.createParser(ruleConfigFileExtension);
    if (parser == null) {
      throw new InvalidRuleConfigException(
              "Rule config file format is not supported: " + ruleConfigFilePath);
    }

    String configText = "";
    // ruleConfigFilePath 파일에서 configText로 설정 텍스트 읽기
    RuleConfig ruleConfig = parser.parse(configText);
    return ruleConfig;
  }

  private String getFileExtension(String filePath) {
    // 파일 이름을 분석하여 확장자 얻기
    return "json";
  }
}

public class RuleConfigParserFactory {
  public static IRuleConfigParser createParser(String configFormat) {
    IRuleConfigParser parser = null;
    if ("json".equalsIgnoreCase(configFormat)) {
      parser = new JsonRuleConfigParser();
    } else if ("xml".equalsIgnoreCase(configFormat)) {
      parser = new XmlRuleConfigParser();
    } else if ("yaml".equalsIgnoreCase(configFormat)) {
      parser = new YamlRuleConfigParser();
    } else if ("properties".equalsIgnoreCase(configFormat)) {
      parser = new PropertiesRuleConfigParser();
    }
    return parser;
  }
}
```

이 코드는 단순 팩터리 패턴을 구현하는 첫 번째 방법이다. 단순 팩터리 패턴 기반의 팩터리 클래스에는 대부분 Factory로 끝나는 이름을 붙이는데, 당연한 이야기지만 꼭 그래야 하는 것은 아

니다. 예를 들어 Java의 DateFormat, Calendar 클래스의 이름은 Factory로 끝나지 않지만 팩터리 클래스다. 또한 팩터리 클래스에서 객체를 생성하는 메서드의 이름은 createParser()와 같이 create에 생성될 클래스의 이름을 붙이는 것이 일반적이다. 이 밖에 getInstance(), createInstance(), newInstance() 등 다른 방식으로 붙이기도 하며, 심지어 JavaString 클래스의 valueOf() 메서드처럼 앞에 설명한 어떤 방법에도 속하지 않는 방법을 사용하기도 한다. 이와 같이 객체 생성 함수의 명명에는 필수 요구 사항이 없으므로 프로젝트의 코딩 규칙이나 습관에 따라 이름을 붙일 수 있다.

앞에서 본 단순 팩터리 패턴의 첫 번째 코드에서 RuleConfigParserFactory의 createParser() 함수가 호출될 때마다 새 parser 객체가 생성된다. 사실 이 parser 객체를 재사용할 수 있다면 메모리와 객체가 생성의 부담을 줄이기 위해 미리 parser 객체를 생성하고 캐시할 수 있다. createParser() 함수가 호출되는 시점에 미리 생성된 캐시에서 parser 객체를 가져와 사용할 수 있다. 이는 싱글턴 패턴과 단순 팩터리 패턴을 조합한 것처럼 동작하는데, 구체적인 코드는 다음과 같다.

```java
public class RuleConfigParserFactory {
  private static final Map<String, RuleConfigParser> cachedParsers = new HashMap<>();
  static {
    cachedParsers.put("json", new JsonRuleConfigParser());
    cachedParsers.put("xml", new XmlRuleConfigParser());
    cachedParsers.put("yaml", new YamlRuleConfigParser());
    cachedParsers.put("properties", new PropertiesRuleConfigParser());
  }

  public static IRuleConfigParser createParser(String configFormat) {
    if (configFormat == null || configFormat.isEmpty()) {
      return null; // null 또는 IllegalArgumentException 예외 중 하나를 선택할 수 있음
    }
    IRuleConfigParser parser = cachedParsers.get(configFormat.toLowerCase());
    return parser;
  }
}
```

앞의 두 가지 구현 방식에서 새로운 parser를 추가하면 RuleConfigParserFactory 클래스의 코드가 변경될 수밖에 없다. 이는 개방 폐쇄 원칙에 위배될 수 있지만, 새로운 parser를 빈번하게 추가하지 않고 RuleConfigParserFactory 클래스의 코드를 가끔씩만 수정한다면 개방 폐쇄 원칙을 완전히 만족하지 않아도 괜찮다.

또한 RuleConfigParserFactory 클래스의 첫 번째 코드에는 분기 판단 논리 명령문이 모여 있는데, 이 코드를 다형성이나 다른 디자인 패턴으로 대체해야 할지 고민이 될 수도 있다. 하지만 if 분기가 매우 많은 것이 아니라면 if 분기가 있어도 무방하다.

6.3.2 팩터리 메서드 패턴

그렇다면 if 분기 판단 논리를 제거하려면 어떻게 해야 할까? 고전적인 방법은 분기 판단 논리 대신 다형성을 사용하는 것이다. 구체적인 코드는 다음과 같다.

```
public interface IRuleConfigParserFactory {
  IRuleConfigParser createParser();
}

public class JsonRuleConfigParserFactory implements IRuleConfigParserFactory {
  @Override
  public IRuleConfigParser createParser() {
    return new JsonRuleConfigParser();
  }
}

public class XmlRuleConfigParserFactory implements IRuleConfigParserFactory {
  @Override
  public IRuleConfigParser createParser() {
    return new XmlRuleConfigParser();
  }
}

public class YamlRuleConfigParserFactory implements IRuleConfigParserFactory {
  @Override
  public IRuleConfigParser createParser() {
    return new YamlRuleConfigParser();
  }
}

public class PropertiesRuleConfigParserFactory implements IRuleConfigParserFactory {
  @Override
  public IRuleConfigParser createParser() {
    return new PropertiesRuleConfigParser();
  }
}
```

자연스럽게 팩터리 메서드 패턴 기반의 코드가 되었다. 새 parser를 추가해야 할 때는 IRuleConfig ParserFactory 인터페이스를 구현하는 Factory 클래스만 추가하면 된다. 따라서 **팩터리 메서드 패턴은 단순 팩터리 패턴보다 개방 폐쇄 원리에 더 가깝다.**

그러나 위의 코드에는 여전히 문제가 있다. 먼저 RuleConfigSource 클래스의 load() 함수를 구현하기 위해 팩터리 메서드 패턴에서 팩터리 클래스를 사용하는 방법을 살펴보자. 코드는 다음과 같다.

```java
public class RuleConfigSource {
  public RuleConfig load(String ruleConfigFilePath) {
    String ruleConfigFileExtension = getFileExtension(ruleConfigFilePath);
    IRuleConfigParserFactory parserFactory = null;
    if ("json".equalsIgnoreCase(ruleConfigFileExtension)) {
      parserFactory = new JsonRuleConfigParserFactory();
    } else if ("xml".equalsIgnoreCase(ruleConfigFileExtension)) {
      parserFactory = new XmlRuleConfigParserFactory();
    } else if ("yaml".equalsIgnoreCase(ruleConfigFileExtension)) {
      parserFactory = new YamlRuleConfigParserFactory();
    } else if ("properties".equalsIgnoreCase(ruleConfigFileExtension)) {
      parserFactory = new PropertiesRuleConfigParserFactory();
    } else {
      throw new InvalidRuleConfigException("Rule config file format is not supported: "
                                + ruleConfigFilePath);
    }
    IRuleConfigParser parser = parserFactory.createParser();
    String configText = "";
    // ruleConfigFilePath 파일에서 configText로 설정 텍스트 읽기
    RuleConfig ruleConfig = parser.parse(configText);
    return ruleConfig;
  }

  private String getFileExtension(String filePath) {
    // 파일 이름을 분석하여 확장자 얻기
    return "json";
  }
}
```

이 코드에서 parser 객체를 생성하는 부분이 RuleConfigSource 클래스에서는 제거되었지만 팩터리 클래스 객체를 생성하는 부분은 여전히 RuleConfigSource 클래스와 결합되어 있다. 다시 말해, 팩터리 메서드 패턴이 도입되어 문제가 해결되기는커녕 설계가 더 복잡해지는 결과를 낳았다. 그렇다면 이 문제는 어떻게 해결해야 할까?

팩터리의 팩터리라고 할 수 있는 팩터리 클래스의 객체를 생성하는 데 사용되는 단순 팩터리를 고려해볼 수 있다. 다음 코드에서 RuleConfigParserFactoryMap 클래스는 팩터리 클래스의 객체를 생성하는 팩터리 클래스이며 getParserFactory() 함수는 팩터리 클래스의 캐시된 객체를 반환한다.

```java
public class RuleConfigSource {
  public RuleConfig load(String ruleConfigFilePath) {
    String ruleConfigFileExtension = getFileExtension(ruleConfigFilePath);
    IRuleConfigParserFactory parserFactory =
      RuleConfigParserFactoryMap.getParserFactory(ruleConfigFileExtension);
    if (parserFactory == null) {
      throw new InvalidRuleConfigException(
        "Rule config file format is not supported: " + ruleConfigFilePath);
    }
    IRuleConfigParser parser = parserFactory.createParser();
    String configText = "";
    // ruleConfigFilePath 파일에서 configText로 설정 텍스트 읽기
    RuleConfig ruleConfig = parser.parse(configText);
    return ruleConfig;
  }
  private String getFileExtension(String filePath) {
    // 파일 이름을 분석하여 확장자 얻기
    return "json";
  }
}

public class RuleConfigParserFactoryMap {  // 팩터리의 팩터리
  private static final Map<String, IRuleConfigParserFactory> cachedFactories = new HashMap<>();
  static {
    cachedFactories.put("json", new JsonRuleConfigParserFactory());
    cachedFactories.put("xml", new XmlRuleConfigParserFactory());
    cachedFactories.put("yaml", new YamlRuleConfigParserFactory());
    cachedFactories.put("properties", new PropertiesRuleConfigParserFactory());
  }

  public static IRuleConfigParserFactory getParserFactory(String type) {
    if (type == null || type.isEmpty()) {
      return null;
    }
    IRuleConfigParserFactory parserFactory = cachedFactories.get(type.toLowerCase());
    return parserFactory;
  }
}
```

새로운 parser를 추가해야 하는 경우, 해당 클래스와 새로운 parser의 팩터리 클래스만 정의하고 RuleConfigParserFactoryMap 클래스에서 팩터리 클래스의 객체를 cachedFactories에 추가하면 된다. 이렇게 하면 기본적으로 개방 폐쇄 원칙에 따라 코드가 거의 변경되지 않는다.

실제로 규칙에 대한 설정을 분석하는 코드를 작성할 때 팩터리 메서드 패턴은 많은 추가 팩터리 클래스를 생성해야 하지만 정작 각각의 팩터리 클래스는 매우 **얇은** 생성 코드 한 줄에 불과하기 때문에, 약간 과도한 설계라고 볼 수 있다. 코드를 분리하는 목적은 코드의 복잡도를 낮추는 것인데, 이미 코드가 충분히 단순하다면 굳이 분리를 계속할 필요가 없다. 따라서 이 경우에는 단순 팩터리 패턴으로 충분하며 팩터리 메서드 패턴을 사용할 필요가 없다.

반대로 각 객체의 생성 논리가 매우 복잡한 경우, (예를 들어 객체를 생성할 때 다른 클래스의 객체를 합성하는 복잡한 초기화 작업이 필요하다면) 단순 팩터리 패턴에서는 모든 생성 작업이 동일한 팩터리 클래스에 배치되고, 팩터리 클래스의 복잡도도 여전히 매우 높은 상태가 된다. 따라서 이 경우에는 팩터리 메서드 패턴을 사용하여 복잡한 생성 작업을 여러 팩터리 클래스로 분할하면 각각 팩터리 클래스가 훨씬 단순하게 구성된다고 보장할 수 있다. 사실, 팩터리 메서드 패턴은 객체 생성 과정을 추가로 분할하는 간단한 팩터리 패턴을 기반으로 한다.

6.3.3 추상 팩터리 패턴

단순 팩터리 패턴과 팩터리 메서드 패턴에서 클래스를 분류하는 방법은 단 하나뿐이다. 예를 들어 위의 설정 분석 예제에서 파서는 설정 파일의 형식(JSON, XML, YAML 등)에 따라서만 분류된다. 그러나 파서를 설정 파일 형식분만 아니라 분석된 객체(규칙 설정, 시스템 설정)에 따라 분류하여 두 가지 방식으로 분류하면 다음과 같이 8개의 파서 클래스를 만들어야 한다.

1) **IRuleConfigParser 인터페이스에 기반하여 구현한 규칙 설정을 위한 파서**

   (1) JsonRuleConfigParser   (2) XmlRuleConfigParser

   (3) YamlRuleConfigParser   (4) PropertiesRuleConfigParser

2) **ISystemConfigParser 인터페이스에 기반하여 구현한 시스템 설정을 위한 파서**

   (1) JsonSystemConfigParser   (2) XmlSystemConfigParser

   (3) YamlSystemConfigParser   (4) PropertiesSystemConfigParser

이 경우 팩터리 메서드 패턴을 사용하여 구현하려면 각 parser에 대해 팩터리 클래스를 작성해야 하므로, 8개의 팩터리 클래스를 작성해야 한다. 향후 비즈니스 설정을 위해 파서를 늘려야 하는 경우, IBizConfigParser 인터페이스를 기반으로 구현한 4개의 팩터리 클래스를 추가해야 한다. 그러나 클래스가 너무 많아질 경우 시스템을 유지하기 어렵게 만들 수 있다는 것은 자명한 사실이다. 그렇다면 이 문제는 어떻게 해결해야 할까?

추상 팩터리 패턴은 이런 특수한 경우를 위해 만들어진 패턴이다. 팩터리가 한 가지 유형의 parser 객체를 만드는 대신, IRuleConfigParser, ISystemConfigParser 등과 다양한 유형의 parser 객체를 만들게 하는 것이다. 이 패턴을 통해 팩터리 클래스의 수를 효과적으로 줄일 수 있다. 예제 코드는 다음과 같다.

```java
public interface IConfigParserFactory {
  IRuleConfigParser createRuleParser();
  ISystemConfigParser createSystemParser();
  // 여기서 IBizConfigParser와 같은 새로운 parser 유형을 확장할 수 있음
}

public class JsonConfigParserFactory implements IConfigParserFactory {
  @Override
  public IRuleConfigParser createRuleParser() {
    return new JsonRuleConfigParser();
  }

  @Override
  public ISystemConfigParser createSystemParser() {
    return new JsonSystemConfigParser();
  }
}

public class XmlConfigParserFactory implements IConfigParserFactory {
  @Override
  public IRuleConfigParser createRuleParser() {
    return new XmlRuleConfigParser();
  }

  @Override
  public ISystemConfigParser createSystemParser() {
    return new XmlSystemConfigParser();
  }
}
// YamlConfigParserFactory, PropertiesConfigParserFactory 생략
```

객체 생성 과정이 복잡한 경우 객체 생성 프로세스를 캡슐화하고 객체 생성과 사용을 분리하여 코드의 복잡성을 줄이는 팩터리 패턴 사용을 고려할 수 있다. 그렇다면 어떤 상황일 때 객체 생성 논리가 복잡하다고 판단할 수 있을까? 다음과 같이 두 가지 상황으로 요약해볼 수 있다.

첫 번째, 앞에서 살펴본 규칙 설정 분석과 유사하게 코드에 if 분기 판단 논리가 있으며, 유형에 따라 다른 객체를 동적으로 생성하는 경우다. 이 경우 팩터리 패턴을 사용하여 큰 객체 생성 코드를 추출해 팩터리 클래스에 넣는 것을 고려할 수 있다. 각 객체의 생성 과정이 비교적 간단하다면 단순 팩터리 패턴을 사용하여 여러 객체의 생성 과정을 하나의 팩터리 클래스에 넣을 수 있다. 반면 각 객체의 생성 과정이 상대적으로 복잡한 경우, 팩터리 클래스가 너무 복잡해지는 것을 피하기 위해 팩터리 메서드 패턴을 사용할 수 있다. 이렇게 하면 객체 생성 과정이 각각의 팩터리 클래스에 분리되며, 클래스의 복잡도를 낮출 수 있다.

두 번째, 유형에 따라 다른 객체를 생성할 필요는 없지만, 단일 객체 자체의 생성 프로세스가 비교적 복잡한 경우다. 위에서 언급한 바와 같이 다른 클래스의 객체를 합성해야 할 뿐만 아니라 다양한 초기화 작업이 필요한 경우에는 객체 생성 프로세스를 팩터리 클래스로 캡슐화하는 팩터리 패턴을 사용할 수 있다.

요약하면, 팩터리 패턴에는 다음과 같이 네 가지 역할이 있으며, 이는 팩터리 패턴의 사용 여부를 판단하는 기준이기도 하다.

1) 팩터리 패턴을 사용하여 생성 과정을 캡슐화할 수 있다. 이때 생성 과정의 변경 사항은 호출자에게 투명성을 가진다.
2) 생성 과정을 팩터리 클래스로 추출한 후, 재사용할 수 있다.
3) 복잡한 생성 과정을 캡슐화하므로, 호출자는 객체 생성 방법을 알 필요가 없다.
4) 생성 과정과 사용 과정을 분리하여 복잡한 코드를 간결하게 바꿀 수 있다.

6.3.5 생각해보기

1) 팩터리 패턴은 Java의 Calendar 클래스나 DateFormat 클래스와 같이 많은 오픈소스 프로젝트와 도구 클래스 어디에서나 볼 수 있는 일반적인 디자인 패턴이다. 그렇다면 팩터리 패턴을 사용하여 구현된 다른 클래스에는 어떤 것이 있는지 찾아보고, 해당 클래스가 팩터리 패턴을 사

용하는 이유에 대해 생각해보자.

2) 사실 단순 팩터리 패턴은 객체를 생성하는 메서드가 정적 메서드이기 때문에 정적 팩터리 메서드 패턴static factory method pattern이라고도 한다. 이와 같이 객체를 생성하는 메서드가 정적이어야 하는 이유와 이때 코드의 테스트 용이성에 어떤 영향을 미치는지 생각해보자.

6.4 팩터리 패턴 (2)

팩터리 패턴은 의존성 주입 컨테이너에서 널리 사용된다. 이번 절에서는 의존성 주입 컨테이너dependency injection container(이하 DI 컨테이너)의 구현 원리를 분석하는 데 중점을 둔다.

6.4.1 DI 컨테이너와 팩터리 패턴의 차이

DI 컨테이너 하단 계층의 기본 설계 사상은 팩터리 패턴을 기반으로 한다. DI 컨테이너는 큰 팩터리 클래스에 해당하며 프로그램이 시작되면 설정에 따라 어떤 클래스의 객체를 생성해야 하는지, 클래스에 따라 각각의 객체가 생성될 수 있도록 판단하여 미리 객체를 생성하는 역할을 한다. 응용 프로그램이 특정 클래스의 객체를 사용해야 하는 경우 컨테이너에서 직접 가져올 수 있다. DI 컨테이너는 많은 객체를 담을 수 있기 때문에 **컨테이너**container로 불린다.

일반적인 팩터리 패턴과 비교하여 DI 컨테이너는 더 큰 객체 생성 프로젝트를 처리할 수 있다. 팩터리 패턴에서 팩터리 클래스는 특정 클래스의 객체 또는 동일한 추상 클래스와 인터페이스를 상속하는 하위 클래스 객체들의 생성만 담당하는 반면, DI 컨테이너는 전체 응용 프로그램에서 모든 클래스의 객체 생성을 담당한다.

또한 팩터리 패턴이 객체 생성만 담당하는 데 반해 DI 컨테이너는 객체 생성 외에도 설정 분석, 객체 수명 주기 관리 등의 다른 작업도 함께 처리한다. 다음 절에서 DI 컨테이너의 핵심 기능에 대해 알아보자.

6.4.2 DI 컨테이너의 핵심 기능

DI 컨테이너에는 일반적으로 설정 분석, 객체 생성, 객체 수명 주기 관리의 세 가지 핵심 기능이 포함된다.

▣ 설정 분석

팩터리 패턴에서는 팩터리 클래스가 생성할 클래스의 객체는 코드에 미리 작성되어 있기 때문에, 실행 시간에 이를 변경하는 것은 불가능하다. DI 컨테이너는 일반적인 프레임워크 형태로 운용되기 때문에 DI 컨테이너와 애플리케이션의 코드는 고도로 디커플링되어야 한다. 즉, DI 컨테이너에는 생성할 객체를 미리 작성해둘 수 없으며, 프로그램이 앞으로 어떤 객체를 생성할지도 미리 알 수 없어야 한다. 따라서 DI 컨테이너에 생성해야 하는 객체를 **알려주는** 도구가 필요하며, 이것이 바로 **설정**이다.

설정 파일에는 DI 컨테이너가 생성해야 하는 클래스의 객체를 비롯해 어떤 생성자를 사용할 것인지, 해당 생성자의 매개변수 등과 같은 클래스의 객체 생성에 필요한 정보가 담겨 있다. DI 컨테이너는 이 설정 파일에서 제공하는 정보를 기반으로 객체를 생성한다.

다음은 Java에서 가장 잘 알려진 DI 컨테이너인 Spring 컨테이너의 설정 파일이다. Spring 컨테이너는 이 설정 파일을 읽고 생성해야 하는 객체인 rateLimiter와 redisCounter를 분석하고 의존성을 가져온다. 즉, 객체가 생성될 때 rateLimiter는 redisCounter를 상속한다.

```java
public class RateLimiter {
  private RedisCounter redisCounter;

  public RateLimiter(RedisCounter redisCounter) {
    this.redisCounter = redisCounter;
  }

  public void test() {
    System.out.println("Hello World!");
  }
  ...
}

public class RedisCounter {
  private String ipAddress;
  private int port;

  public RedisCounter(String ipAddress, int port) {
    this.ipAddress = ipAddress;
    this.port = port;
  }
  ...
}
```

설정 파일인 `bean.xml`의 내용은 다음과 같다.

```xml
<beans>
    <bean id="rateLimiter" class="com.jpub.RateLimiter">
            <constructor-arg ref="redisCounter"/>
     </bean>

    <bean id="redisCounter" class="com.jpub.redisCounter">
    <constructor-arg type="String" value="127.0.0.1">
    <constructor-arg type="int" value=1234>
        </bean>
</beans>
```

2 객체 생성

DI 컨테이너에서 각 클래스에 해당하는 팩터리 클래스를 생성하면 팩터리 클래스의 수가 너무 많아져 코드의 유지 관리 비용이 증가하게 된다. 하지만 이 문제를 해결하는 방법은 어렵지 않은데, 모든 클래스 객체의 생성을 BeansFactory 클래스와 같은 팩터리 클래스에 넣으면 된다.

이때 생성할 클래스의 객체가 매우 많다면, BeansFactory 코드가 생성할 객체 수에 비례해 계속 확장될 수도 있다고 생각할 수 있지만 실제로는 그렇지 않다. 이어서 DI 컨테이너의 구현에 대해 설명할 때, 생성할 객체를 코드에 미리 작성할 필요 없이 클래스를 동적으로 적재하고 객체를 생성할 수 있는 **리플렉션**reflection에 대해 이야기할 것이다. 따라서 BeansFactory 팩터리 클래스의 코드는 객체를 몇 개를 생성하든 변경되지 않는다.

3 객체 수명 주기 관리

6.3.1절에서 단순 팩터리 패턴을 구현하는 두 가지 방법이 있다고 언급한 바 있다. 하나는 매번 새로 생성된 객체를 반환하는 것이고, 다른 하나는 미리 생성된 동일한 객체를 반환하는 것이다. Spring 프레임워크에서는 scope 속성을 설정하는 것을 통해 이 두 가지 유형의 객체를 구별할 수 있는데, scope=prototype은 매번 새 객체를 반환하고, score=singleton은 미리 생성된 객체를 반환한다.

이 밖에도 객체가 **지연 적재**를 지원하는지 여부를 설정할 수도 있다. 만약에 lazy-init=true이면 BeansFactory.getBean("userService")가 호출될 때처럼 객체가 실제로 사용될 때만 생성되고, lazy-init=false이면 애플리케이션이 시작되는 시점에 객체가 미리 생성된다.

뿐만 아니라 init-method=loadProperties()나 destroy-method=updateConfigFile()처럼 같은 객체의 init-method와 destroy-method 방식을 설정할 수도 있다. DI 컨테이너는 객체를 생성한 후 init-method 속성에 지정된 메서드를 적극적으로 호출하여 객체를 초기화하며, 객체가 최종적으로 소멸되기 직전에 데이터베이스 연결 해제, 파일 닫기 등과 같은 일부 마무리 작업을 수행하기 위해 destroy-method 속성에 지정된 메서드를 적극적으로 호출한다.

6.4.3 DI 컨테이너의 설계와 구현

사실, Java 언어로 간단한 DI 컨테이너를 구현하는 핵심은 설정 파일을 분석하고, 그 결과를 기반으로 리플렉션을 통해 객체를 생성하는 것이 전부다. 간단한 DI 컨테이너를 설계하고 구현하는 방법에 대해 살펴보자.

① 최소 프로토타입 설계

Spring 컨테이너와 같은 DI 컨테이너는 지원하는 설정 형식이 매우 유연하고 복잡하다. 하지만 여기에서는 단순한 코드를 기반으로 원리를 설명하는 것에 집중하기 위해 최소한의 프로토타입 prototype만 구현할 것이며, 다음과 같은 설정 파일과 관련된 설정 구문만 구현할 것이다.

```
<beans>
    <bean id="rateLimiter" class="com.jpub.RateLimiter">
        <constructor-arg ref="redisCounter"/>
    </bean>

    <bean id="redisCounter" class="com.jpub.redisCounter" scope="singleton" lazy-init="true">
        <constructor-arg type="String" value="127.0.0.1">
        <constructor-arg type="int" value=1234>
    </bean>
</beans>
```

이 프로토타입은 Spring 컨테이너와 유사한 방식으로 사용되며 예제 코드는 다음과 같다.

```
public class Demo {
  public static void main(String[] args) {
    ApplicationContext applicationContext = new ClassPathXmlApplicationContext("beans.xml");

    RateLimiter rateLimiter = (RateLimiter) applicationContext.getBean("rateLimiter");
    rateLimiter.test();
    ...
  }
}
```

② 실행 엔트리 포인트 제공

2.3절에서 객체지향 설계의 마지막 단계는 클래스를 조합하고 실행 엔트리 포인트를 제공하는 것
이라고 언급한 바 있다. DI 컨테이너의 엔트리 포인트는 외부에서 접근 가능한 인터페이스와 클
래스다. 위에 살펴본 프로토타입 DI 컨테이너 코드를 통해 엔트리 포인트는 주로 Application
Context와 ClassPathXmlApplicationContext를 포함한다는 것을 알 수 있다. 이때 Application
Context는 인터페이스이고, ClassPathXmlApplicationContext는 이를 구현한 클래스다. 다음 예
제에서 구체적인 코드를 확인할 수 있다.

```java
public interface ApplicationContext {
  Object getBean(String beanId);
}

public class ClassPathXmlApplicationContext implements ApplicationContext {
  private BeansFactory beansFactory;
  private BeanConfigParser beanConfigParser;

  public ClassPathXmlApplicationContext(String configLocation) {
    this.beansFactory = new BeansFactory();
    this.beanConfigParser = new XmlBeanConfigParser();
    loadBeanDefinitions(configLocation);
  }

  private void loadBeanDefinitions(String configLocation) {
    InputStream in = null;
    try {
      in = this.getClass().getResourceAsStream("/" + configLocation);
      if (in == null) {
        throw new RuntimeException("Can not find config file: " + configLocation);
      }
      List<BeanDefinition> beanDefinitions = beanConfigParser.parse(in);
      beansFactory.addBeanDefinitions(beanDefinitions);
    } finally {
      if (in != null) {
        try {
          in.close();
        } catch (IOException e) {
          // TODO: 오류 로그
        }
      }
    }
  }

  @Override
```

```
  public Object getBean(String beanId) {
    return beansFactory.getBean(beanId);
  }
}
```

이 코드에서 ClassPathXmlApplicationContext가 BeansFactory와 BeanConfigParser라는 두 개의 클래스를 합성하고, 프로세스를 연속적으로 실행하는 일을 담당한다는 것을 알 수 있다. class path에 XML 형식의 설정 파일을 추가하고, BeanConfigParser 클래스의 분석 과정을 통해 통합된 BeanDefinition 형식을 구성하고, 마지막으로 BeansFactory 클래스가 BeanDefinition을 기반으로 객체를 생성한다.

❸ 설정 파일 분석

설정 파일 분석에는 주로 BeanConfigParser 인터페이스와 XmlBeanConfigParser 구현 클래스가 포함되며, 설정 파일을 BeanDefinition 형식으로 분석하여 BeansFactory 클래스가 이 형식에 따라 객체를 생성할 수 있도록 한다.

설정 파일의 구문을 분석하는 프로세스는 번거롭고 이 책에서 설명하는 범위를 넘어서므로, 여기에서는 BeanConfigParser 인터페이스와 XmlBeanConfigParser 구현 클래스의 일반적인 내용만 살펴보고, 실제 코드는 작성하지 않는다. BeanConfigParser 인터페이스와 XmlBeanConfigParser 구현 클래스의 뼈대 코드는 다음과 같다.

```
public interface BeanConfigParser {
  List<BeanDefinition> parse(InputStream inputStream);
  List<BeanDefinition> parse(String configContent);
}

public class XmlBeanConfigParser implements BeanConfigParser {
  @Override
  public List<BeanDefinition> parse(InputStream inputStream) {
    String content = null;
    ...
    return parse(content);
  }

  @Override
  public List<BeanDefinition> parse(String configContent) {
    List<BeanDefinition> beanDefinitions = new ArrayList<>();
    ...
```

```
      return beanDefinitions;
  }
}

public class BeanDefinition {
  private String id;
  private String className;
  private List<ConstructorArg> constructorArgs = new ArrayList<>();
  private Scope scope = Scope.SINGLETON;
  private boolean lazyInit = false;
  // getter, setter, 생성자 메서드 생략

  public boolean isSingleton() {
    return scope.equals(Scope.SINGLETON);
  }

  public static enum Scope {
    SINGLETON,
    PROTOTYPE
  }

  public static class ConstructorArg {
    private boolean isRef;
    private Class type;
    private Object arg;
    // getter, setter, 생성자 메서드 생략
  }
}
```

❹ 핵심 팩터리 클래스 설계

마지막으로 BeansFactory 클래스의 설계와 구현에 대해 살펴보기로 하자. BeansFactory 클래스는 설정 파일에서 분석이 완료된 BeanDefinition에 따라 객체를 생성하는 DI 컨테이너의 핵심 클래스다.

객체의 scope 속성이 singleton이면 객체가 생성된 후 singletonObjects와 같은 map에 캐싱되며, 이후 객체가 요청될 때 다시 생성 과정을 거치지 않고 map에서 직접 가져와 사용할 수 있다. 객체의 scope 속성이 prototype이면 BeansFactory 클래스는 객체가 요청될 때마다 새로운 객체를 생성한다.

사실, BeansFactory 클래스가 객체를 생성하기 위해 사용하는 기본 기술은 Java에서 클래스를 동적으로 적재하고 객체를 생성하기 위한 메커니즘인 리플렉션이다. JVM이 시작되는 과정에서 이미 작성된 코드 내용에 따라 클래스가 메모리에 적재되고, 코드에 따라 객체가 생성된다. 하지만 생성할 객체가 코드에 미리 작성되어 있지 않고, 설정 파일에 포함되어 있는 경우, 실행 중에 설정 파일에 따라 클래스를 동적으로 적재하고 객체를 생성해야 한다. 하지만 이러한 작업은 JVM이 자동으로 실행해주지 않으므로 Java의 리플렉션을 사용해야 한다. `BeansFactory` 클래스의 코드는 다음과 같다.

```java
public class BeansFactory {
  private ConcurrentHashMap<String, Object> singletonObjects = new ConcurrentHashMap<>();
  private ConcurrentHashMap<String, BeanDefinition> beanDefinitions = new ConcurrentHashMap<>();

  public void addBeanDefinitions(List<BeanDefinition> beanDefinitionList) {
    for (BeanDefinition beanDefinition : beanDefinitionList) {
      this.beanDefinitions.putIfAbsent(beanDefinition.getId(), beanDefinition);
    }
    for (BeanDefinition beanDefinition : beanDefinitionList) {
      if (beanDefinition.isLazyInit() == false && beanDefinition.isSingleton()) {
        createBean(beanDefinition);
      }
    }
  }

  public Object getBean(String beanId) {
    BeanDefinition beanDefinition = beanDefinitions.get(beanId);
    if (beanDefinition == null) {
      throw new NoSuchBeanDefinitionException("Bean is not defined: " + beanId);
    }
    return createBean(beanDefinition);
  }

  @VisibleForTesting
  protected Object createBean(BeanDefinition beanDefinition) {
    if (beanDefinition.isSingleton() && singletonObjects.contains(beanDefinition.getId())) {
      return singletonObjects.get(beanDefinition.getId());
    }
    Object bean = null;
    try {
      Class beanClass = Class.forName(beanDefinition.getClassName());
      List<BeanDefinition.ConstructorArg> args = beanDefinition.getConstructorArgs();
      if (args.isEmpty()) {
        bean = beanClass.newInstance();
      } else {
        Class[] argClasses = new Class[args.size()];
        Object[] argObjects = new Object[args.size()];
        for (int i = 0; i < args.size(); ++i) {
```

```
            BeanDefinition.ConstructorArg arg = args.get(i);
            if (!arg.getIsRef()) {
              argClasses[i] = arg.getType();
              argObjects[i] = arg.getArg();
            } else {
              BeanDefinition refBeanDefinition = beanDefinitions.get(arg.getArg());
              if (refBeanDefinition == null) {
              throw new NoSuchBeanDefinitionException("Bean is not defined: " + arg.getArg());
              }
              argClasses[i] = Class.forName(refBeanDefinition.getClassName());
              argObjects[i] = createBean(refBeanDefinition);
            }
          }
          bean = beanClass.getConstructor(argClasses).newInstance(argObjects);
        }
      } catch (ClassNotFoundException | IllegalAccessException
            | InstantiationException | NoSuchMethodException | InvocationTargetException e) {
        throw new BeanCreationFailureException("", e);
      }
      if (bean != null && beanDefinition.isSingleton()) {
        singletonObjects.putIfAbsent(beanDefinition.getId(), bean);
        return singletonObjects.get(beanDefinition.getId());
      }
      return bean;
    }
}
```

소프트웨어 개발에서 DI 컨테이너가 표준이 된 경우가 많은데, 예를 들면 Java 개발에서 Spring 컨테이너가 표준이 되었다. 그러나 대부분은 그것을 사용할 때 내부 동작에 대해서는 거의 이해하지 못한 채 사용하고 있다. 물론, 간단한 프로젝트를 진행한다면 선택한 프레임워크를 어떻게 사용할 것인지만 고민해도 충분할 수 있다. 하지만 매우 복잡한 시스템을 다루는 경우에는 시스템에 문제가 있을 때 기본적인 내용을 얼마나 잘 이해하느냐가 문제 해결 능력을 결정하며, 이는 문제 해결의 효율성에 직접적인 영향을 미친다. 이번 절에서 살펴본 내용이 DI 컨테이너의 기본적인 내용에 대한 더 나은 이해를 제공하고 더 많은 관심을 위한 기폭제가 되기를 희망한다.

6.4.4 생각해보기

BeansFactory 클래스의 createBean() 함수는 재귀 함수다. 함수의 매개변수가 ref 유형이면 ref 속성이 가리키는 객체를 재귀적으로 생성한다. 설정 파일에서 객체 사이의 의존성을 잘못 설정하여 의존성이 순환하게 된 경우, BeansFactory 클래스의 createBean() 함수에 스택 오버플로stack overflow이 발생할 가능성이 있는지 생각해보고, 해결 방법이 무엇인지도 생각해보자.

6.5 빌더 패턴

빌더 패턴builder pattern은 생성기 패턴이라고도 한다. 사실, 빌더 패턴의 원리와 코드 구현은 매우 간단하고 이해하기 어렵지 않은 반면 응용하기에는 난이도가 높다. 그래서 빌더 패턴을 어디에 활용해야 할지 살펴보기 위해 다음의 두 가지에 주목한다. 첫 번째로, 객체를 생성할 때 생성자를 사용하거나 setter 메서드를 사용할 수 있는데, 빌더 패턴을 사용해야 하는 이유는 무엇인가? 두 번째로, 빌더 패턴뿐만 아니라 팩터리 패턴도 객체를 생성할 수 있는데, 이 두 가지 패턴의 차이점은 무엇일까?

6.5.1 생성자를 사용한 객체 생성

일반적인 개발에서 객체를 만드는 일반적인 방법은 new 예약어를 사용하여 클래스의 생성자를 호출하는 것이다. **리소스 풀**resource pool의 설정을 위한 ResourcePoolConfig 클래스를 구현하는 코드를 작성하라는 요구 사항이 있을 때, 리소스 풀은 간단히 **스레드 풀**thread pool, **커넥션 풀**connection pool, **오브젝트 풀**object pool로 나뉜다고 가정하자. 이 리소스 풀 설정 클래스에는 표 6.1과 같이 설정 가능한 멤버 변수가 있다.

표 6.1 **리소스 풀 설정 클래스** ResourcePoolConfig**의 멤버 변수**

멤버 변수	설명	필수 설정	기본값
Name	리소스 이름	예	없음
maxTotal	최대 전체 리소스 크기	아니요	8
maxIdle	최대 유휴 리소스 크기	아니요	8
minIdle	최소 유휴 리소스 크기	아니요	0

이 리소스 풀 설정 클래스는 다음 코드와 같이 쉽게 구현할 수 있다. maxTotal, maxIdle, minIdle은 필수 변수가 아니므로 ResourcePoolConfig 클래스 객체를 생성할 때, 생성자에 null을 전달하여 기본값을 지정한다.

```
public class ResourcePoolConfig {
    private static final int DEFAULT_MAX_TOTAL = 8;
    private static final int DEFAULT_MAX_IDLE = 8;
    private static final int DEFAULT_MIN_IDLE = 0;
    private String name;
    private int maxTotal = DEFAULT_MAX_TOTAL;
```

```
  private int maxIdle = DEFAULT_MAX_IDLE;
  private int minIdle = DEFAULT_MIN_IDLE;

  public ResourcePoolConfig(String name, Integer maxTotal, Integer maxIdle, Integer minIdle) {
    if (StringUtils.isBlank(name)) {
      throw new IllegalArgumentException("name should not be empty.");
    }
    this.name = name;
    if (maxTotal != null) {
      if (maxTotal <= 0) {
        throw new IllegalArgumentException("maxTotal should be positive.");
      }
      this.maxTotal = maxTotal;
    }
    if (maxIdle != null) {
      if (maxIdle < 0) {
        throw new IllegalArgumentException("maxIdle should not be negative.");
      }
      this.maxIdle = maxIdle;
    }
    if (minIdle != null) {
      if (minIdle < 0) {
        throw new IllegalArgumentException("minIdle should not be negative.");
      }
      this.minIdle = minIdle;
    }
  }
  // getter 메서드 생략
}
```

ResourcePoolConfig 클래스에는 설정 가능한 항목이 4개뿐이기 때문에 생성자의 매개변수도 4개로 그리 많지 않다. 하지만 설정 가능한 항목의 개수가 8개, 10개 또는 그 이상으로 증가하는 경우, 생성자의 매개변수 목록이 매우 길어지기 때문에 코드의 가독성과 사용 편의성이 나빠진다. 또한 생성자를 사용할 때 매개변수의 순서나 개수를 잘못 계산하면 잘못된 값을 전달하기 쉽기 때문에 숨겨진 버그가 발생할 수 있다. 이러한 상황을 보여주는 예제 코드는 다음과 같다.

```
ResourcePoolConfig config = new ResourcePoolConfig("dbconnectionpool", 16, null, 8,
  null, false, true, 10, 20, false, true);
```

setter 메서드를 사용한 멤버 변수 설정

사실 6.5.1절에서 언급한 문제를 해결하는 것은 간단하다. 멤버 변수에 값을 할당하기 위해 생성자 대신 setter 메서드를 사용하는 것으로, 그 구체적인 코드는 다음과 같다. 설정 항목 중 name은 필숫값이므로 생성자에 매개변수로 전달하여 강제로 설정하고, 나머지 항목인 maxTotal, maxIdle, minIdle은 필수적으로 채울 필요가 없으므로 setter 메서드를 통해 사용자가 값을 바꾸도록 할 수 있다.

```java
public class ResourcePoolConfig {
  private static final int DEFAULT_MAX_TOTAL = 8;
  private static final int DEFAULT_MAX_IDLE = 8;
  private static final int DEFAULT_MIN_IDLE = 0;
  private String name;
  private int maxTotal = DEFAULT_MAX_TOTAL;
  private int maxIdle = DEFAULT_MAX_IDLE;
  private int minIdle = DEFAULT_MIN_IDLE;

  public ResourcePoolConfig(String name) {
    if (StringUtils.isBlank(name)) {
      throw new IllegalArgumentException("name should not be empty.");
    }
    this.name = name;
  }
  public void setMaxTotal(int maxTotal) {
    if (maxTotal <= 0) {
      throw new IllegalArgumentException("maxTotal should be positive.");
    }
    this.maxTotal = maxTotal;
  }

  public void setMaxIdle(int maxIdle) {
    if (maxIdle < 0) {
      throw new IllegalArgumentException("maxIdle should not be negative.");
    }
    this.maxIdle = maxIdle;
  }

  public void setMinIdle(int minIdle) {
    if (minIdle < 0) {
      throw new IllegalArgumentException("minIdle should not be negative.");
    }
    this.minIdle = minIdle;
  }
  // ...getter 메서드 생략...
}
```

이와 같이 리팩터링된 ResourcePoolConfig 클래스는 다음 예제 코드와 같이 사용할 수 있다. 객체를 생성할 때 모든 값을 설정하기 위해 긴 매개변수를 전부 지정할 필요가 없으며, 코드의 가독성과 사용 편의성이 훨씬 향상된다.

```
ResourcePoolConfig config = new ResourcePoolConfig("dbconnectionpool");
config.setMaxTotal(16);
config.setMaxIdle(8);
```

6.5.3 빌더 패턴을 이용한 매개변수 검증

빌더 패턴을 설명하는 절인데도 지금까지 빌더 패턴을 사용하지 않았다. 이는 빌더 패턴과 무관하게 생성자를 통해 필수 항목을 설정하고, setter 메서드를 통해 선택 항목을 설정하는 것으로도 요구 사항을 충족할 수 있었기 때문이다. 하지만 다음과 같은 세 가지 문제가 발생한다면 여전히 같은 방법으로 요구 사항을 충족시킬 수 있을까?

▶ 첫 번째 문제점

위에서 언급했듯이 name은 필수이므로 생성자의 매개변수로 지정하여, 강제로 객체를 생성한다. 하지만 위의 예제와 달리 name과 같은 필수 항목이 매우 많다면, 이 항목들을 모두 생성자의 매개변수로 지정해야 하는데, 이러면 6.5.1절에서 언급했던 문제가 다시 대두된다. 그렇다고 필수 항목을 setter 메서드를 통해 설정하면, 필수 항목이 설정되었는지 확인할 방법이 없다.

▶ 두 번째 문제점

설정 항목 사이에 의존성이 있을 수 있다. 예를 들어 maxTotal, maxIdle, minIdle 중 하나가 설정되면, 나머지 두 개도 반드시 명시적으로 설정되어야 하거나 maxIdle, minIdle 값은 반드시 maxTotal 이하여야 할 수 있다. 이때 setter 메서드를 통해 항목을 임의로 설정하면, 이러한 의존성이나 제약 조건을 만족하지 않는 값이 설정되어도 확인이 불가능하다.

▶ 세 번째 문제점

ResourcePoolConfig 클래스의 객체가 불변 객체여야 한다면, 객체가 생성된 후에는 내부 속성값을 수정할 수 없으며, ResourcePoolConfig 클래스에서 setter 메서드를 노출할 수 없다.

이러한 문제를 해결하는 데 빌더 패턴이 사용된다. 빌더 패턴을 사용하여 리팩터링된 코드는 다음과 같다.

```java
public class ResourcePoolConfig {
  private String name;
  private int maxTotal;
  private int maxIdle;
  private int minIdle;

  private ResourcePoolConfig(Builder builder) {
    this.name = builder.name;
    this.maxTotal = builder.maxTotal;
    this.maxIdle = builder.maxIdle;
    this.minIdle = builder.minIdle;
  }

  // getter 메서드 생략

  // Builder 클래스를 ResourcePoolConfig 클래스의 내부 클래스로 설계하면
  // Builder 클래스를 독립적인 외부 클래스로 설계할 수 있음
  public static class Builder {
    private static final int DEFAULT_MAX_TOTAL = 8;
    private static final int DEFAULT_MAX_IDLE = 8;
    private static final int DEFAULT_MIN_IDLE = 0;
    private String name;
    private int maxTotal = DEFAULT_MAX_TOTAL;
    private int maxIdle = DEFAULT_MAX_IDLE;
    private int minIdle = DEFAULT_MIN_IDLE;

    public ResourcePoolConfig build() {
      // 필수 항목, 의존성, 제약 조건 등을 확인
      if (StringUtils.isBlank(name)) {
        throw new IllegalArgumentException("...");
      }
      if (maxIdle > maxTotal) {
        throw new IllegalArgumentException("...");
      }
      if (minIdle > maxTotal || minIdle > maxIdle) {
        throw new IllegalArgumentException("...");
      }
      return new ResourcePoolConfig(this);
    }

    public Builder setName(String name) {
      if (StringUtils.isBlank(name)) {
        throw new IllegalArgumentException("...");
      }
      this.name = name;
      return this;
    }
```

```
    public Builder setMaxTotal(int maxTotal) {
      if (maxTotal <= 0) {
        throw new IllegalArgumentException("...");
      }
      this.maxTotal = maxTotal;
      return this;
    }

    public Builder setMaxIdle(int maxIdle) {
      if (maxIdle < 0) {
        throw new IllegalArgumentException("...");
      }
      this.maxIdle = maxIdle;
      return this;
    }

    public Builder setMinIdle(int minIdle) {
      if (minIdle < 0) {
        throw new IllegalArgumentException("...");
      }
      this.minIdle = minIdle;
      return this;
    }
  }
}

// minIdle > maxIdle이므로 IllegalArgumentException 예외 발생
ResourcePoolConfig config = new ResourcePoolConfig.Builder()
        .setName("dbconnectionpool")
        .setMaxTotal(16)
        .setMaxIdle(10)
        .setMinIdle(12)
        .build();
```

빌더 패턴을 사용하여 구현된 이 코드에서는 모든 유효성 검사 로직을 빌더 패턴의 Builder 클래스에 넣는다. 먼저 Builder 클래스의 객체를 생성하고 setter 메서드를 통해 Builder 클래스 객체의 속성값을 설정한 다음, 실제 객체를 생성하기 위해 build() 메서드를 사용하기 전에 집중적으로 확인하는 과정을 거친다. 또한 ResourcePoolConfig 클래스의 생성자의 접근 권한은 private이기 때문에, ResourcePoolConfig 클래스의 객체는 빌더만 만들 수 있다. 또한 ResourcePoolConfig 클래스는 setter 메서드를 제공하지 않으므로, 이렇게 생성된 ResourcePoolConfig 클래스의 객체는 불변 객체다.

실제로 빌더 패턴을 사용하여 객체를 생성하면 잘못된 상태의 객체를 방지할 수 있다. 예를 들어 직사각형 클래스를 정의하는 경우, 다음 코드와 같이 생성자를 통해 객체를 생성하고, setter 메서드를 호출하는 방식으로 속성을 설정하면, 첫 번째 setter 메서드의 호출과 두 번째 setter 메서드의 호출 중간에는 객체가 유효하지 않은 상태로 남아 있게 된다.

```
Rectangle r = new Rectange();  // r은 무효 상태
r.setWidth(2);  // r은 무효 상태: 너비 2, 길이 알 수 없음
r.setLong(3);  // r은 유효 상태: 너비 2, 길이 3
```

이러한 문제를 피하기 위해 생성자를 사용하여 모든 멤버 변수를 한 번에 초기화할 수도 있지만, 생성자에 매개변수가 너무 많을 때는 빌더 패턴을 사용하여, 빌더의 변수를 설정한 다음 객체를 한 번에 생성하여 항상 유효한 상태가 되도록 할 수 있다.

6.5.4 Guava에서 빌더 패턴 적용

프로젝트 개발에서 액세스 속도를 효과적으로 향상시키기 위해 Redis, Memcached와 같은 캐싱 시스템을 사용한다. 그러나 캐시할 데이터가 상대적으로 작으면 굳이 캐싱 시스템을 독립적으로 배포할 필요가 없다. 더군다나 어떤 시스템이든 어느 정도 수준의 오류 발생 확률이 있으며, 프로젝트 내의 시스템이 많고 결합이 많을수록 프로젝트 전체에서 오류가 발생할 확률은 높아지고 사용성은 낮아진다. 또한 시스템이 새로 도입될 때마다 해당 시스템을 유지하기 위한 프로젝트 유지 관리 비용이 증가한다.

대신 시스템 내부에 인메모리 캐시를 구축하고 이를 시스템과 통합해 개발하고 배포할 수 있다. 인메모리 캐시를 구축하기 위해 JDK에서 제공하는 HashMap 클래스를 기반으로 하는 독자적인 인메모리 캐시를 개발할 수 있지만, 개발에 드는 리소스는 상대적으로 높을 수밖에 없다. 따라서 개발을 단순화하기 위해 Google Guava에서 제공하는 캐시 도구 클래스인 com.google.common.cache.*를 사용할 수 있다. Google Guava로 인메모리 캐시를 구축하는 것은 매우 간단하며, 다음 예제 코드를 통해 내용을 확인할 수 있다.

```
public class CacheDemo {
  public static void main(String[] args) {
    Cache<String, String> cache = CacheBuilder.newBuilder()
          .initialCapacity(100)
          .maximumSize(1000)
```

```
            .expireAfterWrite(10, TimeUnit.MINUTES)
            .build();
    cache.put("key1", "value1");
    String value = cache.getIfPresent("key1");
    System.out.println(value);
  }
}
```

이 코드에서 cache 객체가 빌디 CacheBuilder 클래스에 의해 생성되었음을 알 수 있다. 이와 같은 방식이 사용되는 이유는 캐시를 구축하기 위해서는 만료 시간, 제거 전략, 최대 캐시 등 많은 매개 변수를 설정해야 하는데, cache 객체에 많은 멤버 변수가 포함되어야 하기 때문이다. 이러한 멤버 변수의 값은 생성자에서 설정해야 하지만 생성자가 모든 멤버 변수의 값을 설정할 필요는 없으며, 어떤 멤버 변수의 값을 설정할지는 사용자의 몫이다. 이 요구 사항을 충족하려면 서로 다른 매개 변수 목록을 사용하여 여러 생성자를 정의해야 한다. 생성자에 너무 많은 매개변수가 사용되는 문제와 너무 많은 생성자를 피하기 위해 일반적으로 사용되는 방법에는 두 가지가 있다. 첫 번째 방법은 빌더 패턴을 사용하는 것이고, 두 번째 방법은 인수가 없는 생성자를 통해 먼저 객체를 생성한 후, 설정해야 할 멤버 변수를 setter 메서드를 통해 하나씩 설정하는 것이다. 그렇다면 Google Guava가 첫 번째 방법을 선택한 이유는 무엇이고, 두 번째 방법에는 어떤 문제가 있는지 확인할 필요가 있다. 이를 위해 먼저 CacheBuilder 클래스의 build() 함수의 코드를 살펴보자.

```
public <K1 extends K, V1 extends V> Cache<K1, V1> build() {
  this.checkWeightWithWeigher();
  this.checkNonLoadingCache();
  return new LocalManualCache(this);
}

private void checkNonLoadingCache() {
  Preconditions.checkState(this.refreshNanos == -1L, "refreshAfterWrite requires a LoadingCache");
}

private void checkWeightWithWeigher() {
  if (this.weigher == null) {
    Preconditions.checkState(this.maximumWeight == -1L, "maximumWeight requires weigher");
  } else if (this.strictParsing) {
    Preconditions.checkState(this.maximumWeight != -1L, "weigher requires maximumWeight");
  } else if (this.maximumWeight == -1L) {
    logger.log(Level.WARNING, "ignoring weigher specified without maximumWeight");
  }
}
```

코드를 보면 알 수 있듯이, 빌더 패턴을 사용해야 하는 주된 이유는 실제로 cache 객체를 구성할 때 필요한 매개변수 유효성 검사를 수행해야 하기 때문이다. build() 함수의 처음 두 줄의 코드가 하는 일이 바로 이 유효성 검사이다. 생성자로 필수 매개변수를 설정하고, setter 메서드로 나머지 매개변수를 설정하는 방법의 경우, 이 두 가지 검사를 진행할 방법이 없는데 유효성을 확인하지 않으면 생성된 cache 객체가 유효하지 않아 사용이 불가능할 수도 있다.

1장에서 디자인 패턴을 학습하면 소스 코드를 더 잘 읽고 이해하는 데 도움이 될 수 있다고 언급한 바 있다. 선행 이론 연구가 없으면 아무리 많은 소스 코드를 읽더라도 수박 겉핥기에 그치게 되고 그 본질에 접근할 수 없을 것이다. 예를 들어 앞에 설명한 CacheBuilder 클래스가 빌더 패턴을 사용하고 있다는 것을 아는 사람은 많지만, 빌더 패턴에 대한 깊은 이해가 없는 경우 생성자의 매개변수와 setter 메서드 방식을 사용하지 않고 빌더 패턴을 사용하는 이유를 설명할 수 있는 경우는 거의 없다.

6.5.5 빌더 패턴과 팩터리 패턴의 차이

빌더 패턴과 팩터리 패턴은 모두 객체 생성 시 사용할 수 있는데, 두 패턴의 차이는 무엇일까?

팩터리 패턴은 동일한 상위 클래스나 인터페이스를 상속하는 하위 클래스 그룹과 같이 유형은 다르지만 연관되어 있는 객체를 생성할 때 사용되며, 이때 어떤 유형의 객체를 생성할지는 미리 지정된 매개변수에 의해 결정된다. 반면에 빌더 패턴은 동일한 유형의 복잡도가 높은 객체를 생성하는데, 이때 선택적인 매개변수를 설정하거나 사용자 정의를 통해 다른 객체를 생성한다.

두 패턴의 차이점은 고전적인 예를 통해 쉽게 이해할 수 있다. 고객이 식당에 들어가서 주문을 하면 팩터리 패턴을 사용하여 고객의 선택에 따라 피자, 버거, 샐러드와 같은 다양한 음식을 만들고, 빌더 패턴을 통해 치즈, 토마토, 베이컨 등 고객이 선택한 다양한 토핑을 얹은 피자를 만들 수 있다.

6.5.6 생각해보기

다음 코드의 ConstructorArg 클래스에서 isRef가 true이면 arg를 설정해야 하지만 type은 설정할 필요가 없고, 반대로 isRef가 false이면 arg와 type 모두 설정해야 하는데, 요구 사항에 따라 ConstructorArg 클래스를 어떻게 개선해야 할지 생각해보자.

```
public class ConstructorArg {
  private boolean isRef;
```

```
  private Class type;
  private Object arg;
  // TODO: 개선해보자...
}
```

6.6 프로토타입 패턴

JavaScript 언어에 익숙한 프런트엔드 엔지니어에게 프로토타입 패턴은 일반적인 개발 방식이다. Java, C++ 등의 클래스 기반 객체지향 프로그래밍 언어와 달리 JavaScript는 프로토타입 기반 객체지향 프로그래밍 언어이기 때문이다. 물론 최신 버전의 JavaScript에는 클래스 개념도 포함되어 있지만, 이 역시 내부적으로는 프로토타입을 기반으로 동작한다. 이번 절에서는 특정 프로그래밍 언어와는 무관한 프로토타입 패턴 자체에 대해 설명할 것이다.

6.6.1 프로토타입 패턴의 정의

객체의 생성 비용이 비교적 크지만, 동일한 클래스 기반으로 생성된 차이가 그리 크지 않은 객체를 생성할 경우, 생성 시간을 절약하기 위해 기존 객체인 프로토타입을 사용하여 복사를 통해 새 객체를 생성한다. 이렇게 프로토타입을 기반으로 객체를 생성하는 방식을 **프로토타입 패턴**prototype pattern이라고 한다.

객체를 생성하는 과정에는 일반적으로 메모리 할당과 멤버 변수에 값을 할당하는 두 가지 작업이 포함된다. 사실 이 두 가지 작업 자체에는 많은 시간이 걸리지 않으며, 대부분의 비즈니스 시스템에서 이 시간은 완전히 무시할 수 있는 수준이다. 따라서 대부분의 객체가 프로토타입 패턴을 사용하여 생성되는 것은 아니다. 하지만 정렬이나 해시값 계산과 같은 복잡한 계산을 통해 객체의 데이터를 얻거나 RPCremote procedure call, 네트워크, 데이터베이스, 파일 시스템에 대한 접근과 같이 객체 생성에 많은 시간이 소요되는 경우, 프로토타입 패턴을 사용하여 기존 객체를 직접 복사하여 생성할 수 있으므로 새 객체가 생성될 때마다 매번 이러한 시간 소모적인 작업을 반복하지 않아도 된다.

6.6.2 프로토타입 패턴의 적용

데이터베이스에 약 10만 개의 검색 키워드 정보가 저장되어 있고 각 정보에는 키워드, 키워드가 검색된 횟수, 검색 시간 등이 포함되어 있다고 가정해보자. 시스템 A는 시작될 때 데이터베이스의 모든 데이터를 메모리에 적재하고, 쿼리 효율성을 향상시키기 위해 데이터를 해시 테이블 구조로 구성한다. 만약 시스템 A가 Java로 개발되었다고 가정하면, 해시 테이블은 HashMap을 이용하여 직접 구현할 수 있다. 이때 HashMap의 키는 검색 키워드이고 값은 키워드가 검색된 횟수와 같은 상세 정보가 될 것이다.

그리고 시스템 A 외에도 주기적으로 검색 로그를 분석하고 검색 키워드나 기타 정보가 출현하는 것을 계산하여 데이터베이스의 데이터를 업데이트하는 시스템 B가 있다. 표 6.2와 같이 업데이트 이후 **디자인 패턴**이라는 키워드에 대한 검색 횟수가 증가하고 검색 시간도 업데이트되었다. 또한 새로운 검색어인 **아름다움**이 추가되었다. 참고로 이 데이터베이스에서는 키워드가 삭제되는 경우는 없다고 가정한다.

표 6.2 데이터베이스 업데이트 전과 후의 데이터 비교

업데이트 전			업데이트 후		
검색 키워드	검색 횟수	검색 시간	검색 키워드	검색 횟수	검색 시간
알고리즘	2098	1548506764	알고리즘	2098	1548506764
디자인 패턴	1938	1548470987	디자인 패턴	2188	1548513456
제이펍	13098	1548384124	제이펍	13098	1548384124
...	...	...	아름다움	234	1548513781
...	...	...	...	...	...

시스템 B는 데이터베이스의 데이터를 정기적으로 업데이트하므로, 시스템 A는 데이터의 실시간 특성을 보장하기 위해, 데이터베이스의 데이터를 정기적으로 읽어 메모리의 데이터를 업데이트해야 한다. 이 요구 사항을 달성하기 위해 시스템 A는 현재 메모리 데이터의 마지막 업데이트 시간 T를 기록하고 데이터베이스에서 T보다 큰 검색 시간을 가지는 모든 검색 키워드를 **추출**한다. 다시 말해 메모리의 오래된 데이터와 데이터베이스에 저장된 가장 최근 데이터에서 **달라진 정보**를 확인한다. 그런 다음 시스템 A는 달라진 정보 내의 키워드를 확인하여, 해당 키워드가 이미 메모리에 있으면 검색 횟수, 검색 시간을 비롯한 정보를 업데이트하고, 키워드가 메모리에 없으면 메모리에 추가한다. 이 설계 사상에 따라 작성된 코드는 다음과 같다.

```
public class Demo {
  private ConcurrentHashMap<String, SearchWord> currentKeywords = new ConcurrentHashMap<>();
  private long lastUpdateTime = -1;
```

```
public void refresh() {
    // lastUpdateTime보다 큰 시간값이 있는 데이터베이스에서 데이터를 가져와
    // currentKeywords에 저장
    List<SearchWord> toBeUpdatedSearchWords = getSearchWords(lastUpdateTime);
    long maxNewUpdatedTime = lastUpdateTime;
    for (SearchWord searchWord : toBeUpdatedSearchWords) {
        if (searchWord.getLastUpdateTime() > maxNewUpdatedTime) {
            maxNewUpdatedTime = searchWord.getLastUpdateTime();
        }
        if (currentKeywords.containsKey(searchWord.getKeyword())) {
            currentKeywords.replace(searchWord.getKeyword(), searchWord);
        } else {
            currentKeywords.put(searchWord.getKeyword(), searchWord);
        }
    }
    lastUpdateTime = maxNewUpdatedTime;
}

private List<SearchWord> getSearchWords(long lastUpdateTime) {
    // TODO: lastUpdateTime보다 큰 시간값을 가진 데이터베이스에서 데이터 가져오기
    return null;
}
}
```

그러나 이 코드에는 문제가 있는데, 시스템 A가 메모리에 있는 데이터를 업데이트할 때 메모리에 있는 데이터가 일치하지 않는 경우가 있을 수 있다. 즉, 특정 시기에 시스템 A의 데이터에는 일부 오래된 통계와 일부 새로운 통계가 섞여 있을 수 있다. 메모리의 일관성 없는 데이터 문제를 해결하는 방법은 무엇일까?

가장 쉬운 해결책은 업데이트를 중지하는 것이다. 이렇게 되면 메모리의 데이터를 업데이트할 때 시스템 A를 사용할 수 없게 되며, 이러한 방식은 분명히 단순한 해결책이지만 우아한 선택은 아니다. 이를 우아하게 해결하는 방법은 다음과 같다. 사용 중인 데이터를 **서비스 데이터**로 정의하고, 메모리의 데이터를 업데이트해야 할 때, 서비스 데이터에 직접 업데이트하는 대신 메모리에 새 버전의 데이터를 별도로 생성한다. 그리고 새 버전의 데이터가 모두 생성되면, 이 데이터를 기존의 서비스 데이터와 한 번에 교체한다. 이렇게 하면 데이터를 끊김 없이 사용할 수 있을 뿐만 아니라 일관성도 유지할 수 있게 된다.

```
public class Demo {
    private HashMap<String, SearchWord> currentKeywords=new HashMap<>();
```

```
  public void refresh() { // 새 버전의 데이터
    HashMap<String, SearchWord> newKeywords = new LinkedHashMap<>();
    // 데이터베이스에서 모든 데이터를 가져와 newKeywords에 저장
    List<SearchWord> toBeUpdatedSearchWords = getSearchWords();
    for (SearchWord searchWord : toBeUpdatedSearchWords) {
      newKeywords.put(searchWord.getKeyword(), searchWord);
    }
    currentKeywords = newKeywords; // 새 버전 데이터를 서비스 데이터로 전환
  }

  private List<SearchWord> getSearchWords() {
    // TODO: 데이터베이스에서 모든 데이터 얻기
    return null;
  }
}
```

그러나 이 코드는 데이터베이스에서 약 10만 개 정도의 데이터를 읽고, 해시값을 하나씩 계산하여 해시 테이블을 구축해야 하기 때문에 newKeywords의 생성 비용이 비교적 높으며, 프로세스 실행에도 비교적 긴 시간이 필요하다. 이 작업의 효율성을 높이려면 프로토타입 패턴이 유용하다. 먼저 currentKeywords의 데이터를 newKeywords로 복사한 다음 데이터베이스에서 새로운 키워드와 업데이트된 키워드만 **추출**하여, newKeywords로 업데이트한다. 새로 추가되거나 업데이트되는 키워드는 약 10만 개의 데이터에 비하면 매우 적은 수이기 때문에, 이 전략은 데이터 업데이트의 효율성을 크게 향상시킬 수 있다. 다음 예제 코드는 이 설계 사상에 따라 작성된 것이다.

```
public class Demo {
  private HashMap<String, SearchWord> currentKeywords=new HashMap<>();
  private long lastUpdateTime = -1;

  public void refresh() {
    // 프로토타입 모델: 기존 객체의 데이터 복사, 차이 업데이트
    HashMap<String, SearchWord> newKeywords = (HashMap<String, SearchWord>)currentKeywords.
clone();
    // lastUpdateTime보다 큰 시간값이 있는 데이터베이스에서 데이터를 가져와
    // currentKeywords에 저장
    List<SearchWord> toBeUpdatedSearchWords = getSearchWords(lastUpdateTime);
    long maxNewUpdatedTime = lastUpdateTime;
    for (SearchWord searchWord : toBeUpdatedSearchWords) {
      if (searchWord.getLastUpdateTime() > maxNewUpdatedTime) {
        maxNewUpdatedTime = searchWord.getLastUpdateTime();
      }
      if (newKeywords.containsKey(searchWord.getKeyword())) {
        SearchWord oldSearchWord = newKeywords.get(searchWord.getKeyword());
```

```
            oldSearchWord.setCount(searchWord.getCount());
            oldSearchWord.setLastUpdateTime(searchWord.getLastUpdateTime());
        } else {
            newKeywords.put(searchWord.getKeyword(), searchWord);
        }
    }
    lastUpdateTime = maxNewUpdatedTime;
    currentKeywords = newKeywords;
  }

  private List<SearchWord> getSearchWords(long lastUpdateTime) {
    //TODO: 데이터베이스에서 갱신 시간이 lastUpdateTime보다 큰 데이터 얻기
    return null;
  }
}
```

이 코드에서는 Java의 `clone()` 메서드를 사용하여 객체를 복사하고 있는데, 익숙한 프로그래밍 언어에 유사한 구문이 없다면 `currentKeywords`에서 데이터를 하나씩 가져와서 해시값을 다시 계산한 후 `newKeywords`에 넣어야 할 것이다. 물론 이러한 방식도 데이터베이스에서 데이터를 가져오는 것보다는 훨씬 빠르고 합리적이다. 데이터베이스의 입출력 작업에 비하면 메모리 내에서의 작업과 CPU 계산에 소요되는 시간은 무시할 수 있는 수준이다.

혹시 이 코드를 보고 이상하다고 여길지도 모르겠다. 여기서 무엇이 잘못되었는지 알아내려면 깊은 복사deep copy와 얕은 복사shallow copy라는 두 가지 개념을 이해해야 한다.

6.6.3 프로토타입 패턴의 구현

해시 테이블을 사용하여 검색 키워드 정보를 구성하는 메모리 저장 방법은 그림 6.2와 같다. 해시 테이블에서 각 노드에 저장된 `key`는 검색 키워드이고 `value`는 `searchWord` 객체의 메모리 주소임을 알 수 있다. `searchWord` 객체 자체는 해시 테이블 외부의 메모리 공간에 저장된다.

얕은 복사는 데이터인 `searchWord` 객체 자체가 아니라 그림 6.2의 인덱스에 해당하는 해시 테이블만 복사하지만, 깊은 복사는 인덱스뿐만 아니라 데이터 자체를 복사한다는 차이가 있다. 얕은 복사에서 얻은 객체인 `newKeywords`는 원본 객체인 `currentKeywords`와 데이터인 `searchWord` 객체를 공유하지만, 깊은 복사에서 얻을 수 있는 객체는 완전히 별개의 객체다. 그림 6.3에서 얕은 복사와 깊은 복사에 대한 차이점을 확인할 수 있다.

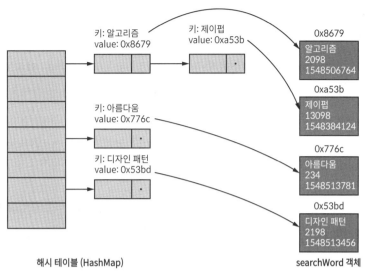

그림 6.2 해시 테이블을 사용하여 검색 키워드 정보를 구성하는 메모리 저장 방법

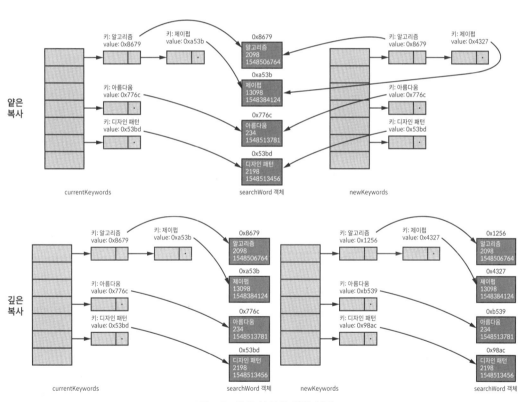

그림 6.3 얕은 복사와 깊은 복사

Java 언어에서 clone() 메서드는 참조된 객체 자체를 재귀적으로 복사하지 않고 int, long 같은 객체의 기본 데이터 유형과 searchWord와 같은 참조 객체의 메모리 주소만 복사하는 얕은 복사를 수행한다. 이와 같이 HashMap에서 얕은 복사 메서드인 clone()을 호출하는 방식으로 프로토타입 패턴을 구현하면 newKeywords와 currentKeywords는 동일한 searchWord 객체를 가리키게 된다. 이 경우 newKeywords를 통해 searchWord 객체를 업데이트할 때 currentKeywords도 searchWord 객체를 바라보고 있으므로, 실제로 객체 내에 있는 데이터가 완전히 예전 데이터 또는 새로운 데이터라는 보장을 할 수 없으며 이 코드로는 원하는 결과를 얻을 수 없다.

따라서 이 문제를 해결하기 위해 얕은 복사를 깊은 복사로 대체해야 한다. newKeywords를 생성할 때 currentKeywords에서 깊은 복사를 통해 생성되면 newKeywords와 currentKeywords는 서로 다른 searchWord 객체를 가리키며 newKeywords의 데이터는 currentKeywords의 데이터에 영향을 주지 않고 업데이트된다.

깊은 복사를 구현하는 방법에는 두 가지 방법이 있다.

첫 번째 방법은 복사할 객체에 더 이상 남은 참조 객체가 없고, 기본 데이터 유형의 데이터만 남을 때까지 참조 객체를 재귀적으로 복사하는 것으로, 예제 코드는 다음과 같다.

```
public class Demo {
  private HashMap<String, SearchWord> currentKeywords=new HashMap<>();
  private long lastUpdateTime = -1;

  public void refresh() {
    // 깊은 복사
    HashMap<String, SearchWord> newKeywords = new HashMap<>();
    for (HashMap.Entry<String, SearchWord> e : currentKeywords.entrySet()) {
      SearchWord searchWord = e.getValue();
      SearchWord newSearchWord = new SearchWord(searchWord.getKeyword(),
              searchWord.getCount(), searchWord.getLastUpdateTime());
      newKeywords.put(e.getKey(), newSearchWord);
    }

    // lastUpdateTime보다 큰 시간값이 있는 데이터베이스에서 데이터를 가져와
    // currentKeywords에 저장
    List<SearchWord> toBeUpdatedSearchWords = getSearchWords(lastUpdateTime);
    long maxNewUpdatedTime = lastUpdateTime;
    for (SearchWord searchWord : toBeUpdatedSearchWords) {
      if (searchWord.getLastUpdateTime() > maxNewUpdatedTime) {
        maxNewUpdatedTime = searchWord.getLastUpdateTime();
```

```
        }
        if (newKeywords.containsKey(searchWord.getKeyword())) {
          SearchWord oldSearchWord = newKeywords.get(searchWord.getKeyword());
          oldSearchWord.setCount(searchWord.getCount());
          oldSearchWord.setLastUpdateTime(searchWord.getLastUpdateTime());
        } else {
          newKeywords.put(searchWord.getKeyword(), searchWord);
        }
      }
      lastUpdateTime = maxNewUpdatedTime;
      currentKeywords = newKeywords;
    }

    private List<SearchWord> getSearchWords(long lastUpdateTime) {
      // TODO: 데이터베이스에서 갱신 시간이 lastUpdateTime보다 큰 데이터 얻기
      return null;
    }
  }
```

두 번째 방법은 먼저 객체를 직렬화한 다음 새 객체로 역직렬화하는 방법으로, 예제 코드는 다음 과 같다.

```
public Object deepCopy(Object object) {
  ByteArrayOutputStream bo = new ByteArrayOutputStream();
  ObjectOutputStream oo = new ObjectOutputStream(bo);
  oo.writeObject(object);

  ByteArrayInputStream bi = new ByteArrayInputStream(bo.toByteArray());
  ObjectInputStream oi = new ObjectInputStream(bi);

  return oi.readObject();
}
```

두 가지 방법 중 어느 방법을 사용하든 깊은 복사는 얕은 복사보다 더 많은 시간과 메모리가 필요 하다. 그렇다면 위의 예제에서 더 빠르고 더 적은 메모리를 사용하면서 문제가 발생하지 않는 방 법이 있을까?

먼저 얕은 복사로 newKeywords를 생성한 후, 업데이트가 필요한 searchWord 객체에 깊은 복사를 사용하여 새 객체를 만들 수 있으며, 이 객체가 newKeywords의 이전 객체를 대체하도록 하는 방 법이 있으며, 이 방법을 사용하면 업데이트할 데이터가 거의 없게 된다. 이 방법은 시간과 공간을

절약하기 위해 얕은 복사의 장점을 활용할 뿐만 아니라 업데이트할 때 currentKeywords의 데이터가 업데이트 이전의 데이터임을 보장할 수 있다. 이를 구현한 코드는 다음과 같다.

```java
public class Demo {
  private HashMap<String, SearchWord> currentKeywords=new HashMap<>();
  private long lastUpdateTime = -1;

  public void refresh() {
    // 얕은 복사
    HashMap<String, SearchWord> newKeywords = (HashMap<String, SearchWord>)currentKeywords.clone();
    // lastUpdateTime보다 큰 시간값이 있는 데이터베이스에서 데이터를 가져와
    // currentKeywords에 저장
    List<SearchWord> toBeUpdatedSearchWords = getSearchWords(lastUpdateTime);
    long maxNewUpdatedTime = lastUpdateTime;
    for (SearchWord searchWord : toBeUpdatedSearchWords) {
      if (searchWord.getLastUpdateTime() > maxNewUpdatedTime) {
        maxNewUpdatedTime = searchWord.getLastUpdateTime();
      }
      if (newKeywords.containsKey(searchWord.getKeyword())) {
        newKeywords.remove(searchWord.getKeyword());
      }
      newKeywords.put(searchWord.getKeyword(), searchWord);
    }
    lastUpdateTime = maxNewUpdatedTime;
    currentKeywords = newKeywords;
  }

  private List<SearchWord> getSearchWords(long lastUpdateTime) {
    // TODO: 데이터베이스에서 갱신 시간이 lastUpdateTime보다 큰 데이터 얻기
    return null;
  }
}
```

6.6.4 생각해보기

1) 이번 절의 예제에서 데이터베이스에 키워드를 추가하거나 업데이트하는 경우뿐만 아니라 키워드의 삭제도 지원해야 한다면 어떻게 구현해야 할지 생각해보자.

2) 2.5.1절에서 ShoppingCart 클래스의 getItems() 메서드가 불변 객체를 반환하도록 하기 위해 다음과 같이 코드를 구현했다. 이 코드에서 호출자가 ShoppingCart 클래스의 getItems() 메서드를 통해 items 컬렉션을 얻으며, 컬렉션 내의 ShoppingCartItem 개별 객체의 데이터를 수

정할 수 있기 때문에 이 설계에 문제가 있음을 지적한 바 있다. 이 문제를 어떻게 해결할 수 있을지 생각해보자.

```
public class ShoppingCart {
  // ...일부 코드 생략...
  public List<ShoppingCartItem> getItems() {
    return Collections.unmodifiableList(this.items);
  }
}

// ShoppingCart 클래스 테스트 코드
ShoppingCart cart = new ShoppingCart();
List<ShoppingCartItem> items = cart.getItems();
items.clear();  // UnsupportedOperationException 예외 발생

ShoppingCart cart = new ShoppingCart();
cart.add(new ShoppingCartItem(...));
List<ShoppingCartItem> items = cart.getItems();
ShoppingCartItem item = items.get(0);
item.setPrice(19.0);  // 여기서 item의 가격 속성 변경
```

7

구조 디자인 패턴

구조 디자인 패턴은 주로 특정 응용 프로그램 시나리오의 문제를 해결하는 데 사용되는 클래스나 객체의 고전적인 구조를 모아둔 것이다. 프록시 패턴은 주로 원본 클래스에 연관 없는 기능을 추가할 때 사용되며, 반대로 데커레이터 패턴은 주로 원본 클래스와 관련이 있거나 향상된 기능을 추가하는 데 사용된다. 어댑터 패턴은 주로 코드 호환성 문제를 해결하는 데 사용되며, 브리지 패턴은 주로 합성의 **폭발** 문제를 해결하는 데 사용된다. 퍼사드 패턴은 주로 인터페이스 설계에 사용되며 복합체 패턴은 주로 트리 구조로 나타낼 수 있는 데이터에 사용된다. 마지막으로 플라이웨이트 패턴은 재사용 문제를 해결하는 데 사용된다.

7.1 프록시 패턴

실제 개발에서는 **프록시 패턴**proxy pattern이 자주 사용된다. 이번 절에서는 프록시 패턴의 두 가지 방식인 인터페이스 기반 구현과 상속 기반 구현을 중점적으로 설명하며, 모니터링, 멱등성 같은 비즈니스와 관련 없는 요구 사항, RPC, 캐싱 같은 환경에서 사용되는 특수한 프록시인 동적 프록시에 대해서도 알아볼 것이다.

7.1.1 인터페이스 기반의 프록시 패턴

프록시 패턴은 원본 클래스를 변경하지 않은 상태로 **프록시 클래스**proxy class를 도입하여 원본 클래스와 관련 없는 새로운 기능을 추가하는 것이다. `MetricsCollector` 클래스는 처리 시간과 같은 인터페이스 요청의 성능 데이터를 수집하는 데 사용되는데, 다음의 예제 코드를 보자.

```java
public class UserController {
  // ...일부 속성과 메서드 생략...
  private MetricsCollector metricsCollector;  // 의존성 주입

  public UserVo login(String telephone, String password) {
    long startTimestamp = System.currentTimeMillis();
    // ...로그인 코드 생략...
    long endTimeStamp = System.currentTimeMillis();
    long responseTime = endTimeStamp - startTimestamp;
    RequestInfo requestInfo = new RequestInfo("login", responseTime, startTimestamp);
    metricsCollector.recordRequest(requestInfo);
    // UserVo 데이터 반환
  }

  public UserVo register(String telephone, String password) {
    long startTimestamp = System.currentTimeMillis();
    // ...등록 코드 생략...
    long endTimeStamp = System.currentTimeMillis();
    long responseTime = endTimeStamp - startTimestamp;
    RequestInfo requestInfo = new RequestInfo("register", responseTime, startTimestamp);
    metricsCollector.recordRequest(requestInfo);
    // UserVo 데이터 반환
  }
}
```

이 코드에는 다음과 같은 두 가지 문제가 있다. 첫 번째로, 성능 통계 코드가 주요 비즈니스 코드를 **침범**해 밀접하게 결합되어 있다. 만약 이후 MetricsCollector 클래스를 교체해야 한다면 교체 비용이 비교적 많이 들게 된다. 두 번째로, 그럼에도 애초에 성능 통계 코드는 주요 비즈니스 코드와 관련이 없다는 점이다. 당연하게도 비즈니스 클래스는 주요 비즈니스 처리에만 집중해야 한다.

이때 비즈니스 코드에서 성능 통계 코드를 분리하기 위해 프록시 패턴이 유용하게 사용될 수 있다. 먼저 원본 클래스인 UserController와 동일한 인터페이스를 가지는 IuserController 그리고 이를 구현하는 프록시 클래스인 UserControllerProxy를 정의한다. 이제 UserController 클래스는 주요 비즈니스 기능만 담당하고, 프록시 클래스 UserControllerProxy가 주요 비즈니스 코드 실행 전후에 성능 통계와 같은 다른 종류의 코드를 추가하는 역할을 하는데, 이때 프록시 클래스는 주요 비즈니스 코드를 실행하기 위해서 위임을 통해 원본 클래스를 호출한다. 구체적인 코드는 다음과 같다.

```java
public interface IUserController {
  UserVo login(String telephone, String password);
  UserVo register(String telephone, String password);
}

public class UserController implements IUserController {
  // ...일부 속성과 메서드 생략...
  @Override
  public UserVo login(String telephone, String password) {
    // ...로그인 코드 생략...
  }

  @Override
  public UserVo register(String telephone, String password) {
    // ...등록 코드 생략...
  }
}

public class UserControllerProxy implements IUserController {
  private MetricsCollector metricsCollector;
  private UserController userController;

  public UserControllerProxy(UserController userController) {
    this.userController = userController;
    this.metricsCollector = new MetricsCollector();
  }

  @Override
  public UserVo login(String telephone, String password) {
    long startTimestamp = System.currentTimeMillis();
    UserVo userVo = userController.login(telephone, password);
    long endTimeStamp = System.currentTimeMillis();
    long responseTime = endTimeStamp - startTimestamp;
    RequestInfo requestInfo = new RequestInfo("login", responseTime, startTimestamp);
    metricsCollector.recordRequest(requestInfo);
    return userVo;
  }

  @Override
  public UserVo register(String telephone, String password) {
    long startTimestamp = System.currentTimeMillis();
    UserVo userVo = userController.register(telephone, password);
    long endTimeStamp = System.currentTimeMillis();
    long responseTime = endTimeStamp - startTimestamp;
    RequestInfo requestInfo = new RequestInfo("register", responseTime, startTimestamp);
    metricsCollector.recordRequest(requestInfo);
    return userVo;
  }
}
```

UserControllerProxy 클래스는 다음 코드와 같이 사용된다. 원본 클래스와 프록시 클래스가 동일한 인터페이스를 구현하고, 구현이 아닌 인터페이스를 기반으로 코드를 작성하므로 User Controller 클래스의 객체를 UserControllerProxy 클래스의 객체로 교체하는 데 큰 노력이 필요하지는 않다.

```
IUserController userController = new UserControllerProxy(new UserController());
```

7.1.2 상속 기반의 프록시 패턴

인터페이스 기반의 프록시 패턴에서는 원본 클래스와 프록시 클래스가 동일한 인터페이스를 구현했다. 하지만 원본 클래스가 외부 라이브러리의 클래스일 뿐만 아니라 인터페이스를 정의하지 않고 있어서 클래스를 직접 수정할 수 없는 경우에는 인터페이스를 새로 정의할 수 없다. 이런 경우에는 어떻게 프록시 패턴을 구현해야 할까?

이런 경우에는 상속을 사용하여 외부 클래스를 확장할 수 있다. 먼저 프록시 클래스가 원본 클래스를 상속하게 하고 추가로 기능을 확장해보자. 구체적인 코드는 다음과 같다.

```java
public class UserControllerProxy extends UserController {
  private MetricsCollector metricsCollector;

  public UserControllerProxy() {
    this.metricsCollector = new MetricsCollector();
  }

  public UserVo login(String telephone, String password) {
    long startTimestamp = System.currentTimeMillis();
    UserVo userVo = super.login(telephone, password);
    long endTimeStamp = System.currentTimeMillis();
    long responseTime = endTimeStamp - startTimestamp;
    RequestInfo requestInfo = new RequestInfo("login", responseTime, startTimestamp);
    metricsCollector.recordRequest(requestInfo);
    return userVo;
  }

  public UserVo register(String telephone, String password) {
    long startTimestamp = System.currentTimeMillis();
    UserVo userVo = super.register(telephone, password);
    long endTimeStamp = System.currentTimeMillis();
    long responseTime = endTimeStamp - startTimestamp;
    RequestInfo requestInfo = new RequestInfo("register", responseTime, startTimestamp);
```

```
      metricsCollector.recordRequest(requestInfo);
      return userVo;
   }
}


// UserControllerProxy 클래스 사용 예
UserController userController = new UserControllerProxy();
```

7.1.3 리플렉션 기반의 동적 프록시

안타깝게도 앞의 코드에는 여전히 문제가 있다. 먼저, 프록시 클래스가 원본 클래스의 모든 메서드를 다시 구현하고 각 메서드에 유사한 코드 논리를 첨부해야 한다. 또한 기능을 추가해야 하는 클래스가 많으면 각 클래스 모두에 대해 프록시 클래스를 생성해야 한다. 예를 들어 기능을 추가해야 하는 원본 클래스가 50개라면 프록시 클래스도 50개를 추가해야 한다. 이로 인해 프로젝트의 클래스 수가 증가하고 코드의 유지 관리 비용이 증가하게 된다. 더군다나 각 프록시 클래스의 코드는 유사하므로 불필요한 개발 리소스가 투여되는 문제도 있다. 이 문제를 어떻게 해결해야 할까?

이 문제를 해결하기 위해 동적 프록시를 사용할 수 있다. **동적 프록시**dynamic proxy는 각 원본 클래스에 대한 프록시 클래스를 미리 작성하는 대신, 코드를 실행하는 도중에 원본 클래스에 대한 프록시 클래스를 동적으로 생성하고, 코드 내의 원본 클래스를 프록시 클래스로 대체하는 것을 말한다. 그렇다면 동적 프록시는 어떻게 구현할 수 있을까?

Java는 기본적으로 동적 프록시를 지원[1]하고 있다. 앞의 예제에 Java의 동적 프록시를 적용한 코드는 다음과 같다. 여기서 `MetricsCollectorProxy`는 통계적 성능이 필요한 클래스를 위해 프록시 클래스를 동적으로 생성해주는 동적 프록시 클래스다.

```
public class MetricsCollectorProxy {
  private MetricsCollector metricsCollector;

  public MetricsCollectorProxy() {
    this.metricsCollector = new MetricsCollector();
  }

  public Object createProxy(Object proxiedObject) {
    Class<?>[] interfaces = proxiedObject.getClass().getInterfaces();
    DynamicProxyHandler handler = new DynamicProxyHandler(proxiedObject);
```

---

1 하위 계층은 리플렉션에 의존하는 형태로 구현되어 있다.

```java
        return Proxy.newProxyInstance(proxiedObject.getClass().getClassLoader(),
                                        interfaces, handler);
    }

    private class DynamicProxyHandler implements InvocationHandler {
        private Object proxiedObject;
        public DynamicProxyHandler(Object proxiedObject) {
            this.proxiedObject = proxiedObject;
        }

        @Override
        public Object invoke(Object proxy, Method method, Object[] args) throws Throwable {
            long startTimestamp = System.currentTimeMillis();
            Object result - method.invoke(proxiedObject, args);
            long endTimeStamp = System.currentTimeMillis();
            long responseTime = endTimeStamp - startTimestamp;
            String apiName = proxiedObject.getClass().getName() + ":" + method.getName();
            RequestInfo requestInfo = new RequestInfo(apiName, responseTime, startTimestamp);
            metricsCollector.recordRequest(requestInfo);
            return result;
        }
    }
}

// MetricsCollectorProxy 클래스 사용 예
MetricsCollectorProxy proxy = new MetricsCollectorProxy();
IUserController userController = (IUserController)proxy.createProxy(new UserController());
```

실제로 Spring AOP의 기본 구현 원칙은 동적 프록시를 기반으로 한다. 사용자는 프록시 클래스를 생성할 클래스를 구성하고 원본 클래스의 주요 비즈니스 코드가 실행되기 전과 후에 수행할 추가 기능을 정의한다. Spring은 이러한 클래스에 대해 동적 프록시 클래스를 생성해주고 원본 클래스의 객체를 JVM의 동적 프록시 클래스 객체로 대체한다. 코드에서 원본 클래스를 실행해야 하는 메서드는 프록시 클래스를 실행하는 메서드로 대체된다.

7.1.4 프록시 패턴의 활용 방법

프록시 패턴의 기본 기능은 프록시 클래스를 생성하여 원본 클래스와 관련이 없는 기능을 추가하는 것이다. 이 기본 기능을 기반으로 프록시 패턴을 활용하는 방법이 다수 있으며, 다음은 그중 몇 가지를 추려낸 것이다.

❶ 주요 비즈니스와 관련 없는 요구 사항의 개발에 활용될 수 있다

프록시 패턴은 모니터링, 통계, 인증, 트래픽 제한, 트랜잭션, 멱등성, 로깅과 같이 주요 비즈니스와 관련 없는 요구 사항을 개발하는 데 적용될 수 있다. 이러한 추가 기능을 주요 비즈니스에서 분리하고 통합 처리를 위해 프록시 클래스에 넣어 프로그래머가 주요 비즈니스 개발에만 집중할 수 있도록 할 수 있다. 위에 설명했던 성능 통계 예제는 이러한 경우에 대한 일반적인 예다. Java의 Spring 프레임워크에 익숙하다면 Spring AOP를 이용하여 주요 비즈니스 이외의 요구 사항에 대한 개발을 수행할 수 있다. Spring AOP의 구현 원리가 바로 동적 프록시를 기반으로 하고 있다.

❷ RPC에서 프록시 패턴을 적용할 수 있다

사실 RPC 프레임워크는 프록시 패턴의 응용 프로그램이다. 《GoF의 디자인 패턴》에서는 이 프록시 패턴 애플리케이션을 원격 프록시로 정의하고 있다. 원격 에이전트는 네트워크 통신, 데이터 인코딩, 디코딩과 같은 세부 정보를 숨길 수 있다. 클라이언트는 서버와의 상호 작용에 대한 세부 정보를 알지 못한 채 RPC 서비스를 기본 기능인 것처럼 사용하게 된다. 서버가 RPC 서비스를 개발할 때 로컬용 기능을 개발하는 것처럼 클라이언트와의 상호 작용 세부 사항에 신경 쓸 필요 없이 비즈니스 논리만 개발할 수 있다.

❸ 캐시에 프록시 패턴을 적용할 수 있다

인터페이스 요청에 대한 캐싱 기능을 개발한다고 가정해보자. 일부 인터페이스 요청은 입력 매개 변수가 동일하면 코드를 재실행하는 대신 아직 만료되지 않은 캐시 데이터를 직접 반환한다. 예를 들어 사용자의 개인 정보를 획득해야 할 때, 하나는 캐싱을 지원하고 다른 하나는 실시간 쿼리를 지원하는 두 가지 인터페이스를 개발할 수 있다. 실시간 데이터가 필요한 시스템의 경우 실시간 쿼리 인터페이스를 호출하도록 하고, 실시간 데이터가 필요하지 않은 시스템의 경우 캐싱을 지원하는 인터페이스를 호출하도록 할 수 있다.

하지만 이런 식으로 개발하면 분명히 개발 비용이 증가하고 인터페이스 수가 기하급수적으로 증가하여 코드가 불필요하게 거대해지며, 캐싱 인터페이스 추가하거나 삭제하는 것과 같은 관리 작업과 인터페이스의 캐시 만료 시간과 같은 설정 작업을 한 곳에서 집중적으로 관리하기 어려워진다.

이 경우 프록시 패턴, 정확히 말해서 동적 프록시 패턴이 필요하다. 프로젝트가 Spring 프레임워크를 기반으로 개발되고 있다면 Spring AOP 내에서 인터페이스 캐싱 기능을 구현할 수 있다. 애플리케이션이 시작되면 설정 파일에서 캐싱을 지원해야 하는 인터페이스와 만료 시간과 같은 캐싱 전략을 읽어온다. 이후 요청이 오면 Spring AOP에서 요청을 가로채며, 요청에 `http://www.***.com/user?cached=true`처럼 캐싱을 지원하는 필드가 있으면 메모리 캐시나 Redis 캐시 등에서 데이터를 가져와 직접 반환한다.

7.1.5 생각해보기

1) Java 언어 외에 다른 프로그래밍 언어는 동적 프록시를 어떻게 구현하는지 살펴보자.

2) 인터페이스 기반의 프록시 패턴과 상속 기반의 프록시 패턴의 장단점을 비교해보자.

7.2 데커레이터 패턴: Java IO 라이브러리의 기본 설계 사상 분석

이번 절에서는 Java IO 클래스 라이브러리가 가지고 있는 기본 설계 사상을 분석하여 데커레이터 패턴decorator pattern이라는 새로운 구조 디자인 패턴에 대해 알아볼 것이다.

7.2.1 Java IO 라이브러리의 특이한 사용 방법

Java IO 클래스 라이브러리는 IO 데이터의 읽기와 쓰기를 담당하는 수십 개의 클래스로 구성되어 있는 크고 복잡한 라이브러리다. Java IO 클래스 라이브러리는 표 7.1과 같이 두 가지 관점에서 네 범주로 나눌 수 있다.

표 7-1 **Java IO 클래스 라이브러리의 구분**

	바이트 스트림(byte stream)	문자열 스트림(string stream)
입력 스트림(input stream)	InputStream	Reader
출력 스트림(output stream)	OutputStream	Writer

다양한 읽기와 쓰기 환경에 대응하기 위해, Java IO 클래스 라이브러리는 그림 7.1과 같이 상위 클래스인 InputStream, OutputStream, Reader, Writer 클래스를 기반으로 수많은 하위 클래스로 확장된다.

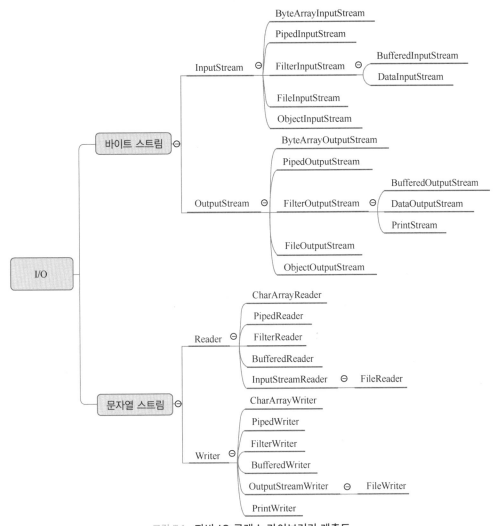

그림 7.1 **자바 IO 클래스 라이브러리 계층도**

Java를 처음 다루는 경우 Java IO 클래스 라이브러리의 사용법에 대해 많은 의구심이 들 수도 있다. 다음 코드는 Java IO 클래스 라이브러리를 사용하는 일반적인 방식을 보여주고 있는데, 먼저 FileInputStream 클래스의 객체를 생성하여 InputStream 추상 클래스 객체에 할당한 다음, 이어서 이 객체를 BufferedInputStream 클래스의 객체에 전달하고, 마지막으로 BufferedInput Stream 클래스의 객체를 사용하여 파일을 읽고 있다.

```
InputStream in = new FileInputStream("test.txt");
InputStream bin = new BufferedInputStream(in);
byte[] data = new byte[128];
while (bin.read(data) != -1) {
```

```
    ...
}
```

이렇게 사용할 바에는 Java IO 클래스 라이브러리에서 `FileInputStream` 클래스를 확장하여 캐싱을 지원하는 `BufferedFileInputStream` 클래스를 설계하는 것이 더 낫지 않을까? 그렇게 하면 다음 코드와 같이 `BufferedFileInputStream` 클래스의 객체를 직접 생성할 수 있기 때문에 사용하기 더 쉬울 텐데 말이다.

```
InputStream bin = new BufferedFileInputStream("test.txt");
byte[] data = new byte[128];
while (bin.read(data) != -1) {
    ...
}
```

7.2.2 상속 기반 설계

Java IO 클래스 라이브러리는 상속을 사용하게 되면 Java IO 클래스 라이브러리가 너무 커질 수 있기 때문에 `BufferedFileInputStream` 클래스의 설계에 상속이 아닌 합성을 사용했다. `InputStream` 클래스에 하위 클래스가 `FileInputStream` 한 개뿐이라면, 하위 클래스 `FileInputStream`을 기반으로 `BufferedFileInputStream` 하위 클래스를 설계하더라도 상속 구조가 비교적 간단하기 때문에 생각보다 나쁜 것은 아니다. 그러나 실제로는 `InputStream` 클래스에 수많은 하위 클래스가 존재하기 때문에, 모든 하위 클래스에 버퍼 기반의 읽기를 추가하게 되면 `Buffered`로 시작하는 수많은 하위의 하위 클래스를 파생시켜야 한다.

캐시 기반의 읽기를 지원하는 것 외에도 `int`, `boolean`, `long`과 같은 기본 데이터 유형에 따라 데이터 읽기를 지원해야 한다고 가정하면, 이번에도 `Data`로 시작하는 수많은 하위의 하위 클래스를 파생시켜야 한다. 더군다나 기본 데이터 유형에 따라 데이터 캐싱과 읽기를 모두 지원하는 클래스가 필요하다면 다시 `BufferedData`로 시작하는 수많은 하위의 하위 클래스를 계속 파생시켜야 한다. 하지만 이것은 겨우 두 가지 기능을 추가한 결과일 뿐이다. 만약 기능이 계속 추가되면 추가될수록 합성이 기하급수적으로 **폭발**하게 되어, 클래스의 상속 구조가 매우 복잡해지기 때문에 코드를 확장하거나 유지 보수하는 데 매우 큰 어려움이 있을 수 있다.

상속보다는 합성은 2.9절에서 이미 언급했었다. 상속 구조가 너무 복잡하다면 상속 관계를 합성 관계로 바꾸어 문제를 해결할 수 있다. 다음 코드는 Java IO 클래스 라이브러리의 합성 기반 설계 사상을 보여주고 있다. 물론 전체 코드는 매우 방대하기 때문에 코드를 단순화하고 필요한 코드 구조만 추상화한 것이며, 만약 더 자세한 내용에 대해 알고 싶다면 JDK의 소스 코드를 참고하기 바란다.

```java
public abstract class InputStream {
  ...
  public int read(byte b[]) throws IOException {
    return read(b, 0, b.length);
  }

  public int read(byte b[], int off, int len) throws IOException {
    ...
  }

  public long skip(long n) throws IOException {
    ...
  }

  public int available() throws IOException {
    return 0;
  }

  public void close() throws IOException {}

  public synchronized void mark(int readlimit) {}

  public synchronized void reset() throws IOException {
    throw new IOException("mark/reset not supported");
  }

  public boolean markSupported() {
    return false;
  }
}

public class BufferedInputStream extends InputStream {
  protected volatile InputStream in;

  protected BufferedInputStream(InputStream in) {
    this.in = in;
```

```
  }

  // 캐시 기반 읽기 데이터 인터페이스 구현
}

public class DataInputStream extends InputStream {
  protected volatile InputStream in;

  protected DataInputStream(InputStream in) {
    this.in = in;
  }

  // 기본 유형 데이터 인터페이스 구현
}
```

여기까지 읽었을 때 데커레이터 패턴은 단순히 상속을 합성으로 대체하는 데 사용되는 패턴이라고 생각할 수도 있지만, 그렇지 않다. Java IO 클래스 라이브러리 설계에서 데커레이터 패턴이 사용된 이유는 합성 관계와 다음과 같은 차이점이 있기 때문이다.

첫 번째 차이점은 데커레이터 클래스가 원본 클래스와 동일한 상위 클래스를 상속하기 때문에, 원본 클래스 내에 여러 개의 데커레이터 클래스를 **중첩**할 수 있다는 점이다. 다음 코드에서 FileInputStream 클래스에 대해 두 개의 데커레이터 클래스인 BufferedInputStream과 Data InputStream을 중첩하여 기본 데이터 유형에 따라 버퍼 기반의 읽기와 데이터 읽기를 모두 지원하고 있다는 것을 확인할 수 있다.

```
InputStream in = new FileInputStream("test.txt");
InputStream bin = new BufferedInputStream(in);  // 첫 번째 중첩
DataInputStream din = new DataInputStream(bin);  // 두 번째 중첩
int data = din.readInt();
```

두 번째 차이점은 데커레이터 클래스의 기능이 원본 클래스의 기능을 향상시키는 것인데, 이는 데커레이터 패턴의 활용에서도 중요한 기능이다. 사실 앞에서 논의한 프록시 패턴, 나중에 논의할 브리지 패턴과 같이 **합성** 관계의 구조를 가지는 디자인 패턴이 많다. 구조는 비슷하지만 각 디자인 패턴이 적용되는 곳은 모두 다르다. 프록시 패턴과 데커레이터 패턴은 비록 매우 유사하지만, 프록시 패턴에서 프록시 클래스가 원본 클래스와 관련이 없는 기능을 추가하는 반면, 데커레이터 패턴에서는 데커레이터 클래스가 원본 클래스와 관련이 깊은 기능을 추가한다.

```
// 프록시 패턴의 코드 구조 (다음 인터페이스도 추상 클래스로 대체 가능)
public interface IA {
  void f();
}

public class A implements IA {
  public void f() { ... }
}

public class AProxy implements IA {
  private IA a;
  public AProxy(IA a) {
    this.a = a;
  }

  public void f() {
    // 새로 추가된 프록시 논리
    a.f();
    // 새로 추가된 프록시 논리
  }
}

// 데커레이터 패턴의 코드 구조 (다음 인터페이스는 추상 클래스로 대체될 수도 있음)
public interface IA {
  void f();
}

public class A implements IA {
  public void f() { ... }
}

public class ADecorator implements IA {
  private IA a;
  public ADecorator(IA a) {
    this.a = a;
  }

  public void f() {
    // 기능 향상 코드
    a.f();
    // 기능 향상 코드
  }
}
```

JDK 소스 코드를 보면 BufferedInputStream과 DataInputStream 클래스가 InputStream 클래스가 아닌 FilterInputStream 클래스를 상속하고 있다. 그렇다면 FilterInputStream과 같은 클래

스를 도입하는 설계상의 의도는 무엇일까?

사실 InputStream 클래스는 인터페이스가 아닌 추상 클래스이며, read(), available()과 같은 함수 대부분이 기본적으로 구현을 포함하고 있다. 이 원리를 따라 BufferedInputStream 클래스는 캐시를 늘리는 데 필요한 함수만 다시 구현하고, 다른 함수들은 InputStream 클래스의 기본 구현을 상속하면 될 것처럼 보인다. 하지만 실제로 이 방식은 제대로 작동하지 않는다.

캐시 기능을 늘릴 필요가 없는 함수라고 하더라도 BufferedInputStream 클래스에서 다시 구현하고, 실행 시 InputStream 클래스의 객체에 위임해야 한다. 이렇게 함수를 다시 구현하지 않을 경우, BufferedInputStream 클래스는 데이터 읽기의 최종 작업을 생성자가 전달한 InputStream 클래스 객체에 위임할 수 없게 된다. 예제 코드는 다음과 같다.

```
public class BufferedInputStream extends InputStream {
  protected volatile InputStream in;

  protected BufferedInputStream(InputStream in) {
    this.in = in;
  }

  // f() 함수는 개선할 필요가 없으므로, InputStream 클래스의 in 객체 f() 함수를 적용
  public void f() {
    in.f();  // in 객체에 실행을 위임
  }
}
```

DataInputStream 클래스에도 BufferedInputStream 클래스와 동일한 문제가 있다. 코드의 중복을 피하기 위해 Java IO 클래스 라이브러리는 데커레이터 상위 클래스인 FilterInputStream을 추상화하며, InputStream의 데커레이터 클래스인 BufferedInputStream, DataInputStream은 이 데커레이터 상위 클래스를 상속한다. 이런 식으로 데커레이터 클래스는 개선해야 하는 메서드만 구현하고, 다른 메서드는 데커레이터 상위 클래스의 기본 구현을 상속한다. 예제 코드는 다음과 같다.

```
public class FilterInputStream extends InputStream {
  protected volatile InputStream in;

  protected FilterInputStream(InputStream in) {
    this.in = in;
  }
```

```java
  public int read() throws IOException {
    return in.read();
  }

  public int read(byte b[]) throws IOException {
    return read(b, 0, b.length);
  }

  public int read(byte b[], int off, int len) throws IOException {
    return in.read(b, off, len);
  }

  public long skip(long n) throws IOException {
    return in.skip(n);
  }

  public int available() throws IOException {
    return in.available();
  }

  public void close() throws IOException {
    in.close();
  }

  public synchronized void mark(int readlimit) {
    in.mark(readlimit);
  }

  public synchronized void reset() throws IOException {
    in.reset();
  }

  public boolean markSupported() {
    return in.markSupported();
  }
}
```

마지막으로 데커레이터 패턴이 지나치게 복잡한 상속 문제를 해결하고, 상속 관계를 합성 관계로 대체할 수 있다는 점에 대해 정리해보자. 데커레이터 패턴의 주요 기능은 원본 클래스에 향상된 기능을 추가하는 것이며, 이는 데커레이터 패턴 사용 여부를 판단하는 중요한 기준이기도 하다. 또한 데커레이터 패턴은 원본 클래스에 중첩된 여러 데커레이터 클래스를 사용할 수 있다는 장점이 있는데, 이 방식을 사용하려면 설계 시 데커레이터 클래스가 원본 클래스와 동일한 추상 클래스나 인터페이스를 상속해야 한다.

생각해보기

7.1절에서 프록시 패턴을 통해 인터페이스에 캐싱을 추가할 수 있다고 이미 언급한 바 있다. 이번 절에서는 데커레이터 패턴을 통해 `InputStream` 클래스에 캐시된 읽기 데이터 기능을 추가했다. 그렇다면 캐시를 추가해야 하는 경우 프록시 패턴과 데커레이터 패턴 중 어떤 것을 선택해야 할지 생각해보자.

7.3 어댑터 패턴

이번 절에서는 **어댑터 패턴**adapter pattern의 두 가지 방식인 클래스 어댑터와 객체 어댑터에 대해 살펴보고, 다섯 가지 응용 방법에 대해 알아보자. 동시에 SLF4J 로깅 프레임워크를 분석하여 실제 프로젝트에서 이 패턴이 어떻게 사용되는지 살펴볼 것이다.

7.3.1 클래스 어댑터와 객체 어댑터

어댑터 패턴은 그 이름에서도 알 수 있듯이 조정에 따른 적응adaptation에 사용되며, 호환되지 않는 인터페이스를 호환 가능한 인터페이스로 변환하여, 두 클래스를 함께 작동할 수 있게 한다. 흔히 어댑터 패턴을 설명할 때 USB 어댑터를 예로 드는 경우가 많다. 두 개의 호환되지 않는 인터페이스가 USB 어댑터를 통해 함께 작동할 수 있다는 것을 생각하면 이해하기 쉬울 것이다.

어댑터 패턴에는 클래스 어댑터와 객체 어댑터의 두 가지 형태가 있다. 클래스 어댑터는 상속 관계를 사용한 방식이고, 객체 어댑터는 합성 관계를 사용한 방식이다. 구체적인 코드는 다음과 같다. 다음 코드에서 `ITarget`은 변환할 대상 인터페이스를 나타내고, `Adaptee`는 `ITarget`과 호환되지 않는 원본 인터페이스 그룹, `Adapter` 클래스는 `Adaptee`를 `ITarget` 인터페이스에서 정의한 호환 가능한 인터페이스로 변환한다. 이때 인터페이스는 프로그래밍 언어의 인터페이스가 아닌 광범위한 의미의 인터페이스로서 API를 의미한다.

```
// 상속 기반의 클래스 어댑터
public interface ITarget {
  void f1();
  void f2();
  void fc();
}

public class Adaptee {
```

```java
  public void fa() { ... }
  public void fb() { ... }
  public void fc() { ... }
}

public class Adaptor extends Adaptee implements ITarget {
  public void f1() {
    super.fa();
  }

  public void f2() {
    // f2() 재구현
  }

  // fc()를 구현할 필요 없이 Adaptee에서 직접 상속하는 것이 객체 어댑터와의 가장 큰 차이점이다.
}

// 합성 기반 객체 어댑터
public interface ITarget {
  void f1();
  void f2();
  void fc();
}

public class Adaptee {
  public void fa() { ... }
  public void fb() { ... }
  public void fc() { ... }
}

public class Adaptor implements ITarget {
  private Adaptee adaptee;

  public Adaptor(Adaptee adaptee) {
    this.adaptee = adaptee;
  }

  public void f1() {
    adaptee.fa();  // Adaptee에 위임
  }

  public void f2() {
    // f2() 재구현
  }

  public void fc() {
    adaptee.fc();  // Adaptee에 위임
  }
}
```

그렇다면 실제 개발에서 클래스 어댑터와 객체 어댑터 중 어떤 것을 선택해야 할까? 여기서는 두 가지 기준에 따라 판단할 수 있는데, 하나는 Adaptee 인터페이스의 수이고 다른 하나는 Adaptee 인터페이스와 ITarget 인터페이스 간의 적합도이다. 상세한 판단 규칙은 다음과 같다.

1) Adaptee 인터페이스가 많지 않다면 두 방식 중 어느 것을 사용해도 무방하다.

2) Adaptee 인터페이스가 많지만, Adaptee와 ITarget 인터페이스의 정의가 대부분 같다면 Adapter 클래스가 상위 클래스 Adaptee의 인터페이스를 재사용할 수 있으므로 클래스 어댑터를 사용하는 것이 좋다. 실제로 객체 어댑터에 비해 클래스 어댑터의 코드가 더 작다.

3) Adaptee 인터페이스가 많은 데다가 Adaptee와 ITarget 인터페이스의 정의가 대부분 다르다면, 상속 구조보다 유연한 합성 구조 기반의 객체 어댑터를 사용하는 것이 좋다.

7.3.2 어댑터 패턴의 응용

일반적으로 어댑터 패턴은 설계 결함을 **교정**하는 **보상 패턴**으로 볼 수 있다. 이 패턴을 적용해야 한다는 것은 이미 **어쩔 수 없는 상황**에 도달했다는 뜻이며, 설계 초기 단계에서 인터페이스 비호환성 문제를 피할 수 있다면 이 패턴은 사용될 필요가 없다.

반복해서 언급했듯이 어댑터 패턴이 사용되는 것은 **인터페이스의 비호환성**에서 비롯된 것이다. 그렇다면 실제 개발 과정에서는 어떤 상황에서 인터페이스가 호환되지 않게 되는 것일까? 이런 상황은 크게 다섯 가지로 요약해볼 수 있다.

1 결함이 있는 인터페이스 설계가 캡슐화된 경우

외부 시스템의 인터페이스 설계가 많은 정적 메서드를 포함하는 것과 같은 결함이 있다면, 코드의 테스트 용이성에 영향을 미치게 된다. 설계 결함을 분리하기 위해 외부 시스템에서 제공하는 인터페이스를 다시 캡슐화해 높은 사용성과 테스트 용이성을 가진 인터페이스로 재구축하고 싶다면 어댑터 패턴을 사용할 수 있다. 예제 코드는 다음과 같다.

```
public class CD {  // 이 클래스는 외부 SDK 코드이므로 직접 수정 불가
  ...
  public static void staticFunction1() { ... }
  public void uglyNamingFunction2() { ... }
  public void tooManyParamsFunction3(int paramA, int paramB, ...) { ... }
  public void lowPerformanceFunction4() { ... }
}
```

```
// 어댑터 패턴을 사용하여 리팩터링
public class ITarget {
  void function1();
  void function2();
  void fucntion3(ParamsWrapperDefinition paramsWrapper);
  void function4();
  ...
}

// 참고: 어댑터 클래스 이름이 반드시 Adaptor로 끝날 필요는 없음
public class CDAdaptor extends CD implements ITarget {
  ...
  public void function1() {
    super.staticFunction1();
  }

  public void function2() {
    super.uglyNamingFucntion2();
  }

  public void function3(ParamsWrapperDefinition paramsWrapper) {
    super.tooManyParamsFunction3(paramsWrapper.getParamA(), ...);
  }

  public void function4() {
    // 새로 구현
  }
}
```

❷ 여러 클래스의 인터페이스 설계를 통합할 경우

함수의 구현은 시스템뿐만 아니라 클래스에 따라서도 다를 수 있다. 어댑터 패턴을 통해 인터페이스를 통합하고 조정한 다음, 다형성을 사용하여 코드 논리를 재사용할 수 있다. 단순히 말로 설명하는 것만으로는 이해가 어려우므로, 예제 코드를 보면서 살펴보기로 하자.

시스템에 사용자가 입력한 텍스트 콘텐츠에서 민감한 단어를 필터링해야 한다고 가정해보자. 만에 하나 문제가 발생하는 것을 방지하기 위해 다양한 서드 파티 단어 필터링 시스템을 도입하여 가능한 한 많은 민감 단어를 기반으로 사용자가 입력한 콘텐츠를 필터링하려고 한다. 그러나 서드 파티 시스템마다 제공하는 필터링 인터페이스가 다르다. 이는 여러 시스템을 호출하기 위해 동일한 코드를 사용할 수 없음을 의미한다. 예제 코드는 다음과 같다.

```
public class ASensitiveWordsFilter {  // A 민감 단어 필터링 시스템 제공 인터페이스
  // text는 원본이며, 함수에서 *** 문자로 필터링한 문자열을 반환
  public String filterObsceneWords(String text) {
    ...
  }

  public String filterPoliticalWords(String text) {
    ...
  }
}

public class BSensitiveWordsFilter {   // B 민감 단어 필터링 시스템 제공 인터페이스
  public String filter(String text) {
    ...
  }
}

public class CSensitiveWordsFilter { // C 민감 단어 필터링 시스템 제공 인터페이스
  public String filter(String text, String mask) {
    ...
  }
}

public class RiskManagement {
  private ASensitiveWordsFilter aFilter = new ASensitiveWordsFilter();
  private BSensitiveWordsFilter bFilter = new BSensitiveWordsFilter();
  private CSensitiveWordsFilter cFilter = new CSensitiveWordsFilter();

  public String filterSensitiveWords(String text) {
    String maskedText = aFilter.filterObsceneWords(text);
    maskedText = aFilter.filterPoliticalWords(maskedText);
    maskedText = bFilter.filter(maskedText);
    maskedText = cFilter.filter(maskedText, "***");
    return maskedText;
  }
}
```

이때 어댑터 패턴을 사용하여 모든 시스템의 인터페이스를 통합 인터페이스 정의에 맞게 조정할 수 있고, 이는 통합 인터페이스를 호출하는 코드를 쉽게 재사용할 수 있게 한다. 또한 어댑터 패턴을 적용한 코드는 확장성도 높다. 다음 예제 코드에서 볼 수 있듯이 새로운 민감 단어 필터링 시스템을 추가하더라도 filterSensitiveWords() 함수의 코드를 수정할 필요가 없다.

```
public interface ISensitiveWordsFilter {   // 인터페이스 정의 통합
  String filter(String text);
```

```
  }

public class ASensitiveWordsFilterAdaptor implements ISensitiveWordsFilter {
  private ASensitiveWordsFilter aFilter;

  public String filter(String text) {
    String maskedText = aFilter. filterObsceneWords(text);
    maskedText = aFilter.filterPoliticalWords(maskedText);
    return maskedText;
  }
}

// ...BSensitiveWordsFilterAdaptor 클래스, CSensitiveWordsFilterAdaptor 클래스 생략...

public class RiskManagement {
  private List<ISensitiveWordsFilter> filters = new ArrayList<>();

  public void addSensitiveWordsFilter(ISensitiveWordsFilter filter) {
    filters.add(filter);
  }

  public String filterSensitiveWords(String text) {
    String maskedText = text;
    for (ISensitiveWordsFilter filter : filters) {
      maskedText = filter.filter(maskedText);
    }
    return maskedText;
  }
}
```

❸ 사용 중인 외부 시스템을 교체해야 할 경우

프로젝트가 사용 중인 외부 시스템을 다른 시스템으로 교체해야 할 때 어댑터 패턴을 사용하여
코드의 변경을 최소화할 수 있다. 예제 코드는 다음과 같다.

```
// 외부 시스템 A
public interface IA {
  ...
  void fa();
}

public class A implements IA {
  ...
  public void fa() { ... }
}
```

```
// 프로젝트에서 외부 시스템 A 사용 예제
public class Demo {
  private IA a;

  public Demo(IA a) {
    this.a = a;
  }
  ...
}

Demo d = new Demo(new A());

// 외부 시스템 A를 외부 시스템 B로 교환
public class BAdaptor implements IA {
  private B b;

  public BAdaptor(B b) {
    this.b= b;
  }

  public void fa() {
    ...
    b.fb();
  }
}

// BAdaptor 클래스를 다음과 같이 Demo 클래스에 주입하여 A 클래스를 B 클래스로 교환 가능
Demo d = new Demo(new BAdaptor(new B()));
```

❹ 이전 버전 인터페이스와 호환성이 필요한 경우

버전을 업그레이드할 때 더 이상 사용되지 않는 인터페이스를 직접 삭제하는 대신, deprecated로 설정한 후 내부 동작을 새 인터페이스 구현에 위임할 수 있다. 이렇게 할 경우 여전히 이전 인터페이스를 사용하는 프로젝트가 새로운 인터페이스로 전환할 시간을 벌어준다는 장점이 있다. 이번에도 이해를 돕기 위해 예를 들어보겠다.

JDK 1.0에는 컬렉션 컨테이너를 순회하는 Enumeration 클래스가 포함되어 있었지만, JDK 2.0에서는 이 클래스를 리팩터링하면서 Iterator로 이름을 변경했다. 이때 JDK 2.0에서 Enumeration 클래스를 곧바로 사용할 수 없도록 제거했다고 가정하면 어떤 문제가 발생할까? 개발 프로젝트에서 사용 중인 JDK을 1.0에서 2.0으로 업그레이드하자마자 코드를 컴파일할 수 없게 되며, 이 문제를 해결하려면 프로젝트에서 Enumeration 클래스를 사용하는 코드를 전부 Iterator 클래스를 사용

하도록 변경해야 한다.

하지만 Java로 개발된 프로젝트는 매우 많으며, JDK가 업그레이드될 때마다 모든 프로젝트가 코드를 수정하지 않으면 컴파일이 불가능한 문제가 발생한다면, 이는 매우 비합리적이다. 따라서 JDK의 하위 버전을 사용하는 이전 코드와 호환되도록 하기 위해 Enumeration 클래스는 JDK 2.0 에서 일시적으로 유지되고, 해당 구현은 Iterator 클래스에 대한 직접 호출로 대체된다. 이것은 Enumeration 클래스가 현재 최적의 코드 구현을 사용하도록 할 뿐만 아니라 업그레이드를 강제하는 문제를 방지한다. 이에 대한 예제 코드는 다음과 같다.

```java
public class Collections {
  public static Enumeration enumeration(final Collection c) {
    return new Enumeration() {
      Iterator i = c.iterator();

      public boolean hasMoreElements() {
        return i.hashNext();
      }

      public Object nextElement() {
        return i.next():
      }
    }
  }
}
```

5 다양한 형식의 데이터에 적응해야 할 경우

앞서 언급했듯이 어댑터 패턴은 주로 인터페이스 적용에 사용되며, 실제로 다른 형식의 데이터 사이에 적응이 필요할 때도 사용할 수 있다. 예를 들어 서로 다른 신용 정보 시스템에서 가져온 신용 정보 데이터는 형식이 다르므로 저장과 사용을 위해 동일한 형식으로 통합할 필요가 있다. 또 다른 예로 Java의 Arrays.asList()는 일종의 데이터 어댑터라고 볼 수 있는데, 이는 배열 형태의 데이터를 컨테이너 형태로 변환해주는 역할을 하며, 예제 코드는 다음과 같다.

```java
List<String> stooges = Arrays.asList("Larry", "Moe", "Curly");
```

7.3.3 자바 로깅과 어댑터 패턴

Java에서는 Log4j, Logback, JDK의 JUL[2], Apache의 JCL_{jakarta commons logging}과 같이 많은 로깅 프레임워크가 있고, 개발 시 로그 정보를 출력하는 데 자주 사용된다. 대부분의 로깅 프레임워크는 debug, info, warn, error 같은 다양한 수준의 로그를 출력하는 유사한 기능을 제공하고 있지만, 인터페이스는 모두 제각각 통합되어 있지 않다. 이는 초기부터 표준 인터페이스 사양을 개발한 JDBC와는 달리 로깅 프레임워크가 탄생하게 된 역사적 원인에서 그 이유를 찾아볼 수 있다.

우리가 단순히 온전한 하나의 프로젝트를 개발하고 있다면, 어떤 로깅 프레임워크를 사용하든 상관없다. 하지만 다른 시스템에 통합되는 구성 요소, 프레임워크, 클래스 라이브러리를 개발하고 있다면 로깅 프레임워크의 선택이 그렇게 자유롭지는 않다.

프로젝트에서는 Logback을 사용하여 로그를 출력하는 데 반해, 외부의 구성 요소가 Log4j를 사용하여 로그를 출력한다면, 프로젝트에 두 개의 로깅 프레임워크가 도입된 것과 같은 상황이 발생한다. 각각의 로깅 프레임워크에는 로그 저장소 구성을 위한 파일 주소나 로그 출력 형식 등에 관한 각자만의 고유한 설정 방식이 있으므로, 로깅 프레임워크마다 각각 다른 설정 파일을 작성해야 한다. 또한 프로젝트가 각자 다른 로깅 프레임워크를 사용하고 있는 여러 종류의 구성 요소를 사용하고 있다면 로그 관리가 매우 복잡해진다. 따라서 이 문제를 해결하려면 통합된 로깅 프레임워크가 필요하다.

실제로 SLF4J 로깅 프레임워크는 JDBC 사양과 동일하게 로그 출력을 위한 통합된 인터페이스 사양을 제공하고 있다. 하지만 이 프레임워크는 구체적인 구현 코드 없이 인터페이스만 제공하고 있기 때문에, 결과적으로 Log4j, Logback과 같은 다른 로깅 프레임워크와 함께 사용해야 한다. 그러나 JUL, JCL, Log4j 같은 오래된 로깅 프레임워크는 SLF4J보다 먼저 등장했기 때문에, 버전 호환성을 희생하면서 SLF4J 인터페이스에 맞추도록 요구할 수 없다. 하지만 다행히도 SLF4J는 이를 미리 고려한 통합 인터페이스 정의를 제공할 뿐만 아니라 다양한 로깅 프레임워크에 대한 어댑터도 제공하고 있다. SLF4J는 서로 다른 로그 프레임워크의 인터페이스를 다시 캡슐화하고 통합된 SLF4J 인터페이스 정의에 적용하며, 예제 코드는 다음과 같다.

```
// SLF4J 통합 인터페이스 정의
package org.slf4j;
```

---

2   java.util.logging

```
public interface Logger {
    public boolean isTraceEnabled();
    public void trace(String msg);
    public void trace(String format, Object arg);
    public void trace(String format, Object arg1, Object arg2);
    public void trace(String format, Object[] argArray);
    public void trace(String msg, Throwable t);

    public boolean isDebugEnabled();
    public void debug(String msg);
    public void debug(String format, Object arg);
    public void debug(String format, Object arg1, Object arg2)
    public void debug(String format, Object[] argArray)
    public void debug(String msg, Throwable t);
    // ...info, warn, error 등 일부 인터페이스 생략...
}


// Log4j 로깅 프레임워크의 어댑터 Log4jLoggerAdapter는 LocationAwareLogger 인터페이스를
// 구현하고 LocationAwareLogger는 Logger 인터페이스를 상속하며 Log4jLoggerAdapter는
// Logger 인터페이스를 구현한다.
package org.slf4j.impl;
public final class Log4jLoggerAdapter extends MarkerIgnoringBase
    implements LocationAwareLogger, Serializable {
    final transient org.apache.log4j.Logger logger; // Log4j

    public boolean isDebugEnabled() {
        return logger.isDebugEnabled();
    }

    public void debug(String msg) {
        logger.log(FQCN, Level.DEBUG, msg, null);
    }

    public void debug(String format, Object arg) {
        if (logger.isDebugEnabled()) {
            FormattingTuple ft = MessageFormatter.format(format, arg);
            logger.log(FQCN, Level.DEBUG, ft.getMessage(), ft.getThrowable());
        }
    }

    public void debug(String format, Object arg1, Object arg2) {
        if (logger.isDebugEnabled()) {
            FormattingTuple ft = MessageFormatter.format(format, arg1, arg2);
            logger.log(FQCN, Level.DEBUG, ft.getMessage(), ft.getThrowable());
        }
    }

    public void debug(String format, Object[] argArray) {
```

```
    if (logger.isDebugEnabled()) {
        FormattingTuple ft = MessageFormatter.arrayFormat(format, argArray);
        logger.log(FQCN, Level.DEBUG, ft.getMessage(), ft.getThrowable());
    }
}

public void debug(String msg, Throwable t) {
    logger.log(FQCN, Level.DEBUG, msg, t);
}
// ...일부 인디페이스 구현 생략...
}
```

평소 개발할 때는 전체적으로 SLF4J에서 제공하는 인터페이스를 사용하여 로그 출력 코드를 작성한다. 이때 Log4j, Logback과 같은 로깅 프레임워크 중 어떤 것을 사용할지는 Java의 SPI 기술을 사용하여 동적으로 지정할 수 있으며, 필요한 SDK를 프로젝트에 추가하면 된다.

그러나 일부 오래된 프로젝트에서 SLF4J를 사용하지 않은 상태에서 JCL과 같은 로깅 프레임워크를 직접 사용하여 로그를 출력하고 있다면, 이를 Log4j와 같은 다른 로깅 프레임워크로 교체할 수 있는 방법은 무엇일까? 이 경우에도 SLF4J를 사용할 수 있는데, SLF4J는 다른 로깅 프레임워크에서 SLF4J로 전환하여 적응할 수 있는 어댑터뿐만 아니라 SLF4J에서 다른 로깅 프레임워크로 전환할 수 있는 리버스 어댑터를 이용한 적응 방식도 제공한다. 구체적으로 먼저 SLF4J 인터페이스를 이용하여 JCL 인터페이스를 구현하는 방식으로 JCL을 SLF4J로 전환할 수 있다. 이어서 Log4 인터페이스로 SLF4J 인터페이스를 구현하는 방식으로 SLF4J를 Log4j로 전환하면 된다. 이와 같이 두 번의 어댑터 변환을 거쳐 JCL에서 Log4j로 성공적으로 전환할 수 있다.

7.3.4 래퍼 패턴

프록시 패턴, 데커레이터 패턴, 어댑터 패턴의 코드 구조는 매우 유사하지만, 실제로 패턴을 적용할 수 있는 시나리오가 다르며, 이는 곧 패턴을 가르는 차이가 되기도 한다. 프록시 패턴은 원본 클래스의 인터페이스를 변경하는 대신, 원본 클래스에 대한 프록시 클래스를 정의한다. 그리고 프록시 패턴의 주요 목적은 기능을 향상시키는 것이 아니라 클래스를 외부에서 제어하는 것이며, 이것이 데커레이터 패턴과의 가장 큰 차이점이다. 데커레이터 패턴은 원본 클래스의 인터페이스 변경 없이도 원본 클래스의 기능을 향상시키고 여러 데커레이터 클래스의 중첩 사용을 지원하는 사후 수정 전략에 해당한다. 어댑터 패턴은 원본 클래스와 다른 인터페이스를 제공하는 반면, 프록시 패턴과 데커레이터 패턴은 원본 클래스와 동일한 인터페이스를 제공한다.

코드 구조 측면에서는 이 세 가지 디자인 패턴을 통틀어 래퍼 패턴wrapper pattern으로 구분한다. 래퍼 패턴은 원본 클래스를 래퍼 클래스를 통해 두 번 캡슐화하는 패턴으로, 기본적인 코드 구조는 다음과 같다.

```java
public interface Interf {
  void f1();
  void f2();
}

public class OriginalClass implements Interf {
  @Override
  public void f1() { ... }
  @Override
  public void f2() { ... }
}

public class WrapperClass implements Interf {
  private OriginalClass oc;
  public WrapperClass(OriginalClass oc) {
    this.oc = oc;
  }

  @Override
  public void f1() {
    // 부가 기능
    this.oc.f1();
    // 부가 기능
  }

  @Override
  public void f2() {
    this.oc.f2();
  }
}
```

이어서 래퍼 패턴의 응용 방법에 대해 살펴보자. Google Guava의 컬렉션 패키지에는 `Forwarding`으로 시작하는 클래스 묶음이 있는데, 먼저 `ForwardingCollection` 클래스를 살펴보자. 다음 코드는 `ForwardingCollection` 클래스의 일부다.

```java
@GwtCompatible
public abstract class ForwardingCollection<E> extends ForwardingObject
  implements Collection<E> {
```

```
protected ForwardingCollection() {
}

protected abstract Collection<E> delegate();

public Iterator<E> iterator() {
  return this.delegate().iterator();
}

public int size() {
  return this.delegate().size();
}

@CanIgnoreReturnValue
public boolean removeAll(Collection<?> collection) {
  return this.delegate().removeAll(collection);
}

public boolean isEmpty() {
  return this.delegate().isEmpty();
}

public boolean contains(Object object) {
  return this.delegate().contains(object);
}

@CanIgnoreReturnValue
public boolean add(E element) {
  return this.delegate().add(element);
}

@CanIgnoreReturnValue
public boolean remove(Object object) {
  return this.delegate().remove(object);
}

public boolean containsAll(Collection<?> collection) {
  return this.delegate().containsAll(collection);
}

@CanIgnoreReturnValue
public boolean addAll(Collection<? extends E> collection) {
  return this.delegate().addAll(collection);
}

@CanIgnoreReturnValue
public boolean retainAll(Collection<?> collection) {
  return this.delegate().retainAll(collection);
```

```
  }

  public void clear() {
    this.delegate().clear();
  }

  public Object[] toArray() {
    return this.delegate().toArray();
  }

  // ...일부 코드 생략...
}
```

ForwardingCollection 클래스의 코드만으로는 그 역할이 명확하게 떠오르지 않을 수 있기 때문에 사용 예를 통해 이해해볼 것이다. 예제 코드는 다음과 같다.

```
public class AddLoggingCollection<E> extends ForwardingCollection<E> {
  private static final Logger logger =
    LoggerFactory.getLogger(AddLoggingCollection.class);
  private Collection<E> originalCollection;

  public AddLoggingCollection(Collection<E> originalCollection) {
    this.originalCollection = originalCollection;
  }

  @Override
  protected Collection delegate() {
    return this.originalCollection;
  }

  @Override
  public boolean add(E element) {
    logger.info("Add element: " + element);

    return this.delegate().add(element);
  }

  @Override
  public boolean addAll(Collection<? extends E> collection) {
    logger.info("Size of elements to add: " + collection.size());

    return this.delegate().addAll(collection);
  }
}
```

이 코드에서 AddLoggingCollection 클래스는 프록시 패턴을 기반으로 구현된 프록시 클래스로, 원본 클래스인 Collection 클래스를 기반으로 add와 관련된 작업에 대한 로깅 기능을 추가한다. AddLoggingCollection 클래스는 ForwardingCollection 클래스를 상속하는데, 이 클래스는 7.2.3절에서 설명한 FilterInputStream 기본 데커레이터 클래스와 유사한 기본 래퍼 클래스다.

만약 이 ForwardingCollection 클래스를 사용하지 않고 AddLoggingCollection 프록시 클래스가 Collection 인터페이스를 직접 구현하도록 구성하면, 실제로 로깅 기능이 추가될 필요가 있는 함수가 add(), addAll() 두 개에 불과함에도 불구하고, Collection 인터페이스의 모든 메서드가 AddLoggingCollection 클래스에 모두 다시 구현되어야 한다는 문제가 발생한다.

Google Guava는 기본 Forwarding 클래스 묶음을 제공하여 래퍼 패턴의 구현을 단순화하고 있다. 따라서 래퍼 클래스를 구현할 때 AddLoggingCollection 클래스를 처리할 때와 마찬가지로 기본 래퍼 클래스인 Forwarding 클래스를 확장하여 필요한 메서드만 구현하고, 변경이 필요하지 않은 메서드는 기본 래퍼 클래스의 구현을 사용할 수 있다.

소스 코드를 읽을 때마다 왜 코드가 이런 식으로 설계되었는지, 다른 방법은 왜 안 되는 것인지 계속 반문할 필요가 있다. 사실, 대부분 고전적인 서적이나 유명한 소스 코드, 인물 등에 대해 이러한 질문을 하는 경우가 많지 않다. 하지만 질문을 항상 놓지 않고, 권위에 도전하며, 설득력을 가진 사람을 동경할 필요가 있다. 예를 들어 이 코드에서 Forwarding 클래스를 기본 래퍼 클래스라는 것을 이해하고 있다면 데커레이터 패턴, 프록시 패턴, 어댑터 패턴의 세 가지 래퍼 패턴을 이용하여 코드 작성을 최소화할 수 있다. Google Guava의 문서 사이트[3]에서 ForwardingCollection 클래스에 대한 설명을 살펴보면 ForwardingCollection 클래스를 기본 래퍼 클래스 대신 데커레이터 패턴에서만 사용되는 기본 데커레이터 클래스로 설명하고 있다. 하지만 어떤 방식이 더 나은지는 한 번 고민해볼 필요가 있다.

7.3.5 생각해보기

이번 절에서 언급했듯이 어댑터 패턴을 구현하는 방법에는 클래스 어댑터와 객체 어댑터의 두 가지가 있다. 그렇다면 프록시 패턴과 데커레이터 패턴도 클래스 프록시 패턴, 객체 프록시 패턴 그리고 클래스 데커레이터 패턴과 객체 데커레이터 패턴처럼 두 가지 방식으로 구현할 수 있을지 생각해보자.

---

3 https://guava.dev/releases/19.0/api/docs/com/google/common/collect/ForwardingCollection.html

7.4 브리지 패턴

브리지 패턴bridge pattern을 이해하는 방식에는 크게 두 가지가 있으며, 방식에 따라 난이도 차이가 있다. 이번 절에서는 그중에서도 비교적 간단한 이해 방법에 대해 설명하고자 한다. 이 방법은 상속 대신 합성을 사용하는데, 이는 일반적으로 사용될 뿐만 아니라 간단하여 이해하기 쉽고, 복잡한 상속 관계를 간단한 합성 관계로 단순화할 수 있다.

7.4.1 브리지 패턴의 정의

앞에서 언급한 바와 같이 브리지 패턴을 이해하는 방식에는 크게 두 가지 방식이 있다.

물론 이를 이해하는 가장 기본적인 방법은 《GoF의 디자인 패턴》에서 언급하고 있는 브리지 패턴의 정의를 살펴보는 것이다. 6장부터 계속 살펴보고 있는 고전적인 디자인 패턴은 모두 이 책에서 확인할 수 있다. 이 책에서는 브리지 패턴을 다음과 같이 정의하고 있다.

> 추상화와 구현을 디커플링해야만 두 가지가 서로 독립적으로 변화할 수 있다.[4]

그러나 이 정의는 사실 이해하기 어렵다. 따라서 다음과 같이 정의를 조금 구체화해보자. 클래스에는 독립적으로 변하는 두 개 또는 그 이상의 차원dimension이 존재하고, 합성 메서드를 통해 이 클래스를 두 개 또는 그 이상의 차원에서 확장할 수 있다. 여기에서는 이 정의를 기준으로 설명하도록 하겠다.

7.4.2 브리지 패턴으로 폭발적인 상속 해결하기

위의 정의를 기준으로 살펴보면, 브리지 패턴은 주로 폭발적인 상속 문제를 해결한다. 설명을 위해 간단한 예를 들어보겠다. 페라리 같은 고급 브랜드에서는 대부분 차를 구입할 때 다양한 선택 사항이 주어진다. 즉, 차량에는 변화 가능한 차원이 매우 많이 존재할 수 있다. 설명을 간단히 하기 위해 선루프와 휠 허브라는 두 개의 선택 사항, 즉 차원이 존재한다고 가정하자. 선루프의 경우, 선루프를 장착하지 않는 선택 사항부터 수동 선루프, 자동 선루프, 파노라마 선루프 등 다양한 선택 사항이 있을 수 있으며, 이 선택 사항의 개수를 M개라고 가정해보자. 마찬가지로 허브도 크롬 허브, 카본 허브처럼 N개의 선택 사항이 있다고 가정하면 선루프와 허브를 결합한 선택 사항의 개수는 $M \times N$개에 달한다. 만약 설계에 상속 관계를 사용한다면 $M \times N$개의 선택 사항을 위해

---

4   원문은 다음과 같다. Decouple an abstraction from its implementation so that thew two can vary independently.

$M \times N$개의 하위 클래스를 정의해야 한다. 하지만 브리지 패턴을 적용하면 M개의 선루프 클래스와 N개의 휠 허브 클래스만 설계하고, 다음 코드처럼 합성을 통해 $M \times N$개의 서로 다른 스타일을 결합할 수 있다. 다시 말해 브리지 패턴을 사용하면 $M \times N$의 상속 관계를 $M+N$의 합성 관계로 단순화할 수 있다.

```java
public class Car {
  private SunProof sunProof;
  private Hub hub;
  public Car(SunProof sunProof, Hub hub) {
        this.sunProof = sunProof;
    this.hub = hub;
  }
}
```

실제로 Java의 SLF4J 로깅 프레임워크에서도 브리지 패턴을 적용하고 있다. SLF4J 프레임워크에는 3개의 차원을 나타내는 Logger, Appender, Formatter의 세 가지 핵심 개념이 있다. 그중 Logger는 로그가 어떤 유형에 기록되는지를 의미하는 로그이고, Appender는 로그가 출력되는 위치를 나타내며, Formatter는 로그 레코드의 형식을 나타낸다. 3개의 차원은 다양한 구현 형태를 가질 수 있다. 브리지 패턴을 사용하여 이 세 가지 차원을 함께 합성하여 로그 기록 방식을 결정할 수 있다. 이때 이 3개의 차원은 서로 영향을 주지 않고 독립적으로 변화할 수 있다.

7.4.3 생각해보기

상속보다 합성이라는 설계 사상과 브리지 패턴 사이의 차이에 대해 생각해보자.

7.5 퍼사드 패턴

퍼사드 패턴facade pattern은 그 원리와 구현이 매우 간단할 뿐만 아니라 사용 대상이 비교적 명확하기 때문에 주로 인터페이스 설계에 사용된다. 인터페이스 개발을 하다 보면 인터페이스를 얼마나 세분화해야 하는지에 대해 직면하게 된다. 만약 인터페이스를 재사용할 수 있게 하려면 인터페이스를 최대한 세분화하고 단일 책임을 지도록 설계해야 하지만, 그렇다고 해서 인터페이스 설계를 너무 세분화하면 비즈니스 기능을 개발할 때 너무 많이 세분화된 인터페이스를 호출하도록 작업해야 하기 때문에 매우 번거롭다. 반대로, 특정 비즈니스에 대해 매우 크고 포괄적인 인터페이스를 개발하게 되면 당장 사용에는 편리할지 모르지만 인터페이스가 담당하는 범위가 너무 넓고 책임이 단일하지 않기 때문에 범용성이 너무 낮아 코드를 재사용하거나 다른 비즈니스 개발에 적용할 수 없다. 그렇다면 인터페이스의 사용 편의성과 범용성의 균형을 맞추려면 어떻게 해야 할까? 이번 절에서는 퍼사드 패턴을 적용하여 이 문제를 해결하는 방법을 찾아볼 것이다.

7.5.1 퍼사드 패턴과 인터페이스 설계

퍼사드 패턴을 《GoF의 디자인 패턴》에서는 다음과 같이 정의하고 있다.

> 퍼사드 패턴은 서브 시스템에 대한 통합 인터페이스 세트를 제공하고, 하위 시스템을 더 쉽게 만들기 위한 상위 통합 인터페이스를 제공한다.[5]

퍼사드 패턴의 정의를 예를 들어 설명해보겠다.

시스템 A가 a, b, c, d라는 4개의 인터페이스를 제공하고, 시스템 B는 시스템 A의 인터페이스 중 a, b, d라는 3가지 인터페이스를 호출해야 한다고 가정해보자. 퍼사드 패턴은 시스템 B에서 직접 사용할 수 있도록 인터페이스 a, b, d를 하나로 묶어 인터페이스 x로 제공해준다.

하지만 사실 시스템 B는 시스템 A의 인터페이스인 a, b, d를 직접 호출할 수 있다. 그럼에도 인터페이스 a, b, d를 묶어서 퍼사드 인터페이스 x를 제공하는 이유는 무엇일까? 구체적인 예를 통해 그 이유를 살펴보자.

시스템 A는 백엔드 서버이고 시스템 B는 앱과 같은 클라이언트라고 가정해보자. 클라이언트는 서버에서 제공하는 인터페이스를 호출하여 데이터를 얻는데, 클라이언트와 서버가 모바일 네트워크를 통해 통신하는 시간이 오래 걸리는 문제가 발목을 잡는다. 이때 클라이언트의 응답 속도를 향상시키는 가장 쉬운 방법은 클라이언트와 서버 간의 통신 횟수를 최대한 줄이는 것이다.

특정 페이지의 정보를 표시하기 위해 인터페이스 a, b, d가 순차적으로 호출되어야 한다고 가정해보자. 하지만 안타깝게도 이 시스템은 인터페이스 구조상 병렬적으로 동시에 호출하는 것이 불가능하다. 인터페이스 b를 호출하기 위해서는, 인터페이스 a를 호출하여 반환한 데이터가 필요하기 때문이다.

클라이언트의 응답 속도가 느린 이유를 분석한 결과 빈번한 인터페이스 호출로 인한 과도한 네트워크 통신이 원인이라면, 퍼사드 패턴을 사용하여 백엔드 서버가 인터페이스 a, b, d를 묶은 퍼사드

---

5   원문은 다음과 같다. Provide a unified interface to a set of interfaces in a subsystem. Facade Pattern defines a higher-level interface that makes the subsystem easier to use.

인터페이스 x를 제공하도록 할 수 있다. 그러면 클라이언트가 퍼사드 인터페이스 x 하나만 호출하면 원하는 모든 데이터를 얻을 수 있고, 네트워크 통신 횟수가 세 번에서 한 번으로 줄어들기 때문에 클라이언트의 응답 속도도 향상될 것이다.

이어서 퍼사드 패턴의 응용 방법에 대해 살펴보자.

7.5.2 퍼사드 패턴의 응용: 인터페이스 사용성 개선하기

퍼사드 패턴은 시스템의 기본 구현을 캡슐화하고 사용하기 쉬운 인터페이스를 제공하기 때문에 시스템의 복잡성을 숨길 수 있다. 예를 들면 Linux 운영체제의 호출 기능은 일종의 **퍼사드**라고 볼 수 있는데, 이 기능은 Linux 운영체제에서 개발자를 위해 제공하는 편리한 프로그래밍 인터페이스 묶음이며, 실제 Linux 운영체제의 커널 호출을 캡슐화하고 있다. 또 다른 예로, Linux 운영체제의 shell 명령어도 사실상 일종의 **퍼사드**라고 볼 수 있으며, Linux 운영체제의 호출 기능을 캡슐화해 보다 친숙하고 간단한 명령어를 제공하여 우리가 직접 명령어를 실행해 작업과 상호 작용할 수 있도록 한다.

7.5.3 퍼사드 패턴의 응용: 인터페이스 성능 향상하기

7.5.1절에서 이미 퍼사드 패턴을 통해 성능을 향상시키는 것에 대해 이야기한 바 있다. 즉, 여러 개의 인터페이스 호출을 하나의 퍼사드 인터페이스 호출로 대체함으로써 네트워크 통신 비용을 줄이고 클라이언트의 응답 속도를 향상시킬 수 있다. 그렇다면 코드 구현 관점에서 퍼사드 인터페이스와 퍼사드 인터페이스가 아닌 인터페이스는 어떻게 구성되어야 할까?

퍼사드 인터페이스가 많지 않다면 퍼사드 인터페이스가 아닌 인터페이스와 함께 사용할 수 있으며, 특별히 태그를 달 필요 없이 공통 인터페이스로서 사용하면 된다. 반면에 퍼사드 인터페이스가 많다면 기존 인터페이스 위에 퍼사드 계층을 다시 추상화하고, 원본 인터페이스 레이어와 구별하기 위해 클래스와 패키지의 이름을 특별하게 재배치할 수 있다. 만약 퍼사드 인터페이스가 너무 많은 데다가 여러 시스템에 걸쳐 있다면, 퍼사드 인터페이스를 새로운 시스템으로 분리하여 구축할 수도 있다.

7.5.4 퍼사드 패턴의 응용: 트랜잭션 문제 해결하기

마지막으로 퍼사드 패턴을 사용하여 트랜잭션 문제를 해결하는 방법에 대해 예를 들어 설명해보겠다.

금융 시스템에는 사용자와 지갑이라는 두 가지 비즈니스 도메인 모델이 있다. 이 두 비즈니스 도메인 모델은 사용자의 추가, 삭제, 수정, 검색과 같은 사용자 인터페이스와 지갑의 추가, 삭제, 수정, 검색과 같은 지갑 인터페이스를 노출하고 있다. 이때 다음과 같은 시나리오가 있다고 가정해보자. 새로운 사용자를 등록할 때는 데이터베이스의 `User` 테이블에 새로운 데이터를 생성하여 사용자를 생성할 뿐만 아니라, 해당 사용자가 소유한 지갑 데이터를 생성하기 위해 데이터베이스의 `Wallet` 테이블에도 새로운 데이터를 생성한다.

이 요구 사항은 비교적 간단하므로 사용자 생성 인터페이스와 지갑 생성 인터페이스를 차례로 호출하는 방법으로 처리할 수 있다. 하지만 사용자 등록은 트랜잭션을 지원해야 하기 때문에, 사용자 생성과 지갑 생성이 모두 성공하거나 실패하는 경우만 허용되며, 둘 중 어느 하나만 성공하는 것은 허용되지 않는다.

단일 트랜잭션에서 두 개의 인터페이스 호출을 지원하는 것은 분산 트랜잭션 문제로 인해 구현이 어렵다. 물론 분산 트랜잭션 프레임워크나 사후 이벤트 보상 메커니즘을 도입하여 해결할 수는 있지만 구현은 훨씬 더 복잡하다. 이 문제를 해결하는 가장 간단한 방법은 하나의 데이터베이스 트랜잭션에서 사용자 생성과 지갑 생성의 두 가지 SQL 작업을 실행하는 것이고, 이를 위해서 하나의 인터페이스에서 두 개의 SQL 작업을 실행해야 한다. 따라서 퍼사드 패턴을 적용하여 두 가지 작업을 묶어주는 새로운 인터페이스를 설계하여, 이 인터페이스가 하나의 트랜잭션에서 두 개의 SQL 작업을 실행하도록 할 수 있다.

마지막으로, 클래스, 모듈, 시스템 간의 **통신**은 일반적으로 인터페이스 호출을 통해 수행되기 때문에, 인터페이스의 설계 품질은 클래스, 모듈, 시스템의 사용 편의성에 직접적인 영향을 미친다. 따라서 인터페이스 설계에 더 많은 시간을 할애할 필요가 있다. 프로젝트에서 인터페이스 설계를 완료했다는 것은 프로젝트 개발 작업을 절반 이상 완료한 것과 마찬가지다. 인터페이스가 잘 설계되었다면 그에 따른 코드 품질이 낮을 이유가 없다.

인터페이스를 너무 세분화해 설계하거나 반대로 너무 광범위하게 설계하는 것은 좋지 않다. 인터페이스가 너무 광범위하면 인터페이스가 재사용되지 않으며, 너무 세분화되어 있으면 인터페이스의 사용성이 극히 낮아진다. 실제 개발에서는 인터페이스의 재사용성과 사용 용이성을 중시해야 하므로, 이를 위해 인터페이스를 최대한 재사용할 수 있도록 유지하되, 특수한 경우에는 사용하기 쉬운 인터페이스를 제공하기 위해 중복된 퍼사드 인터페이스를 제공할 수 있다.

어댑터 패턴과 퍼사드 패턴의 공통점은 설계가 좋지 않은 인터페이스를, 사용하기 용이한 인터페이스로 만든다는 점이다. 그렇다면 이 두 패턴의 차이점은 무엇일까?

7.6 **복합체 패턴**

복합체 패턴composite pattern은 앞에서 다루었던 객체지향 설계의 합성composite과는 전혀 관계가 없다. 이번 절에서 언급하는 복합체 패턴은 주로 트리tree 구조의 데이터를 처리하는 데 사용된다. 여기에서 말하는 **데이터**는 단순한 객체의 모음으로 이해할 수 있으며, 뒤에서 곧 자세히 설명할 것이다.

복합체 패턴이 적용되는 데이터는 트리 구조로 표현되어야 하기 때문에 흔히 사용되는 패턴은 아니다. 그러나 거꾸로 생각해보면 일단 데이터가 트리 구조로 표현되기만 한다면, 복합체 패턴은 매우 유용할 수 있고, 코드도 간결하게 만들 수 있다.

7.6.1 **복합체 패턴 기반의 디렉터리 트리**

《GoF의 디자인 패턴》에서는 복합체 패턴을 일종의 **부분 – 전체** 계층구조로 인식하는 트리 구조로 구성된 객체 컬렉션이며, 복합체 패턴을 통해 코드 사용자로 대표되는 클라이언트가 개별 객체와 복합 객체의 처리 방식을 하나로 통합할 수 있다고 정의한다.[6]

복합체 패턴의 정의를 이해하기 위해 예를 하나 들어보겠다. 파일 시스템의 디렉터리를 나타내면서 다음의 기능을 쉽게 구현할 수 있는 클래스를 설계하라는 요구 사항이 있다고 가정해보자.

- 디렉터리 다음의 하위 디렉터리나 파일을 동적으로 추가하거나 삭제할 수 있다.
- 지정된 디렉터리에 있는 파일의 수를 확인한다.
- 지정된 디렉터리에 있는 파일의 크기를 합산한다.

다음 코드는 위의 요구 사항을 구현하는 클래스의 골격이다. 아직 실제 논리를 구현하지 않았기 때문에, 나중에 코드를 채워넣어야 한다. 코드에서 파일과 디렉터리는 모두 FileSystemNode 클래스로 표현되며, isFile 속성을 통해 파일과 디렉터리를 구분할 수 있다.

---

6   원문은 다음과 같다. Compose objects into tree structure to represent part-whole hierarchies. Composite lets client treat individual objects and compositions of objects uniformly.

```java
public class FileSystemNode {
  private String path;
  private boolean isFile;
  private List<FileSystemNode> subNodes = new ArrayList<>();

  public FileSystemNode(String path, boolean isFile) {
    this.path = path;
    this.isFile = isFile;
  }

  public int countNumOfFiles() {
    // TODO: 작성 필요
  }

  public long countSizeOfFiles() {
    // TODO: 작성 필요
  }

  public String getPath() {
    return path;
  }

  public void addSubNode(FileSystemNode fileOrDir) {
    subNodes.add(fileOrDir);
  }

  public void removeSubNode(FileSystemNode fileOrDir) {
    int size = subNodes.size();
    int i = 0;
    for (; i < size; ++i) {
      if (subNodes.get(i).getPath().equalsIgnoreCase(fileOrDir.getPath())) {
        break;
      }
    }
    if (i < size) {
      subNodes.remove(i);
    }
  }
}
```

countNumOfFiles() 함수와 countSizeOfFiles() 함수의 구현은 어렵지 않은데, 재귀 트리 탐색 알고리즘을 사용하여 전체 디렉터리 구조를 탐색하면 파일 수와 총 파일 크기를 얻을 수 있다. 이 함수들은 다음과 같이 구현할 수 있다.

```java
public int countNumOfFiles() {
  if (isFile) {
    return 1;
  }
  int numOfFiles = 0;
  for (FileSystemNode fileOrDir : subNodes) {
    numOfFiles += fileOrDir.countNumOfFiles();
  }
  return numOfFiles;
}

public long countSizeOfFiles() {
  if (isFile) {
    File file = new Filc(path);
    if (!file.exists()) return 0;
    return file.length();
  }
  long sizeofFiles = 0;
  for (FileSystemNode fileOrDir : subNodes) {
    sizeofFiles += fileOrDir.countSizeOfFiles();
  }
  return sizeofFiles;
}
```

사용성 측면만 고려한다면 이 코드는 이미 사용 가능한 수준이라고 할 수 있다. 그러나 대규모 시스템을 개발하는 경우 확장성, 비즈니스 모델링, 코드의 가독성 등을 고려했을 때 파일과 디렉터리를 분리하여, 파일은 File 클래스로 처리하고 디렉터리는 Directory 클래스로 처리하는 것이 훨씬 낫다. 이 설계 사상에 따라 리팩터링된 코드는 다음과 같다.

```java
public abstract class FileSystemNode {
  protected String path;

  public FileSystemNode(String path) {
    this.path = path;
  }

  public abstract int countNumOfFiles();
  public abstract long countSizeOfFiles();

  public String getPath() {
    return path;
  }
}
```

```java
public class File extends FileSystemNode {
  public File(String path) {
    super(path);
  }

  @Override
  public int countNumOfFiles() {
    return 1;
  }

  @Override
  public long countSizeOfFiles() {
    java.io.File file = new java.io.File(path);
    if (!file.exists()) return 0;
    return file.length();
  }
}

public class Directory extends FileSystemNode {
  private List<FileSystemNode> subNodes = new ArrayList<>();

  public Directory(String path) {
    super(path);
  }

  @Override
  public int countNumOfFiles() {
    int numOfFiles = 0;
    for (FileSystemNode fileOrDir : subNodes) {
      numOfFiles += fileOrDir.countNumOfFiles();
    }
    return numOfFiles;
  }

  @Override
  public long countSizeOfFiles() {
    long sizeofFiles = 0;
    for (FileSystemNode fileOrDir : subNodes) {
      sizeofFiles += fileOrDir.countSizeOfFiles();
    }
    return sizeofFiles;
  }

  public void addSubNode(FileSystemNode fileOrDir) {
    subNodes.add(fileOrDir);
  }

  public void removeSubNode(FileSystemNode fileOrDir) {
```

```
      int size = subNodes.size();
      int i = 0;
      for (; i < size; ++i) {
        if (subNodes.get(i).getPath().equalsIgnoreCase(fileOrDir.getPath())) {
          break;
        }
      }
      if (i < size) {
        subNodes.remove(i);
      }
    }
  }
}
```

파일을 나타내는 File 클래스와 디렉터리를 나타내는 Directory 클래스를 사용하여 파일 시스템
에서 디렉터리 트리 구조를 표현하는 예제 코드는 다음과 같다.

```
public class Demo {
  public static void main(String[] args) {
    /**
     * /
     * /jp/
     * /jp/a.txt
     * /jp/b.txt
     * /jp/movies/
     * /jp/movies/c.avi
     * /jpub/
     * /jpub/docs/
     * /jpub/docs/d.txt
     */
    Directory fileSystemTree = new Directory("/");
    Directory node_jp = new Directory("/jp/");
    Directory node_jpub = new Directory("/jpub/");
    fileSystemTree.addSubNode(node_jp);
    fileSystemTree.addSubNode(node_jpub);

    File node_jp_a = new File("/jp/a.txt");
    File node_jp_b = new File("/jp/b.txt");
    Directory node_jp_movies = new Directory("/jp/movies/");

    node_jp.addSubNode(node_jp_a);
    node_jp.addSubNode(node_jp_b);
    node_jp.addSubNode(node_jp_movies);
    File node_jp_movies_c = new File("/jp/movies/c.mp4");
    node_jp_movies.addSubNode(node_jp_movies_c);
```

```
    Directory node_jpub_docs = new Directory("/jpub/docs/");
    node_jpub.addSubNode(node_jpub_docs);
    File node_jpub_docs_d = new File("/jpub/docs/d.txt");
    node_jpub_docs.addSubNode(node_jpub_docs_d);

    System.out.println("/ files num:" + fileSystemTree.countNumOfFiles());
    System.out.println("/jp/ files num:" + node_jp.countNumOfFiles());
  }
}
```

이 예제를 기반으로 복합체 패턴의 정의를 설명하면, 파일과 디렉터리라는 객체 컬렉션을 트리 구조로 구성하여, 디렉터리와 하위 디렉터리의 중첩 구조를 **부분 - 전체** 계층구조로 나타낸다. 복합체 패턴을 사용하면 클라이언트가 파일이라는 개별 객체와 디렉터리라는 복합 객체의 재귀 탐색 논리를 통합할 수 있다.

사실 복합체 패턴은 디자인 패턴이라고 말하는 것보다는 비즈니스 시나리오 기반의 데이터 구조와 알고리즘을 추상화한 것에 가깝다. 그중 비즈니스 시나리오의 데이터는 트리 데이터 구조로 표현될 수 있으며, 비즈니스 요구 사항은 트리 재귀 탐색 알고리즘을 통해 실현될 수 있다.

7.6.2 복합체 패턴 기반의 휴먼 트리

이번에는 또 다른 예제를 통해 복합체 패턴을 이해해보자.

사무 자동화 시스템을 개발한다고 가정해보자. 회사의 조직 구조에는 부서와 직원의 두 가지 유형의 데이터가 있고, 부서에는 하위 부서와 직원이 포함될 수 있다. 조직 구조 데이터의 테이블 구조는 표 7.2와 같다.

표 7.2 **조직 구조 데이터의 테이블 구조**

부서(department)				
부서 ID	상위 부서 ID	...	...	...
id	parent_department_id	...	...	...
직원(employee)				
직원 ID	소속 부서 ID	급여	...	...
id	department_id	salary	...	...

회사 전체에 대한 조직도를 기억하고, 부서별로 부서에 속한 모든 직원의 급여 합계를 계산할 수 있는 인터페이스를 제공하려고 한다.

부서에는 하위 부서와 직원이 포함되며, 이는 트리와 같은 데이터 구조로 나타낼 수 있는 중첩 구조다. 각 부서의 급여 비용을 계산하는 요구 사항은 트리의 순회 알고리즘을 통해 달성할 수 있다. 따라서 이 요구 사항은 복합체 패턴을 사용하여 설계하고 구현할 수 있다.

이 예제 코드의 구조는 7.6.1절의 예제 코드 구조와 유사하며 그 코드는 나음과 같다. 나음 코드에서 HumanResource 클래스는 부서 클래스인 Department와 직원 클래스인 Employee의 추상 상위 클래스로서 급여의 처리를 통합하며, Demo 클래스의 코드는 데이터베이스에서 데이터를 읽어와 메모리에 정보를 통해 조직도를 작성하는 역할을 한다.

```java
public abstract class HumanResource {
  protected long id;
  protected double salary;

  public HumanResource(long id) {
    this.id = id;
  }

  public long getId() {
    return id;
  }

  public abstract double calculateSalary();
}

public class Employee extends HumanResource {
  public Employee(long id, double salary) {
    super(id);
    this.salary = salary;
  }

  @Override
  public double calculateSalary() {
    return salary;
  }
}

public class Department extends HumanResource {
  private List<HumanResource> subNodes = new ArrayList<>();
  public Department(long id) {
```

```
    super(id);
  }

  @Override
  public double calculateSalary() {
    double totalSalary = 0;
    for (HumanResource hr : subNodes) {
      totalSalary += hr.calculateSalary();
    }
    this.salary = totalSalary;
    return totalSalary;
  }
  public void addSubNode(HumanResource hr) {
    subNodes.add(hr);
  }
}

// 조직도를 작성하는 코드
public class Demo {
  private static final long ORGANIZATION_ROOT_ID = 1001;
  private DepartmentRepo departmentRepo;  // 의존성 주입
  private EmployeeRepo employeeRepo;  // 의존성 주입

  public void buildOrganization() {
    Department rootDepartment = new Department(ORGANIZATION_ROOT_ID);
    buildOrganization(rootDepartment);
  }

  private void buildOrganization(Department department) {
    List<Long> subDepartmentIds = departmentRepo.getSubDepartmentIds(department.getId());
    for (Long subDepartmentId : subDepartmentIds) {
      Department subDepartment = new Department(subDepartmentId);
      department.addSubNode(subDepartment);
      buildOrganization(subDepartment);
    }
    List<Long> employeeIds = employeeRepo.getDepartmentEmployeeIds(department.getId());
    for (Long employeeId : employeeIds) {
      double salary = employeeRepo.getEmployeeSalary(employeeId);
      department.addSubNode(new Employee(employeeId, salary));
    }
  }
}
```

이 예제를 기반으로 복합체 패턴의 정의를 설명하면, 직원과 부서라는 객체 컬렉션을 트리 구조로 구성하여, 부서와 하위 부서의 중첩 구조를 **부분 – 전체** 계층구조로 나타낸다. 복합체 패턴을 사용

하면 클라이언트가 직원이라는 개별 객체와 부서라는 복합 객체의 재귀 탐색 논리를 통합할 수 있다.

이번 절의 파일 시스템 예제에서 `countNumOfFiles()` 함수와 `countSizeOfFiles()` 함수는 호출할 때마다 매번 하위 트리 전체를 탐색하기 때문에 효율성이 떨어진다. 파일 시스템이 매번 `Directory` 클래스의 `removeSubNode()` 함수와 `addSubNode()` 함수를 통해 파일 정보를 수시로 삭제하거나 추가한다고 할 때, 이 함수의 효율성을 높일 수 있는 방법에 대해 생각해보자.

7.7 플라이웨이트 패턴

플라이웨이트 패턴flyweight pattern은 공유를 위해 사용되는 패턴으로, 그 목적은 객체를 재사용하여 메모리를 절약하는 것이다. 이때 공유되는 객체는 불변 객체여야만 한다.

특히, 시스템에 많은 수의 동일한 불변 객체가 있다면, 플라이웨이트 패턴을 사용하여 객체를 플라이웨이트로 설계하고 메모리에 하나의 인스턴스만 보관할 수 있다. 이렇게 하면 메모리에 저장되는 객체 수가 줄어들어 메모리가 절약된다. 사실, 동일한 객체가 아니더라도 유사도가 높은 객체에 대해 동일한 필드를 추출하여 플라이웨이트로 설계할 수도 있다.

여기서 **불변 객체**는 객체가 생성자를 통해 성공적으로 생성된 후 객체가 포함하고 있는 변수 등의 값이나 상태가 변경되지 않는다는 것을 의미한다. 따라서 불변 객체는 내부 상태를 변경할 수 있는 `setter` 메서드 또는 유사한 메서드를 가질 수 없다. 플라이웨이트가 불변 객체가 아니라면 어떤 코드가 플라이웨이트 객체를 임의로 수정할 경우, 해당 객체를 공유하고 있는 다른 코드에 영향을 미치기 때문이다.

7.7.1 체스 게임에서 플라이웨이트 패턴 적용

체스와 같은 보드 게임을 개발한다고 가정해보자. 대기실에는 가상으로 구성된 수천 개의 방이 있으며, 각 방은 체스판에 해당한다. 각 체스판은 킹, 퀸, 룩, 나이트, 비숍, 폰과 같은 체스 말의 종류와 검은색, 붉은색과 같은 체스 말의 색상, 체스 말의 위치 등을 모아둔 체스 말의 정보를 저장하고, 이 정보를 사용하여 플레이어에게 완전한 체스판을 표시해줄 수 있어야 한다. 이를 구현한 코드는 다음과 같다. `ChessPiece` 클래스는 체스 말을 나타내고, `ChessBoard` 클래스는 체스판을 나타내며, 체스 말 32개의 정보를 저장한다.

```java
public class ChessPiece {  // 체스 말
  private int id;
  private String text;
  private Color color;
  private int positionX;
  private int positionY;

  public ChessPiece(int id, String text, Color color, int positionX, int positionY) {
    this.id = id;
    this.text = text;
    this.color = color;
    this.positionX = positionX;
    this.positionY = positionY;
  }

  public static enum Color {
    RED, BLACK
  }

  // ...일부 속성과 getter, setter 메서드 생략...
}

public class ChessBoard {  // 체스판
  private Map<Integer, ChessPiece> chessPieces = new HashMap<>();
  public ChessBoard() {
    init();
  }

  private void init() {
    chessPieces.put(1, new ChessPiece(1, "Bishop", ChessPiece.Color.BLACK, 0, 0));
    chessPieces.put(2, new ChessPiece(2, "Knight", ChessPiece.Color.BLACK, 0, 1));
    // ...기타 체스 말 코드 생략...
  }

  public void move(int chessPieceId, int toPositionX, int toPositionY) {
    // ...코드 구현 생략...
  }
}
```

각 방의 현재 체스판 상황을 기록하려면 각 방에 대해 ChessBoard 클래스의 객체를 생성해야 하는데, 수백만 명이 동시에 접속하고 있는 경우 대기실 수천수만 개의 가상 방이 존재할 수 있으며, 이 객체를 전부 메모리에 저장하기엔 수가 너무 많다. 따라서 메모리를 절약할 수 있는 방법이 필

요하다.

이때 플라이웨이트 패턴이 유용하다. 이 코드에서도 메모리에 유사한 객체가 많을 것이다. 이 객체들은 동일한 id, text, color 속성값을 가지고 있으며, 말의 위치를 의미하는 positionX와 positionY 속성값만 다를 것이다. 따라서 체스 말의 id, text, color 속성을 분할해 독립적인 클래스로 설계하면 여러 체스판에서 재사용할 수 있는 플라이웨이트로 사용할 수 있다. 이런 식으로 각각의 체스판은 체스 말의 위치 정보만 기록하면 된다. 이를 구현한 코드는 다음과 같다.

```java
public class ChessPieceUnit {  // 플라이웨이트
  private int id;
  private String text;
  private Color color;

  public ChessPieceUnit(int id, String text, Color color) {
    this.id = id;
    this.text = text;
    this.color = color;
  }

  public static enum Color {
    RED, BLACK
  }

  // ...일부 속성, getter 메서드 생략...
}

public class ChessPieceUnitFactory {
  private static final Map<Integer, ChessPieceUnit> pieces = new HashMap<>();
  static {
    pieces.put(1, new ChessPieceUnit(1, "R", ChessPieceUnit.Color.BLACK));
    pieces.put(2, new ChessPieceUnit(2,"K", ChessPieceUnit.Color.BLACK));
    // ...기타 체스 말 코드 생략...
  }

  public static ChessPieceUnit getChessPiece(int chessPieceId) {
    return pieces.get(chessPieceId);
  }
}

public class ChessPiece {
  private ChessPieceUnit chessPieceUnit;
  private int positionX;
  private int positionY;
  public ChessPiece(ChessPieceUnit unit, int positionX, int positionY) {
```

```
    this.chessPieceUnit = chessPieceUnit;
    this.positionX = positionX;
    this.positionY = positionY;
  }
  // ...getter, setter 메서드 생략...
}

public class ChessBoard {
  private Map<Integer, ChessPiece> chessPieces = new HashMap<>();

  public ChessBoard() {
    init();
  }

  private void init() {
    chessPieces.put(1, new ChessPiece(ChessPieceUnitFactory.getChessPiece(1), 0, 0));
    chessPieces.put(1, new ChessPiece(ChessPieceUnitFactory.getChessPiece(2), 1, 0));
    // ...기타 체스 말 코드 생략...
  }

  public void move(int chessPieceId, int toPositionX, int toPositionY) {
    // ...코드 구현 생략...
  }
}
```

이 코드를 살펴보면 `ChessPieceUnit` 플라이웨이트 클래스의 객체를 캐시하기 위해 팩터리 클래스인 `ChessPieceUnitFactory`를 사용한다는 것을 알 수 있다. `ChessBoard` 클래스의 모든 객체는 `ChessPieceUnit` 플라이웨이트 클래스의 객체 32개를 공유하고 있다. 플라이웨이트를 사용하기 전에는 1만 개의 체스판을 기록하기 위해 32만 개의 `ChessPiece` 클래스를 생성해야 했지만, 플라이웨이트 패턴을 사용하면 체스판이 몇 개든 32개의 `ChessPieceUnit` 플라이웨이트 클래스 객체를 생성하면 되므로 메모리를 크게 절약할 수 있다.

7.7.2 텍스트 편집기에서 플라이웨이트 패턴 적용

EditPlus, vi와 유사한 텍스트 편집기를 개발한다고 가정해보자. 여기에서는 텍스트 편집기의 요구 사항을 단순화하기 위해 기본 텍스트 편집 기능만 구현하고, 그림 삽입이나 표 작성과 같은 복잡한 편집 기능은 포함하지 않을 것이다. 단순화된 텍스트 편집기에서는 텍스트 파일을 메모리에 적재하기 위해 텍스트 자체와 텍스트의 글꼴, 크기, 색상 같은 형식 정보 두 가지만 기록하면 된다.

실제로 문서를 작성할 때는 제목과 본문에 대해 각각 다른 형식인 스타일_{style}을 설정할 수 있다.

물론 이론적으로는 텍스트 파일의 각 단어마다 모두 다르게 형식을 지정할 수 있는데, 이런 유연한 형식을 사용할 수 있게 하면서도 코드 구현을 단순화하기 위해서 각각의 텍스트를 독립적인 객체와 취급한 후, 각 객체가 형식 정보를 포함하게 한다. 이를 구체적으로 구현한 코드는 다음과 같다.

```java
public class Character {  // 문자
  private char c;
  private Font font;
  private int size;
  private int colorRGB;

  public Character(char c, Font font, int size, int colorRGB) {
    this.c = c;
    this.font = font;
    this.size = size;
    this.colorRGB = colorRGB;
  }
}

public class Editor {
  private List<Character> chars = new ArrayList<>();

  public void appendCharacter(char c, Font font, int size, int colorRGB) {
    Character character = new Character(c, font, size, colorRGB);
    chars.add(character);
  }
}
```

텍스트를 입력할 때마다 텍스트 편집기는 Editor 클래스의 appendCharacter() 메서드를 호출해 새로운 Character 클래스 객체를 만든 다음 이를 chars 배열에 저장한다. 만약 텍스트 파일에 수만 개에서 수십만 개의 단어가 있는 경우, 메모리에 저장되는 Character 클래스 객체 역시 수만 개에서 수십만 개가 될 것이다. 이 경우에 메모리를 절약할 수 있는 방법이 있을까?

사실, 텍스트 파일에는 사용되는 글꼴 형식이 많지 않은 것이 일반적이다. 결국 누군가가 각각의 단어를 다른 형식으로 지정할 가능성은 거의 없다. 따라서 텍스트의 형식은 서로 다른 텍스트에서 공유하고 사용할 수 있도록 플라이웨이트로 설계할 수 있다. 이 설계 사상에 따라 리팩터링한 코드는 다음과 같다.

```java
public class CharacterStyle {
  private Font font;
  private int size;
```

```java
  private int colorRGB;

  public CharacterStyle(Font font, int size, int colorRGB) {
    this.font = font;
    this.size = size;
    this.colorRGB = colorRGB;
  }

  @Override
  public boolean equals(Object o) {
    CharacterStyle otherStyle = (CharacterStyle)o;
    return font.equals(otherStyle.font)
            && size == otherStyle.size
            && colorRGB == otherStyle.colorRGB;
  }
}

public class CharacterStyleFactory {
  private static final List<CharacterStyle> styles = new ArrayList<>();

  public static CharacterStyle getStyle(Font font, int size, int colorRGB) {
    CharacterStyle newStyle = new CharacterStyle(font, size, colorRGB);
    for (CharacterStyle style : styles) {
      if (style.equals(newStyle)) {
        return style;
      }
    }
    styles.add(newStyle);
    return newStyle;
  }
}

public class Character {
  private char c;
  private CharacterStyle style;
  public Character(char c, CharacterStyle style) {
    this.c = c;
    this.style = style;
  }
}

public class Editor {
  private List<Character> chars = new ArrayList<>();
  public void appendCharacter(char c, Font font, int size, int colorRGB) {
    Character character = new Character(c, CharacterStyleFactory.getStyle(font, size, colorRGB));
    chars.add(character);
  }
}
```

사실, 플라이웨이트 패턴은 JVM의 쓰레기 수집garbage collection 기능과는 상성이 좋지 않다. 팩터리 클래스가 항상 플라이웨이트 클래스의 객체에 대한 참조를 유지하기 때문에 플라이웨이트 클래스의 객체는 코드에서 전혀 사용되고 있지 않은 상황에서도 JVM의 쓰레기 수집 기능에 의해 자동으로 메모리 회수가 일어나지 않는다. 객체의 수명이 짧은데다 사용이 그다지 많지 않다면 메모리를 절약하기 위해 사용한 플라이웨이트 패턴이 오히려 더 많은 메모리를 낭비할 수도 있다. 따라서 플라이웨이트 패턴을 사용한 결과 실제로 메모리를 크게 절약할 수 있다는 결과를 확인하지 못했다면 이 패턴을 남용해서는 안 된다. 약간의 메모리 절약을 위해 복잡한 디자인 패턴을 도입하는 것은 얻는 것보다 잃는 게 더 많을 수 있음을 명심하기 바란다.

7.7.3 Java의 Integer에서 플라이웨이트 패턴 적용

먼저 다음 Java 코드를 살펴보자. 이 코드의 결과는 무엇일까?

```java
Integer i1 = 56;
Integer i2 = 56;
Integer i3 = 129;
Integer i4 = 129;
System.out.println(i1 == i2);
System.out.println(i3 == i4);
```

Java에 익숙하지 않다면 i1과 i2의 값이 모두 56이므로, 첫 번째 println() 함수의 결과가 true 이고, 마찬가지로 i3와 i4의 값이 모두 129이므로, 두 번째 println() 함수의 결과도 true라고 생각하기 쉽다. 하지만 잘못된 생각이다. 이 코드를 제대로 분석하려면 먼저 두 가지 질문에 답할 수 있어야 한다.

1) 오토박싱autoboxing과 언박싱unboxing이란?

2) Java에서 두 개의 객체가 동일한지 어떻게 확인할 수 있을까? 코드에서 == 연산자는 무슨 의미인가?

Java는 표 7.3과 같이 원시 형식primitive type에 대응하는 래퍼 클래스 유형을 제공한다.

표 7.3 원시 형식에 대응하는 Java의 래퍼 클래스 유형

원시 형식	대응 래퍼 클래스 유형
int	Integer
long	Long
float	Float
double	Double
boolean	Boolean
short	Short
byte	Byte
char	Character

오토박싱과 언박싱은 원시 형식과 래퍼 클래스 유형 사이의 변환을 의미한다. 오토박싱은 원시 형식을 자동으로 대응하는 래퍼 클래스 유형으로 변환하는 것을 말하며, 언박싱은 래퍼 클래스 유형을 원시 형식으로 변환하는 것을 말한다. 관련 예제 코드는 다음과 같다.

```
Integer i = 56;  // 오토 박싱
int j = i;  // 언박싱
```

56이라는 값은 int 유형의 원시 유형이지만, Integer 형식의 래퍼 클래스 유형 변수에 할당되면, 오토박싱에 의해 Integer 유형의 객체 i를 생성하고, 객체에 해당 값을 저장한다. Integer i = 59 구문을 오토박싱 없이 코드로 구현해야 한다면 Integer i = Integer.valueOf(59) 구문을 실행해야 할 것이다. 반대로 int 원시 유형의 변수 j에 앞에서 생성한 래퍼 클래스 유형의 객체 i를 대입하면 언박싱에 의해 i의 데이터를 객체에서 추출해 j에 저장하게 된다. int j = i 구문은 언박싱 없이 코드로 구현할 경우 int j = i.intValue() 구문이 실행된다.

이어서 Java 객체가 메모리에 저장되는 방식을 살펴보자. User a = new User(123, 23) 구문이 실제 메모리에 저장되는 구조는 그림 7.2와 같다. a에 의해 저장된 값은 User 클래스 객체의 메모리 주소이며, User 클래스의 객체와 화살표로 연결하는 방식으로 그려져 있다. Java에서 두 객체를 == 연산자로 비교하는 것은 실제로는 두 지역 변수에 저장된 주소가 동일한지, 다시 말해 같은 객체를 가리키는 것인지 판단하는 것이다.

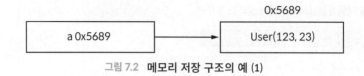

그림 7.2 **메모리 저장 구조의 예 (1)**

이번 절의 시작 부분에서 보았던 코드로 다시 돌아가보자. 먼저 오토박싱에 의해 Integer 클래스의 객체 i1, i2, i3, i4를 생성한다. 그리고 i1과 i2에는 56을 저장하고, i3와 i4에는 129를 저장한다. 이때 i1과 i2에 저장된 값 자체는 56으로 동일하나, Integer 객체 i1과 Integer 객체 i2의 메모리 주소가 다르기 때문에 == 연산자를 사용하여 비교한 결과는 false가 된다고 생각할 수 있다. 마찬가지로 두 번째 비교에서도 동일한 결과를 얻는다.

하지만 실제로 코드를 실행해보면 둘 다 true도 false도 아닌 true와 false를 하나씩 반환한다. 이런 예상 외의 결과가 나오는 이유는 바로 Integer 클래스가 플라이웨이트 패턴을 통해 객체를 재사용하기 때문이다. 이를 확인하기 위해 Integer 클래스의 valueOf() 함수의 소스 코드를 살펴보자. 만약 오토박싱을 통해 valueOf() 함수를 호출하여 Integer 클래스의 객체를 생성할 때, 객체의 값이 -128~127의 범위 내에 있으면 IntegerCache 클래스의 객체를 직접 반환하고, 그렇지 않으면 새로운 객체를 만든다.

```
public static Integer valueOf(int i) {
  if (i >= IntegerCache.low && i <= IntegerCache.high) {
      return IntegerCache.cache[i + (-IntegerCache.low)];
  return new Integer(i);
}
```

사실 IntegerCache 클래스는 이름이 Factory로 끝나지 않는다는 점을 제외하면 플라이웨이트 클래스의 객체를 생성하는 팩터리 클래스라고 할 수 있다. IntegerCache 클래스의 실제 코드 구현은 다음과 같으며, Integer 클래스의 내부 클래스이므로 JDK의 소스 코드에서 직접 확인할 수도 있다.

```
/**
 * Cache to support the object identity semantics of autoboxing for values between
   -128 and 127 (inclusive) as required by JLS.

 *
 * The cache is initialized on first usage. The size of the cache
 * may be controlled by the {@code -XX:AutoBoxCacheMax=<size>} option.
```

```
 * During VM initialization, java.lang.Integer.IntegerCache.high property
 * may be set and saved in the private system properties in the
 * sun.misc.VM class.
 */
private static class IntegerCache {
    static final int low = -128;
    static final int high;
    static final Integer cache[];
    static {
        // high value may be configured by property
        int h = 127;
        String integerCacheHighPropValue = sun.misc.VM.getSavedProperty("java.lang.Integer.
IntegerCache.high");
        if (integerCacheHighPropValue != null) {
            try {
                int i = parseInt(integerCacheHighPropValue);
                i = Math.max(i, 127);
                // Maximum array size is Integer.MAX_VALUE
                h = Math.min(i, Integer.MAX_VALUE - (-low) -1);
            } catch (NumberFormatException nfe) {
                // If the property cannot be parsed into an int, ignore it.
            }
        }
        high = h;
        cache = new Integer[(high - low) + 1];
        int j = low;
        for(int k = 0; k < cache.length; k++) {
            cache[k] = new Integer(j++);
        // range [-128, 127] must be interned (JLS7 5.1.7)
        assert IntegerCache.high >= 127;
    }
    private IntegerCache() {}
}
```

그렇다면 IntegerCache 클래스가 -128에서 127 사이의 정숫값만 캐시하는 이유는 무엇일까?

IntegerCache 클래스의 코드 구현에서 IntegerCache 클래스가 로드될 때 캐시된 플라이웨이트 클래스의 객체가 처음에 한꺼번에 생성된다는 것을 알 수 있다. 하지만 사실 4바이트 크기의 모든 정수를 전부 캐시에 담으려면 171억 바이트, 즉 1GB에 가까운 메모리가 필요하기 때문에 IntegerCache 클래스에 모든 정숫값을 미리 생성하는 것은 불가능하고, 설령 담을 수 있더라도 IntegerCache 클래스를 적재하는 시간도 매우 오래 걸릴 것이다. 따라서 IntegerCache 클래스는 일반적으로 사용되는 1바이트 크기의 정숫값만 캐시하는 것이다.

물론 JDK는 캐시의 최댓값을 원하는 값으로 지정할 수 있는 방법도 제공한다. 애플리케이션의 JVM 메모리 사용량을 분석하여 -128에서 255 사이의 값이 많은 메모리를 차지한다는 것을 알게 되면 다음과 같이 캐시의 최댓값을 255로 조정할 수 있다. 단, 캐시의 최댓값만 변경이 가능하고, 캐시의 최솟값은 변경할 수 없다는 점에 유의하자.

```
-Djava.lang.Integer.IntegerCache.high=255  // 첫 번째 방법
-XX:AutoBoxCacheMax=255  // 두 번째 방법
```

이제 이번 절의 시작 부분에서 제기된 질문으로 다시 돌아가보자. 56은 -128과 127 사이에 있으므로 i1과 i2는 IntegerCache 플라이웨이트 클래스에서 반환하는 동일한 객체를 가리킨나. 따라서 첫 번째 비교문인 System.out.println(i1 == i2) 문은 true를 반환한다. 그러나 129는 127보다 크기 때문에 IntegerCache 플라이웨이트 클래스에 의해 캐시되지 않으며, 결국 valueOf() 함수가 매번 호출되고 그때마다 새로운 객체가 생성된다. 따라서 i3와 i4는 서로 다른 Integer 클래스를 반환하고, 두 번째 비교문인 System.out.println(i3 == i4) 문은 false를 반환한다.

사실 Integer 유형 외에도 Long, Short, Byte 같은 다른 래퍼 클래스 유형도 플라이웨이트 패턴을 사용하여 -128에서 127 사이의 데이터를 캐시한다. 예를 들어 Long 타입에 해당하는 LongCache 팩터리 클래스와 valueOf() 함수의 코드는 다음과 같다.

```
private static class LongCache {
    private LongCache() {}
    static final Long cache[] = new Long[-(-128) + 127 + 1];
    static {
        for (int i = 0; i < cache.length; i++) {
            cache[i] = new Long(i - 128);
        }
    }
}

public static Long valueOf(long l) {
    final int offset = 128;
    if (l >= -128 && l <= 127) {
        return LongCache.cache[(int)l + offset];
    }
    return new Long(l);
}
```

일반적으로 Integer 객체를 생성하는 방법은 세 가지로 나뉘며, 그중 첫 번째 방법을 제외한 두 번째와 세 번째 방법 사용을 권장한다.

```
Integer a = new Integer(123);
Integer a = 123;
Integer a = Integer.valueOf(123);
```

그 이유는 첫 번째 방법은 IntegerCache 클래스를 사용하지 않지만, 두 번째와 세 번째 방법은 IntegerCache 클래스를 사용한 공유 객체를 반환하기 때문에 메모리를 절약할 수 있기 때문이다. 극단적으로 -128에서 127 사이의 Integer 클래스 객체를 1만 개 생성해야 한다고 가정해보자. 첫 번째 방법을 사용하면 정직하게 1만 개의 Integer 객체에 대한 메모리 공간을 할당해야 하는 반면, 두 번째와 세 번째 방법을 사용하면 최대 256개의 Integer 객체만 할당하면 된다.

7.7.4 Java의 String에서 플라이웨이트 패턴 적용

앞 절에서는 Java의 Integer에서 플라이웨이트 패턴을 적용하는 방법을 알아보았고, 이번 절에서는 Java의 String에서 플라이웨이트 패턴을 적용하는 방법을 살펴보기로 한다. 마찬가지로 이번에도 코드부터 확인해보자. 이 코드의 출력 결과는 무엇일까?

```
String s1 = "J-Pub";
String s2 = "J-Pub";
String s3 = new String("J-Pub");
System.out.println(s1 == s2);
System.out.println(s1 == s3);
```

이 코드를 실행하면 첫 번째 비교문인 System.out.println(s1 == s2)은 true를 반환하고, 두 번째 비교문인 System.out.println(s1 == s3)은 false를 반환한다. Integer 클래스의 설계 사상과 유사하게 String 클래스 역시 플라이웨이트 패턴을 사용하여 J-Pub과 같은 동일한 문자열 상수를 재사용한다. 이 코드에 따른 메모리 저장 구조는 그림 7.3과 같다. JVM은 **문자열 상수 풀**string constant pool이라는 이름의 문자열 상수를 저장하는 특별한 저장 공간을 가지고 있다.

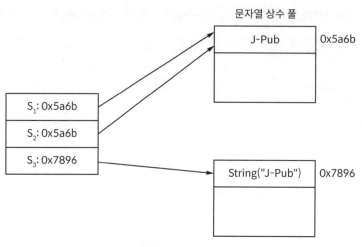

그림 7.3 메모리 저장 구조의 예 (2)

그러나 String 클래스의 플라이웨이트 패턴 설계는 Integer 클래스와는 좀 다르다. Integer 클래스에서 공유할 객체는 클래스가 적재될 때 한꺼번에 생성된다. 그러나 문자열은 어떤 문자열을 공유할지 미리 알 수 있는 방법이 없기 때문에 문자열 상수를 미리 생성할 수 없으며, 문자열 상수를 처음 사용할 때 문자열 상수 풀에 문자열 상수를 생성하여 저장한다. 이후 문자열 상수를 사용할 때는 새로 다시 생성할 필요 없이, 문자열 상수 풀에 존재하는 문자열 상수를 직접 꺼내어 사용한다.

7.7.5 플라이웨이트 패턴과 싱글턴 패턴, 캐시, 오브젝트 풀의 차이

플라이웨이트 패턴을 설명하면서 **공유, 캐시, 재사용**이라는 단어를 여러 번 언급했는데, 플라이웨이트 패턴과 싱글턴 패턴, 캐시, 오브젝트 풀의 차이점은 무엇인지 간단하게 비교해보자.

▶ **플라이웨이트 패턴과 싱글턴 패턴의 차이점**

싱글턴 패턴에서 클래스는 하나의 객체만 생성할 수 있는 반면, 플라이웨이트 패턴에서 클래스는 여러 객체를 생성할 수 있으며, 각각은 여러 코드에서 공유된다. 다시 말해, 플라이웨이트 패턴은 싱글턴 패턴의 변형인 다중 인스턴스 패턴과 다소 유사한 면이 있다. 두 가지 디자인 패턴을 구분할 때, 코드의 구현만 살펴볼 것이 아니라 설계 의도와 해당 디자인 패턴이 해결할 수 있는 문제에도 초점을 두고 관찰해야 한다. 코드 구현의 관점에서 보면 플라이웨이트 패턴과 다중 인스턴스 패턴은 많은 유사점을 가지고 있지만 설계 의도를 들여다보면 완전히 다르다. 플라이웨이트 패턴은 객체를 재사용해 메모리를 절약하는 데 목적이 있지만, 다중 인스턴스 패턴은 객체 수를 제한하는 데 목적이 있다.

플라이웨이트 패턴은 팩터리 클래스를 사용하여 생성된 객체를 **캐싱**한다. 여기서 **캐시**는 실제로 **저장소**를 의미하며 우리가 일반적으로 언급하는 데이터베이스 캐시, CPU 캐시, MemCache 캐시와는 다르다. 우리가 일반적으로 언급하는 캐시는 재사용을 위한 것이 아니라 주로 액세스 효율성을 개선하기 위한 것이기 때문이다.

▶ 플라이웨이트 패턴과 오브젝트 풀의 차이점

커넥션 풀과 스레드 풀은 대부분 익숙하지만 오브젝트 풀은 익숙하지 않은 경우가 많으므로, 먼저 오브젝트 풀이 무엇인지 간단히 살펴보고 넘어가자. C++ 같은 프로그래밍 언어에서 메모리 관리는 프로그래머가 직접 처리해야 한다. 이때 빈번한 객체 생성과 해제로 인한 메모리의 단편화fragmentation를 방지하기 위해 연속적인 메모리 공간을 미리 준비할 수 있고, 이러한 객체 풀을 오브젝트 풀이라고 한다. 객체가 생성될 때마다 객체 풀에서 객체를 꺼내서 사용하고, 객체의 사용이 끝나면 다시 객체 풀에 넣는다.

오브젝트 풀, 커넥션 풀, 스레드 풀, 플라이웨이트 패턴은 모두 재사용을 목적으로 한다고 말하지만, 이 **재사용**이라는 단어를 잘 음미해보면, 실제로 오브젝트 풀, 커넥션 풀, 스레드 풀 같은 풀링 기술에서 말하는 재사용과 플라이웨이트 패턴의 재사용은 다른 개념이라는 것을 알 수 있다.

풀링 기술의 재사용은 **반복 사용**이라는 말로 바꿀 수 있으며, 주요 목적은 매번 재생성하지 않고 기존의 객체를 가져오는 것을 통해 시간을 절약하는 것이다. 이때 풀에서 가져온 객체는 단독 사용만 가능하기 때문에, 다른 곳에서는 동시에 사용할 수 없다. 그리고 사용이 완료되면 해당 객체는 반납되어 풀로 되돌아가며, 그 때서야 다른 사용자가 해당 객체를 꺼내어 사용할 수 있다. 반면에 플라이웨이트 패턴의 재사용은 **공동 사용**이라는 말로 바꿀 수 있으며, 전체 라이프 사이클 내에서 모든 사용자가 객체를 공유하며, 주 목적은 시간이 아닌 공간을 절약하는 것이다.

7.7.6 생각해보기

1) 텍스트 편집기 예제 코드에서 `CharacterStyleFactory` 클래스의 `getStyle()` 메서드를 호출하면, `styles` 배열 전체를 순회하고 검색하는 데 많은 시간이 걸린다. 이를 어떻게 최적화할 수 있을지 생각해보자.

2) `IntegerCache` 클래스는 미리 지정된 정수 객체만 캐시할 수 있는데, 만약 이를 미리 캐싱하는 대신 `String` 클래스와 동일한 방식으로 실행 과정에서 정수 객체가 사용되는 시점에 새로 객체를 생성한 후, 재사용을 위해 `IntegerCache` 클래스에 넣는 것이 가능할지 생각해보자.

CHAPTER

행동 디자인 패턴

앞에서 생성 디자인 패턴이 주로 객체의 생성에 관련된 문제를 해결하고, 구조 디자인 패턴은 주로 클래스나 객체의 결합 문제를 해결한다는 것을 확인할 수 있었다. 이제 마지막으로 살펴볼 행동 디자인 패턴은 주로 클래스나 객체 간의 상호 작용 문제를 해결한다. 행동 디자인 패턴은 옵서버 패턴, 템플릿 메서드 패턴, 전략 패턴, 책임 연쇄 패턴, 상태 패턴, 반복자 패턴, 비지터 패턴, 메멘토 패턴, 커맨드 패턴, 인터프리터 패턴, 중재자 패턴의 11개로, 그 수가 비교적 많으며 고전적인 디자인 패턴 22개 중 절반을 차지한다.

8.1 옵서버 패턴

이번 절에서는 실제 개발에서 많이 사용되는 첫 번째 행동 디자인 패턴인 **옵서버 패턴**observer pattern에 대해 알아본다. 먼저 옵서버 패턴의 정의, 코드 구현, 의미, 적용 시나리오에 중점을 두고 설명한 후, 옵서버 패턴 기반의 비동기 비차단 EventBus 프레임워크를 구현해볼 것이다.

8.1.1 옵서버 패턴의 정의

옵서버 패턴은 **발행-구독 패턴**publish-subscribe pattern이라고도 한다. 옵서버 패턴을 《GoF의 디자인 패턴》에서는 다음과 같이 정의한다.

많은 객체들 사이에서 일대일 의존 관계가 정의되어 있을 때, 어느 한 객체의 상태가 변경되면 이 객체에 의존하고 있는 모든 객체는 자동으로 알림을 받는다.[1]

일반적으로 의존 대상이 되는 객체를 피관찰자, 즉 옵서버블observable이라고 하고, 의존하고 있는 객체를 관찰자, 즉 옵서버observer라고 한다. 실제 프로젝트 개발에서는 이 두 객체의 이름을 부르는 방식이 다양한데, 옵서버블은 Observable, Subject, Publisher, Producer, EventEmitter, Dispatcher 등으로도 불리며, 옵서버는 Observer, Subscriber, Consumer, EventListener, Listener 등으로 불린다. 하지만 이름이 무엇이든 시나리오가 앞에서 이야기했던 정의를 충족한다면 옵서버 패턴에 속한다.

8.1.2 옵서버 패턴의 코드 구현

사실 옵서버 패턴은 상대적으로 추상적인 패턴이기 때문에 매우 다양한 구현 방식이 존재할 수 있다. 여기에서는 먼저 많은 곳에서 사용되는 고전적인 방식을 살펴보겠다. 예제 코드는 다음과 같다.

```java
public interface Subject {
  void registerObserver(Observer observer);
  void removeObserver(Observer observer);
  void notifyObservers(Message message);
}

public interface Observer {
  void update(Message message);
}

public class ConcreteSubject implements Subject {
  private List<Observer> observers = new ArrayList<Observer>();

  @Override
  public void registerObserver(Observer observer) {
    observers.add(observer);
  }

  @Override
  public void removeObserver(Observer observer) {
    observers.remove(observer);
  }
```

---

1 원문은 다음과 같다. Define a one-to-many dependency between objects so that when one object changes state, all its dependents are notified and updated automatically.

```
    @Override
    public void notifyObservers(Message message) {
      for (Observer observer : observers) {
        observer.update(message);
      }
    }
  }

public class ConcreteObserverOne implements Observer {
  @Override
  public void update(Message message) {
    // TODO: 메시지 알림을 받고 코드 실행
    System.out.println("ConcreteObserverOne is notified.");
  }
}

public class ConcreteObserverTwo implements Observer {
  @Override
  public void update(Message message) {
    // TODO: 메시지 알림을 받고 코드 실행
    System.out.println("ConcreteObserverTwo is notified.");
  }
}

public class Demo {
  public static void main(String[] args) {
    ConcreteSubject subject = new ConcreteSubject();
    subject.registerObserver(new ConcreteObserverOne());
    subject.registerObserver(new ConcreteObserverTwo());
    subject.notifyObservers(new Message());
  }
}
```

이 코드는 옵서버 패턴의 **템플릿 코드**로, 옵서버 패턴의 일반적인 설계 사상을 살펴볼 수 있다. 실제 소프트웨어 개발에서 옵서버 패턴은 다양한 방식으로 구현되며, 클래스와 함수의 이름은 다양한 비즈니스 시나리오에 따라 달라질 수 있다. 예를 들어 register는 attach, remove는 detach로 대체될 수 있다. 그러나 대부분 일반적인 설계 사상은 거의 엇비슷하다.

8.1.3 옵서버 패턴의 의미

옵서버 패턴의 정의와 코드 구현은 매우 간단하다. 이번 절에서는 옵서버 패턴이 어떤 문제를 해결할 수 있는지 이야기해보자.

P2P 투자와 자산 관리 시스템을 개발 중이라고 가정해보자. 사용자 등록을 성공적으로 마치면, 사용자에게 시스템의 체험에 사용할 수 있는 프로모션 캐시를 준다고 할 때 해당 코드는 다음과 같다.

```java
public class UserController {
  private UserService userService;  // 의존성 주입
  private PromotionService promotionService;  // 의존성 주입

  public Long register(String telephone, String password) {
    // 입력 매개변수의 인증 코드 생략
    // userService.register() 예외 처리용 try-catch 코드 생략
    long userId = userService.register(telephone, password);
    promotionService.issueNewUserExperienceCash(userId);
    return userId;
  }
}
```

사용자 등록 인터페이스는 사용자 등록과 프로모션 캐시 발행이라는 두 가지 작업을 수행하기 때문에, 단일 책임 원칙에 위배되지만 더 이상 확장되거나 수정할 일이 없다면 현재 코드를 사용해도 무방하다. 옵서버 패턴을 굳이 사용하려 한다면 더 많은 클래스와 더 복잡한 코드 구조를 도입해야 하기 때문에 쓸데없이 과도한 설계에 불과하다.

반대로 요구 사항이 빈번하게 변경되어서 사용자가 등록을 마치면 이제 더 이상 프로모션 캐시를 발행하지 않고, 대신 쿠폰을 발급하고, 사용자에게 '등록을 환영합니다'라는 내부 메시지를 발송해야 한다면, register() 함수를 자주 수정해야 하는데, 이는 개방 폐쇄 원칙을 위반하는 것이다. 또한 사용자 등록 후 시스템에서 처리할 후속 작업이 점점 더 늘어난다면, register() 함수가 점점 더 복잡해지고, 결과적으로 코드의 가독성과 유지 보수성에 악영향을 미친다. 이 상황에서는 옵서버 패턴이 유용하다. 옵서버 패턴을 사용하여 리팩터링한 코드는 다음과 같다.

```java
public interface RegObserver {
  void handleRegSuccess(long userId);
}

public class RegPromotionObserver implements RegObserver {
  private PromotionService promotionService; // 의존성 주입
  @Override
  public void handleRegSuccess(long userId) {
    promotionService.issueNewUserExperienceCash(userId);
  }
}
```

```
public class RegNotificationObserver implements RegObserver {
  private NotificationService notificationService;
  @Override
  public void handleRegSuccess(long userId) {
    notificationService.sendInboxMessage(userId, "Welcome...");
  }
}

public class UserController {
  private UserService userService;  // 의존성 주입
  private List<RegObserver> regObservers = new ArrayList<>();

  // 한 번 설정하면 이후 동적으로 수정 불가능
  public void setRegObservers(List<RegObserver> observers) {
    regObservers.addAll(observers);
  }

  public Long register(String telephone, String password) {
    // 입력 매개변수의 인증 코드 생략
    // userService.register() 예외 처리용 try-catch 코드 생략
    long userId = userService.register(telephone, password);
    for (RegObserver observer : regObservers) {
      observer.handleRegSuccess(userId);
    }
    return userId;
  }
}
```

사용자가 성공적으로 등록되고, 사용자 등록 정보가 빅데이터 인증 시스템에 전달되는 것처럼 새로운 옵서버를 추가해야 하는 경우, 옵서버 패턴 기반 코드에서는 UserController 클래스의 register() 함수의 수정이 불필요하다. 대신 RegObserver 인터페이스를 구현하는 새로운 클래스를 추가하고 setRegObservers() 함수를 통해 UserController 클래스에 등록하면 된다.

그러나 처음에 사용자에게 보냈던 프로모션 캐시를 쿠폰으로 대체할 때 RegPromotionObserver 클래스에서 handleRegSuccess() 함수의 코드를 수정해야 하기 때문에 여전히 개방 폐쇄 원칙을 위반하고 있다. handleRegSuccess() 함수는 register() 함수보다 훨씬 간단하고 수정할 때 버그가 발생할 위험이 적기 때문에 사실상 handRegSuccess() 함수를 수정해도 무방하다.

지금까지 다양한 디자인 패턴에 대해 살펴봤는데, 사실 디자인 패턴의 가장 중요한 목적은 코드를 디커플링하는 것이다. 생성 디자인 패턴은 코드에서 객체 생성 코드를 디커플링하고, 구조 디자인 패턴은 서로 다른 기능을 가진 코드를 디커플링하며, 행동 디자인 패턴은 서로 다른 행동을 하는

코드를 디커플링하는 것이 목적이다. 그리고 옵서버 패턴은 옵서버의 코드와 옵서버블의 코드를 디커플링한다. 디자인 패턴을 통해 더 효율적인 코드 구조를 도입하고, 커다란 클래스를 단일 책임의 작은 클래스로 분할하는 것을 통해 개방 폐쇄 원칙, 높은 응집도와 낮은 결합도와 같은 특성을 만족시키고, 이를 통해 코드의 복잡성을 제어하고 코드의 확장성을 향상시킬 수 있다.

8.1.4 옵서버 패턴의 적용

옵서버 패턴에는 적용 가능한 다양한 시나리오가 존재한다. 작은 코드의 디커플링에서부터 대규모 시스템의 디커플링에 걸쳐 모두 옵서버 패턴을 사용할 수 있다. 이메일 구독이나 RSS 피드 같은 일부 제품의 설계 사상에도 옵서버 패턴의 설계 사상이 포함되어 있다.

또한 옵서버 패턴은 동기식 차단 옵서버 패턴과 비동기식 비차단 옵서버 패턴, 내부 프로세스 옵서버 패턴과 교차 프로세스 옵서버 패턴처럼 다양한 유형으로 세분화될 수 있다.

분류 방식의 관점에서 8.1.2절에서 언급한 옵서버 패턴은 **동기식 차단 옵서버 패턴**으로, 옵서버 코드와 옵서버블 코드가 동일한 스레드에서 실행되며 옵서버블 코드는 모든 관찰이 종료될 때까지 차단 상태에 놓이기 때문에, 그 뒤에 위치한 코드는 관찰이 완료된 후에나 실행된다. 위에서 언급한 사용자 등록 예제에 빗대어보면 `register()` 함수는 각 옵서버의 `handleRegSuccess()` 함수를 차례로 실행하며, `register()` 함수는 모든 `handleRegSuccess()` 함수가 실행되고 나서야 결과를 반환한다.

이때 등록된 인터페이스가 성능에 민감하고 자주 호출되기 때문에 응답 시간을 최대한 줄여야 한다면 **비동기식 비차단 옵서버 패턴**으로 변경할 수 있다. 이 패턴을 사용하면 `userService.register()` 함수가 실행될 때 새 스레드에서 `handleRegSuccess()` 함수를 실행하므로, `handleRegSuccess()` 함수가 전부 실행될 때까지 기다릴 필요가 없으며 하나의 함수가 실행된 후 결과가 즉시 클라이언트에게 반환된다. 기존에는 `userController.register()` 함수가 3개의 SQL 문이 실행된 후에 반환 처리를 했지만, 비동기식 비차단 옵서버 패턴을 사용할 경우 1개의 SQL 문만 실행되면 반환 처리가 이루어지므로 응답 시간이 3분의 1로 줄어든 것이다.

동기식 차단 옵서버 패턴과 비동기식 비차단 옵서버 패턴은 모두 동일 프로세스 기반의 옵서버 패턴이다. 만약 사용자 등록에 성공하면, 해당 사용자 정보를 빅데이터 인증 시스템으로 보내야 하는데, 이때 빅데이터 인증 시스템은 독립된 시스템이기 때문에, 이 시스템과의 상호 작용에는 교차 프로세스가 필요하다. 그렇다면 **교차 프로세스 옵서버 패턴**을 구현하는 방법은 무엇일까?

빅데이터 인증 시스템에서 사용자 등록 정보를 수신하기 위한 RPC 인터페이스를 제공하고 있다면 앞의 설계 방식을 그대로 사용하여 handleRegSuccess() 함수에서 RPC 인터페이스를 호출하여 데이터를 보낼 수 있다. 그러나 굳이 RPC가 아니어도 메시지 대기열 기반의 우아하고 일반적인 방법도 있다.

물론 메시지 대기열 기반의 방식 역시 메시지 대기열이라는 새로운 시스템을 도입해야 하기 때문에 유지 관리 비용이 증가한다는 단점이 있지만, 얻을 수 있는 이점이 매우 분명하다. 앞의 설계 방식에서는 옵서버를 옵서버블에 등록해야 하며, 옵서버블은 메시지를 보내기 위해 모든 옵서버를 차례대로 탐색해야 한다. 메시지 대기열에 기반한 구현에서는 옵서버와 옵서버블의 디커플링이 훨씬 철저하기 때문에 두 부분의 결합도가 훨씬 낮다. 옵서버블은 옵서버의 존재를 전혀 인식할 수 없으며, 옵서버 역시 옵서버블의 존재를 전혀 인식하지 못한다. 옵서버블은 메시지 대기열에 메시지를 보내는 역할만 하고, 옵서버는 메시지 대기열에서 메시지를 읽어 해당 논리를 실행하는 역할만 담당한다.

요약하면, 동기식 차단 옵서버 패턴은 코드 디커플링을 주 목적으로 하고, 비동기식 비차단 옵서버 패턴은 코드 디커플링에 더해 코드의 효율적인 실행을 주 목적으로 한다. 교차 프로세스 옵서버 패턴은 일반적으로 메시지를 기반으로 하며, 디커플링이 훨씬 철저한데, 주로 서로 다른 프로세스 사이에서 옵서버와 옵서버블의 상호 작용을 실현하는 것을 주 목적으로 한다.

8.1.5 비동기식 비차단 옵서버 패턴

비동기식 비차단 옵서버 패턴을 범용성과 재사용성을 고려하지 않고 단순화한 버전을 구현하는 것은 매우 쉽다. 구현에는 두 가지 방식이 있는데, 첫 번째는 handleRegSuccess() 함수에서 새로운 스레드를 생성해 코드를 실행하는 것이고, 두 번째는 UserController 클래스의 register() 함수에서 스레드 풀을 사용하여 모든 옵서버의 handleRegSuccess() 함수를 각각 실행하는 것이다. 이 두 가지 방식의 코드를 다음과 같이 정리했다.

```java
// 첫 번째 구현: 다른 클래스의 코드는 변경되지 않으므로 생략
public class RegPromotionObserver implements RegObserver {
  private PromotionService promotionService;  // 의존성 주입

  @Override
  public void handleRegSuccess(Long userId) {
    Thread thread = new Thread(new Runnable() {
```

```
      @Override
      public void run() {
        promotionService.issueNewUserExperienceCash(userId);
      }
    });
    thread.start();
  }
}

// 두 번째 구현: 다른 클래스의 코드는 변경되지 않으므로 생략
public class UserController {
  private UserService userService;   // 의존성 주입
  private List<RegObserver> regObservers = new ArrayList<>();
  private Executor executor;

  public UserController(Executor executor) {
    this.executor = executor;
  }

  public void setRegObservers(List<RegObserver> observers) {
    regObservers.addAll(observers);
  }

  public Long register(String telephone, String password) {
    // 입력 매개변수의 인증 코드 생략
    // userService.register() 예외 처리용 try-catch 코드 생략
    long userId = userService.register(telephone, password);
    for (RegObserver observer : regObservers) {
      executor.execute(new Runnable() {
        @Override
        public void run() {
          observer.handleRegSuccess(userId);
        }
      });
    }
    return userId;
  }
}
```

첫 번째 방식은 스레드를 빈번하게 생성한 후 소멸시키기 때문에 실행 시간이 오래 걸리며, 스레드가 동시에 실행되는 개수를 제어할 수 없기 때문에, 스레드를 너무 많이 생성하면 스택 오버플로가 발생한다. 두 번째 방식은 첫 번째 방식의 문제를 해결하기 위해, 스레드 풀을 사용하지만, register() 함수에 스레드 풀과 비동기 실행 논리가 포함되어 비즈니스 코드의 복잡성과 유지 비용이 증가하는 문제가 있다. 이 밖에도 요구 사항이 지나치게 엄격히 까다로워 동기 차단 방식과

비동기 비차단 방식 간에 유연한 전환이 필요하다면, `UserController` 클래스의 코드가 쉬지 않고 계속 수정되어야 한다. 게다가 프로젝트에서 두 개 이상의 비즈니스 모듈이 비동기 비차단 옵서버 패턴을 사용해야 한다면 이 코드를 재사용할 수는 없다.

프레임워크의 역할에는 구현의 세부 정보 숨기기, 개발 난이도 낮추기, 코드 재사용 실현하기, 주요 비즈니스 코드와 그렇지 않은 코드의 디커플링뿐만 아니라 프로그래머가 비즈니스 개발에만 집중할 수 있도록 하는 것까지도 포함된다. 비동기식 비차단 옵서버 패턴은 EventBus라는 프레임워크를 통한 추상화를 기반으로 이 같은 효과를 얻을 수 있다.

8.1.6 EventBus 프레임워크

EventBus는 옵서버 패턴을 구현하는 **백본**backbone 코드를 제공하기 때문에, 직접 하나하나 구현하지 않아도 이 프레임워크를 기반으로 옵서버 패턴을 쉽게 구현할 수 있다. 그중에서도 Google Guava의 EventBus는 비동기식 비차단 옵서버 패턴뿐만 아니라 동기식 차단 옵서버 패턴도 지원하기 때문에 많이 사용되는 EventBus 프레임워크다. Guava의 EventBus를 사용하여 사용자 등록 예제를 다시 구현한 코드는 다음과 같다.

```java
public class UserController {
  private UserService userService;  // 의존성 주입
  private EventBus eventBus;
  private static final int DEFAULT_EVENTBUS_THREAD_POOL_SIZE = 20;

  public UserController() {
    // eventBus = new EventBus();  // 동기식 차단 옵서버 패턴
    eventBus = new AsyncEventBus(Executors.newFixedThreadPool (DEFAULT_EVENTBUS_THREAD_POOL_
SIZE)); // 비동기식 비차단 옵서버 패턴
  }

  public void setRegObservers(List<Object> observers) {
    for (Object observer : observers) {
      eventBus.register(observer);
    }
  }

  public Long register(String telephone, String password) {
    // 입력 매개변수의 인증 코드 생략
    // userService.register() 예외 처리용 try-catch 코드 생략
    long userId = userService.register(telephone, password);
    eventBus.post(userId);
    return userId;
```

```
  }
}

public class RegPromotionObserver {
  private PromotionService promotionService;  // 의존성 주입
  @Subscribe
  public void handleRegSuccess(Long userId) {
    promotionService.issueNewUserExperienceCash(userId);
  }
}

public class RegNotificationObserver {
  private NotificationService notificationService;
  @Subscribe
  public void handleRegSuccess(Long userId) {
    notificationService.sendInboxMessage(userId, "...");
  }
}
```

큰 프로세스의 관점에서 보면 EventBus 프레임워크가 구현하는 옵서버 패턴의 설계 방식은 직접 옵서버 패턴을 구현하는 것과 거의 같다. 두 방식 모두 옵서버를 정의하고, register() 함수를 통해 옵서버를 등록해야 한다. 또한 EventBus의 post() 함수 같은 지정된 함수로 옵서버에게 메시지[2]를 보내야 한다. 그러나 세부적으로 들어가면 몇 가지 차이점이 있다. EventBus를 기반으로 옵서버 추상 인터페이스를 정의할 필요 없이, EventBus에 모든 유형의 객체를 등록할 수 있으며, @Subscribe 애너테이션을 사용하여 클래스의 어떤 함수가 옵서버의 메시지를 받을지를 지정할 수 있다.

이어서 Guava EventBus의 중요한 클래스, 함수, 애너테이션에 대해 알아보자.

❶ EventBus와 AsyncEventBus 클래스

Guava EventBus 프레임워크가 노출하고 있는 모든 호출 가능한 인터페이스는 EventBus 클래스에 캡슐화되어 있다. EventBus 클래스는 동기 차단 옵서버 패턴을 구현하며, AsyncEventBus 클래스는 EventBus 클래스를 상속받아 비동기 비차단 옵서버 패턴을 구현한다. 사용 방법은 다음과 같다.

```
// 동기식 차단 옵서버 패턴
EventBus eventBus = new EventBus();
```

---

2   EventBus에서는 메시지를 event라고 한다.

```
// 비동기식 비차단 옵서버 패턴
EventBus eventBus = new AsyncEventBus(Executors.newFixedThreadPool(8));
```

❷ register() 함수

EventBus 클래스에서 제공하는 register() 함수는 옵서버를 등록하는 함수로 구체적인 정의는
다음과 같다. 고전적인 옵서버 패턴 구현의 register() 함수가 동일한 인터페이스를 구현하는 옵
서버만 등록할 수 있는 반면, EventBus 클래스의 register() 함수는 Object 형으로 선언되어 있
기 때문에 모든 유형의 옵서버를 등록할 수 있다.

```
public void register(Object object);
```

❸ unregister() 함수

register() 함수에 대응하여 unregister() 함수는 EventBus 클래스에서 옵서버를 삭제하는 함
수로, 구체적인 정의는 다음과 같다.

```
public void unregister(Object object);
```

❹ post() 함수

EventBus 클래스의 post() 함수는 옵서버에게 메시지를 보낼 때 사용되는 함수로, 구체적인 정의
는 다음과 같다.

```
public void post(Object event);
```

고전적인 옵서버 패턴과의 차이점은 post() 함수로 메시지를 보낼 때 모든 옵서버에게 전송되는
것이 아니라, 일치시킬 수 있는 옵서버에게만 전송된다는 점이다. 수신할 수 있는 메시지 유형이
post() 함수가 보낸 event 유형의 상위 클래스일 때 일치시킬 수 있다고 이야기한다. 다음 코드를
통해 설명해보면 AObserver가 받을 수 있는 메시지 타입은 XMsg이고, BObserver가 받을 수 있는
메시지 타입은 YMsg이고, CObserver가 받을 수 있는 메시지 타입은 ZMsg이며, XMsg는 YMsg의 상
위 클래스다.

```
XMsg xMsg = new XMsg();
YMsg yMsg = new YMsg();
ZMsg zMsg = new ZMsg();
post(xMsg); => Aobserver가 메시지 수신
post(yMsg); => Aobserver, Bobserver가 메시지 수신
post(zMsg); => Cobserver가 메시지 수신
```

각각의 Observer가 수신할 수 있는 메시지 유형을 정의하기 위해 사용되는 Guava EventBus의 특수 기능 중 하나인 @Subscribe 애너테이션에 대해 알아보자.

5 @Subscribe 애너테이션

EventBus 프레임워크는 @Subscribe 애너테이션을 사용하여 함수가 수신할 수 있는 메시지 유형을 표현하며, 구체적인 사용 코드는 다음과 같다.

```
public DObserver {
  // ...일부 속성과 메서드 생략...

  @Subscribe
  public void f1(PMsg event) { ... }

  @Subscribe
  public void f2(QMsg event) { ... }
}
```

DObserver 클래스에서 함수 f1()과 f2()에 @Subscribe 애너테이션을 추가했는데, DObserver 클래스의 객체가 register() 함수로 EventBus 클래스에 등록되면 EventBus 클래스는 @Subscribe 애너테이션에 따라 함수 f1()과 f2()를 찾아 f1→PMsg, f2→QMsg와 같이 해당 함수가 받을 수 있는 메시지 유형을 기록해둔다. post() 함수를 통해 QMsg 형식의 메시지를 보내면 EventBus 클래스는 앞에서 기록해둔 메시지 유형을 통해 적절한 함수인 f2()를 호출한다.

8.1.7 EventBus 프레임워크를 처음부터 구현하기

이번 절에서는 EventBus 클래스의 두 가지 핵심 함수인 register(), post()의 구현 원리에 초점을 맞춘다. 이 함수들을 이해하면 기본적으로 전체 EventBus 프레임워크를 이해한 것과 마찬가지라고 할 수 있다. 이 함수들의 구현 원리는 그림 8.1에 나와 있다.

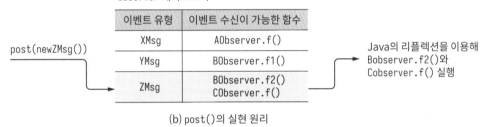

AObserver

```
@Subscribe
public void f(XMsg event){}
```

BObserver

```
@Subscribe
public void f1(YMsg event){}
@Subscribe
public void f2(ZMsg event){}
```

CObserver

```
@Subscribe
public void f(ZMsg event){}
```

register(Object observer)

Observer 레지스트리

이벤트 유형	이벤트 수신이 가능한 함수
XMsg	AObserver.f()
YMsg	BObserver.f1()
ZMsg	BObserver.f2() CObserver.f()

(a) register()의 실현 원리

Observer 레지스트리

post(newZMsg())

이벤트 유형	이벤트 수신이 가능한 함수
XMsg	AObserver.f()
YMsg	BObserver.f1()
ZMsg	BObserver.f2() CObserver.f()

Java의 리플렉션을 이용해
Bobserver.f2()와
Cobserver.f() 실행

(b) post()의 실현 원리

그림 8.1 register() **함수와** post() **함수의 구현 원리**

그림 8.1에서 볼 수 있듯이 Observer 레지스트리는 메시지 유형과 메시지를 수신할 수 있는 기능 간의 대응을 기록하는 주요 데이터 구조임을 알 수 있다. 옵서버를 등록하기 위해 register() 함수를 호출하면, EventBus 프레임워크는 @Subscribe 애너테이션을 분석하여 Observer 레지스트리를 생성한다. post() 함수를 호출하여 메시지를 보내면 EventBus 프레임워크는 Observer 레지스트리를 통해 메시지를 수신할 수 있는 함수를 찾은 다음, Java의 리플렉션을 통해 동적으로 함수를 실행한다. 동기 차단 옵서버 패턴이라면 EventBus 프레임워크는 스레드 내에서 해당 기능을 순서대로 실행하고, 비동기 비차단 옵서버 패턴이라면 스레드 풀을 통해 해당 기능을 실행한다.

이와 같은 원리를 이해하면 구현이 간단해진다. EventBus 프레임워크의 코드 구현에는 주로 한 종류의 애너테이션(@Subscribe)과 4개의 클래스(ObserverAction, ObserverRegistry, EventBus, AsyncEventBus)가 포함된다.

① @Subscribe 애너테이션

@Subscribe는 옵서버의 어떤 함수가 메시지를 수신할 수 있는지를 나타내는 애너테이션이다.

```
@Retention(RetentionPolicy.RUNTIME)
@Target(ElementType.METHOD)
@Beta
public @interface Subscribe {}
```

② ObserverAction 클래스

ObserverAction 클래스는 @Subscribe 애너테이션 주석을 사용하는 메서드를 표시하는 데 사용된다. target은 옵서버 클래스를 의미하고, method는 메서드를 의미한다. 주로 Observer 레지스트리인 ObserverRegistry 클래스에서 사용된다.

```java
public class ObserverAction {
  private Object target;
  private Method method;

  public ObserverAction(Object target, Method method) {
    this.target = Preconditions.checkNotNull(target);
    this.method = method;
    this.method.setAccessible(true);
  }

  public void execute(Object event) { // event는 method의 매개변수
    try {
      method.invoke(target, event);
    } catch (InvocationTargetException | IllegalAccessException e) {
      e.printStackTrace();
    }
  }
}
```

③ ObserverRegistry 클래스

ObserverRegistry 클래스는 앞에서 언급했던 Observer 레지스트리다. 프레임워크의 핵심 논리 중 대부분이 이 클래스에 담겨 있다. 리플렉션 구문을 많이 사용하고 있지만 코드를 이해하기 그다지 어렵지 않은데, 그 트릭 중 하나는 CopyOnWriteArraySet을 사용하는 것이다.

CopyOnWriteArraySet이 데이터를 기록할 때 새로운 set을 만든 다음, 원본 데이터를 새로 만들었

던 set에 clone으로 복사를 실행한다. 복사가 완료되면 이전 set을 새로운 set으로 교환한다. 이러한 방식의 작업을 통해 데이터를 기록할 때 데이터 읽기 작업이 영향을 받지 않도록 하며, 데이터의 동시 읽기와 쓰기 문제를 해결할 수 있다. 또한 CopyOnWriteArraySet은 잠금을 통해 동시 쓰기 충돌을 방지한다.

```java
public class ObserverRegistry {
  private ConcurrentMap<Class<?>, CopyOnWriteArraySet<ObserverAction>> registry =
    new ConcurrentHashMap<>();

  public void register(Object observer) {
    Map<Class<?>, Collection<ObserverAction>> observerActions =
      findAllObserverActions(observer);

    for (Map.Entry<Class<?>, Collection<ObserverAction>> entry :
      observerActions.entrySet()) {
      Class<?> eventType = entry.getKey();
      Collection<ObserverAction> eventActions = entry.getValue();
      CopyOnWriteArraySet<ObserverAction> registeredEventActions =
        registry.get(eventType);

      if (registeredEventActions == null) {
        registry.putIfAbsent(eventType, new CopyOnWriteArraySet<>());

        registeredEventActions = registry.get(eventType);
      }

      registeredEventActions.addAll(eventActions);
    }
  }

  public List<ObserverAction> getMatchedObserverActions(Object event) {
    List<ObserverAction> matchedObservers = new ArrayList<>();
    Class<?> postedEventType = event.getClass();

    for (Map.Entry<Class<?>, CopyOnWriteArraySet<ObserverAction>> entry :
      registry.entrySet()) {
      Class<?> eventType = entry.getKey();
      Collection<ObserverAction> eventActions = entry.getValue();

      if (eventType.isAssignableFrom(postedEventType)) {
        matchedObservers.addAll(eventActions);
      }
    }

    return matchedObservers;
  }
```

```
  private Map<Class<?>, Collection<ObserverAction>> findAllObserverActions(Object
    observer) {
    Map<Class<?>, Collection<ObserverAction>> observerActions = new HashMap<>();
    Class<?> clazz = observer.getClass();

    for (Method method : getAnnotatedMethods(clazz)) {
      Class<?>[] parameterTypes = method.getParameterTypes();
      Class<?> eventType = parameterTypes[0];

      if (!observerActions.containsKey(eventType)) {
        observerActions.put(eventType, new ArrayList<>());
      }

      observerActions.get(eventType).add(new ObserverAction(observer, method));
    }

    return observerActions;
  }

  private List<Method> getAnnotatedMethods(Class<?> clazz) {
    List<Method> annotatedMethods = new ArrayList<>();

    for (Method method : clazz.getDeclaredMethods()) {
      if (method.isAnnotationPresent(Subscribe.class)) {
        Class<?>[] parameterTypes = method.getParameterTypes();

        Preconditions.checkArgument(parameterTypes.length == 1,
          "Method %s has @Subscribe annotation but has %s parameters."
          + "Subscriber methods must have exactly 1 parameter.",
          method, parameterTypes.length);
        annotatedMethods.add(method);
      }
    }

    return annotatedMethods;
  }
}
```

④ EventBus 클래스

동기식 차단 옵서버 패턴을 구현한 EventBus 클래스의 코드는 다음과 같다. 코드를 읽은 후 의아해할 수 있는데, EventBus 클래스가 분명히 스레드 풀 Executor를 사용하고 있는데 어떻게 동기식 차단 옵서버 패턴을 구현할 수 있을까? 실제로 MoreExecutors.directExecutor()는 Google Guava에서 제공하는 도구 클래스로, 멀티 스레딩을 사용하는 것처럼 보이지만 실제로는 단일 스레드다. 그럼에도 불구하고 이런 식으로 구현한 이유는 AsyncEventBus 클래스와 코드를 통합하여 코드를 재사용하기 위해서다.

```java
public class EventBus {
  private Executor executor;
  private ObserverRegistry registry = new ObserverRegistry();

  public EventBus() {
    this(MoreExecutors.directExecutor());
  }

  protected EventBus(Executor executor) {
    this.executor = executor;
  }

  public void register(Object object) {
    registry.register(object);
  }

  public void post(Object event) {
    List<ObserverAction> observerActions = registry.getMatchedObserverActions(event);

    for (ObserverAction observerAction : observerActions) {
      executor.execute(new Runnable() {
        @Override
        public void run() {
          observerAction.execute(event);
        }
      });
    }
  }
}
```

⑤ AsyncEventBus 클래스

EventBus 클래스를 재활용하면 AsyncEventBus 클래스의 구현이 간단해진다. AsyncEventBus 클래스는 비동기식 비차단 옵서버 패턴으로 인해 EventBus의 MoreExecutors.directExecutor()를 사용할 수 없으며, 생성자의 호출자가 스레드 풀에 직접 주입해야 한다.

```java
public class AsyncEventBus extends EventBus {
  public AsyncEventBus(Executor executor) {
    super(executor);
  }
}
```

지금까지 200줄 미만의 코드만으로 EventBus 프레임워크를 구현했고, 그 기능 면에서는 Google Guava의 EventBus와 거의 동일하다. 그러나 실제로 Google Guava에서 EventBus의 소스 코드를 살펴보면 일치하는 메시지 찾기 기능과 Observer 레지스트리를 최적화하는 등 세부적으로 많은 부분에서 최적화가 이루어져 있음을 알 수 있다. 따라서 시간이 있다면 Google Guava에서 EventBus의 소스 코드를 읽어보는 것을 추천한다.

8.1.8 생각해보기

8.1.6절에서 Guava EventBus를 사용하여 UserController 클래스를 다시 구현했다. 하지만 UserController 클래스는 여전히 스레드 풀을 생성하고 옵서버를 등록하는 등 옵서버 패턴과 관련된 비즈니스와 관련 없는 코드가 많이 남아 있다. 이 UserController 클래스를 어떻게 더 개선할 수 있을지 생각해보자.

8.2 템플릿 메서드 패턴 (1)

대부분의 디자인 패턴은 그 원리와 구현이 매우 간단하기 때문에 구현 코드 그 자체가 아니라 어떤 문제를 해결할 수 있는지 이해하는 것이 훨씬 중요하다. 물론 **템플릿 메서드 패턴**template method pattern도 예외는 아니며, 주로 재사용 문제와 확장 문제를 해결하기 위해 사용된다. 이번 절에서는 Java의 서블릿, InputStream 클래스, AbstractList 클래스, JUnit의 TestCase를 통해 템플릿 메서드 패턴에 대해 알아본다.

8.2.1 템플릿 메서드 패턴의 정의와 구현

템플릿 메서드 패턴을 《GoF의 디자인 패턴》에서는 다음과 같이 정의한다.

> 템플릿 메서드 패턴은 하나의 메서드 안에 정의된 알고리즘 골격으로, 일부 작업 단계를 하위 클래스로 넘길 수 있어 하위 클래스가 알고리즘의 전체 구조를 변경하지 않고 알고리즘의 일부 단계를 재정의할 수 있다.[3]

여기서 **알고리즘**은 넓은 의미의 **비즈니스 논리**에 가까우며, 흔히 생각하는 데이터 구조를 다루는

---

3 원문은 다음과 같다. Define the skeleton of an algorithm in an operation, deferring some steps to subclasses. Template Method lets subclasses redefine certain steps of an algorithm without changing the algorithm's structure.

알고리즘이 아님에 유의하자. 여기서 알고리즘 프레임워크가 바로 **템플릿**이며, 알고리즘 프레임워크를 포함하고 있는 메서드가 **템플릿 메서드**다.

템플릿 메서드 패턴의 원리와 구현은 매우 간단하다. 다음의 예제 코드는 하위 클래스에 의한 재정의를 피하기 위해 templateMethod() 함수를 final로 선언하고, 하위 클래스를 강제로 구현하기 위해 method1() 함수와 method2() 함수를 추상으로 선언한다. 하지만 이것들은 필수 사항이 아니며 실제 프로젝트 개발에서는 템플릿 메서드 패턴이 훨씬 더 유연하다.

```java
public abstract class AbstractClass {
  public final void templateMethod() {
    ...
    method1();
    ...
    method2();
    ...
  }

  protected abstract void method1();
  protected abstract void method2();
}

public class ConcreteClass1 extends AbstractClass {
  @Override
  protected void method1() {
    ...
  }

  @Override
  protected void method2() {
    ...
  }
}

public class ConcreteClass2 extends AbstractClass {
  @Override
  protected void method1() {
    ...
  }

  @Override
  protected void method2() {
    ...
  }
}
```

```
AbstractClass demo = ConcreteClass1();
demo.templateMethod();
```

8.2.2 템플릿 메서드 패턴의 역할: 재사용

템플릿 메서드 패턴은 알고리즘의 일정한 흐름을 상위 클래스의 템플릿 메서드 template
Method()로 추상화하고, 알고리즘이 변경되는 method1() 함수와 method2() 함수는 구현을 위해
하위 클래스 ConcreteClass1과 ConcreteClass2에 남겨둔다. 모든 하위 클래스는 상위 클래스의
템플릿 메서드에 의해 정의된 프로세스 코드를 재사용할 수 있는데, 이것이 템플릿 메서드 패턴의
용도 중 하나다.

❶ Java의 InputStream 클래스

Java IO 클래스 라이브러리에는 InputStream, OutputStream, Reader, Writer와 같이 템플릿 메서
드 패턴 기반으로 설계된 클래스가 다수 존재한다. 그중에서 InputStream 클래스의 코드를 예제
삼아 살펴보자. read() 함수는 데이터를 읽는 전 과정을 정의하는 템플릿 메서드로, 하위 클래스
별로 정의된 추상 메서드를 노출한다. 이 추상 메서드의 이름 역시 read()로 동일하지만, 매개변수
와 템플릿 메서드는 같지 않다.

```
public abstract class InputStream implements Closeable {
  // ...일부 코드 생략...

  public int read(byte b[], int off, int len) throws IOException {
    if (b == null) {
      throw new NullPointerException();
    } else if (off < 0 || len < 0 || len > b.length - off) {
      throw new IndexOutOfBoundsException();
    } else if (len == 0) {
      return 0;
    }
    int c = read();
    if (c == -1) {
      return -1;
    }
    b[off] = (byte)c;
    int i = 1;
    try {
      for (; i < len ; i++) {
        c = read();
        if (c == -1) {
```

```
            break;
          }
          b[off + i] = (byte)c;
        }
      } catch (IOException ee) {
      }
      return i;
    }

    public abstract int read() throws IOException;
}

public class ByteArrayInputStream extends InputStream {
    // ...일부 코드 생략...

    @Override
    public synchronized int read() {
      return (pos < count) ? (buf[pos++] & 0xff) : -1;
    }
}
```

❷ Java의 AbstractList 클래스

Java의 AbstractList 클래스에서 addAll() 함수는 템플릿 메서드로 볼 수 있으며, add()는 하위 클래스가 재정의해야 하는 메서드에 해당한다. 하지만 add() 함수가 추상으로 선언되지 않은 경우에도 코드에서 UnsupportedOperationException 예외가 발생하기 때문에, 하위 클래스가 이 함수를 재정의해야 한다.

```
public boolean addAll(int index, Collection<? extends E> c) {
    rangeCheckForAdd(index);
    boolean modified = false;
    for (E e : c) {
        add(index++, e);
        modified = true;
    }
    return modified;
}

public void add(int index, E element) {
        throw new UnsupportedOperationException();
}
```

템플릿 메서드 패턴의 역할: 확장

템플릿 메서드 패턴의 두 번째 역할은 확장이다. 여기서 언급하는 확장은 코드의 확장성을 의미하는 것이 아니라 프레임워크의 확장성을 의미하며, 이는 3.5.1절에서 언급했던 제어 반전과 유사한 면이 있다. 이로 인해 템플릿 메서드 패턴은 프레임워크 개발에 자주 사용되며, 프레임워크 사용자는 프레임워크의 소스 코드를 추가로 수정하지 않아도 프레임워크의 기능을 다시 정의하는 것이 가능하다. Java의 서블릿과 Junit의 `TestCase` 클래스를 예로 들어 살펴보자.

❶ Java의 서블릿

Java 기반의 웹 프로젝트 개발에서 일반적으로 사용되는 개발 프레임워크는 Spring MVC다. 이 프레임워크를 사용하면 프레임워크 하단 계층의 설계 사상이나 구현 원칙에 대한 이해 없이도 비즈니스 코드의 작성에만 집중할 수 있다. 하지만 만약 이런 고급 프레임워크를 제쳐두고 웹 프로젝트를 개발한다는 선택을 했다면, 서블릿을 반드시 사용할 수밖에 없다. 비록 하단 계층이기는 하지만 서블릿을 사용하여 웹 프로젝트를 개발하는 것도 그리 어렵지는 않다. `HttpServlet`을 상속하는 클래스를 정의하고 get 요청을 처리하는 `doGet()` 메서드와 post 요청을 처리하는 `doPost()` 메서드를 재정의하면 된다. 예제 코드는 다음과 같다.

```
public class HelloServlet extends HttpServlet {
  @Override
  protected void doGet(HttpServletRequest req, HttpServletResponse resp) throws
ServletException, IOException {
      this.doPost(req, resp);
  }

  @Override
  protected void doPost(HttpServletRequest req, HttpServletResponse resp) throws
ServletException, IOException {
      resp.getWriter().write("Hello World.");
  }
}
```

또한 `web.xml` 설정 파일에서 다음 설정을 추가해야 한다. Tomcat, Jetty 같은 서블릿 컨테이너가 시작될 때 이 설정 파일에서 URL과 서블릿 사이의 연결 관계를 자동으로 읽어온다.

```
<servlet>
    <servlet-name>HelloServlet</servlet-name>
    <servlet-class>com.jpub.cd.HelloServlet</servlet-class>
```

```
</servlet>
<servlet-mapping>
      <servlet-name>HelloServlet</servlet-name>
      <url-pattern>/hello</url-pattern>
</servlet-mapping>
```

웹 브라우저에 http://127.0.0.1:8080/hello 같은 URL을 입력하면 서블릿 컨테이너가 요청을
수신한 후, URL과 서블릿의 연결 관계에 따라 HelloServlet 서블릿을 찾고 그 안의 service()
메서드를 실행한다. service() 메서드는 상위 클래스인 HttpServlet 클래스에 정의되어 있으며,
상황에 따라 doGet() 메서드 또는 doPost() 메서드를 호출해 데이터인 Hello World.를 웹 페이
지에 출력한다. HttpServlet 클래스의 service() 함수 구현은 다음과 같다.

```java
public void service(ServletRequest req, ServletResponse resp) throws ServletException,
IOException {
  HttpServletRequest request;
  HttpServletResponse response;
  if (!(req instanceof HttpServletRequest && resp instanceof HttpServletResponse)) {
      throw new ServletException("non-HTTP request or response");
  }
  request = (HttpServletRequest)req;
  response = (HttpServletResponse)resp;
  service(request, response);
}

protected void service(HttpServletRequest req, HttpServletResponse resp) throws
ServletException, IOException {
    String method = req.getMethod();
    if (method.equals(METHOD_GET)) {
        long lastModified = getLastModified(req);
        if (lastModified == -1) {
            doGet(req, resp);
        } else {
            long ifModifiedSince = req.getDateHeader(HEADER_IFMODSINCE);
            if (ifModifiedSince < lastModified) {
                maybeSetLastModified(resp, lastModified);
                doGet(req, resp);
            } else {
                resp.setStatus(HttpServletResponse.SC_NOT_MODIFIED);
            }
        }
    } else if (method.equals(METHOD_HEAD)) {
        long lastModified = getLastModified(req);
        maybeSetLastModified(resp, lastModified);
```

```
            doHead(req, resp);
        } else if (method.equals(METHOD_POST)) {
            doPost(req, resp);
        } else if (method.equals(METHOD_PUT)) {
            doPut(req, resp);
        } else if (method.equals(METHOD_DELETE)) {
            doDelete(req, resp);
        } else if (method.equals(METHOD_OPTIONS)) {
            doOptions(req, resp);
        } else if (method.equals(METHOD_TRACE)) {
            doTrace(req, resp);
        } else {
            String errMsg = lStrings.getString("http.method_not_implemented");
            Object[] errArgs = new Object[1];
            errArgs[0] = method;
            errMsg = MessageFormat.format(errMsg, errArgs);
            resp.sendError(HttpServletResponse.SC_NOT_IMPLEMENTED, errMsg);
        }
    }
```

이 코드에서 알 수 있듯이 `HttpServlet` 클래스의 `service()` 메서드는 실제로 전체 HTTP 요청의 실행 프로세스를 포함하는 템플릿 메서드다. `doGet()` 메서드와 `doPost()` 메서드는 템플릿의 일부로, 하위 클래스에서 재정의할 수 있다. 실제로 이것은 서블릿 프레임워크가 확장 가능한 포인트를 제공하는 것과 마찬가지이므로, 서블릿 프레임워크의 소스 코드를 수정하지 않아도 프레임워크에 비즈니스 코드를 포함시킬 수 있다.

❷ JUnit의 TestCase 클래스

Java의 서블릿과 유사하게 JUnit 프레임워크는 재정의 가능한 `setUp()` 함수나 `tearDown()` 함수 등을 템플릿 메서드 패턴에 기반하여 제공하고 있다. JUnit 테스트 프레임워크로 단위 테스트 코드를 작성할 때, 단위 테스트 클래스는 프레임워크의 `TestCase` 클래스를 상속해야 한다. `TestCase` 클래스의 `runBare()` 함수는 테스트 케이스의 전체 흐름을 정의하는 템플릿 메서드다. 먼저 `setUp()` 메서드를 실행하여 몇 가지 준비 작업을 수행한 다음, `runTest()` 메서드를 실행하여 실제 테스트 코드를 실행하고, 마지막으로 `tearDown()` 메서드로 테스트에 사용된 리소스 등을 정리한다. `TestCase` 클래스의 코드 구현은 다음과 같은데, `setUp()` 함수와 `tearDown()` 함수는 추상 함수가 아니기 때문에 하위 클래스에게 구현을 강제하지는 않지만, 여전히 재정의가 가능하므로 템플릿 메서드 패턴이라 할 수 있다.

```
public abstract class TestCase extends Assert implements Test {
  public void runBare() throws Throwable {
    Throwable exception = null;
    setUp();
    try {
      runTest();
    } catch (Throwable running) {
      exception = running;
    } finally {
      try {
        tearDown();
      } catch (Throwable tearingDown) {
        if (exception == null) {
          exception = tearingDown;
        }
      }
    }

    if (exception != null) {
    throw exception;
    }
  }

  protected void setUp() throws Exception {}
  protected void tearDown() throws Exception {
   }
}
```

8.2.4 생각해보기

프레임워크의 클래스가 두 개의 템플릿 메서드를 노출하고 템플릿 메서드가 호출할 몇 개의 추상 메서드를 정의한다고 가정하면 코드는 다음과 같다. 그런데 이 클래스의 템플릿 메서드 중 하나만 사용하더라도 추상 메서드를 하위 클래스에 전부 구현해야 하는 문제가 있다. 이 문제를 어떻게 해결할지 생각해보자.

```
public abstract class AbstractClass {
  public final void templateMethod1() {
    ...
    method1();
    ...
    method2();
    ...
  }
```

```java
public final void templateMethod2() {
  ...
  method3();
  ...
  method4();
  ...
}

protected abstract void method1();
protected abstract void method2();
protected abstract void method3();
protected abstract void method4();
}
```

8.3 템플릿 메서드 패턴 (2)

8.2절에서 템플릿 메서드 패턴의 두 가지 역할이 재사용과 확장이라고 언급한 바 있다. 그런데 재사용과 확장 문제는 콜백callback을 통해서도 해결할 수 있기 때문에, 프레임워크, 클래스 라이브러리, 구성 요소 등을 설계할 때 종종 콜백이 사용된다. 이번 절에서는 콜백의 원리, 구현, 적용 방법 등을 소개한 후 템플릿 메서드 패턴과 콜백의 차이점에 대해 살펴보기로 한다.

8.3.1 콜백의 원리와 구현

일반 함수가 단방향 호출인데 반해 콜백은 양방향 호출 관계다. 클래스 A는 클래스 B에 함수 F를 콜백 함수로 미리 등록해두고, 클래스 A가 클래스 B의 P 함수를 호출하면, 클래스 B는 클래스 A가 등록해둔 F 함수를 차례로 호출한다. 클래스 A가 클래스 B를 호출하면, 다시 클래스 B가 클래스 A를 호출하는 메커니즘을 콜백이라고 한다.

그렇다면 클래스 A는 클래스 B에 어떤 방식으로 콜백 함수를 등록할까? 콜백을 등록하는 방식은 프로그래밍 언어에 따라 다른데, 예를 들면 C 언어는 함수 포인터를 사용하며, Java는 콜백 함수를 감싸는 클래스의 콜백 객체를 사용해야 한다. 다음 코드는 Java를 사용한 콜백의 사용 방법이다.

```java
public interface ICallback {
  void methodToCallback();
}

public class BClass {
  public void process(ICallback callback) {
```

```
      ...
      callback.methodToCallback();
      ...
    }
  }

  public class AClass {
    public static void main(String[] args) {
      BClass b = new BClass();
      b.process(new ICallback() {  // 콜백 객체
        @Override
        public void methodToCallback() {  // 콜백 함수
          System.out.println("Call back me.");
        }
      });
    }
  }
```

이 코드는 Java에서 콜백을 사용하는 일반적인 방식을 보여주고 있는데, 콜백을 통해 재사용과 확장을 사용할 수 있음을 알 수 있다. 콜백 함수 외에 BClass 클래스의 process() 함수의 논리를 모두 재사용할 수 있다. ICallback 클래스와 BClass 클래스가 프레임워크 코드이고, AClass 클래스가 프레임워크를 사용하는 코드일 때, methodToCallback() 함수를 통해 process() 함수의 일부분을 재지정할 수 있다. 다시 말해 프레임워크를 통한 확장이 가능하다.

실제로 콜백은 코드 설계뿐만 아니라 상위 수준의 아키텍처 설계에서도 종종 사용할 수 있다. 예를 들어 결제 기능이 타사 결제 시스템을 통해 구현되어 있는 경우, 일반적으로 사용자가 결제 요청을 시작한 후 결제 결과가 반환될 때까지 내부 동작을 알 수 없도록 차단되어 있는 대신, 타사 결제 시스템에 콜백 URL을 통해 콜백 인터페이스를 등록하고, 결과를 콜백 시스템을 통해 전달해 준다.

콜백은 동기식 콜백synchronized callback과 비동기식 콜백asynchronized callback으로 나뉜다. 동기식 콜백은 함수가 반환되기 전에 콜백 함수를 실행하는 것이고, 비동기식 콜백은 지연 콜백delayed callback이라고도 하며 함수가 반환된 후 콜백 함수를 실행하는 것이다. 따라서 이 코드는 동기식 콜백에 해당한다. 즉, process() 함수가 종료되기 전에 콜백 함수인 methodToCallback()이 실행된다. 비동기식 콜백의 예로는 앞에서 이야기한 타사 결제 시스템이 있다. 즉, 결제가 시작된 후 콜백 인터페이스가 호출될 때까지 기다릴 필요가 없다. 애플리케이션 관점에서 보면 동기식 콜백은 템플릿 메서드 패턴과 매우 유사하고, 비동기식 콜백은 옵서버 패턴과 매우 유사하다.

8.3.2 JdbcTemplate 클래스

Spring은 JdbcTemplate, RedisTemplate, RestTemplate 같이 다양한 템플릿 클래스를 제공한다. 클래스의 이름은 모두 Template으로 끝나지만, 템플릿 메서드 패턴이 아닌 동기식 콜백을 기반으로 구현되어 있다. 비록 템플릿 메서드 패턴이 아니지만 시나리오 측면에서는 템플릿 메서드 패턴과 동기식 콜백은 매우 유사하므로, 이 클래스는 모두 Template을 접미사로 사용한다.

이러한 Template 클래스들은 모두 유사한 설계 사상을 가지고 있으므로, 여기에서는 JdbcTemplate 클래스만 예를 들어 설명하겠다.

JDBC는 Java가 데이터베이스에 액세스하기 위한 공통 인터페이스로, 서로 다른 데이터베이스 작업 간의 차이를 캡슐화를 통해 보완한다. 다음 코드는 JDBC를 사용하여 사용자 정보를 조회하는 예제다.

```
public class JdbcDemo {
  public User queryUser(long id) {
    Connection conn = null;
    Statement stmt = null;
    try {
      // 1) 드라이버 로딩
      Class.forName("com.mysql.jdbc.Driver");
      conn = DriverManager.getConnection("jdbc:mysql://localhost:3306/demo", "jpub", "jpub");
      // 2) SQL 문을 실행하기 위한 Statement 클래스의 객체 생성
      stmt = conn.createStatement();
      // 3) ResultSet 클래스에 결과 저장
      String sql = "select * from user where id=" + id;
      ResultSet resultSet = stmt.executeQuery(sql);
      String eid = null, ename = null, price = null;
      while (resultSet.next()) {
        User user = new User();
        user.setId(resultSet.getLong("id"));
        user.setName(resultSet.getString("name"));
        user.setTelephone(resultSet.getString("telephone"));
        return user;
      }
    } catch (ClassNotFoundException e) {
      ...
    } catch (SQLException e) {
      ...
    } finally {
      if (conn != null) {
        try {
```

```
          conn.close();
        } catch (SQLException e) {
          ...
        }
      if (stmt != null) {
        try {
          stmt.close();
        } catch (SQLException e) {
          ...
        }
      }
    }
    return null;
  }
}
```

이 코드를 보면 알 수 있듯이 JDBC를 사용하여 직접 데이터베이스를 사용하는 것은 매우 번거롭다. queryUser() 함수에는 드라이버 적재, 데이터베이스 연결 생성, Statement 클래스 생성, 데이터베이스 연결 닫기, Statement 클래스 닫기, 예외 처리 등 실제 주요 비즈니스가 아니지만 데이터베이스를 처리할 때 필요한 절차를 위한 코드가 많이 포함되어 있다. 하지만 이러한 절차 코드는 다른 SQL 문을 실행할 때도 재사용할 수 있어야 한다.

절차 코드를 재사용하기 위해 Spring은 JDBC를 추가로 캡슐화하여 데이터베이스 프로그래밍을 단순화할 수 있는 JdbcTemplate 클래스를 제공한다. JdbcTemplate 클래스를 이용하여 사용자 정보를 조회한다면, 사용자 조회를 위한 SQL 문, 조회 결과와 User 클래스의 객체 간의 연결을 위한 SQL 문과 같이 업무와 관련된 코드만 작성하면 되며, 나머지 절차 코드는 JdbcTemplate 클래스에 캡슐화되어 있기 때문에 매번 다시 작성할 필요가 없다. 다음 코드는 앞의 사용자 정보 조회 코드를 JdbcTemplate 클래스로 다시 작성한 것으로, 훨씬 간단해진 것을 알 수 있다.

```
public class JdbcTemplateDemo {
  private JdbcTemplate jdbcTemplate;

  public User queryUser(long id) {
    String sql = "select * from user where id="+id;
    return jdbcTemplate.query(sql, new UserRowMapper()).get(0);
  }

  class UserRowMapper implements RowMapper<User> {
    public User mapRow(ResultSet rs, int rowNum) throws SQLException {
      User user = new User();
```

```
      user.setId(rs.getLong("id"));
      user.setName(rs.getString("name"));
      user.setTelephone(rs.getString("telephone"));
      return user;
    }
  }
}
```

그렇다면 JdbcTemplate 클래스는 구체적으로 이렇게 구현되어 있는지 소스 코드를 살펴볼 차례
다. JdbcTemplate 클래스는 매우 큰 클래스이기 때문에, 여기에서는 우리가 알아야 할 코드만 살
펴볼 것이다. JdbcTemplate 클래스는 콜백을 통해 변경되지 않은 실행 프로세스를 추출하여 템플
릿 메서드인 execute()에 넣고 변경되는 부분을 콜백 StatementCallback으로 정의한다.

```
// query() 함수는 execute() 함수의 2차 캡슐화로 사용이 더 편리함
@Override
public <T> T query(final String sql, final ResultSetExtractor<T> rse) throws DataAccessException {
  Assert.notNull(sql, "SQL must not be null");
  Assert.notNull(rse, "ResultSetExtractor must not be null");
  if (logger.isDebugEnabled()) {
    logger.debug("Executing SQL query [" + sql + "]");
  }
  return execute(new QueryStatementCallback());
}

// 콜백 클래스
class QueryStatementCallback implements StatementCallback<T>, SqlProvider {
  @Override
  public T doInStatement(Statement stmt) throws SQLException { // 콜백 함수
    ResultSet rs = null;
    try {
      rs = stmt.executeQuery(sql);
      ResultSet rsToUse = rs;
      if (nativeJdbcExtractor != null) {
        rsToUse = nativeJdbcExtractor.getNativeResultSet(rs);
      }
      return rse.extractData(rsToUse);
    }
    finally {
      JdbcUtils.closeResultSet(rs);
    }
  }
}

// execute()는 절차 코드가 포함된 템플릿 메서드
```

```
@Override
public <T> T execute(StatementCallback<T> action) throws DataAccessException {
  Assert.notNull(action, "Callback object must not be null");
  Connection con = DataSourceUtils.getConnection(getDataSource());
  Statement stmt = null;
  try {
    Connection conToUse = con;
    if (this.nativeJdbcExtractor != null && this.nativeJdbcExtractor.isNativeConnectionNecessary
ForNativeStatements()) {
      conToUse = this.nativeJdbcExtractor.getNativeConnection(con);
    }
    stmt = conToUse.createStatement();
    applyStatementSettings(stmt);
    Statement stmtToUse = stmt;
    if (this.nativeJdbcExtractor != null) {
     stmtToUse = this.nativeJdbcExtractor.getNativeStatement(stmt);
    }

    T result = action.doInStatement(stmtToUse); // 콜백 실행
    handleWarnings(stmt);
    return result;
  }
  catch (SQLException ex) {
    JdbcUtils.closeStatement(stmt);
    stmt = null;
    DataSourceUtils.releaseConnection(con, getDataSource());
    con = null;
    throw getExceptionTranslator().translate("StatementCallback", getSql(action), ex);
  }
  finally {
    JdbcUtils.closeStatement(stmt);
    DataSourceUtils.releaseConnection(con, getDataSource());
  }
}
```

8.3.3 setClickListener() 메서드

모바일 앱과 같은 클라이언트를 개발할 때 종종 컨트롤에 대한 이벤트 리스너event listener를 등록하여 사용한다. 다음 코드는 Android 앱에서 Button 컨트롤의 클릭 이벤트에 대한 리스너를 등록하는 코드다.

```
Button button = (Button)findViewById(R.id.button);
button.setOnClickListener(new OnClickListener() {
  @Override
```

```
  public void onClick(View v) {
    System.out.println("I am clicked.");
  }
});
```

onClick() 콜백 함수가 포함된 객체가 다른 함수로 전달되기 때문에 이 코드는 콜백과 매우 유사하며, 이벤트 리스너는 옵서버 패턴과 매우 유사하다. 옵서버 OnClickListener가 미리 등록되어 있고, 버튼이 클릭되면 클릭 이벤트가 옵서버에 전송되어 연결된 onClick() 함수가 실행된다.

앞서 언급했듯이 콜백은 동기식 콜백과 비동기식 콜백으로 나뉘며, 이 콜백은 비동기식 콜백에 해당한다. setOnClickListener() 함수에 콜백 함수를 등록하면, 콜백 함수가 실행될 때까지 기다릴 필요가 없기 때문이다. 따라서 비동기식 콜백은 옵서버 패턴과 매우 유사하다.

8.3.4 addShutdownHook() 메서드

개발 과정에서는 가로채기hook를 사용하는 경우가 있다. 가로채기와 콜백이 같은 것이지만 표현만 다른 것이라고 생각하는 경우도 있고, 또는 가로채기가 콜백의 응용이라고 생각하는 경우도 있다. 다시 말해 콜백은 구문과 동작 방식에 초점을 두는 표현이고, 가로채기는 응용 방식에 초점을 두고 있다.

고전적인 가로채기 응용 중에는 Tomcat과 JVM의 종료 가로채기가 있다. 예를 들어 JVM에서 제공하는 Runtime.addShutdownHook(Thread hook) 메서드를 통해 JVM이 종료될 때 실행될 스레드를 등록할 수 있고, JVM이 종료될 때 자동으로 등록된 스레드를 호출한다. 종료 가로채기를 사용하는 예제 코드는 다음과 같다.

```
public class ShutdownHookDemo {
  private static class ShutdownHook extends Thread {
    public void run() {
      System.out.println("I am called during shutting down.");
    }
  }

  public static void main(String[] args) {
    Runtime.getRuntime().addShutdownHook(new ShutdownHook());
  }
}
```

이어서 addShutdownHook() 함수의 구현 코드 중 일부를 살펴보자.

```java
public class Runtime {
  public void addShutdownHook(Thread hook) {
    SecurityManager sm = System.getSecurityManager();
    if (sm != null) {
      sm.checkPermission(new RuntimePermission("shutdownHooks"));
    }
    ApplicationShutdownHooks.add(hook);
  }
}

class ApplicationShutdownHooks {
  private static IdentityHashMap<Thread, Thread> hooks;

  static {
    try {
      hooks = new IdentityHashMap<>();
    } catch (IllegalStateException e) {
      hooks = null;
    }
  }

  static synchronized void add(Thread hook) {
    if (hooks == null) {
      throw new IllegalStateException("Shutdown in progress");
    }

    if (hook.isAlive()) {
      throw new IllegalArgumentException("Hook already running");
    }

    if (hooks.containsKey(hook)) {
      throw new IllegalArgumentException("Hook previously registered");
    }
    hooks.put(hook, hook);
  }

  static void runHooks() {
    Collection<Thread> threads;
    synchronized(ApplicationShutdownHooks.class) {
      threads = hooks.keySet();
      hooks = null;
    }
    for (Thread hook : threads) {
      hook.start();
    }
```

```
        for (Thread hook : threads) {
            while (true) {
                try {
                    hook.join();
                    break;
                } catch (InterruptedException ignored) {
                }
            }
        }
    }
}
```

이 코드에서 가로채기와 관련된 부분이 `ApplicationShutdownHooks` 클래스에 캡슐화되어 있음을 알 수 있다. 애플리케이션이 종료되면 JVM은 이 클래스의 `runHooks()` 메서드를 호출하여 다중 스레드를 생성하고 동시에 다중 가로채기를 실행한다. 가로채기가 등록된 후, 가로채기의 실행을 기다릴 필요가 없으므로 JVM의 종료 가로채기는 비동기식 콜백에 해당한다.

8.3.5 템플릿 메서드 패턴과 콜백의 차이점

응용 시나리오와 코드 구현의 관점에서 템플릿 메서드 패턴과 콜백을 비교해보자.

응용 시나리오의 관점에서 보면 동기식 콜백과 템플릿 메서드 패턴은 거의 동일한데, 둘 다 대규모 알고리즘 프레임워크에 속하며, 코드의 재사용과 확장을 위해 특정 단계를 자유롭게 교체할 수 있다. 반면에 비동기식 콜백과 템플릿 메서드 패턴은 상당히 다르며 오히려 옵서버 패턴과 비슷하다.

반면 코드 구현의 관점에서 보면 콜백과 템플릿 메서드 패턴은 완전히 다르다. 콜백은 합성 관계를 기반으로 한 객체를 다른 객체로 전달하는 객체 간의 관계이며, 템플릿 메서드 패턴은 상속 관계를 기반으로 구현되며, 하위 클래스가 상위 클래스의 추상 메서드를 재정의하는 클래스 간의 관계다.

지금까지 계속 상속보다 합성이 더 낫다고 강조해왔는데, 여기서도 예외가 아니다. 코드 구현 측면에서 콜백은 템플릿 메서드 패턴보다 유연하며, 이 점은 세 가지 측면에서 확인할 수 있다.

1) Java와 같이 단일 상속만 지원하는 프로그래밍 언어에서는 템플릿 메서드 패턴을 기반으로 작성된 하위 클래스는 이미 상위 클래스를 상속받은 상태이기 때문에, 추가적으로 다른 클래스를 상속받을 수 없다.

2) 콜백은 클래스를 미리 정의할 필요 없이 익명 클래스를 사용하여 콜백 객체를 생성할 수 있지만, 템플릿 메서드 패턴은 구현에 따라 매번 다른 하위 클래스를 정의해야 한다.

3) 하나의 클래스에 여러 개의 템플릿 메서드가 정의되어 있는 경우 각 메서드는 해당하는 추상 메서드를 가지며, 템플릿 메서드 중 하나만 사용하더라도 하위 클래스가 정의되어 있는 모든 추상 메서드를 구현해야 한다. 하지만은 콜백은 더 유연해서, 콜백 객체를 사용된 템플릿 메서드에 주입하면 된다.

8.3.6 생각해보기

콜백의 다른 응용 방법에는 어떤 것이 있을지 생각해보자.

8.4 전략 패턴

실제 프로젝트 개발에서는 **전략 패턴**strategy pattern이 매우 많이 사용된다. 전략 패턴은 일반적으로 매우 복잡한 형태의 `if-else` 분기와 `switch-case` 분기를 피하기 위해 사용된다. 전략 패턴은 이밖에도 템플릿 메서드 패턴과 마찬가지로 프레임워크를 확장하는 데 사용된다.

8.4.1 전략 패턴의 정의와 구현

전략 패턴을 《GoF의 디자인 패턴》에서는 다음과 같이 정의하고 있다.

> 알고리즘 클래스 컬렉션을 정의하고, 각 알고리즘을 개별적으로 캡슐화하여, 이를 서로 교환 가능하게 만드는 것이며, 전략 패턴은 이를 사용하는 클라이언트와는 독립적으로 알고리즘을 변경할 수 있다.[4]

팩터리 패턴이 객체의 생성과 사용을 디커플링하고, 옵서버 패턴이 옵서버와 옵서버블을 디커플링하는 것과 마찬가지로, 전략 패턴은 전략의 정의, 생성, 사용을 디커플링할 수 있다.

1 전략의 정의

전략은 전략 인터페이스와 이 인터페이스를 구현하는 전략 클래스로 구성되며 비교적 간단하다. 모든 전략 클래스는 동일한 인터페이스를 구현하고 클라이언트 코드는 구현이 아닌 인터페이스를 기반으로 프로그래밍되기 때문에 다른 전략으로 대체 가능한 유연성을 갖추고 있다. 예제 코드는 다음과 같다.

---

4   원문은 다음과 같다. Define a family of algorithms, encapsulate each one, and make them interchangeable. Strategy lets the algorithm vary independently from clients that use it.

```java
public interface Strategy {
  void algorithmInterface();
}

public class ConcreteStrategyA implements Strategy {
  @Override
  public void algorithmInterface() {
    // 구체적 알고리즘
  }
}

public class ConcreteStrategyB implements Strategy {
  @Override
  public void algorithmInterface() {
    // 구체적 알고리즘
  }
}
```

2 전략의 생성

전략 패턴에는 일련의 전략이 포함되어 있기 때문에, 이 전략을 사용할 때 일반적으로 유형별로 어떤 전략을 만들지 판단한다. 생성 논리를 캡슐화하고 클라이언트 코드에서 생성과 관련된 세부 정보를 보호하기 위해 유형에 따라 생성 전략의 논리를 추출하여 팩터리 클래스에 넣는다. 예제 코드는 다음과 같다.

```java
public class StrategyFactory {
  private static final Map<String, Strategy> strategies = new HashMap<>();
  static {
    strategies.put("A", new ConcreteStrategyA());
    strategies.put("B", new ConcreteStrategyB());
  }

  public static Strategy getStrategy(String type) {
    if (type == null || type.isEmpty()) {
      throw new IllegalArgumentException("type should not be empty.");
    }
    return strategies.get(type);
  }
}
```

일반적으로 전략 클래스가 스테이트리스인 경우, 즉 멤버 변수를 포함하지 않고 순수한 알고리즘 구현만 포함한다면 이 전략 객체를 공유하여 사용할 수 있으며, 매번 getStrategy() 함수를 호출할 때 새로운 전략 객체를 생성할 필요가 없다. 이러한 상황에 대응하기 위해 이 코드에서 팩터리 클래스의 구현을 차용하여 미리 전략 객체를 전부 생성하여 팩터리 클래스에 캐시한 다음, 사용 시에 이 캐시 객체를 직접 반환할 수 있다.

반대로 전략 클래스가 스테이트풀인 경우 비즈니스 시나리오의 필요에 따라 매번 팩터리 메서드에서 새로 생성된 전략 객체를 얻으려면 전략 팩터리 클래스를 구현해야 하며, 코드는 다음과 같다.

```java
public class StrategyFactory {
  public static Strategy getStrategy(String type) {
    if (type == null || type.isEmpty()) {
      throw new IllegalArgumentException("type should not be empty.");
    }
    if (type.equals("A")) {
      return new ConcreteStrategyA();
    } else if (type.equals("B")) {
      return new ConcreteStrategyB();
    }
    return null;
  }
}
```

3 전략의 사용

전략 패턴에는 선택 가능한 여러 종류의 전략이 포함되어 있는데, 클라이언트 코드는 이 전략 중 어떤 전략을 사용할지 어떻게 결정할까? 가장 자주 사용되는 방식은 실행 시간 역학을 통해 사용할 전략을 동적으로 결정하는 것이다. 여기서 **실행 시간 역학**이란 어떤 전략을 사용할지 미리 알지 못하지만 프로그램 실행 도중에 설정, 사용자의 입력, 계산 결과와 같은 미확정 요소를 기반으로 사용할 전략을 동적으로 결정한다는 의미다. 예제 코드는 다음과 같다.

```java
// 전략 인터페이스: EvictionStrategy
// 전략 클래스: LruEvictionStrategy, FifoEvictionStrategy, LfuEvictionStrategy...
// 전략 팩터리: EvictionStrategyFactory
public class UserCache {
  private Map<String, User> cacheData = new HashMap<>();
  private EvictionStrategy eviction;

  public UserCache(EvictionStrategy eviction) {
    this.eviction = eviction;
  }
  ...
```

```
  }

// 실행 시간 동적 결정, 즉 설정 파일을 기반으로 사용할 전략
public class Application {
  public static void main(String[] args) throws Exception {
    EvictionStrategy evictionStrategy = null;
    Properties props = new Properties();
    props.load(new FileInputStream("./config.properties"));
    String type = props.getProperty("eviction_type");
    evictionStrategy = EvictionStrategyFactory.getEvictionStrategy(type);
    UserCache userCache = new UserCache(evictionStrategy);
    ...
  }
}

// 비실행 시간 동적 결정, 즉 코드에서 사용할 전략 지정
public class Application {
  public static void main(String[] args) {
    ...
    EvictionStrategy evictionStrategy = new LruEvictionStrategy();
    UserCache userCache = new UserCache(evictionStrategy);
    ...
  }
}
```

이 코드에서 두 번째 Application 클래스에서 사용되는 **비실행 시간 동적 결정**이 전략 패턴을 활용하지 않는다는 것을 알 수 있다. 이 응용 시나리오에서는 실제로 전략 패턴이 **객체지향의 다형성** 또는 **구현이 아닌 인터페이스 기반**으로 퇴화한다.

8.4.2 전략 패턴으로 분기 결정 대체

먼저 if-else 분기 판단이 어떻게 생성되는지 다음 예제 코드를 통해 살펴보자. 이 예제 코드에서는 전략 패턴 대신 전략의 정의, 생성, 사용을 직접 작성한다.

```
public class OrderService {
  public double discount(Order order) {
    double discount = 0.0;
    OrderType type = order.getType();
    if (type.equals(OrderType.NORMAL)) {  // 정상 주문
      // 할인 적용 코드 생략
    } else if (type.equals(OrderType.GROUPON)) {  // 단체 주문
      // 할인 적용 코드 생략
    } else if (type.equals(OrderType.PROMOTION)) {  // 프로모션 주문
```

```
      // 할인 적용 코드 생략
    }
    return discount;
  }
}
```

이 코드에서 장황한 if-else 분기 판단을 제거하는 방법은 무엇일까? 바로 여기에서 전략 패턴이 유용하게 사용된다. 전략 패턴을 사용하여 이 코드를 리팩터링하는데, 먼저 다양한 주문 유형에 대한 할인 전략을 전략 클래스로 설계하고, 팩터리 클래스는 전략 객체의 생성을 담당하도록 한다. 코드는 다음과 같다.

```
// 전략 정의
public interface DiscountStrategy {
  double calDiscount(Order order);
}
// NormalDiscountStrategy, GrouponDiscountStrategy, PromotionDiscountStrategy 생략

// 전략 생성
public class DiscountStrategyFactory {
  private static final Map<OrderType, DiscountStrategy> strategies = new HashMap<>();
  static {
    strategies.put(OrderType.NORMAL, new NormalDiscountStrategy());
    strategies.put(OrderType.GROUPON, new GrouponDiscountStrategy());
    strategies.put(OrderType.PROMOTION, new PromotionDiscountStrategy());
  }

  public static DiscountStrategy getDiscountStrategy(OrderType type) {
    return strategies.get(type);
  }
}

// 전략 사용
public class OrderService {
  public double discount(Order order) {
    OrderType type = order.getType();
    DiscountStrategy discountStrategy = DiscountStrategyFactory.getDiscountStrategy(type);
    return discountStrategy.calDiscount(order);
  }
}
```

DiscountStrategyFactory 팩터리 클래스에서 Map 캐시 전략을 통해 type에 따라 해당 전략을 직접 가져오므로 if-else 분기 판단을 제거할 수 있다. 8.6절에서 분기 결정 논리를 피하기 위해 상

태 패턴을 사용하는 것과 동일한 방식임을 알 수 있다. 본질적으로 두 가지 패턴 모두 type별 분기에 따라 판단하는 대신 type에 따라 strategies 테이블을 사용하는 **테이블 조회 방법**을 사용한다.

그러나 매번 다른 전략 객체를 생성해야 하는 경우에는 다른 방식의 팩터리 클래스를 사용해야 한다. 코드는 다음과 같다.

```java
public class DiscountStrategyFactory {
  public static DiscountStrategy getDiscountStrategy(OrderType type) {
    if (type == null) {
      throw new IllegalArgumentException("Type should not be null.");
    }

    if (type.equals(OrderType.NORMAL)) {
      return new NormalDiscountStrategy();
    } else if (type.equals(OrderType.GROUPON)) {
      return new GrouponDiscountStrategy();
    } else if (type.equals(OrderType.PROMOTION)) {
      return new PromotionDiscountStrategy();
    }
    return null;
  }
}
```

이 구현은 기존의 if-else 분기 판단 부분을 OrderService 클래스에서 팩터리 클래스로 옮기기는 하지만 제거하지는 않는다. 그렇다면 if-else 분기가 제거되지 않는데, 전략 패턴을 사용하는 것이 어떤 이점을 가져다주는 것일까? 전략 패턴은 비즈니스 코드에서 전략의 생성을 디커플링할 수 있을 뿐만 아니라 if-else 분기의 복잡한 생성 코드를 팩터리 클래스에 캡슐화하여 코드 작성을 쉽게 할 수 있도록 해준다.

8.4.3 전략 패턴을 통한 파일 내용 정렬

이번 절에서는 파일 내용 정렬을 다루는 예제를 통해 전략 패턴의 설계 의도와 응용 방법을 소개한다. 또한 단계별 분석과 리팩터링을 통해 디자인 패턴이 어떻게 만들어지는지도 알 수 있을 것이다.

파일 내용을 정렬하는 코드를 작성하라는 요구 사항이 있다고 가정해보자. 내용별로 정렬해야 하는 파일에는 정수만 포함되며 인접한 숫자는 쉼표로 구분된다. 이 요구 사항의 구현 자체는 매우 간단한데, 먼저 파일의 내용을 읽고 쉼표를 기준으로 숫자를 구해서 메모리 배열에 넣어야 한다. 마지막으로 퀵 소트와 같은 정렬 알고리즘을 작성하거나 또는 프로그래밍 언어에서 제공하는 정렬 기능을 사용하여 배열을 정렬한 다음 정렬된 데이터를 파일에 기록한다.

파일의 크기가 작으면 위의 논리에 따라 문제를 처리하는 데 아무런 문제가 없다. 그러나 파일이
몇 GB에 달할 정도로 너무 커서 메모리에 모든 데이터를 적재할 수 없는 경우에는 외부 정렬 알고
리즘을 사용해야 한다. 그리고 파일이 몇십 GB에 달할 정도로 크다면 외부 정렬을 기반으로 멀티
코어 CPU를 활용할 수 있도록 최적화해 멀티 스레드 동시 정렬 기능을 추가할 수 있는데, 이 방식
을 다시 말하면 MapReduce의 독립 기기 실행형 버전이라고 할 수 있다. 만약 파일 크기가 1TB처럼
거대하다면 단일 머신 다중 스레드 외부 정렬을 사용하더라도 속도가 매우 느리기 때문에, 분산
컴퓨팅 프레임워크인 MapReduce를 본격적으로 사용해 여러 시스템의 처리 능력을 사용하여 정렬
효율성을 높일 수 있다.

즉, 데이터의 크기에 따라 최적화된 각기 다른 정렬 알고리즘을 사용해야 한다는 것이 확인되었다
면, 이 방법을 코드로 작성해보자.

먼저 간단하고 직접적인 방법으로 작성한 예제 코드는 다음과 같다. 다음 코드 구현에서는 디자인
패턴의 구현에 중점을 두고 실제 정렬 알고리즘에 대해서는 다루지 않는다.

```java
public class Sorter {
  private static final long GB = 1000 * 1000 * 1000;

  public void sortFile(String filePath) {
    // 검증 논리 생략
    File file = new File(filePath);
    long fileSize = file.length();
    if (fileSize < 6 * GB) { // [0, 6GB)
      quickSort(filePath);
    } else if (fileSize < 10 * GB) { // [6GB, 10GB)
      externalSort(filePath);
    } else if (fileSize < 100 * GB) { // [10GB, 100GB)
      concurrentExternalSort(filePath);
    } else {  // 100GB 이상의 파일
      mapreduceSort(filePath);
    }
  }

  private void quickSort(String filePath) {
    // 퀵 정렬
  }

  private void externalSort(String filePath) {
```

```
    // 외부 정렬
  }

  private void concurrentExternalSort(String filePath) {
    // 동시 외부 정렬
  }

  private void mapreduceSort(String filePath) {
    // MapReduce를 이용한 다중 정렬
  }
}

public class SortingTool {
  public static void main(String[] args) {
    Sorter sorter = new Sorter();
    sorter.sortFile(args[0]);
  }
}
```

4장의 코딩 규칙에서 함수가 너무 길지 않도록 주의해야 함을 언급한 바 있다. 따라서 sortFile() 함수가 너무 길어지지 않도록 각각의 정렬 알고리즘을 추출해 4개의 독립적인 정렬 함수로 분할했다.

이 요구 사항만 고려한다면 위의 코드만으로도 충분하다. 코드가 별로 크지 않으며, 후속 요구 사항이 많지 않으므로 코드를 유지 보수하는 데 큰 어려움이 없기 때문이다. 그러나 대규모 프로젝트를 개발하면서 그 안에서 하나의 기능 모듈로서 파일 정렬 기능을 개발하고 있다면, 코드 설계 품질에 주의를 기울여야만 한다. 기능 모듈 코드의 품질이 모두 높다면 전체 프로젝트의 코드도 품질이 높다고 판단할 수 있다.

위의 코드에는 정렬 알고리즘의 실제 코드가 포함되어 있지 않은데, 실제로 직접 구현하다 보면 각 정렬 알고리즘의 코드가 상대적으로 복잡하고 그 크기도 크다는 것을 알게 될 것이다. 그런데 이 코드에 따르면 모든 정렬 알고리즘의 코드가 Sorter 클래스에 배치되므로, 이 클래스의 크기가 커지고 결국 코드의 가독성과 유지 보수성에 영향을 미친다.

Sorter 클래스가 너무 커지는 문제를 해결하기 위해 Sorter 클래스의 일부 코드를 단일 책임을 가진 별도의 클래스로 분할할 수 있다. 사실, 이 방식은 클래스나 함수에 너무 많은 양의 코드로 인해 발생하는 복잡성을 해소하는 일반적인 방법이다. 이 방법에 따라 리팩터링된 코드는 다음과 같다.

```java
public interface ISortAlg {
  void sort(String filePath);
}

public class QuickSort implements ISortAlg {
  @Override
  public void sort(String filePath) {
    ...
  }
}

public class ExternalSort implements ISortAlg {
  @Override
  public void sort(String filePath) {
    ...
  }
}

public class ConcurrentExternalSort implements ISortAlg {
  @Override
  public void sort(String filePath) {
    ...
  }
}

public class MapReduceSort implements ISortAlg {
  @Override
  public void sort(String filePath) {
    ...
  }
}

public class Sorter {
  private static final long GB = 1000 * 1000 * 1000;

  public void sortFile(String filePath) {
    // 검증 논리 생략
    File file = new File(filePath);
    long fileSize = file.length();
    ISortAlg sortAlg;
    if (fileSize < 6 * GB) { // [0, 6GB)
      sortAlg = new QuickSort();
    } else if (fileSize < 10 * GB) { // [6GB, 10GB)
      sortAlg = new ExternalSort();
    } else if (fileSize < 100 * GB) { // [10GB, 100GB)
      sortAlg = new ConcurrentExternalSort();
    } else {  // 100GB 이상의 파일
      sortAlg = new MapReduceSort();
```

```
    }
    sortAlg.sort(filePath);
  }
}
```

리팩터링 후 각 클래스의 코드 크기가 적절한 수준이 되었고 코드 구조가 너무 복잡하지 않아 코드의 가독성과 유지 보수성이 향상되었다. 또한 정렬 알고리즘을 주요 비즈니스 코드와 분리된 독립 클래스로 설계하여 정렬 알고리즘의 재사용성을 개선했다. 이 단계는 실세로 전략 패턴의 첫 번째 단계로, 비즈니스 코드에서 전략 정의를 분리한 것이다.

다만, 앞의 코드는 아직 최적화할 부분이 많이 남아 있다. 각 정렬 클래스는 스테이트리스이기 때문에 매번 새로운 객체를 생성할 필요가 없다. 따라서 팩터리 패턴을 사용하여 객체 생성을 캡슐화할 수 있다. 이 논리에 따라 리팩터링된 코드는 다음과 같다.

```java
public class SortAlgFactory {
  private static final Map<String, ISortAlg> algs = new HashMap<>();
  static {
    algs.put("QuickSort", new QuickSort());
    algs.put("ExternalSort", new ExternalSort());
    algs.put("ConcurrentExternalSort", new ConcurrentExternalSort());
    algs.put("MapReduceSort", new MapReduceSort());
  }

  public static ISortAlg getSortAlg(String type) {
    if (type == null || type.isEmpty()) {
      throw new IllegalArgumentException("type should not be empty.");
    }
    return algs.get(type);
  }
}

public class Sorter {
  private static final long GB = 1000 * 1000 * 1000;

  public void sortFile(String filePath) {
    // 검증 논리 생략
    File file = new File(filePath);
    long fileSize = file.length();
    ISortAlg sortAlg;
    if (fileSize < 6 * GB) { // [0, 6GB)
      sortAlg = SortAlgFactory.getSortAlg("QuickSort");
    } else if (fileSize < 10 * GB) { // [6GB, 10GB)
```

```
      sortAlg = SortAlgFactory.getSortAlg("ExternalSort");
    } else if (fileSize < 100 * GB) { // [10GB, 100GB)
      sortAlg = SortAlgFactory.getSortAlg("ConcurrentExternalSort");
    } else { // 100GB 이상의 파일
      sortAlg = SortAlgFactory.getSortAlg("MapReduceSort");
    }
    sortAlg.sort(filePath);
  }
}
```

두 번의 리팩터링을 거친 현재의 코드는 실제로 전략 패턴의 코드 구조를 따른다. 각 부분이 너무
복잡해지지 않도록 전략 패턴을 사용하여 전략의 정의, 생성, 사용을 분리한다. 그러나 Sorter 클
래스의 sortFile() 함수에는 파일 크기에 따른 if-else 분기가 존재한다. 물론 이 코드에서 사용
하는 if-else 분기는 그리 복잡하지 않으므로 그대로 놔두어도 무방하다. 하지만 if-else 분기를
제거하기 위해 테이블 조회 방법을 사용할 수 있으며, 그 코드는 다음과 같다. 다음 코드의 algs가
바로 분기문 대신 사용할 테이블에 해당한다.

```
public class Sorter {
  private static final long GB = 1000 * 1000 * 1000;
  private static final List<AlgRange> algs = new ArrayList<>();
  static {
    algs.add(new AlgRange(0, 6*GB, SortAlgFactory.getSortAlg("QuickSort")));
    algs.add(new AlgRange(6*GB, 10*GB, SortAlgFactory.getSortAlg("ExternalSort")));
    algs.add(new AlgRange(10*GB, 100*GB, SortAlgFactory.getSortAlg("ConcurrentExternalSort")));
    algs.add(new AlgRange(100*GB, Long.MAX_VALUE, SortAlgFactory.getSortAlg("MapReduceSort")));
  }

  public void sortFile(String filePath) {
    // 검증 논리 생략
    File file = new File(filePath);
    long fileSize = file.length();
    ISortAlg sortAlg = null;
    for (AlgRange algRange : algs) {
      if (algRange.inRange(fileSize)) {
        sortAlg = algRange.getAlg();
        break;
      }
    }
    sortAlg.sort(filePath);
  }

  private static class AlgRange {
```

```
    private long start;
    private long end;
    private ISortAlg alg;

    public AlgRange(long start, long end, ISortAlg alg) {
      this.start = start;
      this.end = end;
      this.alg = alg;
    }

    public ISortAlg getAlg() {
      return alg;
    }

    public boolean inRange(long size) {
      return size >= start && size < end;
    }
  }
}
```

리팩터링 후 코드가 더 우아해졌다고 할 수 있는데, 코드의 변수 부분을 전략 팩터리 클래스와 Sorter 클래스의 정적 섹션으로 분리했다. 새로운 정렬 알고리즘을 추가하려면 전략 팩터리 클래스와 Sorter 클래스의 정적 코드 세그먼트를 수정하면 된다.

하지만 새로운 정렬 알고리즘을 추가할 때 코드를 수정해야 하는 것은 매한가지라고 생각할 수도 있다. 이는 개방 폐쇄 원칙을 만족하지 않는데, 어떻게 해야 개방 폐쇄 원칙을 완전히 만족시킬 수 있을까?

Java에서는 리플렉션을 이용해 전략 팩터리 클래스에 대한 수정을 회피할 수 있다. 어떤 클래스가 전략 클래스인지 표시하기 위해 설정 파일이나 사용자 정의 애너테이션을 사용한다. 전략 팩터리 클래스는 설정 파일을 읽거나 애너테이션을 검색하여 모든 전략 클래스를 가져온 다음, 전략 클래스를 동적으로 적재하고 리플렉션을 통해 전략 객체를 생성한다. 이후 새 전략을 추가하려면 새로운 전략 클래스를 설정 파일에 추가하거나 애너테이션을 사용하면 된다.

Sorter 클래스도 동일하게 파일 크기 범위와 정렬 알고리즘 사이의 관계를 설정 파일에 넣는 방법으로 코드가 수정되는 것을 피할 수 있다. 이후 새로운 정렬 알고리즘을 추가할 때 설정 파일을 변경하는 것으로 충분하며, 코드는 변경되지 않는다.

전략 패턴의 오용

`if-else` 분기는 무조건 **나쁜** 코드라고 생각하는 경우가 있다. 하지만 `if-else` 분기가 복잡하지 않아 코드가 크지 않다면 과감히 사용해도 무방하다. 사실 `if-else` 분기는 거의 모든 프로그래밍 언어에서 제공하는 문법이고, 모든 언어에서 이 문법을 지원하는 것에는 이유가 있기 때문이다. KISS 원칙을 따르고 단순하게 유지하는 한 좋은 코드 설계이며, 오히려 모든 `if-else` 분기를 전략 패턴으로 교체하는 것은 쓸데없이 과도한 작업에 해당할 수 있다.

전략 패턴의 역할이 `if-else` 분기를 피하는 것이라고 생각하는 경우도 있는데, 이것은 숲을 보지 못하고 나무만 보는 것이다. 전략 패턴의 주요 기능은 전략의 정의, 전략의 생성, 전략의 사용을 분리하여 코드가 복잡해지는 것을 방지하고, 각각의 부분을 최대한 단순화하는 것이다. 따라서 복잡한 코드를 전략 패턴을 통해 개선하여 개방 폐쇄 원칙을 충족시킬 수 있다. 즉, 새 전략을 추가할 때 코드 변경을 최소화하여 버그 발생 위험을 줄일 수 있다.

8.4.5 생각해보기

코드에서 `if-else` 분기 판단문이나 `switch-case` 분기 판단문을 제거해야 하는 상황에는 어떤 것이 있는지 생각해보자.

8.5 책임 연쇄 패턴

이번 절에서는 **책임 연쇄 패턴**chain of responsibility pattern을 소개한다. 템플릿 메서드 패턴, 전략 패턴, 책임 연쇄 패턴은 모두 재사용과 확장이라는 동일한 목적을 가지고 있어 실제 프로젝트 개발에서 종종 사용된다. 특히 대다수의 프레임워크에서 이 패턴들을 이용하여 프레임워크의 기능을 확장시킬 수 있도록 하는데, 프레임워크의 소스 코드를 수정하지 않고도 프레임워크의 기능을 원하는 방식으로 변경할 수 있다. 특히, 책임 연쇄 패턴은 프레임워크에서 사용하는 필터, 인터셉터, 플러그인을 개발하기 위해 사용된다.

8.5.1 책임 연쇄 패턴의 정의와 구현

책임 연쇄 패턴은《GoF의 디자인 패턴》에서 다음과 같이 정의하고 있다.

여러 개의 수신 객체가 발신된 요청을 처리할 수 있도록, 요청의 발신과 수신을 분리한다. 발신

된 요청은 해당 요청을 처리할 수 있는 수신 객체를 만날 때까지 체인을 따라 계속 이동한다.[5]

책임 연쇄 패턴에서는 여러 개의 프로세서 또는 수신 객체가 동일한 요청을 차례로 처리한다. A 프로세서에서 먼저 요청을 받아 처리한 다음, B 프로세서로 요청을 전달하고, B 프로세서에서 이 요청을 처리한 다음 다시 C 프로세서로 전달하는 방식으로 체인을 형성한다. 그리고 체인에 포함된 각각의 프로세서에는 각자 처리할 책임이 있으므로, 이 패턴을 책임 연쇄 패턴이라고 한다.

책임 연쇄 패턴을 구현하는 방법에는 여러 가지가 있지만, 여기에서는 그중에서 일반적으로 사용되는 두 가지 방법을 소개한다.

첫 번째 방법을 다음 코드를 통해 살펴보자. Handler 클래스는 모든 핸들러 클래스의 추상 상위 클래스이며 handle()은 추상 메서드다. 핸들러 클래스인 HandlerA 클래스와 HandlerB 클래스의 handle() 함수는 코드 구조가 유사한데, 핸들러가 요청을 처리할 수 있으면 전달이 중단되며, 핸들러가 처리할 수 없으면 successor.handle()을 호출하여 다음으로 전달한다. HandlerChain 클래스는 핸들러 사슬이며, 데이터 구조의 관점에서는 체인 헤드chain head와 체인 테일chain tail을 기록하고 있는 링크드 리스트linked list이다. HandlerChain 클래스의 체인 테일은 프로세서 추가를 쉽게 하기 위한 것이다.

```java
public abstract class Handler {
  protected Handler successor = null;

  public void setSuccessor(Handler successor) {
    this.successor = successor;
  }

  public abstract void handle();
}

public class HandlerA extends Handler {
  @Override
  public void handle() {
    boolean handled = false;
    ...
    if (!handled && successor != null) {
      successor.handle();
```

---

5 원문은 다음과 같다. Avoid coupling the sender of a request to its receiver by giving more than one object a chance to handle the request. Chain the receiving objects and pass the request along the chain until an object handles it.

```
      }
    }
  }

public class HandlerB extends Handler {
  @Override
  public void handle() {
    boolean handled = false;
    ...
    if (!handled && successor != null) {
      successor.handle();
    }
  }
}

public class HandlerChain {
  private Handler head = null;
  private Handler tail = null;

  public void addHandler(Handler handler) {
    handler.setSuccessor(null);
    if (head == null) {
      head = handler;
      tail = handler;
      return;
    }
    tail.setSuccessor(handler);
    tail = handler;
  }

  public void handle() {
    if (head != null) {
      head.handle();
    }
  }
}

// 사용 예제
public class Application {
  public static void main(String[] args) {
    HandlerChain chain = new HandlerChain();
    chain.addHandler(new HandlerA());
    chain.addHandler(new HandlerB());
    chain.handle();
  }
}
```

이 코드에는 문제가 많은데, 핸들러 클래스의 handle() 함수가 자체 비즈니스 코드를 포함하고 있을 뿐만 아니라 successor.handle() 호출을 통해 다음 핸들러를 호출하는 논리도 포함하고 있기 때문이다. 코드에 익숙하지 않으면 핸들러를 추가할 때 handle() 함수에서 successor.handle()의 호출을 잊어버릴 가능성이 높아 코드에 버그가 발생할 수 있다.

이 문제를 해결하기 위해 템플릿 메서드 패턴을 사용하여 핸들러 클래스에서 successor.handle()을 호출하는 부분을 추출하여 추상 상위 클래스인 Handler 클래스에 넣고, 핸들러 클래스에서는 자체 비즈니스 로직만 구현하도록 리팩터링한다. 리팩터링된 코드는 다음과 같다.

```java
public abstract class Handler {
  protected Handler successor = null;

  public void setSuccessor(Handler successor) {
    this.successor = successor;
  }

  public final void handle() {
    boolean handled = doHandle();
    if (successor != null && !handled) {
      successor.handle();
    }
  }

  protected abstract boolean doHandle();
}

public class HandlerA extends Handler {
  @Override
  protected boolean doHandle() {
    boolean handled = false;
    ...
    return handled;
  }
}

public class HandlerB extends Handler {
  @Override
  protected boolean doHandle() {
    boolean handled = false;
    ...
    return handled;
  }
}
```

책임 연쇄 패턴을 구현하는 두 번째 방법을 다음 코드를 통해 살펴보자. 이 방식은 첫 번째 방법보다 훨씬 더 간단한데, HandlerChain 클래스는 링크드 리스트 대신 배열을 사용하며, HandlerChain 클래스의 handle() 함수에서는 각 핸들러 클래스의 handle() 함수가 차례로 호출 된다.

```java
public interface IHandler {
  boolean handle();
}

public class HandlerA implements IHandler {
  @Override
  public boolean handle() {
    boolean handled = false;
    ...
    return handled;
  }
}

public class HandlerB implements IHandler {
  @Override
  public boolean handle() {
    boolean handled = false;
    ...
    return handled;
  }
}

public class HandlerChain {
  private List<IHandler> handlers = new ArrayList<>();

  public void addHandler(IHandler handler) {
    this.handlers.add(handler);
  }

  public void handle() {
    for (IHandler handler : handlers) {
      boolean handled = handler.handle();
      if (handled) {
        break;
      }
    }
  }
}

// 사용 예제
```

```
public class Application {
  public static void main(String[] args) {
    HandlerChain chain = new HandlerChain();
    chain.addHandler(new HandlerA());
    chain.addHandler(new HandlerB());
    chain.handle();
  }
}
```

《GoF의 디자인 패턴》에서 정의된 책임 연쇄 패턴은 체인 내 프로세서가 요청을 처리할 수 있으면 요청이 더 이상 다음으로 전달되지 않는다. 하지만 책임 연쇄 패턴에는 요청이 도중에 끝나지 않고 모든 프로세서에서 처리되는 변형 패턴도 존재한다. 이 변형 패턴 역시 링크드 리스트를 사용하여 프로세서 클래스를 저장하는 방식과 배열을 사용하여 프로세서 클래스를 저장하는 방식의 두 가지 방식이 있다. 이는 얼핏 보면 앞에서 구현한 코드와 유사한 것처럼 보이지만, 약간 수정할 필요는 있다. 여기서는 링크드 리스트 기반의 예제 코드만 살펴보지만, 배열 기반의 코드도 앞의 코드를 기반으로 쉽게 구현할 수 있다.

```
public abstract class Handler {
  protected Handler successor = null;

  public void setSuccessor(Handler successor) {
    this.successor = successor;
  }

  public final void handle() {
    doHandle();
    if (successor != null) {
      successor.handle();
    }
  }
  protected abstract void doHandle();
}

public class HandlerA extends Handler {
  @Override
  protected void doHandle() {
    ...
  }
}

public class HandlerB extends Handler {
  @Override
```

```java
  protected void doHandle() {
    ...
  }
}

public class HandlerChain {
  private Handler head = null;
  private Handler tail = null;

  public void addHandler(Handler handler) {
    handler.setSuccessor(null);
    if (head == null) {
      head = handler;
      tail = handler;
      return;
    }
    tail.setSuccessor(handler);
    tail = handler;
  }

  public void handle() {
    if (head != null) {
      head.handle();
    }
  }
}

// 사용 예제
public class Application {
  public static void main(String[] args) {
    HandlerChain chain = new HandlerChain();
    chain.addHandler(new HandlerA());
    chain.addHandler(new HandlerB());
    chain.handle();
  }
}
```

지금까지 책임 연쇄 패턴의 일반적인 구현 방법에 대해 살펴봤는데, 실제로는 다른 모든 디자인 패턴과 마찬가지로 요구 사항에 따라 문제를 다르게 처리해야 한다.

8.5.2 책임 연쇄 패턴 기반의 민감 단어 필터링

포럼과 같은 사용자 생성 콘텐츠를 지원하는 애플리케이션에서 사용자가 생성하는 콘텐츠에는 언어 폭력과 같은 민감한 내용들이 포함될 수 있기 때문에, 이를 처리하지 않으면 안 된다. 여기에서는 책임 연쇄 패턴을 이용하여 민감한 단어를 필터링하는 방법을 살펴보자.

일반적으로 민감한 단어가 포함된 콘텐츠를 처리하는 데 사용되는 방법에는 두 가지가 있다. 첫 번째는 게시 자체를 금지하는 것이고, 두 번째는 민감한 단어를 ***로 대체하는 것처럼 다른 기호로 대체하는 것이다. 첫 번째 방법은 GoF의 책임 연쇄 패턴을 따르는 방법이고, 두 번째 방법은 책임 연쇄 패턴의 변형을 따르는 방법이라고 할 수 있다.

여기서는 첫 번째 방법의 예제 코드만 살펴볼 것이다. 그리고 백본 코드만 제공하고 실제로 단어를 필터링하는 알고리즘은 설명의 범위를 벗어나기 때문에 제공하지 않지만, 알고리즘 관련 서적에서 다중 패턴 문자열 일치 검색 관련 내용을 살펴보면 쉽게 구현할 수 있을 것이다.

```java
public interface SensitiveWordFilter {
  boolean doFilter(Content content);
}

// ProfanityWordFilter, ViolenceWordFilter 클래스의 구조는 SexualWordFilter 클래스와
// 유사하므로, 이 책에서는 코드를 생략함
public class SexualWordFilter implements SensitiveWordFilter {
  @Override
  public boolean doFilter(Content content) {
    boolean legal = true;
    ...
    return legal;
  }
}

public class SensitiveWordFilterChain {
  private List<SensitiveWordFilter> filters = new ArrayList<>();

  public void addFilter(SensitiveWordFilter filter) {
    this.filters.add(filter);
  }

  public boolean filter(Content content) {
    for (SensitiveWordFilter filter : filters) {
      if (!filter.doFilter(content)) {
        return false;
      }
    }
    return true;
  }
}
```

```java
public class ApplicationDemo {
  public static void main(String[] args) {
    SensitiveWordFilterChain filterChain = new SensitiveWordFilterChain();
    filterChain.addFilter(new ViolenceWordFilter());
    filterChain.addFilter(new SexualWordFilter());
    filterChain.addFilter(new ProfanityWordFilter());
    boolean legal = filterChain.filter(new Content());
    if (!legal) {
      // 사용하지 않음
    } else {
      // 사용함
    }
  }
}
```

사실 다음 코드를 통해서도 민감 단어 필터링 기능을 구현할 수 있는데, 훨씬 간단한 코드임에도 책임 연쇄 패턴을 사용해야 하는 것에 의구심을 가질 수 있다. 또한 불필요하게 과도한 작업이라고 생각할 수도 있을 것이다.

```java
public class SensitiveWordFilter {
  public boolean filter(Content content) {
    if (!filterViolenceWord(content)) {
      return false;
    }
    if (!filterSexualWord(content)) {
      return false;
    }
    if (!filterProfanityWord(content)) {
      return false;
    }
    return true;
  }

  private boolean filterViolenceWord(Content content) {
    ...
  }

  private boolean filterSexualWord(Content content) {
    ...
  }

  private boolean filterProfanityWord(Content content) {
    ...
  }
}
```

디자인 패턴을 사용하는 목적은 주로 코드의 복잡도를 낮추고, 개방 폐쇄 원칙을 충족시키며, 코드의 확장성을 향상시키는 것이다. 그리고 책임 연쇄 패턴도 마찬가지다.

만약 코드가 작고 단순하면 어떤 방식으로 코드를 작성해도 무방하다. 그러나 코드가 커지고 복잡해지기 시작하면 코드를 분할할 필요가 있다. 코드의 복잡도를 낮추는 방법 중 가장 일반적인 방법은 큰 함수는 작은 함수로 나누고, 큰 클래스를 작은 클래스로 나누는 것이다. 책임 연쇄 패턴을 통해 민감 난어 필터링 기능을 작게 분할하고 독립적인 클래스로 설계하여 SensitiveWordFilter 클래스를 더욱 단순화할 수 있다.

일부 특수 기호를 추가로 필터링할 수 있도록 새로운 필터링 알고리즘을 추가해야 할 때, 책임 연쇄 패턴이 적용되지 않은 코드에서는 SensitiveWordFilter 클래스의 코드를 직접 수정해야 하는데, 이것은 개방 폐쇄 원칙을 위반하는 것이다. 반면에 책임 연쇄 패턴에 기반한 코드에서는 Filter 클래스를 새로 추가하고 addFilter() 함수를 통해 새로 추가한 클래스를 FilterChain 클래스에 추가하면 된다. 이외의 다른 코드는 일절 수정할 필요가 없다.

그러나 책임 연쇄 패턴을 사용하더라도 새 필터링 알고리즘을 추가할 때 여전히 ApplicationDemo 클래스를 수정해야 하는 것 아닌가 하고 생각할 수 있다.

사실, 수정의 범위는 프레임워크 코드 수정과 클라이언트 코드 수정의 두 가지로 나눌 수 있다. 앞에서 이야기한 ApplicationDemo 클래스는 프레임워크를 사용하는 클라이언트 코드에 해당한다. 그리고 ApplicationDemo 클래스를 제외한 코드는 민감 단어 필터링 프레임워크 코드에 해당한다. 민감 단어 필터링 프레임워크를 직접 개발하고 유지하는 대신 타사의 프레임워크를 사용하고 있다고 가정하면, 새로운 필터링 알고리즘을 추가하기 위해 프레임워크의 소스 코드를 직접 수정하는 것은 당연히 불가능하다. 이때 책임 연쇄 패턴을 이용하면 프레임워크의 소스 코드를 수정하지 않고도 새로운 기능을 추가할 수 있다. 따라서 코드의 프레임워크 내에서 개방 폐쇄 원칙을 지키고 있는 것이다.

8.5.3 책임 연쇄 패턴 기반의 서블릿 필터

서블릿 필터servlet filter는 HTTP의 인증, 플로우 제한, 로깅, 매개변수 검증과 같은 요청을 필터링할 수 있다. 서블릿 필터는 서블릿 사양의 일부분으로, Tomcat, Jetty와 같이 서블릿 사양을 지원하는 웹 컨테이너라면 모두 지원한다. 서블릿 필터의 작동 원리는 그림 8.2와 같다.

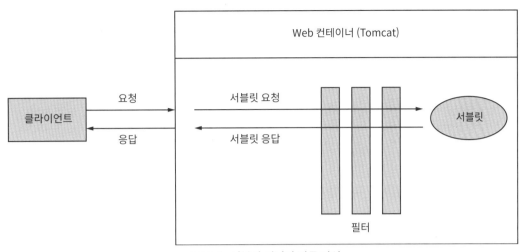

그림 8.2 **서블릿 필터의 작동 방식**

실제 프로젝트에서 서블릿 필터를 사용하는 방법을 다음 예제 코드에서 확인할 수 있다. 필터를 추가하려면 `javax.servlet.Filter` 인터페이스를 구현하는 필터 클래스를 정의한 후, `web.xml` 설정 파일에 해당 클래스의 내용을 추가하면 된다. 웹 컨테이너가 시작되면 `web.xml`의 설정을 통해 필터 객체를 생성한다. 요청이 들어오면 먼저 서블릿 필터에서 요청을 처리한 다음 서블릿에서 처리한다.

```java
public class LogFilter implements Filter {
  @Override
  public void init(FilterConfig filterConfig) throws ServletException {
    // Filter 클래스가 생성될 때 자동으로 호출
    // filterConfig은 Filter 클래스의 설정 매개변수를 포함함
  }

  @Override
  public void doFilter(ServletRequest request, ServletResponse response, FilterChain chain)
throws IOException, ServletException {
    System.out.println("Intercept requests from clients.");
    chain.doFilter(request, response);
    System.out.println("Intercept the response sent to the client.");
  }

  @Override
  public void destroy() {
    // Filter 클래스가 소멸되면 자동으로 호출
  }
}
```

```
//web.xml 설정 파일
<filter>
    <filter-name>logFilter</filter-name>
    <filter-class>com.jpub.cd.LogFilter</filter-class>
</filter>
<filter-mapping>
        <filter-name>logFilter</filter-name>
        <url-pattern>/*</url-pattern>
</filter-mapping>
```

위의 예제 코드에서는 필터를 추가할 때, 기존 코드를 수정하지 않고 `javax.servlet.Filter`를 구현하는 필터 클래스를 정의하고, 설정 파일을 수정하기만 하면 되므로 개방 폐쇄 원칙을 따른다. 이처럼 서블릿 필터가 확장성이 높은 이유는 무엇일까? 바로 책임 연쇄 패턴을 사용하기 때문이다. 소스 코드의 분석을 통해 자세히 알아보자.

책임 연쇄 패턴의 일반적인 코드에는 핸들러 인터페이스인 `IHandler` 또는 추상 클래스인 `Handler`, 핸들러 체인인 `HandlerChain`이 포함된다. 서블릿 필터에 해당하는 `javax.servlet.Filter`는 핸들러 인터페이스이며 `FilterChain`은 핸들러 체인이다. 그렇다면 `FilterChain`은 어떤 식으로 구현될까?

사실 서블릿은 사양일 뿐 구체적인 구현이 포함되어 있지 않기 때문에 서블릿의 `FilterChain`은 인터페이스일 뿐이다. 이를 구현하는 클래스는 서블릿 사양을 준수하는 웹 컨테이너에서 제공된다. 예를 들어 `ApplicationFilterChain` 클래스는 Tomcat에서 제공하는 `FilterChain`의 구현 클래스이며 소스 코드는 다음과 같다. 코드를 읽기 쉽도록 책임 연쇄 패턴과 관련된 부분만 남겨두었다. 만약 전체 소스 코드를 보고 싶다면 Tomcat 공식 사이트에서 확인할 수 있다.

```java
public final class ApplicationFilterChain implements FilterChain {
  private int pos = 0;  // 현재 실행 중인 필터
  private int n;  // 필터 수
  private ApplicationFilterConfig[] filters;
  private Servlet servlet;

  @Override
  public void doFilter(ServletRequest request, ServletResponse response) {
    if (pos < n) {
      ApplicationFilterConfig filterConfig = filters[pos++];
      Filter filter = filterConfig.getFilter();
      filter.doFilter(request, response, this);
    } else {
```

```
      // Filter 처리 후 Servlet 실행
      servlet.service(request, response);
    }
  }

  public void addFilter(ApplicationFilterConfig filterConfig) {
    for (ApplicationFilterConfig filter:filters) {
      if (filter==filterConfig) {
            return;
      if (n == filters.length) { // 확장
        ApplicationFilterConfig[] newFilters = new ApplicationFilterConfig[n + INCREMENT];
        System.arraycopy(filters, 0, newFilters, 0, n);
        filters = newFilters;
      }
      filters[n++] = filterConfig;
    }
}
```

ApplicationFilterChain 클래스에서 doFilter() 함수의 코드는 매우 까다로운데, doFilter() 함수가 재귀 함수recursive function이기 때문이다. LogFilter 클래스와 같은 Filter 클래스의 doFilter() 함수의 코드를 직접 doFilter() 함수로 교체할 수 있으며, 다음 예제에서 볼 수 있듯이 doFilter() 함수가 재귀 함수라는 것을 더욱 확실히 알 수 있다.

```
@Override
public void doFilter(ServletRequest request, ServletResponse response) {
  if (pos < n) {
    ApplicationFilterConfig filterConfig = filters[pos++];
    Filter filter = filterConfig.getFilter();
    // filter.doFilter(request, response, this); 이 코드를 다음 3줄로 변경
    System.out.println("Intercept requests from clients.");
    chain.doFilter(request, response);  // chain = this, 재귀 호출
    System.out.println("Intercept the response sent to the client.")
  } else {
    // Filter 처리 후 Servlet 실행
    servlet.service(request, response);
  }
}
```

doFilter() 함수를 재귀적으로 구현하는 이유는 doFilter() 메서드에서 양방향 가로채기를 할 수 있도록 하기 위한 목적이 가장 크다. 이 방법은 클라이언트에서 보낸 요청과 클라이언트로 보내는 응답을 모두 가로챌 수 있다. 위의 코드를 이해하려면 재귀에 대해 더 잘 이해해야 한다.

이번에는 Spring의 인터셉터interceptor에 대해 알아보자. 서블릿 필터와 Spring의 인터셉터는 모두 HTTP 요청을 가로채는 데 사용되지만, 서블릿 필터는 서블릿 사양의 일부로서 웹 컨테이너가 코드를 제공하지만 Spring의 인터셉터는 Spring MVC 프레임워크의 일부이기 때문에, Spring MVC 프레임워크가 코드를 제공한다는 차이가 있다. 클라이언트가 보낸 요청은 먼저 서블릿 필터를 거친 다음, Spring의 인터셉터를 거쳐 비즈니스 코드에 도달한다. 그림 8.3은 클라이언트의 요청을 처리 흐름을 보여준다.

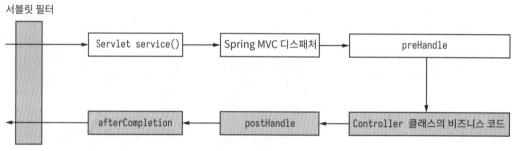

그림 8.3 **클라이언트가 보낸 요청의 처리 흐름**

Spring의 인터셉터를 사용하는 예제 코드는 다음과 같다. LogInterceptor 클래스에 의해 구현된 기능은 LogFilter 클래스와 정확히 동일하지만 코드의 구현이 약간 다르다. LogFilter 클래스에 의한 요청 가로채기와 응답 가로채기는 doFilter() 함수에서 구현하는 반면, LogInterceptor 클래스에 의한 요청 가로채기는 preHandle() 함수, 응답 가로채기는 postHandle() 함수에서 각각 구현한다.

```java
public class LogInterceptor implements HandlerInterceptor {
  @Override
  public boolean preHandle(HttpServletRequest request, HttpServletResponse response,
Object handler) throws Exception {
    System.out.println("Intercept requests from clients.");
    chain.doFilter(request, response);  // chain = this, 재귀 호출
    return true;  // 뒤에서 계속 처리
  }

  @Override
  public void postHandle(HttpServletRequest request, HttpServletResponse response,
Object handler, ModelAndView modelAndView) throws Exception {
    System.out.println("Intercept the response sent to the client.")
  }
```

```
  @Override
  public void afterCompletion(HttpServletRequest request, HttpServletResponse response,
Object handler, Exception ex) throws Exception {
    System.out.println("This code always executed.");
  }
}

// Spring MVC 설정 파일에서 interceptors 설정
<mvc:interceptors>
    <mvc:interceptor>
        <mvc:mapping path="/*"/>
        <bean class="com.jpub.cd.LogInterceptor" />
    </mvc:interceptor>
</mvc:interceptors>
```

물론 Spring의 인터셉터도 책임 연쇄 패턴을 기반으로 한다. 코드에서 HandlerExecutionChain 클래스는 책임 연쇄 패턴의 핸들러 체인에 해당한다. 다음 코드는 HandlerExecutionChain 클래스의 소스 코드를 단순화하고 책임 연쇄 패턴과 관련된 코드만 남긴 것이다.

```
public class HandlerExecutionChain {
  private final Object handler;
  private HandlerInterceptor[] interceptors;

  public void addInterceptor(HandlerInterceptor interceptor) {
    initInterceptorList().add(interceptor);
  }

  boolean applyPreHandle(HttpServletRequest request, HttpServletResponse response) throws
Exception {
    HandlerInterceptor[] interceptors = getInterceptors();
    if (!ObjectUtils.isEmpty(interceptors)) {
      for (int i = 0; i < interceptors.length; i++) {
        HandlerInterceptor interceptor = interceptors[i];
        if (!interceptor.preHandle(request, response, this.handler)) {
          triggerAfterCompletion(request, response, null);
          return false;
        }
      }
    }
    return true;
  }

  void applyPostHandle(HttpServletRequest request, HttpServletResponse response,
ModelAndView mv) throws Exception {
```

```
      HandlerInterceptor[] interceptors = getInterceptors();
      if (!ObjectUtils.isEmpty(interceptors)) {
        for (int i = interceptors.length - 1; i >= 0; i--) {
          HandlerInterceptor interceptor = interceptors[i];
          interceptor.postHandle(request, response, this.handler, mv);
        }
      }
    }

    void triggerAfterCompletion(HttpServletRequest request, HttpServletResponse response,
  Exception ex) throws Exception {
      HandlerInterceptor[] interceptors = getInterceptors();
      if (!ObjectUtils.isEmpty(interceptors)) {
        for (int i = this.interceptorIndex; i >= 0; i--) {
          HandlerInterceptor interceptor = interceptors[i];
          try {
            interceptor.afterCompletion(request, response, this.handler, ex);
          } catch (Throwable ex2) {
            logger.error("HandlerInterceptor.afterCompletion threw exception", ex2);
          }
        }
      }
    }
  }
}
```

Tomcat의 `ApplicationFilterChain` 클래스와 비교하면 `HandlerExecutionChain` 클래스가 더 명확하고 재귀를 사용하지 않는데, 그 이유는 요청 가로채기를 `preHandle()` 함수, 응답 가로채기는 `postHandle()` 함수로 분할했기 때문이다. Spring MVC 프레임워크에서는 `DispatcherServlet` 클래스의 `doDispatch()` 메서드를 사용하여 요청을 분산하는데 실제 비즈니스 코드가 실행되는 전후로 `HandlerExecutionChain` 클래스의 `applyPreHandle()` 함수와 `applyPostHandle()` 함수를 실행하여 가로채기를 구현한다.

8.5.5 책임 연쇄 패턴과 MyBatis 플러그인

MyBatis 플러그인의 기능은 서블릿 필터와 Spring의 인터셉터와 유사하게, 원래의 코드를 수정하지 않고도 일부 메서드 호출을 가로채서 해당 메서드의 호출 전후에 몇 가지 추가 코드를 실행한다. 이 세 가지 기능이 가지는 유일한 차이는 가로채는 대상이 다르다는 것이다. 서블릿 필터는 주로 서블릿 요청을 가로채고, Spring의 인터셉터는 주로 Spring이 관리하는 `Controller` 클래스 메서드와 같은 Bean 메서드를 가로채며, MyBatis 플러그인은 주로 MyBatis 프레임워크에 의한 SQL문 실행과 관련된 일부 메서드를 가로챈다.

이어서 예제 코드를 통해 MyBatis 플러그인을 사용하는 방법을 알아보자.

애플리케이션에서 각 SQL 문의 실행 시간을 계산해야 한다고 가정하자. MyBatis 플러그인을 사용하는 경우, MyBatis의 `Interceptor` 인터페이스를 구현하는 `SqlCostTimeInterceptor` 클래스를 정의하고 MyBatis의 설정 파일에 관련 설정을 작성하기만 하면 된다. 코드와 설정 파일의 내용은 다음과 같다.

```java
@Intercepts({
        @Signature(type = StatementHandler.class, method = "query",
args = {Statement.class, ResultHandler.class}),
        @Signature(type = StatementHandler.class, method = "update",
args = {Statement.class}),
        @Signature(type = StatementHandler.class, method = "batch",
args = {Statement.class})})
public class SqlCostTimeInterceptor implements Interceptor {
  private static Logger logger = LoggerFactory.getLogger(SqlCostTimeInterceptor.class);

  @Override
  public Object intercept(Invocation invocation) throws Throwable {
    Object target = invocation.getTarget();
    long startTime = System.currentTimeMillis();
    StatementHandler statementHandler = (StatementHandler) target;
    try {
      return invocation.proceed();
    } finally {
      long costTime = System.currentTimeMillis() - startTime;
      BoundSql boundSql = statementHandler.getBoundSql();
      String sql = boundSql.getSql();
      logger.info("SQL: [ {} ] Time [ {} ms]", sql, costTime);
    }
  }

  @Override
  public Object plugin(Object target) {
    return Plugin.wrap(target, this);
  }

  @Override
  public void setProperties(Properties properties) {
    System.out.println("Setup Properties:" + properties);
  }
}

<!-MyBatis 전역 설정 파일: mybatis-config.xml -->
```

```
<plugins>
  <plugin interceptor="com.jpub.cd.a88.SqlCostTimeInterceptor">
    <property name="someProperty" value="100"/>
  </plugin>
</plugins>
```

일단 @Intercepts 애너테이션에 집중해보자. 인터셉터, 필터, 플러그인 모두 가로채려는 대상 메서드를 명확하게 표시해야 하는데, @Intercepts 애너테이션은 그 역할을 수행한다. @Intercepts 애너테이션은 @Signature 애너테이션을 중첩할 수 있으며, @Signature 애너테이션은 가로챌 대상 메서드를 나타낸다. 여러 메서드를 가로채고 싶다면 위의 예제 코드와 같이 여러 개의 @Signature 애너테이션을 작성하면 된다.

@Signature 애너테이션은 type, method, args 요소를 포함하고 있다. type은 가로챌 클래스, method는 메서드 이름, args는 해당 메서드의 매개변수를 나타낸다. 이 세 가지 요소를 통해 가로챌 메서드를 정확히 지정할 수 있다. MyBatis 플러그인은 기본 설정 상태에서 표 8.1에 표시한 가로챌 메서드를 허용한다.

표 8.1 **MyBatis 플러그인에서 허용하는 가로챌 메서드**

클래스	메서드
Executor	Update, query, flushStatements, commit, rollback, getTransaction, close, isClosed
ParameterHandler	getParameterObject, setParameters
ResultSetHandler	handleResultSets, handleOutputParameters
StatementHandler	Prepare, parameterize, batch, update, query

MyBatis의 최하위 계층에서는 Executor 클래스를 통해 SQL 문을 실행한다. Executor 클래스는 가장 먼저 StatementHandler, ParameterHandler, ResultSetHandler의 세 클래스 객체를 생성하고, 이어서 ParameterHandler 클래스로 SQL의 플레이스 홀더placeholder 매개변수를 설정한 다음, StatementHandler 클래스로 SQL 문을 실행한다. 마지막으로 ResultSetHandler 클래스로 실행한 결과를 캡슐화한다. 따라서 기본적으로 Executor, ParameterHandler, ResultSetHandler, StatementHandler 클래스의 메서드만 가로채면 SQL 전체 실행 프로세스의 각 단계를 가로챌 수 있다. 실제로 MyBatis 플러그인은 SQL 문의 실행 시간을 계산하는 작업 외에도 샤딩sharding, 자동 페이징auto paging, 데이터 마스킹data masking, 암호화, 복호화와 같은 많은 작업을 수행할 수 있다.

이제 소스 코드를 분석하여 최하 계층이 어떻게 구현되어 있는지 알아보자.

서블릿 필터는 재귀 메서드를 통해 가로챌 메서드의 앞뒤에 코드를 추가하고, Spring의 인터셉터는 두 개의 메서드가 가로챌 메서드 앞뒤에 추가할 코드를 구현한다. MyBatis 플러그인은 중첩 동적 프록시를 통해 가로챌 메서드 앞뒤에 코드를 추가하는데, 이 방식은 매우 까다롭다. 책임 연쇄 패턴은 일반적으로 Handler와 HandlerChain의 두 부분으로 구성되는데, 서블릿 필터의 코드에서는 Filter와 FilterChain 클래스로 구현되어 있으며 Spring의 인터셉터에서는 Handler Interceptor와 HandlerExecutionChain 클래스로 구현되어 있다. 끝으로 MyBatis 플러그인에서는 Interceptor와 InterceptorChain 클래스가 이에 해당한다. 이 밖에도 MyBatis 플러그인에는 가로챌 객체의 동적 프록시를 생성하는 Plugin 클래스도 포함한다.

MyBatis 프레임워크 애플리케이션이 시작되면, MyBatis 프레임워크는 mybatis-config.xml 전역 설정 파일을 읽어 인터셉터인 SqlCostTimeInterceptor를 분석해, InterceptorChain 클래스 객체의 Configuration 클래스에 삽입한다. Interceptor 클래스와 InterceptorChain 클래스의 코드는 다음과 같다.

```java
public class Invocation {
  private final Object target;
  private final Method method;
  private final Object[] args;
  // 구조 함수와 getter 메서드 생략

  public Object proceed() throws InvocationTargetException, IllegalAccessException {
    return method.invoke(target, args);
  }
}

public interface Interceptor {
  Object intercept(Invocation invocation) throws Throwable;
  Object plugin(Object target);
  void setProperties(Properties properties);
}

public class InterceptorChain {
  private final List<Interceptor> interceptors = new ArrayList<Interceptor>();

  public Object pluginAll(Object target) {
    for (Interceptor interceptor : interceptors) {
      target = interceptor.plugin(target);
    }
```

```
    return target;
  }

  public void addInterceptor(Interceptor interceptor) {
    interceptors.add(interceptor);
  }

  public List<Interceptor> getInterceptors() {
    return Collections.unmodifiableList(interceptors);
  }
}
```

설정 파일을 분석한 후 모든 인터셉터는 InterceptorChain 클래스에 적재되는데, 이 인터셉터는 언제 어떻게 실행되는 것일까?

MyBatis는 SQL 문을 실행하는 과정에서 Executor, StatementHandler, ParameterHandler, ResultSetHandler 클래스의 객체를 생성하는데, 이 생성 코드는 Configuration 클래스에서 확인할 수 있다.

```
public Executor newExecutor(Transaction transaction, ExecutorType executorType) {
  executorType = executorType == null ? defaultExecutorType : executorType;
  executorType = executorType == null ? ExecutorType.SIMPLE : executorType;
  Executor executor;
  if (ExecutorType.BATCH == executorType) {
    executor = new BatchExecutor(this, transaction);
  } else if (ExecutorType.REUSE == executorType) {
    executor = new ReuseExecutor(this, transaction);
  } else {
    executor = new SimpleExecutor(this, transaction);
  }
  if (cacheEnabled) {
    executor = new CachingExecutor(executor);
  }
  executor = (Executor) interceptorChain.pluginAll(executor);
  return executor;
}

public ParameterHandler newParameterHandler(MappedStatement mappedStatement,
Object parameterObject, BoundSql boundSql) {
  ParameterHandler parameterHandler = mappedStatement.getLang().createParameterHandler
(mappedStatement, parameterObject, boundSql);
  parameterHandler = (ParameterHandler) interceptorChain.pluginAll(parameterHandler);
  return parameterHandler;
```

```
}

public ResultSetHandler newResultSetHandler(Executor executor, MappedStatement
mappedStatement, RowBounds rowBounds, ParameterHandler parameterHandler, ResultHandler
resultHandler, BoundSql boundSql) {
  ResultSetHandler resultSetHandler = new DefaultResultSetHandler(executor, mappedStatement,
parameterHandler, resultHandler, boundSql, rowBounds);
  resultSetHandler = (ResultSetHandler) interceptorChain.pluginAll(resultSetHandler);
  return resultSetHandler;
}

public StatementHandler newStatementHandler(Executor executor, MappedStatement
mappedStatement, Object parameterObject, RowBounds rowBounds, ResultHandler resultHandler,
BoundSql boundSql) {
  StatementHandler statementHandler = new RoutingStatementHandler(executor, mappedStatement,
parameterObject, rowBounds, resultHandler, boundSql);
  statementHandler = (StatementHandler) interceptorChain.pluginAll(statementHandler);
  return statementHandler;
}
```

위의 코드에서 Executor, StatementHandler, ParameterHandler, ResultSetHandler 클래스의 객체를 생성하는 도중에 InterceptorChain 클래스의 pluginAll() 메서드가 호출되는 것을 확인할 수 있으며, 이 메서드의 코드도 확인할 수 있는데, InterceptorChain 클래스를 순환하면서 각 Interceptor 클래스의 plugin() 메서드를 호출한다. plugin() 메서드는 구현 코드가 없는 인터페이스 메서드이므로 구현 코드는 직접 작성해야 한다. 앞의 코드에서 SqlCostTimeInterceptor 클래스의 plugin() 메서드는 Plugin 클래스의 wrap() 메서드를 직접 호출하는 방식으로 구현했다. wrap() 메서드의 코드는 다음과 같다.

```
// Java InvocationHandler에 의해 구현된 동적 프록시 모델
public class Plugin implements InvocationHandler {
  private final Object target;
  private final Interceptor interceptor;
  private final Map<Class<?>, Set<Method>> signatureMap;

  private Plugin(Object target, Interceptor interceptor, Map<Class<?>, Set<Method>>
signatureMap) {
    this.target = target;
    this.interceptor = interceptor;
    this.signatureMap = signatureMap;
  }

  // wrap() 정적 메서드로 대상의 동적 프록시 생성
```

```java
// 동적 프록시 객체 = target 객체 + interceptor 객체
public static Object wrap(Object target, Interceptor interceptor) {
  Map<Class<?>, Set<Method>> signatureMap = getSignatureMap(interceptor);
  Class<?> type = target.getClass();
  Class<?>[] interfaces = getAllInterfaces(type, signatureMap);
  if (interfaces.length > 0) {
    return Proxy.newProxyInstance(
        type.getClassLoader(),
        interfaces,
        new Plugin(target, interceptor, signatureMap));
  }
  return target;
}

// target 객체의 f() 메서드 호출 시 다음 메서드 실행
// interceptor 객체의 intercept() 메서드 실행 + target 객체의 f() 메서드 실행
@Override
public Object invoke(Object proxy, Method method, Object[] args) throws Throwable {
  try {
    Set<Method> methods = signatureMap.get(method.getDeclaringClass());
    if (methods != null && methods.contains(method)) {
      return interceptor.intercept(new Invocation(target, method, args));
    }
    return method.invoke(target, args);
  } catch (Exception e) {
    throw ExceptionUtil.unwrapThrowable(e);
  }
}
```

Plugin 클래스의 wrap() 메서드는 target 객체의 동적 프록시 객체를 생성하는 역할을 하는데, 이때 target 객체는 Executor, StatementHandler, ParameterHandler, ResultSetHandler 클래스의 객체다. MyBatis에서 사용되는 책임 연쇄 패턴은 동일한 target 객체에 대해 프록시를 중첩하는 특별한 방식으로 구현되는데, InterceptorChain 클래스의 pluginAll() 함수가 수행하는 작업을 의미한다.

```java
public Object pluginAll(Object target) {
  // 중첩 프록시
  for (Interceptor interceptor : interceptors) {
    target = interceptor.plugin(target);
    // 위의 코드는 다음과 동일함
    // target (대리 객체) = target (목표 객체) + interceptor (인터셉터)
    // target = Plugin.wrap(target, interceptor);
```

```
    }
    return target;
}
// MyBatis는 다음과 같이 대상 객체인 Executor, StatementHandler, ParameterHandler,
// ResultSetHandler 클래스를 생성하며, 이는 다중 중첩 프록시에 해당한다.
Object target = interceptorChain.pluginAll(target);
```

Executor, StatementHandler, ParameterHandler, ResultSetHandler 클래스에서 메서드를 실행할 때 MyBatis는 모든 계층에서 Plugin 클래스의 객체인 프록시 객체의 invoke() 메서드를 중첩한다. invoke() 메서드는 먼저 프록시 객체에서 인터셉터 객체의 intercept() 함수를 실행한 다음 프록시 객체의 메서드를 실행한다. 이런 식으로 모든 계층의 프록시 객체의 intercept() 함수가 실행되면, 마지막으로 MyBatis가 원본 클래스 4개의 객체 메서드를 실행한다.

8.5.6 생각해보기

책임 연쇄 패턴을 사용하면 프레임워크 코드가 개방 폐쇄 원칙을 충족하도록 만들 수 있다. 새 핸들러가 추가될 때는 클라이언트 코드만 수정하면 되는데, 이때 클라이언트 코드도 개방 폐쇄 원칙을 만족시키기 위해, 코드를 수정하지 않고 새 핸들러를 추가할 수 있는 방법이 있는지 생각해보자.

8.6 상태 패턴

상태 패턴state pattern은 실제 소프트웨어 개발에서 일반적으로 사용되는 것은 아니지만, 사용하게 되면 매우 강력하다. 이런 관점에서 보면 7.6절에서 다루었던 복합체 패턴과 약간 비슷하다. 상태 패턴은 일반적으로 상태 머신을 구현하는 데 사용되는데, 상태 머신은 게임이나 워크플로 엔진과 같은 시스템 개발에 자주 사용된다. 물론 상태 머신의 구현에는 상태 패턴 외에도 분기 판단 방식과 테이블 조회 방식도 많이 사용된다. 이번 절에서는 이 세 가지 방식에 대해 살펴보고, 어떤 장단점이 있는지 확인해볼 것이다.

8.6.1 유한 상태 기계란 무엇인가

유한 상태 기계finite state machine, FSM는 상태 머신이라고 불리기도 한다. 상태 머신은 상태state, 이벤트event, 동작action의 세 가지 구성 요소로 이루어져 있다. 이때 이벤트는 전환 조건transition condition이라고 부르기도 하며, 상태 전이와 동작 실행을 촉발시키는 역할을 한다. 그러나 동작은 필수가 아니기 때문에, 상태 전이만 발생하고 어떤 동작도 실행되지 않는 경우도 있다.

구체적인 예를 통해 상태 머신의 다양한 구성 요소를 살펴보자.

게임 <슈퍼 마리오>에서 마리오는 꼬마 마리오, 슈퍼 마리오, 파이어 마리오, 망토 마리오 등 다양한 형태로 변신할 수 있으며, 스테이지와 조건에 따라 각각의 형태 사이를 이동하면서 점수를 획득하거나 잃는다. 예를 들어 마리오의 초기 형태는 꼬마 마리오지만 버섯을 먹으면 슈퍼 마리오가 되면서 100점을 얻는다.

마리오의 변신은 상태 머신이라고 할 수 있으며, 마리오의 변신 형태는 상태 머신의 **상태**, 버섯을 먹는 등의 게임 내의 행동은 상태 머신의 **이벤트**, 점수의 증감은 상태 머신의 **동작**에 해당한다. 예를 들어 버섯을 먹으면 꼬마 마리오에서 슈퍼 마리오로 상태 전이가 촉발될 뿐만 아니라, 100점을 추가하는 동작 실행이 촉발되는 것이다.

쉽게 이해하기 위해 게임의 배경을 단순화하고 일부 상태와 이벤트만 남겨둔 결과는 그림 8.4와 같다.

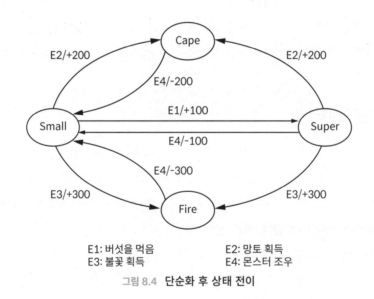

E1: 버섯을 먹음   E2: 망토 획득
E3: 불꽃 획득   E4: 몬스터 조우

그림 8.4 단순화 후 상태 전이

그림 8.4의 상태 전이 다이어그램, 즉 상태 머신을 코드로 구현한 백본 코드는 다음과 같다. 이 코드에서 getMushRoom(), gatherCape(), gatherFireFlower(), meetMonster() 함수는 현재 상태와 이벤트에 따라 상태를 업데이트하거나 점수를 처리한다. 물론 아직 실제 구현은 하지 않은 상태지만 다음 예제에서 단계별로 구현하게 될 것이다.

```java
public enum State {
  SMALL(0),
  SUPER(1),
  FIRE(2),
  CAPE(3);
  private int value;

  private State(int value) {
    this.value = value;
  }

  public int getValue() {
    return this.value;
  }
}

public class MarioStateMachine {
  private int score;
  private State currentState;

  public MarioStateMachine() {
    this.score = 0;
    this.currentState = State.SMALL;
  }

  public void obtainMushRoom() {
    // TODO
  }

  public void obtainCape() {
    // TODO
  }

  public void obtainFireFlower() {
    // TODO
  }

  public void meetMonster() {
    // TODO
  }

  public int getScore() {
    return this.score;
  }

  public State getCurrentState() {
    return this.currentState;
  }
```

```
}

public class ApplicationDemo {
  public static void main(String[] args) {
    MarioStateMachine mario = new MarioStateMachine();
    mario.obtainMushRoom();
    int score = mario.getScore();
    State state = mario.getCurrentState();
    System.out.println("mario score: " + score + "; state: " + state);
  }
}
```

8.6.2 분기 판단 방법으로 상태 머신 구현하기

상태 머신을 구현하는 방법에는 크게 분기 판단 방법, 테이블 조회 방법, 상태 패턴 세 가지가 있다. 그중에서 가장 간단하고 직접적인 구현 방법은 그림 8.4와 같은 상태 전이도를 참조하여 각 상태 전이를 직접 코드로 구현하는 것이다. 이 방식으로 작성된 코드에는 많은 수의 if-else 또는 switch-case 분기 판단 문이 포함되므로, 이 방법을 분기 판단 방법이라고 하겠다. 다음 코드는 이 방법에 따라 구현된 코드다.

```
public class MarioStateMachine {
  private int score;
  private State currentState;

  public MarioStateMachine() {
    this.score = 0;
    this.currentState = State.SMALL;
  }

  public void obtainMushRoom() {
    if (currentState.equals(State.SMALL)) {
      this.currentState = State.SUPER;
      this.score += 100;
    }
  }

  public void obtainCape() {
    if (currentState.equals(State.SMALL) || currentState.equals(State.SUPER) ) {
      this.currentState = State.CAPE;
      this.score += 200;
    }
  }
}
```

```java
  public void obtainFireFlower() {
    if (currentState.equals(State.SMALL) || currentState.equals(State.SUPER) ) {
      this.currentState = State.FIRE;
      this.score += 300;
    }
  }

  public void meetMonster() {
    if (currentState.equals(State.SUPER)) {
      this.currentState = State.SMALL;
      this.score -= 100;
      return;
    }
    if (currentState.equals(State.CAPE)) {
      this.currentState = State.SMALL;
      this.score -= 200;
      return;
    }
    if (currentState.equals(State.FIRE)) {
      this.currentState = State.SMALL;
      this.score -= 300;
      return;
    }
  }

  public int getScore() {
    return this.score;
  }

  public State getCurrentState() {
    return this.currentState;
  }
}
```

단순한 상태 머신이라면 분기 판단 방법을 사용해도 무방하다. 하지만 복잡한 상태 머신이라면 이 방법을 사용하면 일부 상태 전이를 놓치거나 잘못 사용하기 쉽고, 코드가 if-else 또는 switch-case 분기 판단 문으로 가득 차 있기 때문에 코드의 가독성과 유지 보수성이 떨어진다. 상태 머신에서 일부 상태 전이를 나중에 수정해야 할 때, 긴 분기 코드 안에서 해당 코드를 정확히 찾아 수정해야 하기 때문에 실수나 버그가 발생하기 쉽다.

8.6.3 테이블 조회 방법으로 상태 머신 구현하기

분기 판단 방법은 모든 분기를 직접 작성해야 하기 때문에, 단순한 상태 머신이 아니면 처리가 거의 불가능하다. 따라서 복잡한 상태 머신의 경우 테이블 조회 방법이 더 적합하다. 이어서 테이블 조회 방법을 사용하여 상태 머신을 구현하는 방법을 살펴보자.

상태 머신은 그림 8.4의 상태 전이 다이어그램처럼 표현될 수도 있지만, 표 8.2와 같이 2차원 상태 전이 테이블로 표현될 수도 있다. 이 상태 전이 테이블에서 행은 현재 상태를 나타내고, 열은 이벤트를 나타내며, 값은 상태가 전이된 후의 상태와 이벤트 후 수행하는 동작을 나타낸다.

표 8.2 상태 전이 테이블

	E1 (버섯 획득)	E2 (망토 획득)	E3 (불꽃 획득)	E4 (몬스터 조우)
Small	Super/+100	Cape/+200	Fire/+300	–
Super	–	Cape/+200	Fire/+300	Small/-100
Cape	–	–	–	Small/-200
Fire	–	–	–	Small/-300

참고: 표의 '—'는 상태 전환이 없음을 나타낸다.

테이블 조회 방법을 이용하여 MarioStateMachine 클래스를 수정한 코드는 다음과 같다. 분기 판단 방법에 비해 테이블 조회 방법의 코드가 훨씬 명확하고, 코드의 가독성과 유지 보수성이 우수하다. 상태 머신을 수정해야 할 때도 2차원 배열인 transitionTable과 actionTable만 수정하면 된다. 더군다나 이 배열들을 설정 파일에 저장한다면 코드 수정 없이 설정 파일만 수정하면 된다.

```
public enum Event {
  OBTAIN_MUSHROOM(0),
  OBTAIN _CAPE(1),
  OBTAIN _FIRE(2),
  MEET_MONSTER(3);
  private int value;

  private Event(int value) {
    this.value = value;
  }

  public int getValue() {
    return this.value;
  }
}

public class MarioStateMachine {
  private int score;
```

```java
private State currentState;

private static final State[][] transitionTable = {
        {SUPER, CAPE, FIRE, SMALL},
        {SUPER, CAPE, FIRE, SMALL},
        {CAPE, CAPE, CAPE, SMALL},
        {FIRE, FIRE, FIRE, SMALL}
};
private static final int[][] actionTable = {
        {+100, +200, +300, +0},
        {+0, +200, +300, -100},
        {+0, +0, +0, -200},
        {+0, +0, +0, -300}
};

public MarioStateMachine() {
  this.score = 0;
  this.currentState = State.SMALL;
}

public void obtainMushRoom() {
  executeEvent(Event.OBTAIN_MUSHROOM);
}

public void obtainCape() {
  executeEvent(Event.OBTAIN_CAPE);
}

public void obtainFireFlower() {
  executeEvent(Event.OBTAIN_FIRE);
}

public void meetMonster() {
  executeEvent(Event.MEET_MONSTER);
}

private void executeEvent(Event event) {
  int stateValue = currentState.getValue();
  int eventValue = event.getValue();
  this.currentState = transitionTable[stateValue][eventValue];
  this.score += actionTable[stateValue][eventValue];
}

public int getScore() {
  return this.score;
}

public State getCurrentState() {
```

```
    return this.currentState;
  }
}
```

8.6.4 상태 패턴으로 상태 머신 구현하기

<슈퍼 마리오> 예제에서 이벤트에 의해 촉발되는 동작은 단순한 덧셈과 뺄셈이므로, 테이블 조회 방법을 사용할 때 촉발된 동작의 변화를 int 유형의 2차원 배열인 actionTable로 간단하게 표현할 수 있었다. 그러나 수행할 동작이 단순하지 않고 복잡한 논리 연산이 필요한 데이터베이스 작업, 메시지 알림 보내기 같은 작업일 경우, 예제처럼 간단한 2차원 배열로 처리할 수 없다. 다시 말해 테이블 조회 방법에는 제약이 있다.

분기 판단 방법과 테이블 조회 방식의 문제를 해결할 때 상태 패턴이 유용하다. 상태 패턴은 다른 이벤트에 의해 촉발된 상태 전이와 동작 실행을 다른 상태 클래스로 분할하여 분기 판단 분기를 회피한다. 상태 패턴을 사용하여 MarioStateMachine 클래스를 수정한 코드는 다음과 같다. IMario는 모든 이벤트를 정의하는 상태 인터페이스이며, SmallMario, SuperMario, CapeMario, FireMario는 상태 머신의 네 가지 상태에 대응하는 IMario 인터페이스의 구현 클래스다. 기존에는 상태 전이와 동작 실행은 모두 MarioStateMachine 클래스에 집중되어 있었지만, 이제는 상태별로 별도의 클래스로 나뉘어져 있다.

```
public interface IMario { // 모든 상태 클래스의 인터페이스
  State getName();
  // 아래는 이벤트 정의
  void obtainMushRoom();
  void obtainCape();
  void obtainFireFlower();
  void meetMonster();
}

public class SmallMario implements IMario {
  private MarioStateMachine stateMachine;

  public SmallMario(MarioStateMachine stateMachine) {
    this.stateMachine = stateMachine;
  }

  @Override
  public State getName() {
```

```java
      return State.SMALL;
    }

    @Override
    public void obtainMushRoom() {
      stateMachine.setCurrentState(new SuperMario(stateMachine));
      stateMachine.setScore(stateMachine.getScore() + 100);
    }

    @Override
    public void obtainCape() {
      stateMachine.setCurrentState(new CapeMario(stateMachine));
      stateMachine.setScore(stateMachine.getScore() + 200);
    }

    @Override
    public void obtainFireFlower() {
      stateMachine.setCurrentState(new FireMario(stateMachine));
      stateMachine.setScore(stateMachine.getScore() + 300);
    }

    @Override
    public void meetMonster() {
      // 여기서는 아무 일도 하지 않으므로 빈 함수
    }
}
// SuperMario, CapeMario, FireMario 클래스 코드 생략

public class MarioStateMachine {
  private int score;
  private IMario currentState;  // 상태 표시에 열거형을 사용하지 않음

  public MarioStateMachine() {
    this.score = 0;
    this.currentState = new SmallMario(this);
  }

  public void obtainMushRoom() {
    this.currentState.obtainMushRoom();
  }

  public void obtainCape() {
    this.currentState.obtainCape();
  }

  public void obtainFireFlower() {
    this.currentState.obtainFireFlower();
  }
```

```
  public void meetMonster() {
    this.currentState.meetMonster();
  }

  public int getScore() {
    return this.score;
  }

  public State getCurrentState() {
    return this.currentState.getName();
  }

  public void setScore(int score) {
    this.score = score;
  }

  public void setCurrentState(IMario currentState) {
    this.currentState = currentState;
  }
}
```

한 가지 강조하면, 이 코드는 이해하기 어렵지는 않지만 MarioStateMachine 클래스와 각 상태 클래스는 쌍방 의존성을 가진다. MarioStateMachine 클래스가 각각의 상태 클래스에 종속되는 것은 당연하지만, 각각의 상태 클래스가 MarioStateMachine 클래스에 종속되어야 하는 이유는 무엇일까? 바로 MarioStateMachine 클래스의 score 변수와 currentState 변수를 업데이트해야 하기 때문이다.

하지만 앞의 코드도 상태 클래스를 싱글턴으로 설계하는 방식으로 최적화할 수 있고, 이렇게 최적화할 경우 상태 클래스에는 멤버 변수가 포함되지 않는다. 그러나 상태 클래스를 싱글턴으로 설계하게 되면 생성자를 통해 MarioStateMachine 클래스의 객체를 상태 클래스로 전달할 수 없기 때문에, 상태 클래스는 MarioStateMachine 클래스의 객체에 의존해야 한다. 그렇다면 이 문제를 해결할 방법은 없을까?

사실, 싱글턴 패턴을 다룬 6.1절에서 이미 그 답을 찾은 바 있다. 바로 MarioStateMachine 클래스의 객체를 함수의 매개변수를 통해 상태 클래스로 전달하는 방법을 사용하는 것이다. 이러한 설계 사상에 따라 리팩터링한 코드는 다음과 같다.

```
public interface IMario {
```

```java
  State getName();
  void obtainMushRoom(MarioStateMachine stateMachine);
  void obtainCape(MarioStateMachine stateMachine);
  void obtainFireFlower(MarioStateMachine stateMachine);
  void meetMonster(MarioStateMachine stateMachine);
}

public class SmallMario implements IMario {
  private static final SmallMario instance = new SmallMario();
  private SmallMario() {}

  public static SmallMario getInstance() {
    return instance;
  }

  @Override
  public State getName() {
    return State.SMALL;
  }

  @Override
  public void obtainMushRoom(MarioStateMachine stateMachine) {
    stateMachine.setCurrentState(SuperMario.getInstance());
    stateMachine.setScore(stateMachine.getScore() + 100);
  }

  @Override
  public void obtainCape(MarioStateMachine stateMachine) {
    stateMachine.setCurrentState(CapeMario.getInstance());
    stateMachine.setScore(stateMachine.getScore() + 200);
  }

  @Override
  public void obtainFireFlower(MarioStateMachine stateMachine) {
    stateMachine.setCurrentState(FireMario.getInstance());
    stateMachine.setScore(stateMachine.getScore() + 300);
  }

  @Override
  public void meetMonster(MarioStateMachine stateMachine) {
    // 여기서는 아무 일도 하지 않으므로 빈 함수
  }
}

// SuperMario, CapeMario, FireMario 클래스 코드 생략
public class MarioStateMachine {
  private int score;
  private IMario currentState;
```

```
public MarioStateMachine() {
  this.score = 0;
  this.currentState = SmallMario.getInstance();
}

public void obtainMushRoom() {
  this.currentState.obtainMushRoom(this);
}

public void obtainCape() {
  this.currentState.obtainCape(this);
}

public void obtainFireFlower() {
  this.currentState.obtainFireFlower(this);
}

public void meetMonster() {
  this.currentState.meetMonster(this);
}

public int getScore() {
  return this.score;
}

public State getCurrentState() {
  return this.currentState.getName();
}

public void setScore(int score) {
  this.score = score;
}

public void setCurrentState(IMario currentState) {
  this.currentState = currentState;
}
}
```

실제로 게임과 같이 복잡한 상태 머신은 더 많은 상태를 포함하는데, 상태 패턴은 상태가 많아질수록 상태 클래스가 늘어나므로, 코드를 유지 보수하기가 훨씬 어려워진다. 따라서 이 경우에는 테이블 조회 방식이 더 나을 수 있다. 반면 전자 상거래 주문과 같은 상태 머신은 상태가 많지 않고 상태 전이가 비교적 간단해서 이벤트에 의해 촉발되는 동작이 훨씬 복잡할 수 있으므로 상태 패턴을 적용하는 것이 더 적합할 수 있다.

생각해보기

이번 절에서 살펴본 상태 패턴 기반의 코드에는 여전히 몇 가지 문제점이 있다. 예를 들어 모든 이벤트 함수가 상태 인터페이스에 정의되어 있기 때문에, 상태 클래스가 이러한 이벤트 중 일부를 지원할 필요가 없더라도, 모든 이벤트에 대응하는 함수를 구현해야 한다. 뿐만 아니라 상태 인터페이스에 이벤트를 추가하면 모든 상태 클래스가 그에 따라 수정되어야 한다. 이 문제를 어떤 식으로 해결할 수 있을지 생각해보자.

8.7 반복자 패턴 (1)

많은 프로그래밍 언어는 반복자iterator를 기본 제공한다. 이때 기본 제공되는 반복자를 사용하는 것이 일반적이며, 반복자를 직접 구현하는 경우는 거의 없다. 그러나 단순히 사용하는 것에서 그치지 않고 반복자가 사용되는 이유와 원칙을 이해하면 더욱 유용하게 활용할 수 있다. 반복자의 기본 구현 원칙은 이번 절에서 다룰 디자인 패턴인 **반복자 패턴**iterator pattern이다.

8.7.1 반복자 패턴의 정의와 구현

반복자 패턴은 커서 패턴cursor pattern이라고도 하며, 컬렉션을 정해진 순서대로 가져올 때 사용된다. 여기서 **컬렉션**은 배열, 링크드 리스트, 트리, 그래프, 점프 테이블 같이 데이터 컬렉션을 포함하고 있는 컨테이너를 의미한다. 반복자 패턴은 컬렉션의 순회 작업을 컬렉션에서 분리한 후, 반복자에 넣어 컬렉션과 반복자의 책임이 단일하게 되도록 한다.

완전한 반복자 패턴은 컬렉션과 반복자로 구성된다. 구현이 아닌 인터페이스 기반의 프로그래밍 목적을 달성하기 위해 컬렉션에는 컬렉션 인터페이스와 컬렉션 구현 클래스가 포함되며, 반복자에는 그림 8.5처럼 반복자 인터페이스와 반복자 구현 클래스가 포함된다.

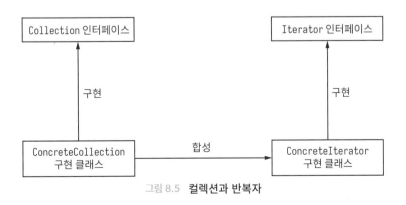

그림 8.5 **컬렉션과 반복자**

반복자의 구현 원리를 설명하기 위해, 여기서는 일단 기본 클래스 라이브러리에 선형 컬렉션에 대응하는 반복자가 제공되지 않는다는 가정하에 처음부터 개발할 것이다. 선형 데이터 구조에는 배열과 링크드 리스트가 있는데, 이 데이터 구조를 캡슐화한 클래스로 `ArrayList` 클래스와 `LinkedList` 클래스가 이미 있다고 가정한다. 이제 이 클래스에서 공통 인터페이스를 추상화하고 이를 `List` 인터페이스로 정의하여, 구현이 아닌 인터페이스 기반으로 작업할 수 있도록 할 것이다. 이러한 방식으로 코드를 작성하면 두 개의 데이터 구조 사이에 유연한 전환이 가능하다.

이제 컬렉션 클래스인 `ArrayList`와 `LinkedList`에 해당하는 반복자를 설계하고 구현해보자. 반복자 인터페이스 `Iterator`와 이를 구현한 컬렉션 클래스인 `ArrayIterator`와 `LinkedIterator`의 반복자 구현 클래스를 정의한다. 이때 `Iterator` 인터페이스를 정의하는 방법에는 다음 코드와 같이 두 가지가 있다.

```
// 첫 번째 인터페이스 정의 방식
public interface Iterator<E> {
  boolean hasNext();
  void next();
  E currentItem();
}
// 두 번째 인터페이스 정의 방식
public interface Iterator<E> {
  boolean hasNext();
  E next();
}
```

`Iterator` 인터페이스의 첫 번째 정의에서 next() 함수는 커서를 한 칸 뒤로 이동하는 데 사용되고, currentItem() 함수는 현재 커서가 가리키는 요소를 반환한다. `Iterator` 인터페이스의 두 번째 정의에서는 현재 커서가 가리키는 요소를 반환하고, 커서를 한 칸 뒤로 이동하는 작업을 next() 함수 하나로 처리한다. 첫 번째 정의의 경우, 커서 이동을 직접 제어할 수 있기 때문에 더 유연하다. 다시 말해 currentItem() 함수를 여러 번 호출하여 커서를 이동하지 않고 현재 요소를 받아올 수 있다. 따라서 다음 코드의 구현에서는 첫 번째 정의를 활용할 것이다.

`ArrayIterator` 클래스의 코드는 다음과 같다. `LinkedIterator` 클래스는 `ArrayIterator` 클래스와 거의 유사하기 때문에 여기에서 구체적인 코드를 예시로 들지는 않지만 `ArrayIterator` 클래스를 참조하여 직접 구현해볼 수 있다.

```
public class ArrayIterator<E> implements Iterator<E> {
  private int cursor;
  private ArrayList<E> arrayList;

  public ArrayIterator(ArrayList<E> arrayList) {
    this.cursor = 0;
    this.arrayList = arrayList;
  }

  @Override
  public boolean hasNext() {
    return cursor != arrayList.size();
  }

  @Override
  public void next() {
    cursor++;
  }

  @Override
  public E currentItem() {
    if (cursor >= arrayList.size()) {
      throw new NoSuchElementException();
    }
    return arrayList.get(cursor);
  }
}

public class Demo {
  public static void main(String[] args) {
    ArrayList<String> names = new ArrayList<>();
    names.add("jpub");
    names.add("design");
    names.add("pattern");
    Iterator<String> iterator = new ArrayIterator(names);
    while (iterator.hasNext()) {
      System.out.println(iterator.currentItem());
      iterator.next();
    }
  }
}
```

이 코드에서는 생성자를 통해 iterator 클래스로 순회할 컬렉션을 전달해야 한다. 물론 반복자 생성의 세부 사항을 캡슐화하기 위해 컬렉션 클래스에 해당 반복자를 생성하는 메서드를 정의할 수 있다. 구현이 아닌 인터페이스 기반으로 구현하려면 List 인터페이스에서도 이 메서드를 정의해야 한다. 코드와 사용 예제는 다음과 같다.

```java
public interface List<E> {
  Iterator iterator();
  // 일부 인터페이스 함수 구현 생략
}

public class ArrayList<E> implements List<E> {
  ...
  public Iterator iterator() {
    return new ArrayIterator(this);
  }
  // 일부 코드 생략
}

// 사용 예제
public class Demo {
  public static void main(String[] args) {
    List<String> names = new ArrayList<>();
    names.add("jpub");
    names.add("design");
    names.add("pattern");
    Iterator<String> iterator = names.iterator();
    while (iterator.hasNext()) {
      System.out.println(iterator.currentItem());
      iterator.next();
    }
  }
}
```

8.7.2 컬렉션 순회 방법

일반적으로 컬렉션을 순회하는 방법에는 for 반복문, foreach 반복문, 반복자 세 가지가 있다. 이 방법을 Java로 설명할 것이며, 예제 코드는 다음과 같다.

```java
List<String> names = new ArrayList<>();
names.add("jpub");
names.add("design");
names.add("pattern");
// 첫 번째 순회 방식: for
for (int i = 0; i < names.size(); i++) {
  System.out.print(names.get(i) + ",");
}
```

```
// 두 번째 순회 방식: foreach
for (String name : names) {
  System.out.print(name + ",")
}
// 세 번째 순회 방식: 반복자
Iterator<String> iterator = names.iterator();
while (iterator.hasNext()) {
  // Java 반복자의 next() 함수는 커서를 이동하면서, 데이터를 반환한다.
  System.out.print(iterator.next() + ",");
}
```

foreach 반복문은 문법적인 재정의일 뿐이며, 사실상 반복자 기반이기 때문에 foreach 반복문과 반복자는 동일한 것으로 생각할 수 있다.

위의 코드에서 for 반복문은 반복자보다 훨씬 간결하다. 그럼에도 컬렉션을 순회하기 위해 반복자를 사용하는 이유는 무엇일까?

배열이나 링크드 리스트와 같은 데이터 구조의 순회 방법은 비교적 간단하며, for 반복문을 사용해도 충분하다. 그러나 트리나 그래프처럼 복잡한 데이터 구조는 트리의 경우 전위 순회preorder traversal, 중위 순회inorder traversal, 후위 순회postorder traversal 같은 순회 방법이 있으며, 그래프의 경우 깊이 우선 순회depth-first search, 너비 우선 순회breadth-first search 같은 순회 방법이 있는 등 여러 가지 복잡한 방법이 존재한다. 데이터 구조를 사용하는 클라이언트가 이러한 순회 알고리즘을 직접 구현한다면 개발 비용이 증가하는 것은 필연적이며 실수나 오류가 발생하기 쉽다. 그렇다고 컬렉션 클래스에서 순회를 구현한다면 컬렉션 클래스 코드의 복잡도가 증가한다. 이미 수차례 언급했듯이 복잡도를 낮추는 방법은 코드를 분할하는 것이기 때문에 순회 작업을 반복자 클래스로 분할하는 것이 적절하다. 예를 들어 그래프 순회에 대해 두 개의 반복자 클래스인 DFSIterator와 BFSIterator를 정의하고 깊이 우선 순회와 너비 우선 순회를 담당하게 할 수 있다.

컨테이너와 반복자는 모두 추상 인터페이스를 제공하므로 구현이 아닌 인터페이스 기반으로 작업하기 쉽다. 링크드 리스트를 선순 순회에서 역순 순회로 바꾸는 것처럼 순회 알고리즘 변경해야 한다면, 다른 코드는 수정하지 않고 반복자 클래스를 LinkedIterator에서 ReversedLinked Iterator로 전환하면 된다.

반복자의 문제

반복자를 사용하여 컬렉션을 순회하는 동안 컬렉션에 요소를 추가하거나 삭제하면 요소가 중복 순회되거나 반대로 아예 순회되지 않을 수 있다. 그러나 항상 오류가 발생하는 것이 아니라 가끔 정상적으로 순회가 가능한 경우도 있기 때문에, 모든 순회 오류가 발생하는 것은 아니며 때로는 정상적인 순회가 가능한 경우도 있으므로 이러한 행위를 상황에 따라 예측할 수 없는 결과 행위 또는 보류 행위라고 한다. 8.7.1절에서 구현했던 반복자를 이용한 예제 코드로 살펴보자.

```java
public class Demo {
  public static void main(String[] args) {
    List<String> names = new ArrayList<>();
    names.add("a");
    names.add("b");
    names.add("c");
    names.add("d");
    Iterator<String> iterator = names.iterator();
    iterator.next();
    names.remove("a");
  }
}
```

ArrayList 클래스의 최하 계층이 배열 데이터 구조일 때, add() 함수를 네 차례 실행하면 배열은 a, b, c, d 4개의 요소를 가지며, 이때 반복자의 커서가 가리키는 요소는 a가 된다. 이때 next() 함수를 실행하면 반복자의 커서는 요소 b를 가리키며, 여기까지는 문제가 없다.

배열을 삭제할 때는 배열에 저장된 데이터의 연속성을 유지하기 위해 요소의 이동이 일어나게 된다. remove() 함수가 실행되면 요소 a가 배열에서 삭제되고, 뒤의 저장되어 있던 요소 b, c, d가 차례로 한 칸 앞으로 이동한다. 앞에서 next() 함수를 호출한 결과 커서가 요소 b를 가리키고 있었지만, 요소 a가 삭제되었기 때문에, 커서는 자신이 알지 못하는 사이에 갑자기 요소 c를 가리키는 상황이 된다. 즉, 요소 a의 삭제로 인해 요소 b는 순회에서 누락된다(그림 8.6).

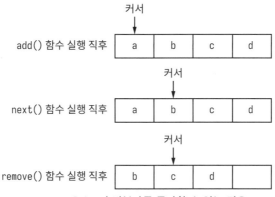

그림 8.6 **요소 b가 반복자를 통과할 수 없는 경우**

반면에 remove() 함수가 커서 앞에 있던 요소 a와 커서가 위치한 요소 b를 제거하는 대신, 커서 뒤에 있는 요소 c와 d를 제거하는 경우 더 이상 순회할 요소가 없기 때문에 순회는 불가능하다. 따라서 순회 중에 컬렉션 요소를 삭제하는 결과는 일반화할 수 없고 예측이 불가능하다.

그렇다면 순회 과정에서 컬렉션 요소를 추가하면 어떻게 될까? 이번에는 위의 예제 코드를 약간 수정하여 요소를 삭제하는 대신 추가해보자. 수정한 후의 코드는 다음과 같다.

```
public class Demo {
  public static void main(String[] args) {
    List<String> names = new ArrayList<>();
    names.add("a");
    names.add("b");
    names.add("c");
    names.add("d");
    Iterator<String> iterator = names.iterator();
    iterator.next();
    names.add(0, "x");
  }
}
```

이번에도 마찬가지로 add() 함수를 네 번 실행하면 배열에 요소 a, b, c, d가 저장되며, next() 함수를 실행하면 커서는 요소 b를 가리킨다. 그런데 마지막 add() 함수는 배열의 첫 번째 위치에 요소 x를 추가하기 때문에, 기존의 요소 a, b, c, d는 차례로 한 칸씩 뒤로 이동한다. 이때 요소 b를 가리키고 있던 커서는 다시 알지 못하는 사이에 그림 8.7과 같이 이미 지나쳤던 요소 a를 다시 가리키게 된다.

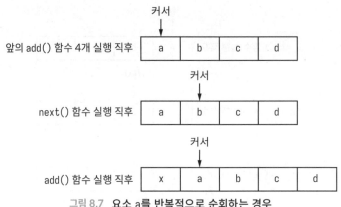

그림 8.7 요소 a를 반복적으로 순회하는 경우

물론 요소를 삭제하는 경우와 마찬가지로 커서 뒤에 새로운 요소를 추가하면 요소가 반복적으로 순회하는 문제가 없다. 따라서 순회하는 동안 컬렉션 요소를 추가하는 경우에도 어떤 동작을 할지 미리 예측할 수 없는 동작에 해당한다.

8.7.4 반복자의 문제 해결

앞에서 살펴봤듯이 반복자를 통해 컬렉션을 순회하는 도중에 컬렉션에서 요소를 추가하거나 삭제하면 예기치 않은 결과가 발생할 수 있다. 이러한 예측할 수 없는 결과는 명백한 실수보다 훨씬 더 두려운 것이 사실이다. 이는 때로는 결과가 올바르고, 때로는 결과가 다르다는 것이 찾아내기 어려운 버그라는 말과 동일한 의미가 되기 때문이다. 그렇다면 이러한 예측할 수 없는 결과를 피하려면 어떻게 해야 할까?

여기서 사용할 수 있는 방법에는 두 가지가 있는데, 두 가지 모두 간단하지만 **거친** 방식이라고 할 수 있다. 첫 번째 방법은 순회하는 동안 요소의 추가와 삭제를 아예 허용하지 않는 것이고, 두 번째 방법은 요소를 추가하거나 삭제한 후, 순회 중인 컬렉션에 오류를 보고하는 것이다. 그러나 첫 번째 방법은 컬렉션이 순회의 시작과 종료를 알고 있어야 하기 때문에 구현이 어렵다. 순회의 시작은 반복자가 생성되는 시점으로 간주할 수 있지만, 순회 종료 시점은 반드시 반복자가 마지막 요소에 도달한 시점이라고 보장할 수 없으므로 결정하기 쉽지 않다. 오히려 실제 개발에서는 반드시 모든 요소를 순회할 필요가 없는 경우가 많다. 다음 코드에서는 b 값을 가진 요소를 찾으면, 그 시점에 순회를 종료하는 경우다.

```
public class Demo {
  public static void main(String[] args) {
```

```
      List<String> names = new ArrayList<>();
      names.add("a");
      names.add("b");
      names.add("c");
      names.add("d");
      Iterator<String> iterator = names.iterator();
      while (iterator.hasNext()) {
        String name = iterator.currentItem();
        if (name.equals("b")) {
          break;
        }
      }
    }
  }
```

반복자 클래스에 새로운 인터페이스인 finishIteration()을 정의하고 이를 통해 반복자의 순회
종료를 통보함으로써 컬렉션이 요소를 추가하거나 삭제할 수 있음을 인지하게 하는 방법이 있다.
하지만 반복자의 사용이 종료되는 시점에 finishIteration() 함수를 적극적으로 호출해야 하기
때문에 개발 비용이 증가할 뿐만 아니라, 호출을 잊는 경우 곧바로 버그로 이어지기 쉽다. 다음 예
제 코드를 살펴보자.

```
public class Demo {
  public static void main(String[] args) {
    List<String> names = new ArrayList<>();
    names.add("a");
    names.add("b");
    names.add("c");
    names.add("d");
    Iterator<String> iterator = names.iterator();
    while (iterator.hasNext()) {
      String name = iterator.currentItem();
      if (name.equals("b")) {
        iterator.finishIteration();  // 반복자의 사용이 끝났음을 컬렉션에 적극적으로 알림
        break;
      }
    }
  }
}
```

따라서 두 번째 방법이 더 합리적이라 볼 수 있으며, 실제로 Java는 요소를 추가하거나 제거한 후
반복자의 순회 작업이 오류를 보고하는 방식을 사용하고 있다.

그렇다면 순회할 때 컬렉션에 요소가 추가되거나 삭제되었는지 확인하는 방법은 무엇일까? 컬렉션이 수정된 횟수를 기록하기 위해 `ArrayList` 클래스에 modCount 멤버 변수를 정의할 수 있다. 컬렉션이 요소를 추가하는 함수나 삭제하는 함수를 호출할 때마다 modCount의 값은 매번 1씩 증가한다. 컬렉션에서 `iterator()` 함수를 호출하여 반복자가 생성되면 컬렉션은 modCount 변수의 값을 반복자의 expectedModCount 멤버 변수에 전달하고, hasNext(), next(), currentItem() 함수를 호출할 때마다 컬렉션의 modCount가 반복자의 expectedModCount와 같은지 확인한다. 만약 두 변수의 값이 같지 않으면 반복자가 생성된 후 modCount가 변경되었고, 이는 다시 말해 컬렉션에 요소가 추가되거나 삭제되었음을 의미하며, 앞에서 생성한 반복자가 이미 정확한 결과를 반환할 수 없으며, 계속 사용할 경우 예기치 않은 동작이 발생한다는 것을 의미한다. 따라서 이 경우에 fail-fast 처리 방식을 통해 실행 시간 예외를 곧바로 발생시켜 프로그램을 종료시켜서 가능한 한 빨리 오류를 수정할 수 있도록 한다. 예제 코드는 다음과 같다.

```java
public class ArrayIterator implements Iterator {
  private int cursor;
  private ArrayList arrayList;
  private int expectedModCount;

  public ArrayIterator(ArrayList arrayList) {
    this.cursor = 0;
    this.arrayList = arrayList;
    this.expectedModCount = arrayList.modCount;
  }

  @Override
  public boolean hasNext() {
    checkForComodification();
    return cursor < arrayList.size();
  }

  @Override
  public void next() {
    checkForComodification();
    cursor++;
  }

  @Override
  public Object currentItem() {
    checkForComodification();
    return arrayList.get(cursor);
  }
```

```
      private void checkForComodification() {
        if (arrayList.modCount != expectedModCount)
            throw new ConcurrentModificationException();
      }
    }


// 예제 코드
public class Demo {
    public static void main(String[] args) {
        List<String> names = new ArrayList<>();
        names.add("a");
        names.add("b");
        names.add("c");
        names.add("d");
        Iterator<String> iterator = names.iterator();
        iterator.next();
        names.remove("a");
        iterator.next();  // ConcurrentModificationException 예외 발생
    }
}
```

그런데 Java의 반복자 클래스는 컬렉션을 반복하는 동안 컬렉션에서 요소를 안전하게 제거할 수 있는 remove() 함수를 제공하고 있다. 이 메서드의 기능에는 제한이 있는데, 현재 커서가 가리키는 요소의 이전 요소만 삭제할 수 있으며, next() 함수를 한 번 호출할 때마다 remove() 함수는 단 한 번만 호출이 가능하다. 만약 한 번의 next() 함수 호출당 remove() 함수의 호출이 두 번 이상 존재하면 오류가 보고된다. 이에 더해 반복자 클래스는 요소를 추가하는 메서드는 제공하지 않는다. 결국, 반복자의 주요 기능은 순회이며 요소를 추가하는 작업은 반복자에 적절하지 않다는 것을 유의하자. 예제 코드는 다음과 같다.

```
public class Demo {
    public static void main(String[] args) {
        List<String> names = new ArrayList<>();
        names.add("a");
        names.add("b");
        names.add("c");
        names.add("d");
        Iterator<String> iterator = names.iterator();
        iterator.next();
        iterator.remove();
        iterator.remove();  // 오류: IllegalStateException 예외 발생
    }
}
```

그렇다면 Java의 반복자 클래스에서 remove() 함수를 통해 컬렉션에서 요소를 안전하게 제거할 수 있는 이유는 무엇일까? 소스 코드는 모든 것을 설명해주므로 remove() 함수의 구현을 살펴보자. 참고로 Java의 반복자 클래스는 컬렉션 클래스의 내부 클래스이며 next() 함수는 커서를 한 칸 뒤로 이동시킬 뿐만 아니라 현재 요소를 반환하는 두 가지 일을 하는 두 번째 방식을 채택하고 있다.

```java
public class ArrayList<E> {
  transient Object[] elementData;
  private int size;

  public Iterator<E> iterator() {
    return new Itr();
  }

  private class Itr implements Iterator<E> {
    int cursor;
    int lastRet = -1;
    int expectedModCount = modCount;

    Itr() {}

    public boolean hasNext() {
      return cursor != size;
    }

    @SuppressWarnings("unchecked")
    public E next() {
      checkForComodification();
      int i = cursor;
      if (i >= size)
        throw new NoSuchElementException();
      Object[] elementData = ArrayList.this.elementData;
      if (i >= elementData.length) {
        throw new ConcurrentModificationException();
      cursor = i + 1;
      return (E) elementData[lastRet = i];
    }

    public void remove() {
      if (lastRet < 0) {
        throw new IllegalStateException();
      checkForComodification();
      try {
        ArrayList.this.remove(lastRet);
```

```
        cursor = lastRet;
        lastRet = -1;
        expectedModCount = modCount;
      } catch (IndexOutOfBoundsException ex) {
        throw new ConcurrentModificationException();
      }
    }
  }
}
```

이 코드에서는 반복자 클래스에 커서가 가리키는 요소의 이전 요소를 기록하는 데 사용되는 멤버 변수인 `lastRet`이 추가되어 있다. 반복자를 통해 요소를 삭제할 때 커서와 `lastRet`을 업데이트해 요소를 삭제함으로써 순회가 불가능해지는 것을 방지할 수 있다.

8.7.5 생각해보기

이번 절에 제공된 Java의 반복자를 기준으로 할 때, 다음 코드와 같이 컬렉션이 동시에 두 개의 반복자를 생성하는 경우, 반복자 중 하나가 `remove()` 메서드를 호출하여 컬렉션의 요소를 제거하고 난 상태에서 다른 반복자를 계속 사용할 수 있는지 생각해보자. 또한 다른 반복자에서 `next()` 함수를 호출한 결과는 무엇일지도 고민해보자.

```
public class Demo {
  public static void main(String[] args) {
    List<String> names = new ArrayList<>();
    names.add("a");
    names.add("b");
    names.add("c");
    names.add("d");
    Iterator<String> iterator1 = names.iterator();
    Iterator<String> iterator2 = names.iterator();
    iterator1.next();
    iterator1.remove();
    iterator2.next();  // 실행 결과는?
  }
}
```

8.8 반복자 패턴 (2)

이번 절에서는 스냅숏 기능을 지원하는 반복자를 구현하는 방법에 대해 알아볼 것이다. 이번 절을 통해 반복자 패턴에 대한 이해를 심화하고 문제를 분석하고 해결하는 능력을 향상시킬 수 있을 것이다.

8.8.1 스냅숏 기능을 지원하는 반복자

스냅숏 기능을 지원하는 반복자를 구현하는 방법은 무엇일까? 이 질문에 답할 때 필요한 것은 **스냅숏**이라는 단어가 무엇을 의미하는지 파악하는 것이다. 여기서 스냅숏은 원본 컬렉션의 복사본을 의미하는데, 원본 컬렉션의 요소가 추가되거나 삭제되더라도 스냅숏은 변경되지 않는다. 반복자가 순회하는 대상 객체는 원본 컬렉션이 아닌 스냅숏으로, 순회하는 동안 컬렉션에 요소를 추가하거나 삭제하여 예기치 않은 결과가 발생하는 것을 방지한다.

예제 코드는 다음과 같다. 여기서 컬렉션 list는 처음에 3, 8, 2의 요소를 저장한다. 반복자 iter1이 생성된 후, 컬렉션 list에서 요소 3을 삭제했기 때문에 요소는 8과 2만 남게 된다. 하지만 iter1이 순회하는 대상 객체는 컬렉션 list가 아니라 스냅숏이기 때문에 iter1의 순회 결과는 여전히 3, 8, 2가 된다. 마찬가지로 반복자 iter2와 iter3도 각각의 스냅숏을 대상으로 순회하며, 그 결과는 코드 주석에 표시했다.

```
List<Integer> list = new ArrayList<>();
list.add(3);
list.add(8);
list.add(2);
Iterator<Integer> iter1 = list.iterator();  // 스냅숏: 3, 8, 2
list.remove(new Integer(2)); // list: 3, 8
Iterator<Integer> iter2 = list.iterator();  // 스냅숏: 3, 8
list.remove(new Integer(3)); // list: 8
Iterator<Integer> iter3 = list.iterator();  // 스냅숏: 3
// 추출 결과: 3 8 2
while (iter1.hasNext()) {
  System.out.print(iter1.next() + " ");
}
System.out.println();
// 추출 결과: 3 8
while (iter2.hasNext()) {
  System.out.print(iter1.next() + " ");
}
System.out.println();
```

```
// 추출 결과: 8
while (iter3.hasNext()) {
  System.out.print(iter1.next() + " ");
}
System.out.println();
```

위의 요구 사항을 구현하는 백본 코드는 다음과 같이 ArrayList와 SnapshotArrayIterator 클래스로 구성되어 있다. 지금은 설명에 필요한 몇 가지 인터페이스만 정의하고 있으며, 전체 코드는 뒤에서 다시 살펴볼 것이다.

```java
public ArrayList<E> implements List<E> {
  // TODO: 멤버 변수, private 함수 등의 정의

  @Override
  public void add(E obj) {
    // TODO: 이후 코드 완성
  }

  @Override
  public void remove(E obj) {
    // TODO: 이후 코드 완성
  }

  @Override
  public Iterator<E> iterator() {
    return new SnapshotArrayIterator(this);
  }
}

public class SnapshotArrayIterator<E> implements Iterator<E> {
  // TODO: 멤버 변수, private 함수 등의 정의
  @Override
  public boolean hasNext() {
    // TODO: 이후 코드 완성
  }

  @Override
  public E next() {// 현재 요소 반환 후 커서를 다음으로 이동
    // TODO: 이후 코드 완성
  }
}
```

8.8.2 여러 복사본 기반의 설계 사상

먼저 여러 복사본을 기반으로 하는 간단한 설계 사상을 살펴보자. 반복자 클래스에서 스냅숏을 저장할 멤버 변수 스냅숏을 정의하고, 반복자가 생성될 때마다 컬렉션의 요소를 복사하여 스냅숏에 배치한다. 이 스냅숏은 해당 시점의 복사본에 해당하며, 이 복사본에 대해 순회 작업이 일어난다. 예제 코드는 다음과 같다.

```java
public class SnapshotArrayIterator<E> implements Iterator<E> {
  private int cursor;
  private ArrayList<E> snapshot;

  public SnapshotArrayIterator(ArrayList<E> arrayList) {
    this.cursor = 0;
    this.snapshot = new ArrayList<>();
    this.snapshot.addAll(arrayList);
  }

  @Override
  public boolean hasNext() {
    return cursor < snapshot.size();
  }

  @Override
  public E next() {
    E currentItem = snapshot.get(cursor);
    cursor++;
    return currentItem;
  }
}
```

이 설계 사상은 간단하지만 반복자가 생성될 때마다 복사본을 추가해야 하기 때문에 비용이 상대적으로 높다. 다시 말해 컬렉션에 대해 여러 반복자를 생성하는 경우 많은 메모리를 소비하는 여러 개의 복사본을 생성해야 한다. 그러나 다행히도 Java의 복사는 기본적으로 **얕은 복사**로, 컬렉션의 객체 자체가 아닌 객체에 대한 참조만 복사된다.

8.8.3 시간값 기반의 설계 사상

시간값timestamp을 기반으로 한 두 번째 설계 사상을 살펴보자. 컬렉션의 각 요소에 대해 요소를 추가할 때 사용할 addTimestamp 시간값과 요소를 삭제할 때 사용할 delTimestamp 시간값을 추가한다. 요소가 컬렉션에 추가되면 현재 시간을 addTimestamp에 저장하고, delTimestamp는 저장 가능한 최댓값인 Long.MAX_VALUE로 초기화한다. 반대로 요소가 제거되면 delTimestamp 값을 현재 시간으로 업데이트한다. 이 과정을 통해 컬렉션에서 요소를 실제로 삭제하는 대신 삭제했다는 표시만 남길 수 있다.

동시에 모든 반복자는 snapshotTimestamp 시간값도 저장하는데, 이제 반복자를 사용하여 컬렉션을 순회할 때 각각의 요소는 addTimestamp < snapshotTimestamp < delTimestamp의 조건을 만족해야 순회 대상에 포함된다. 요소의 addTimestamp가 snapshotTimestamp보다 클 경우, 이 요소는 반복자가 생성된 이후에 컬렉션에 추가된 요소임을 의미하며, 따라서 반복자의 순회 요소에 포함되지 않는다. 마찬가지로 요소의 delTimestamp가 snapshotTimestamp보다 작으면 이 요소는 반복자가 생성되기 전에 삭제된 요소이기 때문에 반복자의 순회 요소에 포함되지 않는다. 이 방식을 통해 굳이 여러 개의 복사본을 유지하지 않더라도 시간값을 통해 스냅숏 기능을 컬렉션 내에서 구현할 수 있다. 예제 코드는 다음과 같다.

```java
public class ArrayList<E> implements List<E> {
  private static final int DEFAULT_CAPACITY = 10;
  private int actualSize;  // 마크업 삭제 요소 미포함
  private int totalSize;  // 마크업 삭제 요소 포함
  private Object[] elements;
  private long[] addTimestamps;
  private long[] delTimestamps;

  public ArrayList() {
    this.elements = new Object[DEFAULT_CAPACITY];
    this.addTimestamps = new long[DEFAULT_CAPACITY];
    this.delTimestamps = new long[DEFAULT_CAPACITY];
    this.totalSize = 0;
    this.actualSize = 0;
  }

  @Override
  public void add(E obj) {
    elements[totalSize] = obj;
    addTimestamps[totalSize] = System.currentTimeMillis();
    delTimestamps[totalSize] = Long.MAX_VALUE;
    totalSize++;
    actualSize++;
  }

  @Override
  public void remove(E obj) {
    for (int i = 0; i < totalSize; ++i) {
```

```
          if (elements[i].equals(obj)) {
            delTimestamps[i] = System.currentTimeMillis();
            actualSize--;
          }
        }
      }

      public int actualSize() {
        return this.actualSize;
      }

      public int totalSize() {
        return this.totalSize;
      }

      public E get(int i) {
        if (i >= totalSize) {
          throw new IndexOutOfBoundsException();
        }
        return (E)elements[i];
      }

      public long getAddTimestamp(int i) {
        if (i >= totalSize) {
          throw new IndexOutOfBoundsException();
        }
        return addTimestamps[i];
      }

      public long getDelTimestamp(int i) {
        if (i >= totalSize) {
          throw new IndexOutOfBoundsException();
        }
        return delTimestamps[i];
      }
    }

    public class SnapshotArrayIterator<E> implements Iterator<E> {
      private long snapshotTimestamp;
      private int cursorInAll;  // 스냅숏 대신 전체 컨테이너의 커서
      private int leftCount;  // 아직 순회하지 않은 스냅숏 요소가 여러 개 있음
      private ArrayList<E> arrayList;

      public SnapshotArrayIterator(ArrayList<E> arrayList) {
        this.snapshotTimestamp = System.currentTimeMillis();
        this.cursorInAll = 0;
        this.leftCount = arrayList.actualSize();;
        this.arrayList = arrayList;
```

```
      justNext(); // 반복자 스냅숏의 첫 번째 요소로 이동
    }

    @Override
    public boolean hasNext() {
      return this.leftCount >= 0; // > 대신 >= 사용함에 주의
    }

    @Override
    public E next() {
      E currentItem = arrayList.get(cursorInAll);
      justNext();
      return currentItem;
    }

    private void justNext() {
      while (cursorInAll < arrayList.totalSize()) {
        long addTimestamp = arrayList.getAddTimestamp(cursorInAll);
        long delTimestamp = arrayList.getDelTimestamp(cursorInAll);
        if (snapshotTimestamp > addTimestamp && snapshotTimestamp < delTimestamp) {
          leftCount--;
          break;
        }
        cursorInAll++;
      }
    }
  }
}
```

안타깝게도 이 설계 사상에는 여전히 문제가 있다. ArrayList 클래스의 기본 구현은 원래 임의 접근을 지원하는 배열의 데이터 구조에 기반한다. 즉, $O(1)$ 시간 복잡도 내에 첨자를 지정하여 요소에 빠르게 접근할 수 있어야 하지만 이 설계 사상에서는 데이터의 삭제는 실제로 삭제되는 것이 아니라 시간값으로 삭제 여부를 표시하는 것이기 때문에 첨자를 통해 빠르게 접근할 수 없다.

그렇다면 컬렉션이 스냅숏 순회와 임의 접근을 모두 지원하도록 하려면 어떻게 해야 할까?

ArrayList 클래스에 두 개의 배열을 저장하는 방법을 생각해볼 수 있는데, 하나의 배열은 시간값 기반의 삭제 표시 기능을 통해 스냅숏 순회 기능을 지원하고, 다른 배열은 삭제 시 배열에서 직접 삭제하는 방식을 통해 임의 접근을 지원할 수 있다.

8.8.3절에 제공된 두 번째 설계 사상에서 삭제된 요소는 단순히 삭제되었다고 표시될 뿐이며, 반복자가 이 요소를 순회하지 않더라도 실제 배열에는 남아 있는 상태이기 때문에 불필요한 메모리 낭비가 발생하게 된다. 이 문제를 해결할 최적화 방법에는 어떤 것이 있는지 생각해보자.

8.9 비지터 패턴

앞에서 언급했듯이 대부분의 디자인 패턴은 그 원리와 구현이 매우 간단한 편이지만, 이번 절의 **비지터 패턴**visitor pattern 같은 예외도 있다. 비지터 패턴은 22개의 고전 디자인 패턴 중 가장 이해하기 어려운 패턴이다. 비지터 패턴은 이해하거나 구현하기 매우 어렵고, 심지어 적용하면 코드의 가독성과 유지 보수성이 떨어지기 때문에 실제로 거의 사용되지는 않는다. 따라서 매우 특수한 상황이 아니라면 비지터 패턴은 고려할 필요가 없다. 그럼에도 혹시 비지터 패턴을 사용한 코드를 만나게 되면, 해당 코드를 읽고 설계 의도를 알아챌 수 있어야 한다. 따라서 간단하게나마 비지터 패턴에 대해 살펴보기로 한다.

8.9.1 비지터 패턴의 도출 과정

비지터 패턴은 《GoF의 디자인 패턴》에서 다음과 같이 정의한다.

> 하나 이상의 작업을 객체 집합에 적용하여 객체에서 작업을 분리할 수 있다.[6]

예제를 통해 비지터 패턴이 만들어지는 과정을 살펴보자.

웹 사이트에서 대량의 파일을 크롤링하는데 이 파일들의 형식은 PDF, PPT, Word라고 가정해보자. 이 리소스 파일을 처리하는 도구를 개발해야 하는데 그 기능 중 하나는 리소스 파일에서 텍스트 콘텐츠를 추출하여 텍스트 파일에 저장하는 것이라고 한다면, 이 기능은 어떻게 구현해야 할까?

실제로 이 기능을 구현하는 것은 어렵지 않으며, 심지어 많은 구현 방법이 존재한다. 다음 코드는 그중 하나를 보인 것이다. `ResourceFile`은 추상 함수인 `extract2txt()`를 포함하는 추상 클래스이고, `PdfFile` 클래스, `PPTFile` 클래스, `WordFile` 클래스는 모두 `ResourceFile` 클래스를 상속하

---

6   원문은 다음과 같다. Allows for one or more operation to be applied to a set of objects at runtime, decoupling the operations from the object structure.

는 하위 클래스로서 extract2txt() 함수를 재정의한다. 그리고 ToolApplication 클래스는 실제
파일 형식에 따라 다형성을 활용하여 어떤 클래스의 extract2txt() 함수를 실행할지 결정한다.

```java
public abstract class ResourceFile {
  protected String filePath;

  public ResourceFile(String filePath) {
    this.filePath = filePath;
  }

  public abstract void extract2txt();
}

public class PPTFile extends ResourceFile {
  public PPTFile(String filePath) {
    super(filePath);
  }

  @Override
  public void extract2txt() {
    // PPT 형식의 파일에서 본문을 추출하는 코드
    // 추출한 데이터는 동일한 경로에 같은 이름을 가진 TXT 파일에 저장
    System.out.println("Extract PPT.");
  }
}

public class PdfFile extends ResourceFile {
  public PdfFile(String filePath) {
    super(filePath);
  }

  @Override
  public void extract2txt() {
    ...
    System.out.println("Extract PDF.");
  }
}

public class WordFile extends ResourceFile {
  public WordFile(String filePath) {
    super(filePath);
  }
  @Override
  public void extract2txt() {
    ...
    System.out.println("Extract WORD.");
```

```
    }
  }

  // 실행 결과:
  // Extract PDF.
  // Extract WORD.
  // Extract PPT.
  public class ToolApplication {
    public static void main(String[] args) {
      List<ResourceFile> resourceFiles = listAllResourceFiles(args[0]);
      for (ResourceFile resourceFile : resourceFiles) {
        resourceFile.extract2txt();
      }
    }

    private static List<ResourceFile> listAllResourceFiles(String resourceDirectory) {
      List<ResourceFile> resourceFiles = new ArrayList<>();
      // 파일 형식에 따라 Factory 메서드 방식으로 객체(PdfFile, WordFile, PPTFile) 생성 후,
      // resourceFiles에 추가
      resourceFiles.add(new PdfFile("a.pdf"));
      resourceFiles.add(new WordFile("b.word"));
      resourceFiles.add(new PPTFile("c.ppt"));
      return resourceFiles;
    }
  }
```

여기서 텍스트 콘텐츠의 추출에 더해 파일의 이름, 크기, 수정 시간 등 파일 속성도 추출하고, 파일을 압축하거나 인덱스를 빌드하는 등의 새로운 기능이 필요한 상황이 발생하면 개발할 때 다음과 같은 세 가지 문제가 발생할 수 있다.

1) 새로운 기능을 추가하기 위해 모든 클래스의 코드를 수정해야 하기 때문에 개방 폐쇄 원칙을 위반한다.

2) 기능이 추가될수록 그에 따라 각 클래스의 코드도 증가하기 때문에 코드의 가독성과 유지 보수성이 나빠진다.

3) 모든 상위 계층 비즈니스 로직이 `PdfFile` 클래스, `PPTFile` 클래스, `WordFile` 클래스에 결합되어 있기 때문에 클래스의 책임이 단일하지 않다.

위의 세 가지 문제를 효과적으로 해결하는 방법은 비즈니스 코드를 데이터 구조와 분리하여 독립적인 클래스로 설계하는 디커플링이며, 디커플링이 완료된 코드는 다음과 같다. 이 코드의 핵심은 텍스트 내용을 추출하는 작업을 오버로딩 기반으로 설계했다는 것이다. 일반적으로 함수의 오버로

딩은 Java, C++ 같은 객체지향 프로그래밍 언어에서 사용된다. 오버로드된 함수는 동일한 클래스나 네임스페이스namespace에서 이름은 동일하지만 매개변수가 다른 함수들을 의미한다.

```java
public abstract class ResourceFile {
  protected String filePath;

  public ResourceFile(String filePath) {
    this.filePath = filePath;
  }
}

public class PdfFile extends ResourceFile {
  public PdfFile(String filePath) {
    super(filePath);
  }

  ...
}

// PPTFile 클래스, WordFile 클래스 코드 생략
public class Extractor {
  public void extract2txt(PPTFile pptFile) {
    ...
    System.out.println("Extract PPT.");
  }

  public void extract2txt(PdfFile pdfFile) {
    ...
    System.out.println("Extract PDF.");
  }

  public void extract2txt(WordFile wordFile) {
    ...
    System.out.println("Extract WORD.");
  }
}

public class ToolApplication {
  public static void main(String[] args) {
    Extractor extractor = new Extractor();
    List<ResourceFile> resourceFiles = listAllResourceFiles(args[0]);
    for (ResourceFile resourceFile : resourceFiles) {
      extractor.extract2txt(resourceFile); // 컴파일 오류 발생
    }
  }
```

```
  private static List<ResourceFile> listAllResourceFiles(String resourceDirectory) {
    List<ResourceFile> resourceFiles = new ArrayList<>();
    // 파일 형식에 따라 Factory 메서드 방식으로 객체(PdfFile, WordFile, PPTFile) 생성 후,
    // resourceFiles에 추가
    resourceFiles.add(new PdfFile("a.pdf"));
    resourceFiles.add(new WordFile("b.word"));
    resourceFiles.add(new PPTFile("c.ppt"));
    return resourceFiles;
  }
}
```

안타깝게도 이 코드는 컴파일되지 않는데, ToolApplication 클래스 내의 main() 함수에 포함되어 있는 for 반복문에서 오류가 발생하기 때문이다. 다형성은 실행 시간에 객체의 실제 유형을 가져와 실제 유형에 해당하는 메서드를 실행하는 동적 바인딩인데 반해, 함수 오버로딩은 정적 바인딩의 일종으로 컴파일 시에는 객체의 실제 유형을 알 수 없지만 선언된 유형에 해당하는 메서드가 실행된다. 위의 코드에서 resourceFiles에 포함된 객체는 ResourceFile 유형으로 선언되어 있지만, 정작 Extractor 클래스에는 ResourceFile 유형이 매개변수인 extract2txt() 함수가 정의되어 있지 않기 때문에 컴파일 단계에서 실패하게 된다. 실행 중인 경우 역시 말할 필요도 없이 객체의 실제 유형에 따라 다른 오버로드 함수가 실행된다. 이 문제에 대한 해결 방법은 이해하기 다소 어렵지만 다음 코드로 설명하겠다.

```
public abstract class ResourceFile {
  protected String filePath;

  public ResourceFile(String filePath) {
    this.filePath = filePath;
  }

  abstract public void accept(Extractor extractor);
}

public class PdfFile extends ResourceFile {
  public PdfFile(String filePath) {
    super(filePath);
  }

  @Override
  public void accept(Extractor extractor) {
    extractor.extract2txt(this);
  }
  ...
```

```
  }

  // PPTFile 클래스, WordFile 클래스, PdfFile 클래스는 유사하므로, 코드 생략
  // Extractor 클래스 코드는 동일하므로 생략
  public class ToolApplication {
    public static void main(String[] args) {
      Extractor extractor = new Extractor();
      List<ResourceFile> resourceFiles = listAllResourceFiles(args[0]);

      for (ResourceFile resourceFile : resourceFiles) {
        resourceFile.accept(extractor); // 컴파일 오류 발생하지 않음
      }
    }

    private static List<ResourceFile> listAllResourceFiles(String resourceDirectory) {
      List<ResourceFile> resourceFiles = new ArrayList<>();
      // 파일 형식에 따라 Factory 메서드 방식으로 객체(PdfFile, WordFile, PPTFile) 생성 후,
      // resourceFiles에 추가
      resourceFiles.add(new PdfFile("a.pdf"));
      resourceFiles.add(new WordFile("b.word"));
      resourceFiles.add(new PPTFile("c.ppt"));
      return resourceFiles;
    }
  }
```

이 코드는 컴파일 시 오류가 발생하지 않으며, ToolApplication 클래스의 main() 함수에서 다형성을 기반으로 실제 유형인 PdfFile, PPTFile, WordFile 클래스의 accept() 함수를 호출한다. 만약 PdfFile 클래스의 accept() 함수가 호출되었다고 가정하면, PdfFile 클래스의 accept() 함수의 매개변수 this는 PdfFile 클래스 객체가 되며, 이는 컴파일 시 미리 결정된다. 따라서 PdfFile 클래스의 accept() 함수는 Extractor 클래스의 오버로드 함수인 extract2txt(PdfFile pdfFile)를 호출한다. 이러한 코드는 매우 기술적인데, 이 코드 자체가 이미 비지터 패턴의 원형에 해당하기 때문에 이해하기 어려울 수 있다.

여기에 리소스 파일의 형식에 따라 각기 최적화된 압축 알고리즘을 사용하여 압축하는 새로운 기능을 추가해야 한다면 어떻게 해야 할까? 이번에는 Extractor 클래스와 유사한 Compressor 클래스를 구현하고, 이번에도 리소스 파일의 형식에 따라 리소스 파일을 압축하는 여러 개의 오버로드 함수를 정의해야 한다. 추가로 각 리소스 파일 클래스에서 새로운 accept() 오버로드 함수를 정의해야 한다. 예제 코드는 다음과 같다.

```java
public abstract class ResourceFile {
  protected String filePath;

  public ResourceFile(String filePath) {
    this.filePath = filePath;
  }

  abstract public void accept(Extractor extractor);
  abstract public void accept(Compressor compressor);
}

public class PdfFile extends ResourceFile {
  public PdfFile(String filePath) {
    super(filePath);
  }

  @Override
  public void accept(Extractor extractor) {
    extractor.extract2txt(this);
  }

  @Override
  public void accept(Compressor compressor) {
    compressor.compress(this);
  }
}
// PPTFile 클래스, WordFile 클래스, PdfFile 클래스는 유사하므로, 코드 생략
// Extractor 클래스 코드는 동일하므로 생략

public class Compressor {
  public void compress(PPTFile pptFile) {
    ...
    System.out.println("Compress PPT.");
  }

  public void compress(PdfFile pdfFile) {
    ...
    System.out.println("Compress PDF.");
  }

  public void compress(WordFile wordFile) {
    ...
    System.out.println("Compress WORD.");
  }
}

public class ToolApplication {
  public static void main(String[] args) {
```

```
    Extractor extractor = new Extractor();
    List<ResourceFile> resourceFiles = listAllResourceFiles(args[0]);
    for (ResourceFile resourceFile : resourceFiles) {
      resourceFile.accept(extractor);
    }
    Compressor compressor = new Compressor();
    for (ResourceFile resourceFile : resourceFiles) {
      resourceFile.accept(compressor);
    }
  }
  // listAllResourceFiles() 함수 코드는 동일하므로 생략
}
```

위의 코드에는 몇 가지 문제가 있는데, 새로운 기능을 추가할 때마다 각각의 리소스 파일 클래스를 매번 수정해야 하기 때문에 개방 폐쇄 원칙을 위반한다. 이를 해결하려면 Visitor 추상화 인터페이스를 정의하고, 리소스 파일 형식을 구분하여 처리하는 오버로드 함수인 visit()를 리소스 파일 형식 개수만큼 정의해야 한다. 어떤 기능을 실행할지는 Visitor 인터페이스를 구현하는 클래스에 의해 결정된다. 예를 들어 Extractor 클래스는 텍스트 콘텐츠 추출을 담당하고 Compressor 클래스는 파일 압축을 담당한다. 새 기능을 추가할 때도 리소스 파일 클래스는 수정할 필요 없이, Visitor 인터페이스를 구현하는 처리 클래스를 추가하고, ToolApplication 클래스에 해당하는 함수 호출을 추가하면 된다. 이 설명에 따라 리팩터링한 코드는 다음과 같다.

```
public abstract class ResourceFile {
  protected String filePath;

  public ResourceFile(String filePath) {
    this.filePath = filePath;
  }

  abstract public void accept(Visitor vistor);
}

public class PdfFile extends ResourceFile {
  public PdfFile(String filePath) {
    super(filePath);
  }

  @Override
  public void accept(Visitor visitor) {
    visitor.visit(this);
  }
```

```
    ...
}
// PPTFile 클래스, WordFile 클래스의 코드 구조는 PdfFile 클래스와 유사하므로 생략

public interface Visitor {
  void visit(PdfFile pdfFile);
  void visit(PPTFile pptFile);
  void visit(WordFile wordFile);
}

public class Extractor implements Visitor {
  @Override
  public void visit(PPTFile pptFile) {

    ...
    System.out.println("Extract PPT.");
  }

  @Override
  public void visit(PdfFile pdfFile) {

    ...
    System.out.println("Extract PDF.");
  }

  @Override
  public void visit(WordFile wordFile) {

    ...
    System.out.println("Extract WORD.");
  }
}

public class Compressor implements Visitor {
  @Override
  public void visit(PPTFile pptFile) {

    ...
    System.out.println("Compress PPT.");
  }

  @Override
  public void visit(PdfFile pdfFile) {

    ...
    System.out.println("Compress PDF.");
  }

  @Override
  public void visit(WordFile wordFile) {

    ...
    System.out.println("Compress WORD.");
  }
```

```
  }

public class ToolApplication {
  public static void main(String[] args) {
    Extractor extractor = new Extractor();
    List<ResourceFile> resourceFiles = listAllResourceFiles(args[0]);
    for (ResourceFile resourceFile : resourceFiles) {
      resourceFile.accept(extractor);
    }
    Compressor compressor = new Compressor();
    For (ResourceFile resourceFile : resourceFiles) {
      resourceFile.accept(compressor);
    }
  }
  // listAllResourceFiles() 함수 코드 생략
}
```

이 코드는 비지터 패턴의 전체 과정을 담고 있는 최종 결과이다. 마지막으로 비지터 패턴을 요약해 보자. 비지터 패턴을 사용하면 하나 이상의 작업을 객체 컬렉션에 적용할 수 있다. 이 패턴의 설계 의도는 객체 자체에서 작업을 분리하여 클래스 책임을 단일하게 유지하고 개방 폐쇄 원칙을 충족하는 것이다. 비지터 패턴을 적용하기 위해 코드를 구현할 때 어려움을 느끼는 경우가 많은데, 코드 구현이 복잡한 이유는 대부분의 객체지향 프로그래밍 언어에서 함수 오버로딩이 정적으로 바인딩되어 있기 때문이다. 다시 말해 클래스에서 어떤 오버로드 함수가 호출되는지를 결정하는 것은 실행 시간에 매개변수에 전달되는 실제 유형이 아니라, 컴파일 중에 선언된 매개변수 유형에 의해 결정된다.

사실, 이 도구를 개발하기 위한 많은 코드 설계와 구현이 존재한다. 비록 여기에서는 비지터 패턴을 설명하기 위해 비지터 패턴을 사용하여 구현했지만, 사실 팩터리 패턴을 사용할 수도 있다. 그 코드는 다음과 같다. extract2txt() 함수를 포함하는 Extractor 인터페이스를 정의한 다음, Extractor 인터페이스를 구현하는 PdfExtractor 클래스, PPTExtractor 클래스, WordExtractor 클래스의 extract2txt() 함수에서 각각 PDF, PPT, Word 형식의 파일에서 텍스트 콘텐츠의 추출을 구현한다. 그리고 ExtractorFactory 팩터리 클래스는 파일 유형에 따라 적절한 Extractor 클래스의 객체를 반환한다.

```
public abstract class ResourceFile {
  protected String filePath;
```

```java
  public ResourceFile(String filePath) {
    this.filePath = filePath;
  }

  public abstract ResourceFileType getType();
}

public class PdfFile extends ResourceFile {
  public PdfFile(String filePath) {
    super(filePath);
  }

  @Override
  public ResourceFileType getType() {
    return ResourceFileType.PDF;
  }
  ...
}
// PPTFile 클래스, WordFile 클래스의 코드 구조는 PdfFile 클래스와 유사하므로 생략

public interface Extractor {
  void extract2txt(ResourceFile resourceFile);
}

public class PdfExtractor implements Extractor {
  @Override
  public void extract2txt(ResourceFile resourceFile) {
    ...
  }
}
// PPTExtractor 클래스, WordExtractor 클래스의 코드 구조는 PdfExtractor 클래스와
// 유사하므로 생략

public class ExtractorFactory {
  private static final Map<ResourceFileType, Extractor> extractors = new HashMap<>();
  static {
    extractors.put(ResourceFileType.PDF, new PdfExtractor());
    extractors.put(ResourceFileType.PPT, new PPTExtractor());
    extractors.put(ResourceFileType.WORD, new WordExtractor());
  }

  public static Extractor getExtractor(ResourceFileType type) {
    return extractors.get(type);
  }
}

public class ToolApplication {
  public static void main(String[] args) {
```

```
    List<ResourceFile> resourceFiles = listAllResourceFiles(args[0]);
    for (ResourceFile resourceFile : resourceFiles) {
      Extractor extractor = ExtractorFactory.getExtractor(resourceFile.getType());
      extractor.extract2txt(resourceFile);
    }
  }

  private static List<ResourceFile> listAllResourceFiles(String resourceDirectory) {
    List<ResourceFile> resourceFiles = new ArrayList<>();
    // 파일 형식에 따라 Factory 메서드 방식으로 객체(PdfFile, WordFile, PPTFile) 생성 후,
    // resourceFiles에 추가
    resourceFiles.add(new PdfFile("a.pdf"));
    resourceFiles.add(new WordFile("b.word"));
    resourceFiles.add(new PPTFile("c.ppt"));
    return resourceFiles;
  }
}
```

리소스 파일 압축과 같은 새 기능을 추가할 때는 텍스트 추출과 마찬가지로 Compressor 인터페이스를 비롯하여 PdfCompressor, PPTCompressor, WordCompressor 구현 클래스를 추가하고, 이를 생성하는 CompressorFactory 팩터리 클래스를 추가하면 된다. 이때 기존 코드 중 유일하게 수정해야 하는 것은 상위 클래스인 ToolApplication이다. 이 코드는 개방 폐쇄 원칙을 만족한다.

따라서 많은 기능을 제공하지 않는다면 팩터리 패턴을 사용하는 것이 좋으며, 팩터리 패턴으로 구현한 코드가 더 명확하고 이해하기 쉽다. 반대로 많은 기능을 제공해야 한다면 비지터 패턴이 팩터리 패턴보다 훨씬 적은 수의 클래스 정의를 요구하므로 비지터 패턴을 사용하는 것이 좋다.

8.9.2 이중 디스패치

비지터 패턴에 대해 이야기할 때 **이중 디스패치**double dispatch를 이야기하지 않을 수 없다. 이중 디스패치는 객체의 실행 시간 유형에 따라 실행할 객체의 메서드를 결정하고, 메서드의 실행 시간에 따른 매개변수 유형에 따라 객체에서 실행할 메서드가 결정되는 것을 의미한다. 이중 디스패치가 있으므로 당연히 단일 디스패치도 존재한다. 단일 디스패치는 객체의 실행 시간 유형에 따라 객체에서 실행될 메서드가 결정되지만, 어떤 객체의 메서드가 실행되는지를 결정할 때는 메서드 매개변수의 컴파일 시간 유형에 의해 결정되는 것을 의미한다.

디스패치는 객체지향 프로그래밍 언어에서 메서드 호출을 의미한다. 객체지향에서는 어떤 객체가 다른 객체의 메서드를 호출하는 것을 객체가 다른 객체에 메시지를 보내는 것과 동일시하기 때문

이다. 이 메시지는 객체와 메서드의 이름, 메서드의 매개변수를 포함하고 있다.

그렇다면 '단일'과 '이중'은 무엇을 의미하는 것일까? 이는 객체가 실행될 때 실행 시간 유형이 연관되는 방식을 의미한다. 단일 디스패치에서는 객체가 실행되는 메서드가 **객체**의 실행 시간 유형에만 관련되어 있는 반면에, 이중 디스패치에서는 객체가 실행되는 메서드가 **객체**와 **메서드의 매개변수**, 이 두 가지 실행 시간 유형과 관련된다.

프로그래밍 언어 문법의 관점에서 단일 디스패치와 이중 디스패치는 다형성과 함수 오버로딩에 직접 관련되어 있다. Java, C++, C# 등 현재 주로 사용되는 객체지향 프로그래밍 언어에서는 이중 디스패치를 지원하지 않으며, 단일 디스패치만 지원하고 있다. 여기서는 Java를 통해 살펴보기로 한다.

Java는 다형성을 지원하므로 코드는 실행 시간에 객체의 실제 유형을 얻은 다음, 해당 유형에 따라 호출할 메서드를 결정할 수 있다. 비록 Java가 함수 오버로딩을 지원하지만, 실행 시간에 호출할 함수를 결정하는 대신, 컴파일 시 선언된 매개변수를 기준으로 함수를 호출한다. 즉, 어떤 객체가 실행되는 메서드는 매개변수가 아닌 객체의 실행 시간 유형에만 연관되어 있다. 이런 방식의 디스패치를 단일 디스패치라고 하며, Java는 단일 디스패치만 지원하는 언어다. 다른 예제 코드를 통해 더 설명해보겠다.

```java
public class ParentClass {
  public void f() {
    System.out.println("I am ParentClass's f().");
  }
}

public class ChildClass extends ParentClass {
  public void f() {
    System.out.println("I am ChildClass's f().");
  }
}

public class SingleDispatchClass {
  public void polymorphismFunction(ParentClass p) {
    p.f();
  }

  public void overloadFunction(ParentClass p) {
    System.out.println("I am overloadFunction(ParentClass p).");
  }

  public void overloadFunction(ChildClass c) {
```

```
      System.out.println("I am overloadFunction(ChildClass c).");
   }
}

public class DemoMain {
  public static void main(String[] args) {
    SingleDispatchClass demo = new SingleDispatchClass();
    ParentClass p = new ChildClass();
    demo.polymorphismFunction(p);  // 실행할 객체의 메서드는 객체 유형에 따라 결정
    demo.overloadFunction(p);  // 실행할 객체의 메서드는 객체 유형에 따라 결정
  }
}
```

이 코드에서 polymorphismFunction() 함수는 객체 p의 f() 함수를 실행하는데, 이는 객체 p의
실제 유형인 ChildClass 클래스의 f() 함수에 해당하며, overloadFunction(ParentClass p) 실
행을 하는 것과 동일하다. 따라서 실행 결과는 다음과 같다.

```
I am ChildClass's f().
I am overloadFunction(ParentClass p).
```

Java가 이중 디스패치를 지원한다면 다음 코드는 정상적으로 동작할 것이다. 코드는 실행 시간에
매개변수인 resourceFile의 실제 유형인 PdfFile, PPTFile, WordFile에 따라 extract2txt()의
오버로드 함수 세 개 중 하나를 사용할 것이고, 이 상황에서는 비지터 패턴이 필요하지 않게 된다.

```
public abstract class ResourceFile {
  protected String filePath;

  public ResourceFile(String filePath) {
    this.filePath = filePath;
  }
}

public class PdfFile extends ResourceFile {
  public PdfFile(String filePath) {
    super(filePath);
  }
  ...
}

// PPTFile 클래스, WordFile 클래스 구현 코드 생략
public class Extractor {
```

```java
  public void extract2txt(PPTFile pptFile) {
    ...
    System.out.println("Extract PPT.");
  }

  public void extract2txt(PdfFile pdfFile) {
    ...
    System.out.println("Extract PDF.");
  }

  public void extract2txt(WordFile wordFile) {
    ...
    System.out.println("Extract WORD.");
  }
}

public class ToolApplication {
  public static void main(String[] args) {
    Extractor extractor = new Extractor();
    List<ResourceFile> resourceFiles = listAllResourceFiles(args[0]);
    for (ResourceFile resourceFile : resourceFiles) {
      extractor.extract2txt(resourceFile); // 컴파일 오류 발생하지 않음
    }
  }

  private static List<ResourceFile> listAllResourceFiles(String resourceDirectory) {
    List<ResourceFile> resourceFiles = new ArrayList<>();
    // 파일 형식에 따라 Factory 메서드 방식으로 객체(PdfFile, WordFile, PPTFile) 생성 후,
    // resourceFiles에 추가
    resourceFiles.add(new PdfFile("a.pdf"));
    resourceFiles.add(new WordFile("b.word"));
    resourceFiles.add(new PPTFile("c.ppt"));
    return resourceFiles;
  }
}
```

8.9.3 생각해보기

1) 비지터 패턴은 객체와 동작을 분리하는데, 이것이 객체지향 프로그래밍의 캡슐화 특성을 위반하는 것인지 생각해보자.

2) 8.9.2절의 예제 코드에서 SingleDispatchClass 클래스를 다음과 같이 변경하면서 다른 코드는 변경하지 않는다면 DemoMain 클래스의 실행 결과는 어떨지 생각해보자.

```
public class SingleDispatchClass {
  public void polymorphismFunction(ParentClass p) {
    p.f();
  }
  public void overloadFunction(ParentClass p) {
    p.f();
  }
  public void overloadFunction(ChildClass c) {
    c.f();
  }
}
```

8.10 메멘토 패턴

메멘토 패턴memento pattern은 주로 데이터의 손실 방지, 취소, 복구에 사용되기 때문에 적용 시나리오의 범위가 명확하고 제한적이다. 대용량 객체의 백업과 복구를 위해 메멘토 패턴을 적용하면 시간과 공간을 효과적으로 절약할 수 있다.

8.10.1 메멘토 패턴의 정의 및 구현

메멘토 패턴은 스냅숏 패턴snapshot pattern으로 불리기도 한다. 메멘토 패턴은 《GoF의 디자인 패턴》에서 다음과 같이 정의한다.

> 캡슐화 원칙을 위반하지 않는다는 전제하에서, 객체의 내부 상태를 획득하고, 이 상태를 객체의 외부에 저장하여, 객체를 이전 상태로 복구할 수 있도록 한다.[7]

메멘토 패턴의 정의는 크게 두 부분으로 나눌 수 있다. 먼저 첫 번째 부분은 나중에 복구할 수 있도록 복사본을 저장하는 것인데, 이 부분은 전혀 어렵지 않다. 하지만 캡슐화 원칙을 위반하지 않고 객체를 백업하고 복원하는 두 번째 부분은 이해하기 쉽지 않다. 복사본을 저장하고 복원하는 것이 캡슐화 원칙을 위반하는 이유는 무엇이고, 메멘토 패턴은 어떻게 캡슐화 원칙을 위반하지 않는 것일까?

명령줄에서 입력을 받아, 입력에 대응하는 작업을 수행하는 작은 프로그램을 작성해야 한다고 가

---

7   원문은 다음과 같다. Captures and externalizes an object's internal state so that it can be restored later, all without violating encapsulation.

정해보자. 이 프로그램은 사용자가 텍스트를 입력하면, 이 내용을 메모리 내의 텍스트에 저장한다. 사용자가 :list를 입력하면, 메모리 내의 텍스트에 저장한 내용을 출력한다. 만약 :undo를 입력하면 마지막에 입력했던 텍스트 입력을 취소하고, 메모리 내의 텍스트에서도 해당 내용을 삭제한다. 이 프로그램의 실행 결과는 다음과 같다.

```
>hello
>:list
hello
>world
>:list
helloworld
>:undo
>:list
Hello
```

작은 프로그램의 구현은 복잡하지 않다. 다음 코드는 구현 가능한 여러 가지 코드 중 하나다.

```java
public class InputText {
  private StringBuilder text = new StringBuilder();

  public String getText() {
    return text.toString();
  }

  public void append(String input) {
    text.append(input);
  }

  public void setText(String text) {
    this.text.replace(0, this.text.length(), text);
  }
}

public class SnapshotHolder {
  private Stack<InputText> snapshots = new Stack<>();

  public InputText popSnapshot() {
    return snapshots.pop();
  }

  public void pushSnapshot(InputText inputText) {
    InputText deepClonedInputText = new InputText();
    deepClonedInputText.setText(inputText.getText());
```

```
      snapshots.push(deepClonedInputText);
  }
}

public class ApplicationMain {
  public static void main(String[] args) {
    InputText inputText = new InputText();
    SnapshotHolder snapshotsHolder = new SnapshotHolder();
    Scanner scanner = new Scanner(System.in);
    while (scanner.hasNext()) {
      String input = scanner.next();
      if (input.equals(":list")) {
        System.out.println(inputText.getText());
      } else if (input.equals(":undo")) {
        InputText snapshot = snapshotsHolder.popSnapshot();
        inputText.setText(snapshot.getText());
      } else {
        snapshotsHolder.pushSnapshot(inputText);
        inputText.append(input);
      }
    }
  }
}
```

위의 코드는 기본적인 기능을 구현했지만, 객체를 백업하거나 복원할 때 캡슐화 원칙을 위반하고 있기 때문에 메멘토 패턴의 두 번째 요구 사항을 충족시키지 못한다. 어떤 면에서 캡슐화 원칙을 위반하고 있는지 다음과 같이 정리할 수 있다.

1) InputText 클래스의 객체를 스냅숏으로 복원하기 위해 setText() 함수가 정의되어 있는데, 이 함수는 외부에서 사용되면 클래스가 파괴될 수 있기 때문에 노출되면 안 되는 함수이며, 이를 노출하는 것은 캡슐화 원칙에 위배되는 것이다.

2) 스냅숏은 변하면 안 되기 때문에, 이론적으로 내부 상태를 변경하는 함수를 포함하고 있으면 안 된다. 하지만 위의 코드에서 스냅숏은 InputText 클래스의 정의를 재사용하고 있는데, InputText 클래스는 내부 상태를 변경하는 함수를 여러 개 포함하고 있다. 따라서 InputText 클래스를 사용하여 스냅숏을 구현하는 것은 캡슐화 원칙을 위반하는 것이다.

위의 언급한 문제를 해결하기 위해 코드에서 두 가지 항목을 수정해야 한다.

1) InputText 클래스의 정의를 재사용하는 대신, 스냅숏을 의미하는 별도의 Snapshot 클래스를 정의한다. Snapshot 클래스는 getter 메서드만 노출하며, setter 메서드와 같이 내부 상태를

변경하는 메서드는 노출하거나 포함하지 않는다.

2) InputText 클래스의 setText() 메서드는 restoreSnapshot()으로 이름을 변경하여 그 목적을 더 확실하게 인지시킨다. 함수의 이름이 목적을 정확하게 명시하면 다른 코드에서 잘못 사용하는 것을 방지할 수 있다.

위의 수정 내용을 반영하여 리팩터링된 코드는 다음과 같다. 그리고 이 코드는 메멘토 패턴의 대표적인 코드에 해당한다.

```java
public class InputText {
  private StringBuilder text = new StringBuilder();

  public String getText() {
    return text.toString();
  }

  public void append(String input) {
    text.append(input);
  }

  public Snapshot createSnapshot() {
    return new Snapshot(text.toString());
  }

  public void restoreSnapshot(Snapshot snapshot) {
    this.text.replace(0, this.text.length(), snapshot.getText());
  }
}

public class Snapshot {
  private String text;

  public Snapshot(String text) {
    this.text = text;
  }

  public String getText() {
    return this.text;
  }
}

public class SnapshotHolder {
  private Stack<Snapshot> snapshots = new Stack<>();

  public Snapshot popSnapshot() {
```

```
      return snapshots.pop();
  }

  public void pushSnapshot(Snapshot snapshot) {
    snapshots.push(snapshot);
  }
}

public class ApplicationMain {
  public static void main(String[] args) {
    InputText inputText = new InputText();
    SnapshotHolder snapshotsHolder = new SnapshotHolder();
    Scanner scanner = new Scanner(System.in);
    while (scanner.hasNext()) {
      String input = scanner.next();
      if (input.equals(":list")) {
        System.out.println(inputText.toString());
      } else if (input.equals(":undo")) {
        Snapshot snapshot = snapshotsHolder.popSnapshot();
        inputText.restoreSnapshot(snapshot);
      } else {
        snapshotsHolder.pushSnapshot(inputText.createSnapshot());
        inputText.append(input);
      }
    }
  }
}
```

8.10.2 시간과 공간 최적화

메멘토 패턴을 적용할 때, 백업할 객체가 상대적으로 크거나 백업 빈도가 높으면 스냅숏이 차지하는 메모리가 상대적으로 많아지고, 백업과 복구에 드는 시간이 상대적으로 길어진다. 이 문제를 해결하는 방법은 무엇일까?

응용 시나리오마다 각각에 최적화된 다양한 해결 방안이 있기 마련이다. 예를 들어 8.10.1절에서 살펴본 예제는 메멘토 패턴을 이용하여 실행 취소 기능을 구현했는데, 이때 순차적인 실행 취소만 지원한다. 즉, 실행을 취소할 때 마지막에 입력한 텍스트만 취소할 수 있으며, 이를 건너뛰고 이전에 입력한 텍스트를 취소할 필요가 없다. 이 경우에는 메모리를 절약하기 위해 전체 텍스트를 스냅숏에 저장하는 대신 소량의 정보만 따로 기록할 수 있다. 스냅숏을 얻을 때 입력했던 텍스트의 길이를 얻어 오면 원본 텍스트에서 해당 길이만큼 잘라내는 방법을 쓰면 된다.

다른 예를 들어보자. 데이터가 변경될 때마다 복구가 가능하도록 백업을 생성해야 한다고 가정하자. 백업할 데이터가 크고 자주 백업해야 하는 경우 저장 공간의 소모가 극대화되고, 백업에 필요한 시간이 부족할 수 있다. 이 문제를 해결하기 위해 일반적으로 사용되는 방법은 높은 빈도로 진행되는 백업은 **증분 백업**incremental backup으로 처리하고, **전체 백업**full backup은 하루 또는 며칠 간격으로 처리하는 것이다.

전체 백업은 모든 데이터의 스냅숏을 만들어 저장하며, 증분 백업은 매번 작업 정보나 데이터의 변경 사항만 기록한다. 특정 시점으로 복원해야 할 때, 이 시점에 해당하는 전체 백업이 있다면 이 백업을 직접 사용하여 복원하면 된다. 하지만 이 시점에 해당하는 전체 백업이 없다면 해당 시점과 가장 가까운 전체 백업을 찾은 다음, 일단 이를 사용하여 복원하고 이 백업과 복원 시점 사이의 증분 백업을 통해 복원을 실시할 수 있다. 이러한 방식으로 전체 백업의 수와 빈도를 줄이고, 시간과 공간의 소모를 줄일 수 있다.

8.10.3 생각해보기

백업은 아키텍처 설계 또는 제품 설계에서 일반적으로 사용된다. 예를 들어 웹 브라우저를 다시 시작할 때 이전에 열린 페이지를 복원하도록 선택할 수 있다. 이 밖에 다른 응용 방법에 대해 생각해보자.

8.11 커맨드 패턴

앞으로 소개할 디자인 패턴도 커맨드 패턴, 인터프리터 패턴, 중재자 패턴 세 가지만 남아 있다. 이 세 가지 디자인 패턴은 자주 사용되지 않고 이해하기 어렵고 특정 응용 시나리오에서만 사용되므로 이 책에서 중요하게 다루지는 않을 것이다. 따라서 가볍게 어떤 패턴인지에 대해서만 이해하면 충분하다. 이번 절에서는 **커맨드 패턴**command pattern에 대해 소개한다.

8.11.1 커맨드 패턴의 정의

커맨드 패턴은 《GoF의 디자인 패턴》에서 다음과 같이 정의한다.

커맨드 패턴은 요청을 객체로 캡슐화하여, 다른 객체를 다른 요청, 대기열 요청, 로깅 요청과 함

께 매개변수로 전달할 수 있도록 하며, 취소 가능한 작업을 지원한다.[8]

커맨드 패턴의 핵심은 함수를 객체로 캡슐화하는 것이다. C 언어의 경우 함수 포인터를 통해 함수를 매개변수로 전달할 수 있다. 하지만 C 이외의 대부분의 프로그래밍 언어는 함수를 매개변수로 바꾸어 다른 함수에 전달하거나 변수에 할당할 수도 없다. 하지만 커맨드 패턴을 사용하면 함수를 객체로 캡슐화할 수 있다. 특히 이 함수를 포함하는 클래스를 설계하는 것은 앞에서 이야기한 콜백과 유사하다.

명령을 객체로 캡슐화하면 명령의 전송과 실행이 분리될 수 있으며 비동기, 지연, 명령 실행을 위한 대기, 실행 취소, 다시 실행, 저장, 명령에 대한 로깅과 같이 명령에 대해 더 복잡한 작업을 수행할 수 있다.

`8.11.2` 모바일 게임 서버에 커맨드 패턴 적용

모바일 게임을 개발한다고 가정해보자. 모바일 게임을 개발할 때 어려운 부분은 주로 클라이언트에 집중되어 있다. 서버는 기본적으로 게임 데이터의 업데이트와 쿼리만 담당하기 때문에, 클라이언트에 비해 서버의 논리가 훨씬 간단하다.[9]

클라이언트는 읽기와 쓰기 성능을 개선하기 위해 게임 정보를 메모리에 보관하는데, 게임을 진행하는 동안에는 메모리에 있는 데이터만 업데이트하되 게임이 끝나는 시점에 메모리에 있는 데이터를 데이터베이스로 전송한다. 구현의 어려움을 줄이기 위해 일반적으로 동일한 게임 스테이지에 존재하는 플레이어끼리 동일한 서버에 할당하며, 플레이어가 동일한 게임 스테이지에서 다른 플레이어에 대한 정보를 가져올 때 다른 서버에서 정보를 조회할 필요가 없다고 가정하자. 이러한 설계를 기반으로 작성된 코드는 비교적 간단하다.

일반적으로 게임 클라이언트와 서버 간의 데이터 상호 작용은 비교적 빈번하므로 네트워크 연결 설정 비용을 절약하기 위해 일반적으로 긴 연결을 통해 통신한다. 통신 방법에는 프로토콜 버퍼, JSON, XML, 사용자 지정 형식 등이 있는데, 어떤 형식을 사용하든 클라이언트가 서버로 보내는 요청은 일반적으로 명령과 데이터의 두 부분으로 구성된다. 명령은 이벤트라고도 할 수 있으며 데

---

8   원문은 다음과 같다. The command pattern encapsulates a request as an object, thereby letting us parameterize other objects with different requests, queue or log requests, and support undoable operations.

9   [옮긴이] 물론 최근에는 모바일 기기의 발전에 보안상의 이유가 더해져 서버에서 화면 구성을 전부 완료하고, 모바일 기기는 이를 단순히 표현하는 방식을 사용하기도 한다.

이터는 명령을 실행하는 데 필요한 데이터라고 할 수 있다. 서버는 클라이언트의 요청을 받은 후 명령과 데이터를 분석하고 명령에 따른 코드를 실행한다.

일반적으로 서버에는 두 가지 구현 방식이 있다.

첫 번째는 멀티 스레딩을 기반으로 하는 방식이다. 메인 스레드는 클라이언트로부터 요청을 받는 역할을 하며, 요청을 수신하면 요청 처리 전용 스레드 풀에서 쉬고 있는 스레드를 가로챈다. 실제로 Java의 스레드 풀은 커맨드 패턴을 사용하며, 실행되는 코드는 큐 기반의 실행, 정시 기반의 실행 등을 구현할 수 있는 Runnable 인터페이스의 구현 클래스에 정의되어 있다.

두 번째는 단일 스레드를 기반으로 하는 방식이다. 요청 수신과 요청 처리의 두 가지 작업이 스레드 내에서 교대로 실행된다. 모바일 게임의 백엔드 서버는 메모리 작업은 많은 반면, CPU 계산은 적다. 단일 스레드는 여러 스레드 간의 지속적인 전환으로 인한 메모리 작업 처리 손실을 방지하고 복잡한 다중 스레드 프로그래밍과 디버깅이라는 단점을 극복하는 방법일 수 있다. 사실 이것이 Redis가 단일 스레드 방식임에도 빠른 이유다.

따라서 여기에서는 두 번째 방식을 기반으로 구현해보기로 한다.

모바일 게임 서버는 클라이언트가 보낸 요청을 얻기 위해 폴링하고, 요청을 얻은 후 커맨드 패턴을 사용해 요청에 포함된 데이터와 처리 방법이 명령 객체로 캡슐화되어 메모리 대기열에 저장된다. 그런 다음 메모리 대기열에서 정해진 수의 명령을 가져와 실행하고, 실행이 완료되면 처음으로 돌아가 폴링 과정을 다시 시작한다. 캐시된 명령이 즉시 실행되는 대신 대기열에서 대기해야 하는 이유는 게임 서버가 수천 명의 클라이언트와 긴 연결을 설정하고 있으며 수천 개의 클라이언트가 서버에 명령을 보내지만 서버는 하나뿐이기 때문이다. 명령을 처리하는 스레드의 수는 클라이언트의 요청 수에 비해 현저하게 적다. 따라서 처리 속도의 균형을 유지하고 서버가 명령을 순서대로 수신하고 처리할 수 있도록 하기 위해, 대기열을 사용하여 명령을 캐시하는 방식으로 서버 부하를 줄이고, 최소한의 요청 수가 들어올 때까지 대기하는 비동기식으로 작업을 처리한다. 예제 코드는 다음과 같다.

```
public interface Command {
  void execute();
}

public class GotDiamondCommand implements Command {
```

```java
  // 멤버 변수와 코드 정의 생략
  public GotDiamondCommand(/* 데이터 */) {
    ...
  }

  @Override
  public void execute() {
    // 해당 논리 실행 코드
  }
}
// GotStartCommand 클래스, HitObstacleCommand 클래스, ArchiveCommand 클래스 구현 생략

public class GameApplication {
  private static final int MAX_HANDLED_REQ_COUNT_PER_LOOP = 100;
  private Queue<Command> queue = new LinkedList<>();

  public void mainloop() {
    while (true) {
      List<Request> requests = new ArrayList<>();

      // epoll, select에서 데이터를 가져와 Request 클래스로 캡슐화하는 코드 생략
      // 처리 시간 초과 시 다음 코드 실행
      for (Request request : requests) {
        Event event = request.getEvent();
        Command command = null;
        if (event.equals(Event.GOT_DIAMOND)) {
          command = new GotDiamondCommand(/* 데이터 */);
        } else if (event.equals(Event.GOT_STAR)) {
          command = new GotStartCommand(/* 데이터*/);
        } else if (event.equals(Event.HIT_OBSTACLE)) {
          command = new HitObstacleCommand(/* 데이터 */);
        } else if (event.equals(Event.ARCHIVE)) {
          command = new ArchiveCommand(/* 데이터 */);
        }
        queue.add(command);
      }
      int handledCount = 0;
      while (handledCount < MAX_HANDLED_REQ_COUNT_PER_LOOP) {
        if (queue.isEmpty()) {
          break;
        }
        Command command = queue.poll();
        command.execute();
        handledCount++;
      }
    }
  }
}
```

8.11.3 커맨드 패턴과 전략 패턴의 차이

실제로 각 디자인 패턴은 두 가지 관점에서 바라봐야 하는데, 첫 번째는 응용 시나리오, 즉 디자인 패턴을 이용하여 해결해야 할 문제이며, 두 번째는 디자인 패턴의 설계 사상과 코드 구현 방식이다. 만약 두 번째 관점인 설계 사상이나 코드 구현 방식에만 중점을 두게 되면 대부분의 디자인 패턴이 비슷하다는 착각을 하게 된다. 하지만 대부분의 디자인 패턴 간의 차이는 주로 응용 시나리오에서 달라진다.

전략 패턴에서 각각의 전략은 동일한 목적을 갖지만 서로 다른 구현 방식을 사용하며, 서로 대체가 가능하다. 예를 들어 버블 정렬 클래스인 `BubbleSort`와 선택 정렬 클래스인 `SelectionSort`는 모두 정렬에 사용되는 클래스지만, 구현 방식은 완전히 다르다. 반면에 커맨드 패턴에서 각각의 명령은 서로 다른 목적을 가지는 다른 처리 방식을 가지고 있기 때문에 서로 대체할 수 없다.

8.11.4 생각해보기

이번 절에서 설계한 모바일 게임 백엔드 서버에서 단일 스레드 패턴을 채택한다면, 멀티코어 시스템에서 CPU 리소스 사용을 어떻게 최대화할 수 있을지 생각해보자.

8.12 인터프리터 패턴

인터프리터 패턴interpreter pattern은 간단한 **언어** 인터프리터를 구축하는 방법을 설명하는 데 사용된다. 커맨드 패턴에 비해 응용 범위가 작으며, 컴파일러, 규칙 엔진, 정규식과 같은 일부 특정 영역에서는 사용된다.

8.12.1 인터프리터 패턴의 정의

인터프리터 패턴은 《GoF의 디자인 패턴》에서 다음과 같이 정의한다.

> 인터프리터 패턴은 언어에 대한 문법을 정의하고, 이 문법을 처리하기 위한 인터프리터를 정의한다.[10]

인터프리터 패턴의 정의를 읽은 후에 조금 혼란스러울 수도 있다. **언어**, **문법**, **인터프리터** 같은 평소

---

10 원문은 다음과 같다. Interpreter pattern is used to defines a grammatical representation for a language and provides an interpreter to deal with this grammar.

에 개발에서 거의 다루지 않던 개념들이 다수 포함되어 있기 때문이다. 사실 여기서 말하는 언어는 한국어, 영어, 일본어, 프랑스어와 같이 일반적으로 생각하는 언어만 의미하는 것이 아니다. 넓은 의미에서 정보를 전달할 수 있다면 고대의 매듭 문자, 점자, 수화, 모스 부호 등도 언어라고 할 수 있다.

언어로 표현된 정보를 이해하려면 해당 언어를 위한 문법 규칙을 정의해야 한다. 글을 쓰는 사람은 문법 규칙에 따라 문장 기반으로 표현하고, 글을 읽는 사람은 문법 규칙에 따라 문장을 읽어야만 정보가 올바르게 전달될 수 있다. 인터프리터 패턴은 문법 규칙에 따라 **문장**을 해석하는 데 사용되는 통역사이다.

한영 번역을 예로 인터프리터 패턴을 이해해보자. 한국어와 영어처럼 다른 언어끼리 번역하기 위해서는 번역에 대한 특별한 규칙이 있으며, 이 규칙이 바로 인터프리터 패턴의 정의에서 말하는 문법이다. 한국어 문장을 입력하면 문법 규칙에 따라 영어 문장으로 번역할 수 있는 Google 번역과 유사한 번역기를 개발한다고 할 때, 이 번역기가 인터프리터 패턴의 정의에서 말하는 **인터프리터**이다.

8.12.2 인터프리터 패턴으로 표현식 계산하기

앞에서 든 예는 전부 일상 생활에서 만나는 것들에 가까웠지만, 여기서는 프로그래밍에 가까운 예를 들어보자. 새로운 **산술 언어**를 정의한다고 가정하자. 해당 언어의 문법 규칙은 다음과 같다.

- 연산자는 +, −, ×, ÷만 포함하며 연산자 간 우선 순위 개념은 없다.[11]
- 표현식 작성 규칙은 숫자를 먼저 쓰고 그 다음에 공백으로 구분하여 연산자를 쓴다.
- 앞에서부터 두 개의 숫자와 연산자를 꺼내서 그 결과를 계산하고, 그 결과를 다시 식의 맨 앞에 놓는다.
- 이 과정을 숫자가 하나 남을 때까지 반복하며, 마지막에 남은 숫자가 계산 결과다.

위의 문법 규칙을 예를 통해 설명해보자. 8 3 2 4 − + ×와 같은 표현을 위의 문법 규칙에 따라 처리한다면, 먼저 숫자 8과 3, 연산자 −를 꺼내서 계산하면 5가 된다. 이 5를 표현식의 제일 앞에 붙이면 5 2 4 + ×가 된다. 다시 처음과 마찬가지로 숫자 5와 2, 연산자 +를 꺼내서 계산한 결과 7을 표현식의 제일 앞에 놓으면 7 4 ×가 된다. 마지막으로 숫자 7과 4, 연산자 ×를 꺼내 계산한 최종 결과는 28이 된다.

---

11 옮긴이 실제로는 ×, ÷ 연산자의 우선 순위가 +, − 연산자보다 높다.

다음 예제 코드는 위의 문법 규칙을 실제로 구현한 것이다. 위의 문법 규칙에 따라 표현식을 작성하고 interpret() 함수에 전달하면 최종 계산 결과를 얻을 수 있다.

```java
public class ExpressionInterpreter {
  private Deque<Long> numbers = new LinkedList<>();

  public long interpret(String expression) {
    String[] elements = expression.split(" ");
    int length = elements.length;
    for (int i = 0; i < (length+1)/2; ++i) {
      numbers.addLast(Long.parseLong(elements[i]));
    }
    for (int i = (length+1)/2; i < length; ++i) {
      String operator = elements[i];
      boolean isValid = "+".equals(operator) || "-".equals(operator)
              || "*".equals(operator) || "/".equals(operator);
      if (!isValid) {
        throw new RuntimeException("Expression is invalid: " + expression);
      }
      long number1 = numbers.pollFirst();
      long number2 = numbers.pollFirst();
      long result = 0;
      if (operator.equals("+")) {
        result = number1 + number2;
      } else if (operator.equals("-")) {
        result = number1 - number2;
      } else if (operator.equals("*")) {
        result = number1 * number2;
      } else if (operator.equals("/")) {
        result = number1 / number2;
      }
      numbers.addFirst(result);
    }
    if (numbers.size() != 1) {
      throw new RuntimeException("Expression is invalid: " + expression);
    }
    return numbers.pop();
  }
}
```

이 코드에서 문법 규칙의 분석 코드는 interpret() 함수에 집중되어 있다. 문법 규칙이 비교적 간단하다면 이 설계로도 충분하지만, 문법 규칙이 복잡하다면 하나의 함수가 모든 분석 코드를 가지고 있는 것은 합리적이지 않다. 따라서 인터프리터 패턴을 사용하여 코드를 분할하는 것을 고려해봐야 한다.

인터프리터 패턴의 코드는 고정 템플릿이 없기 때문에 매우 유연하다. 인터프리터 패턴에서 가장 중요한 개념은 각각의 분석 책임을 클래스로 분할하는 방식을 통해, 크고 포괄적인 분석 클래스를 만들지 않는 것이다. 일반적으로 문법 규칙을 몇 개의 작은 독립 단위로 분할한 다음, 각 단위별로 분석을 마치면 전체 문법 규칙 분석으로 통합하는 것이다.

위의 예에서 정의한 문법 규칙에는 숫자와 연산자라는 두 가지 표현식 유형이 존재한다. 인터프리터 패턴을 통해 구문 분석을 NumberExpression, AdditionExpression, SubtractionExpression, MultiplicationExpression, DivisionExpression 같이 다섯 개의 구문 분석 클래스로 나눈다. 이 설계에 따라 리팩터링한 코드는 다음과 같다. 이때 사칙 연산 표현식의 구문 분석은 비교적 간단하기 때문에 인터프리터 패턴을 사용하여 구현하는 것은 약간 과도한 설계에 해당한다는 점에 유의하자.

```java
public interface Expression {
  long interpret();
}

public class NumberExpression implements Expression {
  private long number;

  public NumberExpression(long number) {
    this.number = number;
  }

  public NumberExpression(String number) {
    this.number = Long.parseLong(number);
  }

  @Override
  public long interpret() {
    return this.number;
  }
}

public class AdditionExpression implements Expression {
  private Expression exp1;
  private Expression exp2;

  public AdditionExpression(Expression exp1, Expression exp2) {
    this.exp1 = exp1;
    this.exp2 = exp2;
```

```
    }

    @Override
    public long interpret() {
      return exp1.interpret() + exp2.interpret();
    }
}
// SubstractionExpression 클래스, MultiplicationExpression클래스,
// DivisionExpression클래스의 코드 구조는 AdditionExpression클래스와 유사하므로,
// 여기에서는 구현 코드를 생략한다.

public class ExpressionInterpreter {
  private Deque<Expression> numbers = new LinkedList<>();

  public long interpret(String expression) {
    String[] elements = expression.split(" ");
    int length = elements.length;
    for (int i = 0; i < (length+1)/2; ++i) {
      numbers.addLast(new NumberExpression(elements[i]));
    }
    for (int i = (length+1)/2; i < length; ++i) {
      String operator = elements[i];
      boolean isValid = "+".equals(operator) || "-".equals(operator)
            || "*".equals(operator) || "/".equals(operator);
      if (!isValid) {
        throw new RuntimeException("Expression is invalid: " + expression);
      }
      Expression exp1 = numbers.pollFirst();
      Expression exp2 = numbers.pollFirst();
      Expression combinedExp = null;
      if (operator.equals("+")) {
        combinedExp = new AdditionExpression(exp1, exp2);
      } else if (operator.equals("-")) {
        combinedExp = new SubstractionExpression(exp1, exp2);
      } else if (operator.equals("*")) {
        combinedExp = new MultiplicationExpression(exp1, exp2);
      } else if (operator.equals("/")) {
        combinedExp = new DivisionExpression(exp1, exp2);
      }
      long result = combinedExp.interpret();
      numbers.addFirst(new NumberExpression(result));
    }
    if (numbers.size() != 1) {
      throw new RuntimeException("Expression is invalid: " + expression);
    }
    return numbers.pop().interpret();
  }
}
```

모니터링 시스템은 비즈니스 개발에서 매우 중요한데, 이를 통해 비즈니스 시스템의 작동을 항상 모니터링하고 적시에 개발자에게 오류나 문제를 보고할 수 있다. 예를 들어 인터페이스에서 발생하는 오류가 분당 100개를 초과한다면, 모니터링 시스템은 이메일을 비롯한 여러 가지 수단을 통해 개발자에게 알린다. 일반적으로 모니터링 시스템은 개발자가 경고 알림 규칙을 직접 정의할 수 있도록 지원하는데, 다음 예제에서는 분당 API 오류가 100개를 초과하거나, 분당 API 호출 수가 1만 개를 초과하면 경고 알림이 발생한다.

```
api_error_per_minute > 100 || api_count_per_minute > 10000
```

모니터링 시스템에서 경고 알림 모듈은 통계 데이터와 경고 알림 규칙에 따라 경고 알림의 발생 여부를 판단하는 역할만 하며, 통계 모듈은 분당 API 오류 횟수나 분당 인터페이스 호출 횟수 같은 통계 데이터 계산을 담당한다. 통계 모듈은 통계 데이터를 다음 데이터 형식에 따라 Map에 넣고 이를 경고 알림 모듈로 보낸다. 다음 예제에서는 경고 알림 모듈에만 초점을 맞춘다.

```
Map<String, Long> apiStat = new HashMap<>();
apiStat.put("api_error_per_min", 103);
apiStat.put("api_count_per_minute", 987);
```

설명과 코드를 단순화하기 위해 경고 알림 규칙에는 ||, &&, >, <, == 같은 다섯 가지 연산자만 포함되어 있다고 가정해보자. 여기서 >, <, == 연산자는 ||, && 연산자보다 우선 순위가 높고, && 연산자는 || 연산자보다 우선 순위가 높다. 그리고 표현식에서 모든 요소는 공백으로 구분해야 한다. 또한 사용자는 api_error_per_minute, api_count_per_minute과 같은 모니터링 측정값을 직접 지정할 수 있다. 위의 요구 사항을 구현한 백본 코드는 다음과 같다. 단지 핵심 코드는 여기서 구현하지 않고, 단계별로 완료될 것이다.

```
public class AlertRuleInterpreter {
  public AlertRuleInterpreter(String ruleExpression) {
    // TODO: 뒤에서 완성
  }

  public boolean interpret(Map<String, Long> stats) {
    // TODO : 뒤에서 완성
  }
```

```
}

public class DemoTest {
  public static void main(String[] args) {
    String rule = "key1 > 100 && key2 < 30 && key3 < 100 && key4 == 88";
    AlertRuleInterpreter interpreter = new AlertRuleInterpreter(rule);
    Map<String, Long> stats = new HashMap<>();
    stats.put("key1", 101);
    stats.put("key2", 10);
    stats.put("key3", 12);
    stats.put("key4", 88);
    boolean alert = interpreter.interpret(stats);
    System.out.println(alert);
  }
}
```

경고 규칙은 특별한 **언어**의 문법 규칙으로 생각할 수 있다. 경고 알림 규칙과 사용자가 입력한 데이터에 따라 경고 알림을 발생시킬지를 결정하는 인터프리터를 구현할 수 있다. 인터프리터 패턴을 사용하면 크고 복잡한 클래스를 구현하지 않고, 단일 책임으로 표현식을 분석하는 클래스로 분할할 수 있다. 이에 따라 완성된 백본 코드는 다음과 같다.

```
public interface Expression {
  boolean interpret(Map<String, Long> stats);
}

public class GreaterExpression implements Expression {
  private String key;
  private long value;

  public GreaterExpression(String strExpression) {
    String[] elements = strExpression.trim().split("\\s+");
    if (elements.length != 3 || !elements[1].trim().equals(">")) {
      throw new RuntimeException("Expression is invalid: " + strExpression);
    }
    this.key = elements[0].trim();
    this.value = Long.parseLong(elements[2].trim());
  }

  public GreaterExpression(String key, long value) {
    this.key = key;
    this.value = value;
  }

  @Override
```

```java
    public boolean interpret(Map<String, Long> stats) {
      if (!stats.containsKey(key)) {
        return false;
      }
      long statValue = stats.get(key);
      return statValue > value;
    }
}
// LessExpression 클래스와EqualExpression 클래스의 코드 구조는
// GreaterExpression 클래스와 비슷하므로, 여기에서는 구체적인 코드는 생략한다.

public class AndExpression implements Expression {
  private List<Expression> expressions = new ArrayList<>();

  public AndExpression(String strAndExpression) {
    String[] strExpressions = strAndExpression.split("&&");
    for (String strExpr : strExpressions) {
      if (strExpr.contains(">")) {
        expressions.add(new GreaterExpression(strExpr));
      } else if (strExpr.contains("<")) {
        expressions.add(new LessExpression(strExpr));
      } else if (strExpr.contains("==")) {
        expressions.add(new EqualExpression(strExpr));
      } else {
        throw new RuntimeException("Expression is invalid: " + strAndExpression);
      }
    }
  }

  public AndExpression(List<Expression> expressions) {
    this.expressions.addAll(expressions);
  }

  @Override
  public boolean interpret(Map<String, Long> stats) {
    for (Expression expr : expressions) {
      if (!expr.interpret(stats)) {
        return false;
      }
    }
    return true;
  }
}

public class OrExpression implements Expression {
  private List<Expression> expressions = new ArrayList<>();

  public OrExpression(String strOrExpression) {
```

```
    String[] andExpressions = strOrExpression.split("\\|\\|");
    for (String andExpr : andExpressions) {
      expressions.add(new AndExpression(andExpr));
    }
  }

  public OrExpression(List<Expression> expressions) {
    this.expressions.addAll(expressions);
  }

  @Override
  public boolean interpret(Map<String, Long> stats) {
    for (Expression expr : expressions) {
      if (expr.interpret(stats)) {
        return true;
      }
    }
    return false;
  }
}

public class AlertRuleInterpreter {
  private Expression expression;

  public AlertRuleInterpreter(String ruleExpression) {
    this.expression = new OrExpression(ruleExpression);
  }

  public boolean interpret(Map<String, Long> stats) {
    return expression.interpret(stats);
  }
}
```

8.12.4 생각해보기

경고 규칙 분석 예제의 표현식에서 ()를 지원하도록 코드를 리팩터링하는 방법을 생각해보자.

8.13 중재자 패턴

이번 절에서는 고전적인 디자인 패턴 22개 중 마지막으로 **중재자 패턴**mediator pattern을 다룬다. 커맨드 패턴, 인터프리터 패턴과 마찬가지로 중재자 패턴도 일반적으로 사용되지 않는 디자인 패턴이며 적용 시나리오도 특별하고 제한적이다. 그러나 커맨드 패턴이나 인터프리터 패턴과는 달리 중재자 패턴은 이해하기 쉽고 코드 구현도 매우 간단하다. 중재자 패턴은 옵서버 패턴과 다소 유사하므로, 이번 절에서 두 디자인 패턴의 차이에 대해서도 설명한다.

8.13.1 중재자 패턴의 정의와 구현

중재자 패턴은 《GoF의 디자인 패턴》에서 다음과 같이 정의한다.

> 중재자 패턴은 객체 컬렉션 간의 상호 작용을 캡슐화하는 별도의 중재자 객체를 정의하고, 객체 간의 직접적인 상호 작용을 피하기 위해 상호 작용을 중재자 객체에게 위임한다.[12]

중재자 패턴은 중재를 위한 중간 계층을 도입하여 객체 컬렉션 간의 상호 작용 관계나 의존성을 네트워크 형태의 다대다 관계에서 위성 형태의 일대다 관계로 변환한다. 원래 여러 객체와 직접 상호 작용해야 했던 객체는 이제 객체 간의 상호 작용을 최소화하기 위해 하나의 중간 객체와 상호 작용하며, 이로 인해 코드의 복잡도가 낮아지고 코드의 가독성과 유지 보수성이 향상된다. 그림 8.8의 오른쪽 상호 작용 다이어그램은 왼쪽의 상호 작용 관계를 최적화하기 위해 중재자 패턴을 사용한 결과이며, 오른쪽의 상호 작용이 훨씬 간단하고 명확하다는 것을 직관적으로도 알 수 있다.

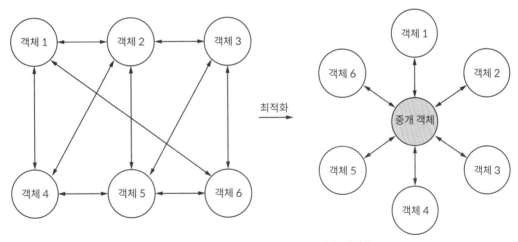

그림 8.8 **중재자 패턴을 사용한 상호 작용 최적화**

---

12 원문은 다음과 같다. Mediator pattern defines a separate (mediator) object that encapsulates the interaction between a set of objects and the objects delegate their interaction to a mediator object instead of interacting with each other directly.

중재자 패턴에는 매우 전형적인 예제가 있는데, 바로 항공 제어다.

비행기가 서로 간섭하지 않고 비행하려면 모든 비행기는 항상 다른 비행기의 위치를 알고 있어야 하며, 이를 위해 각 비행기는 항상 다른 비행기와 통신해야 한다. 하지만 모든 비행기가 현재 비행 중인 모든 비행기와 직접 통신한다면 그 통신 네트워크는 매우 복잡할 수밖에 없다. 하지만 관제 탑이라는 중재자를 도입하면 각각의 비행기는 관제탑과 통신하면서 자신의 위치를 전송하고, 관제 탑은 모든 항공기의 경로 설정과 일정을 담당함으로써 통신 네트워크를 크게 단순화할 수 있다.

이 밖에도 인스턴스 메시지 시스템에서도 사용자 장치에서 먼저 메시지를 서버에 보내면, 서버는 대상 사용자 장치에 메시지를 보낸다. 이때 메시지를 보내는 장치는 메시지를 받는 장치와는 직접 상호 작용하지 않는다.

사실, 중재자 패턴은 상호 작용의 복잡도를 낮추는 것 외에도 조정이라는 중요한 역할을 한다. 예를 들어 사용자 A가 사용자 B에게 메시지를 보냈지만, 사용자 B가 온라인 상태가 아니라면 중재자인 서버는 메시지를 임시로 보관하는 역할을 한다. 이후 사용자 B가 온라인 상태가 되면 서버는 다시 사용자에게 메시지를 전달한다.

8.13.2 중재자 패턴과 옵서버 패턴의 차이점

옵서버 패턴은 여러 가지 방법으로 구현할 수 있는데, 그중 교차 프로세스 방식에서는 메시지 대기열을 사용하여 완전한 분리를 달성할 수 있다. 옵서버와 옵서버블 모두 상호 작용을 위해 메시지 대기열만 확인하면 되기 때문에, 옵서버는 옵서버블의 존재를 인지하지 못하며, 옵서버블 역시 옵서버를 인지하지 못한다. 중재자 패턴에서도 역시 모든 참여자는 중재자와만 상호 작용하기 때문에 옵서버 패턴의 메시지 대기열은 중재자 패턴의 **중개자**와 다소 유사하고, 옵서버 패턴의 옵서버와 옵서버블은 중재자 패턴의 **참여자**와 다소 유사하다. 그렇다면 중재자 패턴과 옵서버 패턴의 차이점은 무엇일까? 그리고 중재 패턴과 옵서버 패턴은 각각 언제 사용해야 할까?

옵서버 패턴에서는 한 참여자가 옵서버이자 옵서버블이 될 수 있지만, 대부분의 경우 일방적인 상호 작용 관계를 가질 뿐만 아니라, 대부분의 참여자는 옵서버와 옵서버블 중 하나의 정체성만 가진다. 반면 중재자 패턴은 정반대다.

행위자 간의 상호 작용이 복잡하고 유지 관리 비용이 많이 드는 경우에만 중재자 모델을 사용하는 것을 고려하는 것이 좋다. 중재자 패턴은 약간의 부작용이 있으며, 때로는 크고 복잡한 중재 클래스를 생성해야 할 가능성도 있다. 이 밖에도 참가자의 상태가 변경되거나 다른 참가자가 실행하는 작업의 실행 순서에 대한 특별한 요구 사항이 있다면, 중재자 패턴은 중재 클래스를 사용한다. 또한 참가자의 상태가 변경되고 다른 참가자가 수행하는 작업에 특정 순서 요구 사항이 있는 경우 중재자 패턴은 중개 클래스를 사용하여 서로 다른 참가자의 메서드를 연속적으로 호출하여 순차 제어를 구현할 수 있다. 중재자 패턴의 조정 역할과 옵서버 패턴은 이러한 순서 관련 요구 사항을 실행할 수 없다.

8.13.3 생각해보기

EventBus 프레임워크를 기반으로 옵서버 패턴을 쉽게 구현할 수 있다. 그렇다면 EventBus 프레임워크를 사용하여 중재자 패턴을 구현할 수 있는지 생각해보자.

찾아보기